suhrkamp taschenbuch
wissenschaft 1407

Historische Soziologie, wie sie sich seit Werner Sombart und Max Weber im ersten Drittel des zwanzigsten Jahrhunderts entfaltete, gilt seit den fünfziger Jahren als unwissenschaftliche »Geschichts- und Sozialphilosophie« oder »Kulturkritik«. Dieses Verdikt wird in der vorliegenden Untersuchung umfassend revidiert. Auf einer breiten Personal- und Materialbasis wird herausgearbeitet, daß diese Soziologie methodologisch als »Wirklichkeitswissenschaft« im Sinne Max Webers aufzufassen ist, die auf den Axiomen des Historismus und den Kategorien historischer Erkenntnislogik fußt. Als solche eröffnet sie ungenutzte Alternativen, gesellschaftliche Wirklichkeit begrifflich zu erfassen, das gegenwärtige soziologische Theorieangebot zu bereichern und die geschichtliche, geschichtstheoretische und zeitdiagnostische Kompetenz der Sozialwissenschaften zu stärken.

Volker Kruse, Privatdozent an der Universität Bielefeld, hat in den »suhrkamp taschenbüchern wissenschaft« bereits veröffentlicht: *Historisch-soziologische Zeitdiagnosen nach 1945* (stw 1120).

Volker Kruse
»Geschichts- und Sozialphilosophie« oder »Wirklichkeitswissenschaft«?

Die deutsche historische Soziologie und die logischen Kategorien René Königs und Max Webers

Suhrkamp

Die Deutsche Bibliothek – CIP-Einheitsaufnahme
Kruse, Volker :
»Geschichts- und Sozialphilosophie« oder
»Wirklichkeitswissenschaft«? :
die deutsche historische Soziologie und die
logischen Kategorien René Königs und
Max Webers / Volker Kruse. –
1. Aufl. – Frankfurt am Main : Suhrkamp, 1999
(Suhrkamp-Taschenbuch Wissenschaft ; 1407)
ISBN 3-518-29007-X

suhrkamp taschenbuch wissenschaft 1407
Erste Auflage 1999
© Suhrkamp Verlag Frankfurt am Main 1999
Suhrkamp Taschenbuch Verlag
Druck: Wagner GmbH, Nördlingen
Printed in Germany
Umschlag nach Entwürfen von
Willy Fleckhaus und Rolf Staudt

1 2 3 4 5 6 – 04 03 02 01 00 99

Inhalt

Meinen Eltern

»Aber niemals kommt ein endgültiges
Verdrängen einer Denkströmung zustande,
jede mit einem Kulturkörper gegebene
Denkspannung und jedes Glied der Spannung
lebt, auch während des Sieges der anderen
Richtung, als Unterströmung weiter, um,
wenn die Zeit gekommen ist, (wenn auch in
veränderter Gestalt) wieder aufzuerstehen und
auf einer höheren Stufe sich neu zu konstituieren.«
Karl Mannheim

Vorbemerkung

Historische Soziologie, wie sie sich seit Werner Sombart und Max Weber in Deutschland entfaltete, gilt seit den fünfziger Jahren als unwissenschaftliche »Geschichts- und Sozialphilosophie« und »Kulturkritik«. Die vorliegende Untersuchung möchte zeigen, daß diese Soziologie methodologisch als »Wirklichkeitswissenschaft« im Sinne Max Webers aufzufassen ist, die auf den Axiomen des Historismus und den Kategorien historischer Erkenntnislogik fußt. Als solche eröffnet sie ungenutzte Alternativen, gesellschaftliche Wirklichkeit kategorial zu erfassen, das gegenwärtige soziologische Theorieangebot zu bereichern sowie die geschichtliche, geschichtstheoretische und zeitdiagnostische Kompetenz der Sozialwissenschaften zu erweitern. *Die Arbeit verfolgt also ein theoriesystematisches, kein wissenschaftsgeschichtliches Interesse.*

Dieser Publikation liegt die im Sommersemester 1995 von der Fakultät für Soziologie der Universität Bielefeld angenommene Habilitationsschrift zugrunde. Sie wurde um einen Schlußabschnitt ergänzt, der Abschnitt IV.4 wurde neu verfaßt. Das Projekt wurde durch ein Habilitationsstipendium der Deutschen Forschungsgemeinschaft großzügig gefördert. Prof. Dr. Hansjürgen Daheim hat diese Arbeit in gewohnter Weise umsichtig und inspirierend betreut und gemeinsam mit Prof. Dr. Karl Acham, Prof. Dr. Otthein Rammstedt und Prof. Dr. Peter Weingart begutachtet. Regelmäßigen Diskussionen mit Dr. Uwe Barrelmeyer verdanke ich wichtige geschichtstheoretische Einsichten. Dr. Gerhard Wagner und Dr. Heinz Zipprian stellten mir die Manuskripte des von ihnen herausgegebenen Sammelbandes *Max Webers Wissenschaftslehre* vor der Drucklegung zur Verfügung. Allen Genannten und anderen, die mir in vielfältiger Weise zur Seite standen, sage ich meinen herzlichen Dank.

Bielefeld, im September 1998
Volker Kruse

Einleitung

»In den Theorien der modernen Soziologie wird der historische Ablauf zum Verschwinden gebracht. Aber auch in theoretisch weniger bekümmerten Einzelarbeiten tritt wohl nicht zufällig die willkürliche Konstruktion schematischer historischer Epochen an die Stelle der Detailforschung, durch die sich Troeltsch, Sombart, Weber und andere auszeichneten ... Wir brauchen die Wirklichkeit der Geschichte nicht mehr« (Dahrendorf 1959, S. 146).

In diesen Sätzen Ralf Dahrendorfs spiegelt sich der – bis heute nachwirkende – rapide Bedeutungsverlust historischer Soziologie in den fünfziger Jahren wieder. Im ersten Jahrhundertdrittel (und darüber hinaus) zeigten sich hingegen zahlreiche hervorragende deutsche Soziologen dezidiert historisch orientiert. Sie arbeiteten vorwiegend mit historischen Daten und bemühten sich um die theoretische Erklärung geschichtlichen Wandels. Diese »historische Soziologie«, wie sie seit den zwanziger Jahren auch bezeichnet wurde, formierte sich damals neben der »formalen« bzw. »systematischen Soziologie« (Georg Simmel, Leopold von Wiese, Alfred Vierkandt, Ferdinand Tönnies, Johann Plenge, Theodor Geiger) als eine der beiden konzeptionellen Hauptrichtungen des Fachs in Deutschland (vgl. Geiger 1931, Aron 1953).[1] Typische historisch-soziologische Arbeiten dieser Zeit sind zum Beispiel Max Webers religionssoziologische Aufsätze, Sombarts *Moderner Kapitalismus* (1916-1928), Franz Oppenheimers *System der Soziologie* (1922-1934), Alfred Webers *Krise des modernen Staates* (1925) und *Kulturgeschichte als Kultursoziologie* (1935/50), Karl Mannheims *Konservatives Denken* und *Ideologie und Utopie*, Eduard Heimanns *Soziale Theorie des Kapitalismus* (1929), Alfred von Martins *Soziologie der Renaissance* (1932), Norbert Elias' *Prozeß der Zivilisation* (1939), Alfred

---

1 Natürlich gilt für derartige Klassifikationen das Wort Theodor Geigers (1931, S. 569): »Soll der vorgefundene Gesamtbestand ›soziologischer‹ Leistungen nach Hauptrichtungen geordnet werden, so läßt sich nicht jedes Werk, noch weniger jeder Forscher eindeutig einer Richtung zurechnen. Einige Willkür muß in Kauf genommen werden und ist nur erträglich, wenn von vornherein die Flüssigkeit der Übergänge einschränkend festgestellt ist.«

Müller-Armacks *Genealogie der Wirtschaftsstile* (1940) und *Das Jahrhundert ohne Gott* (1948), Karl Polanyis *The Great Transformation* (1944), Hans Freyers *Theorie des gegenwärtigen Zeitalters* (1955) oder Alexander Rüstows *Ortsbestimmung der Gegenwart* (1952-1957). Diese historische Soziologie entstand um 1900 als Versuch, die Antinomie zwischen nomothetischen Wissenschaftsauffassungen einerseits und den historischen Schulen andererseits mit einer Synthese von Theorie und Geschichte zu überwinden (Werner Sombart, Max Weber, Franz Oppenheimer, Alfred Weber; vgl. Kruse 1990a). Sie zeichnete sich durch interdisziplinäre Integrationskraft und einen weiten, oft universalgeschichtlichen Horizont aus. Ihr Anliegen war wissenschaftliche Zeitdiagnostik, um zu einer Überwindung der Gegenwartskrise beizutragen. Sie war, wie zahlreiche Übersetzungen ausweisen, auch ein gefragter kultureller Exportartikel mit internationaler Reputation.

Im Gefolge der nationalsozialistischen Machtergreifung 1933 wurde der größte Teil der historischen Soziologen, die alle mehr oder minder politisch engagiert waren, ins Exil getrieben, historische Soziologie in ihrer bisherigen Gestalt in Deutschland unterbunden. Nach 1945 orientierte sich die bundesdeutsche Soziologie in ihrem Bemühen, international wieder Anschluß zu finden, am US-amerikanischen Vorbild.[2] Historische Soziologie wurde von den jüngeren Wissenschaftlergenerationen nicht mehr fortgesetzt und endete mit dem Ableben ihrer Vertreter aus der Weimarer Zeit.

In einer seit Comte vorwiegend positivistisch geprägten Disziplin ist es allein die deutsche historische Soziologie, in der sich der Einfluß des Historismus, eine der großen geistigen Grundströmungen der Moderne, maßgeblich und nachhaltig niedergeschlagen hat. Seine Kategorien verleihen ihr eine eigenständige theoriesystematische Bedeutung. Unser arbeitsübergreifendes Anliegen allgemein ist es, diese Soziologie unter zeitdiagnostischen Gesichtspunkten aufzuarbeiten, ihr paradigmatisches Profil zu rekonstruieren, ihren wissenschaftslogischen Status zu klären, sie in einen theorievergleichenden Bezug zu aktuellen Ansätzen zu bringen und forschungspraktisch anzuwenden. In-

---

2 Die sich am US-Vorbild orientierende deutsche Soziologie, die von Helmut Schelsky und vor allem von René König gefördert wurde, werden wir im folgenden als »mainstream« bezeichnen.

nerhalb dieses Rahmens zielt die vorliegende Arbeit darauf ab, ihre wissenschaftslogische Identität zu bestimmen, also die spezifischen logischen Formen historisch-soziologischer Erkenntnis zu rekonstruieren.

I

Seit den fünfziger Jahren gilt die deutsche historisch-soziologische Tradition als obsoleter, illegitimer Bestandteil des Fachs. Dafür wurden methodologische Argumente angeführt: Es habe sich bei dieser Soziologie um »Geschichts- und Sozialphilosophie«, »Kulturkritik«, »Historizismus«, »Holismus« und dergleichen gehandelt. Aber treffen derartige abwertende und ausgrenzende Begrifflichkeiten empirisch zu? Diese Frage ist für unser oben bezeichnetes Erkenntnisinteresse von entscheidender legitimatorischer Bedeutung. Nur wenn der Verdacht prinzipieller methodologischer »Minderwertigkeit« ausgeräumt wird, läßt sich von einer aktuellen Bedeutung dieser Soziologietradition sprechen. Doch auch unabhängig davon besteht sachlicher Klärungsbedarf. Denn so oft und so selbstverständlich derartige Begrifflichkeiten wie Geschichts- und Sozialphilosophie, Kulturkritik etc. in vielen semantischen Variationen wiederholt wurden: ihre empirische Geltung für die deutsche Soziologie vor 1933 wurde nie genauer untersucht. Das soll in dieser Arbeit nachgeholt werden.

Im Oktober 1960 war bei einer Zusammenkunft führender deutscher Soziologen im Hotel Jagdschloß Niederwald ein Schlußstrich unter die deutsche soziologische Tradition gezogen worden: »Hier wurde in ungemein intensiven und geistig erregenden Gesprächen die Originalität und Problemeinheit einer ›deutschen Soziologie‹ seit Max Weber oder Simmel zu Grabe getragen« (vgl. Schelsky 1980, S. 453). Seit Mitte der siebziger Jahre ist jedoch eine neue Hinwendung zu den deutschen soziologischen Klassikern zu verzeichnen. Sie konzentrierte sich auf Max Weber, Georg Simmel und Norbert Elias. Aber auch andere Vertreter der deutschen historischen Soziologie wie Karl Mannheim, Werner Sombart, Ernst Troeltsch, Hans Freyer, Alfred Weber, Franz Oppenheimer, Alexander Rüstow, sogar Alfred von Martin und Fedor Stepun fanden und finden erneut

Beachtung. Doch die neue Aufmerksamkeit, welche den deutschen Klassikern zuteil wurde, blieb nicht unumstritten. Aus der Sicht Luhmanns ist die Soziologie zu einer Wissenschaft geworden, welche »in alexandrinischem Eifer« ihre Klassiker verwaltet, anstatt sich den aktuellen theoretischen Herausforderungen, wie sie durch den interdisziplinären Diskurs um die Systemtheorie gegeben sind, zu stellen. Dieser Vorwurf Luhmanns, so schwer er wiegt, tat der Konjunktur deutscher Klassiker zwar keinen Abbruch, konnte aber sachlich nicht ausgeräumt werden. Es fragt sich: Ist die Klassiker-Renaissance ein Ausdruck dafür, daß ein Großteil der Soziologen sich hartnäckig dem Theoriefortschritt verweigert und an überholten Paradigmata abarbeitet? Oder gibt es sach- oder erkenntnislogische Imperative, welche die Soziologie nolens volens immer wieder auf die Kategorien, Denkfiguren und Fragestellungen der Klassiker zurückwerfen? Der Diskussion dieser Frage hofft die vorliegende Arbeit neue Impulse zu geben, indem sie – entgegen der vorherrschenden personenzentrierten Sichtweise – die historistisch geprägten deutschen Soziologen als »deutsche historische Soziologie« paradigmatisch konzeptualisiert, ihre erkenntnisleitenden Kategorien herausarbeitet und deren forschungspraktische Bedeutung aufzeigt.[3]

3 »Deutsche historische Soziologie« meint also eine Strömung in den deutschen Sozialwissenschaften von etwa 1900 bis 1965 mit Schwerpunkt um die Zeit der Weimarer Republik, die sich im ersten Zugriff mit den Attributen (universal)geschichtliche Orientierung, zeitdiagnostische Ausrichtung, interdisziplinär angelegte Konzeption, makroanalytisches Vorgehen und historisch-empirische Fundierung kennzeichnen läßt. Wir verstehen »deutsche historische Soziologie« als Idealtypus, der bezweckt, bestimmte einheitliche theoriestrukturelle Tendenzen in der deutschen soziologischen Tradition zu verdeutlichen, die sich angesichts ihrer sachlichen, begrifflichen, und semantischen Vielfalt der unmittelbaren Anschauung nicht erschließen. Wenn wir Max Weber, Sombart, Mannheim usw. als »historische Soziologen« bezeichnen, so wird damit nicht behauptet, daß sich ihr wissenschaftliches Werk gänzlich mit dem Konzept »deutsche historische Soziologie« deckt, sondern (entsprechend der idealtypischen Methode) daß ihm ein großer Teil des Werkes in wesentlichen Zügen entspricht und es in typischer Weise verkörpert. – Mit »deutsche historische Soziologie« ist derselbe Gegenstand bezeichnet, den wir in früheren Arbeiten noch als »Weimarer historische Soziologie« eingeführt haben. Letzterer wurde mehrfach als mißverständlich kritisiert,

Nicht nur die Bedeutung der Klassiker ist gewachsen, auch die historische Soziologie selbst hat seit den siebziger Jahren einen Aufschwung erfahren. Dieser ging vom angloamerikanischen Raum aus und hat inzwischen auch Deutschland erfaßt. Doch der Begriff einer historischen Soziologie ist noch uneinheitlich, und ihre wissenschaftslogische Identität tritt nicht klar zutage (vgl. Kalberg 1994, S. 3-9). In diesem Zusammenhang ist zu bedenken: In einer Zeit, als Soziologie noch stark nationalkulturell geprägt war, ist historische Soziologie als genuin und spezifisch deutsches Wissenschaftsparadigma erwachsen, das, vermittelt durch Emigranten und die Max-Weber-Rezeption, in einem genealogischen Zusammenhang zur heutigen historischen Soziologie steht. Die Arbeit möchte, indem sie die logischen Formen der »deutschen historischen Soziologie« rekonstruiert, auch zum methodologischen Verständnis heutiger historischer Soziologie bzw. historischer Soziologie als eigenem sozialwissenschaftlichem Paradigma überhaupt beitragen, zu seinen logisch vorgegebenen Erkenntnismöglichkeiten und -grenzen.

Dieser Arbeit liegt also nicht eigentlich ein wissenschaftsgeschichtliches Anliegen zugrunde. Sie interessiert sich für »deutsche historische Soziologie« als eigene soziologische Theorieperspektive, die auf den Axiomen des Historismus aufgebaut ist. Sie möchte in theoriesystematischer Absicht ein verbreitetes methodologisches Urteil (»deutsche historische Soziologie« als »Geschichts- und Sozialphilosophie« und »Kulturkritik«) überprüfen, die logischen Kategorien historischer Soziologie klären und eine theorievergleichende Perspektive eröffnen.

2

Der *konzeptionelle Grundgedanke* dieser Arbeit besteht darin, anhand der Konzepte »Wirklichkeitswissenschaft« und »Geschichts- und Sozialphilosophie« und auf der Grundlage methodologischer und historisch-zeitdiagnostischer Texte in bezug auf die basalen erkenntnistheoretischen Kategorien Erkenntnissubjekt, Erkenntnisobjekt, Erklärung, Erfahrung und Werte die wis-

weil der Gegenstand nicht auf die Weimarer Zeit beschränkt werden kann (Exil, Ausläufer nach 1945).

senschaftslogische Identität der »deutschen historischen Soziologie« zu analysieren. Dies ist im folgenden zu erläutern und zu begründen.

»Historische Soziologie« läßt sich allgemein als diejenige Wissenschaft definieren, welche Geschichtsforschung für spezifisch soziologische Zwecke betreibt. Diese sind zum einen systematischer Natur. Die historischen Soziologen versuchen auf der Basis historischer Erfahrung induktiv ein systematisches Verständnis gesellschaftlicher Grundsachverhalte zu gewinnen.[4] Zum anderen dient historische Erfahrung als Folie, um die Besonderheiten der Gegenwartslage herauszuarbeiten (soziologische Zeitdiagnostik). Neben diesen soziologischen Interessen an Geschichte ist die »deutsche historische Soziologie« durch spezifische, auf die Axiome des Historismus gegründete erkenntnisleitende Kategorien charakterisiert, von denen in dieser Arbeit die Rede sein wird. Sie machen die historische Soziologie zu einem sozialwissenschaftlichen Ansatz eigener Art.

Als Vertreter der »deutschen historischen Soziologie« haben wir für die folgende Untersuchung ausgewählt: Werner Sombart (1863-1941), Max Weber (1864-1920), Franz Oppenheimer (1864-1943), Ernst Troeltsch (1865-1923), Alfred Weber (1868 bis 1958), Alfred von Martin (1882-1979), Hans Freyer (1887 bis 1969), Eduard Heimann (1889-1967), Karl Mannheim (1893-1947) und Alfred Müller Armack (1901-1978). Die personale Spannbreite soll ein differenziertes und verallgemeinerungsfähiges Urteil über den Gegenstand ermöglichen.

Sombart, Max Weber, Troeltsch und Mannheim werden herangezogen, weil sie als Wegbereiter »deutscher historischer Soziologie« angesehen werden können. Sombarts »Moderner Kapitalismus« kann als *das* paradigmatische Werk historischer Soziologie gelten (vgl. Kruse 1990a, S. 156 f.). Max Weber wurde mit seinen methodologischen und historischen Arbeiten von den jüngeren historischen Soziologen als Vorbild angesehen (vgl. Kapitel VII.3). Er gilt noch heute als Leitfigur historischer Soziologie. Ernst Troeltsch hat in einer Rezension von Paul Barths *Die Philosophie der Geschichte als Soziologie* (2. Auflage 1915) das Modell einer Soziologie als positivistischer Geschichtsphi-

---

4 Unter diese Kategorie fallen zum Beispiel Max Webers Forschungen zur Soziologie der Herrschaft oder zur Soziologie der Stadt.

losophie nachhaltig desavouiert und einer historischen Soziologie nach Art von Sombart und Max Weber als soziologischem Paradigma den Weg bereitet (vgl. Troeltsch 1916). Sein – unausgeführtes – Projekt einer »gegenwärtigen Kultursynthese« (Troeltsch 1922) hat die zeitdiagnostische Ausrichtung deutscher Soziologie entscheidend beflügelt (vgl. dazu Lichtblau 1992; vgl. hier auch Kapitel II.2). Karl Mannheim schließlich ist es wie keinem anderen zuzuschreiben, daß sich historische Soziologie in den zwanziger Jahren neben von Wieses »systematischer Soziologie« als soziologische Hauptströmung etablieren konnte. Er postulierte energisch eine historische Soziologie als Alternative und Kontrapunkt zur systematischen Soziologie, trug entscheidend zu ihrer methodologischen Reflexion bei und steuerte auch forschungspraktisch wichtige Beiträge bei. Mannheim war neben Max Weber wohl der methodologisch versierteste Denker unter den historischen Soziologen, was ihn für unser Thema zu einer unverzichtbaren Größe macht.

Die übrigen von uns gewählten Vertreter historischer Soziologie reichen – vielleicht mit Ausnahme von Freyer – methodologisch nicht an das Niveau von Max Weber, Troeltsch und Mannheim heran. Doch auch sie sind alle mit einschlägigen historisch-soziologischen Arbeiten hervorgetreten (vgl. zum Beispiel Oppenheimer 1922, Oppenheimer 1964 IV, A. Weber 1925, A. Weber 1963, von Martin 1932, Freyer 1930, Freyer 1955, Heimann 1980, Müller-Armack 1981b, c). Diese sind als Gegenstand methodologischer Analyse »deutscher historischer Soziologie« gut geeignet. Gleiches gilt zwar auch für Arbeiten anderer Sozialwissenschaftler wie zum Beispiel Alexander Rüstow, Karl Polanyi, Fedor Stepun, Gottfried Salomon, Alexander von Schelting oder Norbert Elias. Aber mit Oppenheimer, Alfred Weber, von Martin, Freyer, Heimann und Müller-Armack hatten wir uns bereits in anderem Zusammenhang befaßt (vgl. Kruse 1990, 1994); das dabei gesammelte zeitdiagnostische Material konnte mit geringerem Arbeitsaufwand unter methodologischen Gesichtspunkten verarbeitet werden.

Bei den verwendeten Texten der bezeichneten historischen Soziologen sind historisch-zeitdiagnostische Forschung und methodologische Reflexion zu unterscheiden. Die Frage der wissenschaftslogischen Identität ist letzten Endes auf der Ebene historisch-zeitdiagnostischer Forschung zu beurteilen. Die methodologische Reflexion bedeutet aber ein unentbehrliches heuristisches Hilfsmittel, die erkenntnisleitenden Kategorien zu identifizieren. Außerdem bildet sie ein wichtiges Medium zwischen materialer Forschungspraxis einerseits und unserem analytischen Rahmen in Gestalt der Konzepte Wirklichkeitswissenschaft und Geschichts- und Sozialphilosophie andererseits.

Bei der Auswahl der in dieser Arbeit präsentierten Texte und Textstellen sind folgende Gesichtspunkte maßgebend: Sie sollen – sachlich und didaktisch – bestmöglich zum wissenschaftslogischen Verständnis der »deutschen historischen Soziologie« beitragen. Die einzelnen Sachfragen dieser Arbeit sind auf einer möglichst breiten personalen Basis abzuhandeln. Ein klares, aber differenziertes Bild zum logischen Charakter deutscher historischer Soziologie soll ermöglicht werden.

Unsere Analyse der wissenschaftslogischen Identität der »deutschen historischen Soziologie« bedient sich also zu heuristischen Zwecken der Konzepte »Wirklichkeitswissenschaft« (Max Weber) und »Geschichts- und Sozialphilosophie« (René König). Beide Konzepte fungieren als Idealtypen. Es soll untersucht werden, inwieweit ihnen die methodologische Reflexion und die historisch-zeitdiagnostische Forschung der einzelnen historischen Soziologen entsprechen. Mit *zwei* – recht gegensätzlichen – Idealtypen läßt sich der logische Charakter der deutschen historischen Soziologie klarer und differenzierter profilieren.

Warum wurden gerade »Wirklichkeitswissenschaft« und »Geschichts- und Sozialphilosophie« ausgewählt? Der Leitgedanke war, den zeitrelevanten wissenschaftslogischen Hintergrund (»Wirklichkeitswissenschaft«) zu repräsentieren sowie die methodologische Kritik in der Nachkriegszeit (»Geschichts- und Sozialphilosophie«) einzubeziehen, welche bis heute weitgehend die Vorstellung von der deutschen historischen Soziologie geprägt hat. Für den erstgenannten Zweck erscheint Max Webers Aufsatz »Zur ›Objektivität‹ sozialwissenschaftlicher und sozialpolitischer Erkenntnis« mit seinem Programm einer Wirklichkeitswissenschaft besonders geeignet. Er verbindet solide wissenschaftslogische Kenntnis mit der Erfahrung des Forschungspraktikers. Er verfügt über den Blick für die konstitutive Bedeutung erkenntnisleitender Kategorien im materialen Forschungsprozeß. Vor allem handelt es sich beim Objektivitätsaufsatz nicht eigentlich um einen persönlichen Beitrag Max Webers, in dem neue eigene Ideen dargelegt werden, sondern hier wird der neueste wissenschaftslogische Diskussionsstand seiner Zeit für den Forschungspraktiker zusammengefaßt (vgl. Kapitel I.4). Dies alles macht den Objektivitätsaufsatz und sein Konzept einer Wirklichkeitswissenschaft zu einem idealen heuristischen Hilfsmittel für unsere Zwecke.

Wie Max Webers Wirklichkeitswissenschaft für den zeitrelevanten methodologischen Hintergrund, so steht Königs Geschichts- und Sozialphilosophie stellvertretend für die methodologische Kritik der »Mainstream«-Soziologie. Diese Wahl erfolgte nicht, weil König ein orthodoxer Vertreter einer »Mainstream«-Soziologie und in idealtypischer Reinheit Antipode »deutscher historischer Soziologie« gewesen wäre. Königs Urteil zur deutschen soziologischen Tradition ist wechselhaft und widersprüchlich, da er quasi noch mit einem Bein in der deutschen Tradition steckt, die er etwa 1955 bis 1962 auf dem Höhepunkt positivistischer Selbstgewißheit verwirft. Später stellt sich König hingegen in die Tradition deutscher Soziologie und verwahrt sich ausdrücklich dagegen, auf die Rolle eines Promotors amerikanischer Soziologie verkürzt zu werden (vgl. Kapitel I.5). *Das Konzept »Geschichts- und Sozialphilosophie« repräsentiert also nicht eine Person, sondern eine zeitspezifische Denkweise.* Während sich die Kritik an der »deutschen historischen Soziologie« sonst eher schlagwortartig niedergeschlagen hat, stellt »Geschichts- und Sozialphilosophie« ein Konzept mit explizierten Kriterien dar. Dadurch bietet es sich als analytisch handhabbares Instrument an, um die »Mainstream«-Kritik in dieser Arbeit zu Wort kommen zu lassen. Deshalb – und nur deshalb – erscheint König hier quasi als Antipode historischer Soziologie.[5]

5 Im Hinblick auf René König möge im übrigen bedacht werden: Dies ist keine Arbeit über König, sondern über die wissenssoziologische Identität der »deutschen historischen Soziologie«. König und seine Wissenschaftslehre sind hier nicht Erkenntniszweck, sondern – im Verein mit Max Webers Wirklichkeitswissenschaft – Erkenntnis*mittel*. König tritt in dieser Arbeit nur in einem sachlich und zeitlich engen Ausschnitt in Erscheinung: mit seiner methodologischen Kritik der deutschen soziologischen Tradition auf dem Hintergrund seiner Wissenschaftslehre 1955-1962. Soweit König – direkt oder indirekt – kritisiert wird, handelt es sich um *Anti*kritik. Sie will nicht Königs wissenschaftliches Ansehen schmälern, sondern die »deutsche historische Soziologie« als ungenutztes, theoriesystematisch interessan-

Die Arbeit ist nach sachlichen (nicht personalen) Gesichtspunkten gegliedert. Basale erkenntnistheoretische Kategorien
geben das Gliederungsprinzip ab. Der Duktus der Arbeit ist so
angelegt: Einleitend werden die Konzepte der Wirklichkeitswissenschaft und Geschichts- und Sozialphilosophie herausgearbeitet und in den wissenschaftslogischen Diskussionskontext ihrer
Zeit gestellt (Kapitel I). Danach versuchen wir, die deutschen
historischen Soziologen als Erkenntnissubjekte zu charakterisieren (Kapitel II). Ihrem (formalen) Erkenntnisobjekt wenden
wir uns in Kapitel III zu. Es folgt in Kapitel IV die Kategorie
Erklärung. Erfahrungswissenschaftliches Selbstverständnis und
der empirische Status historisch-soziologischer Forschung beschäftigen uns in Kapitel V. In Kapitel VI über Wertideen im
historisch-soziologischen Erkenntnisprozeß untersuchen wir,
ob und inwieweit eine unreflektierte Vermischung von Werten und Erfahrungswissen stattfindet. Im abschließenden Kapitel
VII wird der Befund der Untersuchung zusammengefaßt, interpretiert und in seinen Konsequenzen für die heutige Soziologie
diskutiert. Innerhalb der einzelnen Kapitel gehen wir in folgenden Schritten vor: Wir stellen zunächst jeweils die Positionen von
Max Webers Wirklichkeitswissenschaft und Königs Geschichts-
und Sozialphilosophie vor, die dann im weiteren Verlauf als
analytisches Instrument fungieren (siehe oben). Wir untersuchen
dann das methodologische Selbstverständnis und fragen anschließend, wie es sich forschungspraktisch niedergeschlagen
hat. Danach versuchen wir die forschungspraktische Bedeutung
der eruierten Kategorien deutlich zu machen und gehen abschließend auf logische Probleme ein.[6]

tes Potential aus dem langen Schatten der »Mainstream«-Kritik (für
die König hier stellvertretend steht) herausziehen. Königs unstreitige
Verdienste um die empirische Sozialforschung in Deutschland und
die internationale Einbindung bundesdeutscher Nachkriegssoziologie bleiben davon unberührt.
6 Zur Darstellungsweise in dieser Arbeit sei angemerkt, daß sie sich
dort, wo logische Kategorien zu *identifizieren* sind, um eine möglichst breite personale Fundierung bemüht (auch auf die Gefahr, gelegentlich pedantisch zu erscheinen). Dies nicht nur, um unsere – nicht
selbstverständliche – Grundthese, daß »deutsche historische Soziologie« als »Wirklichkeitswissenschaft« und nicht als »Geschichts- und
Sozialphilosophie« aufzufassen ist, gründlich zu belegen. Die wirklichkeitswissenschaftlichen Kategorien sind nicht immer leicht zu

Die Anlage dieser Arbeit ist insofern nicht unproblematisch, als jedes ihrer Kapitel, ja mancher Abschnitt (zum Beispiel III.4 über den Begriff der »Totalität« in der »deutschen historischen Soziologie«) gut den Gegenstand einer eigenen Arbeit hätte abgeben können. Dies freilich hätte den Verzicht auf das vorgegebene Thema und sein Erkenntnisinteresse bedeutet. Denn die Frage der wissenschaftslogischen Identität läßt sich anhand *einer* Kategorie nicht untersuchen. Daher wurden die elementaren Kategorien berücksichtigt (andere, wie »Begriff«, »Gesetz« oder »Kontingenz«, konnten nur beiläufig eingebracht werden). Nur wenn diese Kategorien als logische Einheit betrachtet werden, ist die wissenschaftslogische Identität »deutscher historischer Soziologie« zu erkennen.

Um das Arbeitskonzept durchführen zu können, erwies sich eine strenge problemorientierte Konzentrierung als unumgänglich. Der forschungsstrategische Zielpunkt liegt in der Nahtstelle von zwei Ebenen, die in der soziologiegeschichtlichen Forschungsliteratur in der Regel separat betrachtet werden: den erkenntnisleitenden Kategorien einerseits und der materialen, historisch-zeitdiagnostischen Theorie andererseits. Um beide Ebenen miteinander in Beziehung setzen zu können, wurde die materiale Seite holzschnittartig vereinfacht. Gerade in der zuspitzenden Vereinfachung werden die logischen Kategorien am besten sichtbar. Historisch-zeitdiagnostische Theorien sind in dieser Arbeit nicht Zweck, sondern Mittel zur Analyse logischer

identifizieren, weil sie sich hinter unterschiedlicher Semantik verstecken. Die Arbeit will, indem sie die Kategorien durch die hier vertretenen historischen Soziologen Argumentationsschritt für Argumentationsschritt quasi »durchdekliniert«, den Blick für diese Methodologie schärfen. Wir hoffen aber auch, daß mit den hier aufgezeigten kategorialen Identitäten der Begriff der »deutschen historischen Soziologie« an Substanz gewinnt. Denn historische Soziologie ist mehr (oder kann jedenfalls mehr sein) als soziologische Geschichtsforschung; sie enthält einen eigenen sozialwissenschaftlichen Ansatz mit eigenen erkenntnisleitenden Kategorien und korrespondierenden Methoden. – Wo es hingegen darum geht, die forschungspraktische Bedeutung oder die logischen Probleme der wirklichkeitswissenschaftlichen Kategorien zu *demonstrieren*, haben wir uns auf eine exemplarische Darstellung beschränkt (vgl. zum Beispiel Kapitel IV.4. oder V.4.).

Formen. Zur Darstellung theoretischer Inhalte ist diese Arbeit nicht gedacht.

Was die Ebene der erkenntnisleitenden Kategorien anbetrifft, so wurde in dieser Arbeit auf deren logische Begründung weitgehend verzichtet. Hier führt unter anderem die Literatur über Historismus sowie über die Wissenschaftslogik Max Webers weiter (vgl. Kapitel I.1).[7]

Die Literatur über Max Weber stellt für diese Arbeit aufgrund ihrer Fülle und Verzweigtheit ein Problem dar. Wer sich bei einem Thema wie dem unsrigen auf sie in extenso einläßt, ist verloren. Wohl aber hoffen wir, einige wichtige Erträge der Max-Weber-Forschung für diese Arbeit nutzbar gemacht zu haben. Maßgeblich in unserem thematischen Kontext ist der Objektivitätsaufsatz, in dem das Programm einer Wirklichkeitswissenschaft entwickelt wird. Entsprechend interessieren uns von König die Texte, in denen sich sein Konzept einer Geschichts- und Sozialphilosophie dargelegt findet, also seine diesbezüglichen Beiträge im Fischer-Lexikon *Soziologie* und im *Handbuch der empirischen Sozialforschung*.

Ein weiterer Bereich, der in dieser Arbeit – leider – nur sehr begrenzt berücksichtigt werden konnte, ist die Diskussion um eine (nichtnaturalistische) Logik historischer Erkenntnis. Sie wurde vor allem in der Zeit von den achtziger Jahren des neunzehnten bis in die dreißiger Jahre des zwanzigsten Jahrhunderts intensiv geführt und ist vor allem mit den Namen Wilhelm Dilthey, Georg Simmel, Wilhelm Windelband, Heinrich Rickert, Max Weber, Ernst Troeltsch, Hans Freyer, Karl Mannheim und Alexander von Schelting verbunden. Für diese historische Erkenntnislogik steht hier, pars pro toto, Max Webers Konzept einer Wirklichkeitswissenschaft. Soweit sich bei den deutschen historischen Soziologen Konvergenzen zu den wirklichkeitswissenschaftlichen Kategorien auftun, darf das nicht umstandslos als Einfluß Max Webers gedeutet werden. Der Begriff einer Wirklichkeitswissenschaft wurde in Simmels *Probleme der Geschichtsphilosophie* (1892) geprägt und in Rickerts *Grenzen der*

---

7 In diesem Zusammenhang sei auch nachdrücklich hingewiesen auf Uwe Barrelmeyers Dissertation »Historische Wirklichkeit als Problem – Untersuchungen zu geschichtstheoretischen Begründungen historischen Wissens bei Droysen, Simmel und Weber« (Münster 1997).

naturwissenschaftlichen Begriffsbildung (1902) entfaltet. Beide
Werke erfuhren bis Ende der zwanziger Jahre nicht weniger als
fünf Auflagen. Daran mag man ermessen, wie aufmerksam die
Diskussion um eine historische Wissenschaftslogik nicht nur von
Max Weber rezipiert wurde, aber auch, wie schwierig eine perso-
nenbezogene kausale Zurechnung der logischen Kategorien ist.
Diese Aufgabe kann und soll hier nicht geleistet werden.

Ein anderer Bereich, der hier ausgespart wurde, ist die »neue«
historische Soziologie. Dies ist ein Thema für sich. Uns interessiert historische Soziologie weniger als soziologische Geschichtsforschung, sondern vorrangig als eigene Theorieperspektive, die auf den Axiomen des Historismus und den
Kategorien der historischen Wissenschaftslogik aufgebaut ist.
Unter *diesem* Gesichtspunkt ist aber die »deutsche historische
Soziologie« ergiebiger, weil etwa in die neue US-amerikanische
historische Soziologie der Historismus nur indirekt, vor allem
über die Weber-Rezeption, eingegangen ist und vermischt mit
anderen Denkströmungen auftritt.[8]

Schließlich versagen wir uns wissenschaftssoziologische Ein-
lassungen, auch wenn der Befund dieser Arbeit geradezu dazu
einlädt. Sie hätten in unserem Rahmen nur spekulativ ausfallen
können. Wohl aber mag deutlich werden, daß die Sozialwissenschaften der fünfziger Jahre als Gegenstand wissenschaftssoziologischer Analyse lohnen.

4

Als ein Resümee dieser Arbeit sei vorausgeschickt: Die Annahme, deutsche historische Soziologie sei »Geschichts- und Sozialphilosophie«, trifft, von singulären Ausnahmen abgesehen, nicht
zu. Daß diese und andere gleichgerichtete Konzepte fehlgehen,
liegt vor allem darin begründet, daß die wissenschaftslogischen
Grundlagen der deutschen historischen Soziologie den »Mainstream«-Kritikern unbekannt oder nicht präsent waren oder,
sollten sie doch bekannt oder präsent gewesen sein, jedenfalls
nicht auf diese bezogen wurden. Weil der wissenschaftslogische

---

8 Kalberg (1994, S. 1) schätzt den Einfluß von Marx und Braudel auf die
   heutige historische Soziologie höher ein als den Max Webers.

Hintergrund keine Berücksichtigung fand, konnten die historisch-soziologischen Texte (soweit sie überhaupt gelesen wurden) methodologisch nicht dechiffriert werden. Weil sie methodologisch nicht dechiffriert werden konnten, erschienen sie als spekulative Gedankengespinste. Der ausgeprägte naturalistische Dogmatismus der Zeit[9] tat ein übriges, um die (nichtnaturalistische) historische Soziologie als wissenschaftlich indiskutabel erscheinen zu lassen. Eine Jahrhundertentscheidung in der deutschen Soziologie, der Bruch mit der historisch-geisteswissenschaftlichen Fachtradition, fiel, ohne daß ein ernsthafter wissenschaftlicher Diskurs geführt wurde. Dies festzustellen bedeutet nicht, die allgemeinsoziologischen, empirischen und forschungstechnischen Leistungen und Errungenschaften deutscher Soziologie seit den fünfziger Jahren zu schmälern oder abzuwerten. Aber zu fragen ist doch, ob das Konzept einer empirischen Soziologie, das nur empirische Sozialforschung als Erfahrungsgrundlage gelten läßt, historische Soziologie und damit geschichtliche Erfahrung hingegen ausgrenzt oder vernachlässigt, nicht zu eng angelegt ist und die Soziologie von den »großen« Problemen gesellschaftlicher Wirklichkeit abschneidet, die sich ohne einen historisch-makrotheoretischen Zugriff kaum adäquat erfassen lassen. Defizite in den Sozialwissenschaften, die durch Marginalisierung geschichtlicher Erfahrung entstehen, lassen sich nicht durch Perfektionierung bestehender Ansätze beheben (so wichtig dies für sich genommen auch ist), sondern nur, indem Paradigmata wie die historische Soziologie revitalisiert werden.

9 Vgl. stellvertretend die damaligen wissenschaftstheoretischen Beiträge Hans Alberts, zum Beispiel Albert 1956, Albert 1962.

I. »Wirklichkeitswissenschaft« und »Geschichts- und Sozialphilosophie«
Zur Wissenschaftslehre
Max Webers und René Königs

Max Weber und René König gelten beide mit ihrem wissenschaftlichen Werk als Meilensteine auf dem Weg zu einer modernen deutschen Soziologie, ja als ihre Verkörperung schlechthin. Sie verdanken dieses Ansehen nicht ihren forschungspraktischen Leistungen allein, sondern auch den methodologischen Positionen, die sie entwickelten und für die sie einstanden. Max Webers einschlägiger Beitrag hierzu ist der sogenannte »Objektivitätsaufsatz« von 1904, in dem er anläßlich der redaktionellen Übernahme des *Archivs für Sozialwissenschaften und Sozialpolitik* das Postulat der Werturteilsfreiheit und das Programm einer »Wirklichkeitswissenschaft« darlegt. König hat sein Verständnis der Soziologie als empirisch-analytischer Einzelwissenschaft, welches »Geschichts- und Sozialphilosophie« ausschließt, in seinen einflußreichsten Buchveröffentlichungen formuliert, dem Fischer-Lexikon *Soziologie* und in der Einführung in das *Handbuch der empirischen Sozialforschung*. Wenn wir diese an sich bekannten Positionen hier in ihren Grundzügen noch einmal systematisch darstellen (I.1 und I.2), dann deswegen, weil sie in dieser Arbeit als analytische Instrumentarien zur Identifizierung der wissenschaftslogischen Identität der historischen Soziologie fungieren. Sodann werden wir die Unterschiede zwischen beiden Positionen herausarbeiten (I.3), die weitaus größer sind, als man annehmen möchte, wenn man beide gleichermaßen als Inkarnation moderner soziologischer Wissenschaftlichkeit begreift. Schließlich werden wir besagte Differenzen auf die unterschiedlichen Wissenschaftslagen und philosophischen Voraussetzungen zurückführen, unter denen sie entstanden (I.4, I.5), um damit beide Positionen leichter verständlich zu machen.

1. Max Webers »Wirklichkeitswissenschaft«

Wir kommen zuerst zu Max Weber. »Die Sozialwissenschaft, die *wir* treiben wollen, ist eine *Wirklichkeitswissenschaft*« – so erklärte dieser 1904 anläßlich der Übernahme des *Archivs für Sozialwissenschaft und Sozialpolitik* (Max Weber 1973b, S. 170).[1] Was ist damit gemeint?

Wirklichkeitswissenschaft findet ihren Gegenstand nicht in den »Gesetzen« und der Aufdeckung oder Aufstellung derselben, sondern sie hat es mit *individueller* Wirklichkeit zu tun oder, wie Max Weber es nennt, mit »historischen Individuen«[2]: »Ausgangspunkt des sozialwissenschaftlichen Interesses ist nun zweifellos die *wirkliche*, also individuelle Gestaltung des uns umgebenden sozialen Kulturlebens in seinem *universellen*, aber deshalb natürlich nicht minder *individuell* gestalteten, Zusammenhange und in seinem Gewordensein aus anderen, selbstverständlich wiederum individuell gearteten, sozialen Kulturzuständen heraus« (ebd., S. 172 f.).

Wie gelangt nun der Forscher zu seinem spezifischen Forschungsobjekt? Wieder lehnt Weber ab, *die* Wirklichkeit zum Gegenstand zu machen, welche in Gesetzen aufgeht, mithin die Subsumierbarkeit unter »Gesetze« zum Kriterium für die Auswahl des Forschungsgegenstandes zu machen (vgl. ebd., S. 171). Maßgeblich sind vielmehr die (subjektiven) »*Wertideen*« des einzelnen Forschers. »*Was* Gegenstand der Untersuchung wird, und wie weit diese Untersuchung sich in die Unendlichkeit der Kau-

1 Über Max Webers Programm einer Wirklichkeitswissenschaft Bock 1984, S. 56-98; Tenbruck 1986; Wagner/Zipprian 1987. Zu den die Wirklichkeitswissenschaft betreffenden logischen Fragen vgl. außerdem vor allem von Schelting 1922; von Schelting 1934; Henrich 1952; Tenbruck 1959; Weiß 1992; Burger 1987; Prewo 1979; Oakes 1990; Wagner/Zipprian 1985; Nusser 1986; Rossi 1987, S. 20-62; Schluchter 1991, I; Wagner/Zipprian 1989; Merz 1990; Burger 1994; Oakes 1994; Rossi 1994; Schmid 1994; Tenbruck 1994.

2 Vgl. Max Weber 1973b, S. 178. Dies ist eine für die heutige Soziologie ungewöhnliche Bestimmung, die unter dem Einfluß der analytischen Philosophie als ihren Gegenstand in der Regel das Allgemeine, das Regelhafte, die Gesetze etc. sieht. Max Webers Mahnung, es sei eine »verkehrte Behauptung«, »›wissenschaftliche Erkenntnis‹ sei mit ›Findung von Gesetzen‹ identisch« (Max Weber 1973c, S. 265), hat sich nicht durchsetzen können.

salzusammenhänge erstreckt, das bestimmen die den Forscher und seine Zeit beherrschenden Wertideen« (ebd., S. 184). Erst die Wertideen ermöglichen uns, aus der unendlichen Wirklichkeit diejenigen Ausschnitte zu selektieren, die für uns wissenswert sind. Diesen selektierten Bereich nennt Weber »Kultur«. »Die empirische Wirklichkeit *ist* für uns Kultur, weil und sofern wir sie mit Wertideen in Beziehung setzen, sie umfaßt diejenigen Bestandteile der Wirklichkeit, welche durch jene Beziehung für uns *bedeutsam* werden, und *nur* diese« (ebd., S. 175). Diese Auffassung pointiert Weber mit dem Satz: »Eine *Kultur*erscheinung ist die Prostitution so gut wie die Religion oder das Geld« (ebd., S. 181).

Wieder also weigert sich Max Weber, Gesetze resp. die Subsumierbarkeit von Wirklichkeit unter Gesetze zum Auswahlkriterium zu erheben: »Die Beziehung der Wirklichkeit auf Wertideen, die ihr Bedeutung verleihen, und die Heraushebung und Ordnung der dadurch gefärbten Bestandteile des Wirklichen unter dem Gesichtspunkt ihrer Kultur*bedeutung* ist ein gänzlich heterogener und disparater Gesichtspunkt gegenüber der Analyse der Wirklichkeit auf *Gesetze* und ihrer Ordnung in generellen Begriffen« (ebd., S. 176).

Es ist also keineswegs so, daß Weber für eine absolut wertfreie Wissenschaft plädiert, im Gegenteil: Die Werte sind für eine Konstitution des Forschungsobjekts und damit für den sozialwissenschaftlichen Erkenntnisprozeß überhaupt unabdingbar. Ohne Werte ist eine »Wirklichkeitswissenschaft« logisch nicht möglich. Es ist lediglich unzulässig, Werturteile – sie sind erfahrungswissenschaftlich nicht beweisbar – unreflektiert mit der Kausalanalyse zu vermengen. Weber unterscheidet also zwischen der (subjektiven) Wertbeziehung und der objektiven Kausalanalyse.

Wie geht nun die objektive Kausalanalyse in bezug auf historische Individuen vonstatten? Einmal mehr weist Weber hier die Kategorie des Gesetzes zurück. Selbst wenn es gelänge, »alle jemals beobachteten und weiterhin auch alle in irgend einer Zukunft denkbaren ursächlichen Verknüpfungen von Vorgängen des menschlichen Zusammenlebens auf irgend welche einfache letzte ›Faktoren‹ hin zu analysieren, und dann in einer ungeheuren Kasuistik von Begriffen und streng gesetzlich geltenden Regeln erschöpfend zu erfassen« – auf keinen Fall »ließe sich aber aus jenen ›Gesetzen‹ und ›Faktoren‹ die Wirklichkeit des Lebens jemals *deduzieren* ..., schon einfach deswegen, weil es uns für die Erkenntnis der Wirklichkeit auf die *Konstellation* ankommt, in der sich jene (hypothetischen!) ›Faktoren‹, zu einer geschichtlich für uns *bedeutsamen* Kulturerscheinung gruppiert, vorfinden, und weil, *wenn* wir nun diese individuelle Gruppierung ›kausal erklären‹ wollen, wir immer auf andere, ganz ebenso individuelle Gruppierungen zurückgreifen müßten ...« (ebd., S. 174).

Besagt dies alles, daß *Gesetze* im wirklichkeitswissenschaftlichen Programm Max Webers keinen Platz haben? Keineswegs, im Gegenteil: Gesetze sind auch im Rahmen einer Wirklichkeitswissenschaft nicht nur möglich, sondern unentbehrlich, weil erst diese eine solide Kausalanalyse, die Zurechnung konkreter Folgen zu konkreten Ursachen, gewährleisten. »Ueberall aber und so auch auf dem Gebiet komplizierter wirtschaftlicher Vorgänge ist die *Sicherheit* der Zurechnung um so größer, je gesicherter und umfassender unsere generelle Erkenntnis ist« (ebd., S. 179). Allerdings erfährt der Gesetzesbegriff im Vergleich zu einem nomothetischen Wissenschaftsverständnis zwei wichtige Einschränkungen: »die Aufstellung solcher Regelmäßigkeiten (ist) nicht *Ziel*, sondern *Mittel* der Erkenntnis« (ebd.), und zwar Mittel der Erkenntnis individueller Wirklichkeit. Die »Kenntnis von *Gesetzen* ... erleichtert und ermöglicht uns die kausale Zurechnung der in ihrer Individualität kulturbedeutsamen Bestandteile der Erscheinungen zu ihren konkreten Ursachen« (ebd., S. 178). Der Allgemeinheitsgrad von Gesetzen ist in der Wirklichkeitswissenschaft niedriger anzusetzen als in der Gesetzeswissenschaft. »Für die exakte Naturwissenschaft sind die ›Gesetze‹ um so wichtiger und wertvoller, je *allgemeingültiger* sie sind; für die Erkenntnis der historischen Erscheinungen in ihrer konkreten Voraussetzung sind die *allgemeinsten* Gesetze, weil die inhaltleersten, regelmäßig auch die wertlosesten« (ebd., S. 179 f.).[3]

Besondere Aufmerksamkeit wendet Weber schließlich der logischen Bestimmung des Begriffs zu. *Begriffe* sind keine »vorstellungsmäßige(n) Abbilder der ›objektiven‹ Wirklichkeit«, son-

---

3 Webers Begründung: »Denn je umfassender die Geltung eines *Gattungs*begriffs – sein *Umfang* – ist, desto mehr führt er uns von der Fülle der Wirklichkeit *ab*, da er ja, *um* das Gemeinsame möglichst vieler Erscheinungen zu enthalten, möglichst abstrakt, also inhalts*arm* sein muß« (Max Weber 1973b, S. 180).

dern »vielmehr gedankliche Mittel zum Zweck der geistigen Beherrschung des empirisch Gegebenen« (ebd., S. 208). Eine besondere Form dieser Art von Begriff stellt der *Idealtypus* dar, der durch einseitige Steigerung und Heraushebung bestimmter Gesichtspunkte einer Wirklichkeit zum Zwecke größerer gedanklicher Klarheit gewonnen wird (vgl. ebd., S. 190 ff.).

Aus der Bestimmung von Wirklichkeitswissenschaft als wertbeziehender Disziplin folgt, daß Wissenschaft kein Prozeß ist, welcher irgendeiner Vollendung entgegenstrebt. »Endlos wälzt sich der Strom des unermeßlichen Geschehens der Ewigkeit entgegen. Immer neu und anders gefärbt bilden sich die Kulturprobleme, welche die Menschen bewegen, flüssig bleibt damit der Umkreis dessen, was aus jenem stets gleich unendlichen Strome des Individuellen Sinn und Bedeutung für uns erhält, ›historisches Individuum‹ wird« (ebd., S. 184). Damit ist den Sozialwissenschaften als Wirklichkeitswissenschaften »ewige Jugendlichkeit beschieden« (ebd., S. 206), jedenfalls »solange nicht chinesische Erstarrung des Geisteslebens die Menschheit entwöhnt, neue Fragen an das immer gleich unerschöpfliche Leben zu stellen« (ebd., S. 184).

Die Eckpfeiler der Weberschen »Wirklichkeitswissenschaft« sind also: Historisches Individuum als Erkenntnisgegenstand, historische Konstellation (anstelle von »Gesetzen«) als Erklärungsprinzip, Werte als unabdingbarer Bestandteil zur Konstituierung des Forschungsobjekts (»Wertbeziehung«), Gesetze als (unabdingbares) Hilfsmittel der »objektiven« historischen Kausalanalyse, nominalistisches Begriffsverständnis, Idealtypen als unentbehrliches Instrument zur »denkenden Ordnung der empirischen Wirklichkeit«, »ewige Jugend« der Kulturwissenschaft aufgrund wechselnder Wertideen. In einem Satz zusammengefaßt: Wirklichkeitswissenschaft beschreibt ein wissenschaftliches Vorgehen, welches wertbeziehend historische Individuen bildet und sie in ihrem »So-und-nicht-anders-Gewordensein« unter Hinzuziehung von Gesetzen historisch-konstellativ erklärt.

2. René Königs »Geschichts-
und Sozialphilosophie«

Ein gutes halbes Jahrhundert nach Max Webers Programm einer Wirklichkeitswissenschaft propagiert König Soziologie als »empirische Einzelwissenschaft«, als »Soziologie, die nichts als Soziologie ist ...« Dieser Satz impliziert, daß »alle philosophisch ausgerichteten Betrachtungsweisen ausgemerzt (werden), insbesondere die *Geschichts- und Sozialphilosophie*« (König 1971, S. 8).[4] Was versteht König unter »Geschichts- und Sozialphilosophie«?

König rechnet dazu »Ideologien aller Art«, »Utopien«, »soziale Eschatologien und Enderwartungen«, »Sozialkritik«, Sozialismus, Sozialpolitik, Soziallehren religiöser oder politischer Natur (vgl. König 1962, S. 9 f.). Diese »parasoziologischen Gedankensysteme« (ebd., S. 9) befassen sich wie die Soziologie mit dem Gegenstand »Gesellschaft«, allerdings im Unterschied zu dieser nicht in kognitiver Absicht, sondern unter politischen, moralischen und ideologischen Intentionen – es geht ihnen darum, »starke Anreize für das Handeln« und/oder »kritische Energien« auszulösen (ebd., S. 11). »Geschichts- und Sozialphilosophie« ist »Theorie der Gesellschaft«, die primär auf »das Ganze« der Gesellschaft ausgerichtet ist (ebenda), »universale Aussagen über die Gesellschaft im ganzen macht«, wogegen die »soziologische Theorie« »spezifische Aussagen über einzelne soziale Vorgänge macht und diese unter angenommene Gesetzmäßigkeiten zu subsumieren sucht« (König 1971, S. 305). Charakteristisch für »Geschichts- und Sozialphilosophie« ist weiterhin, daß nicht einzelne Hypothesen an einer methodisch erfaßten Wirklichkeit

4 Diese rigorose Abgrenzung von Soziologie und Geschichts- und Sozialphilosophie tritt bei König erst seit Mitte der fünfziger Jahre auf. Im 1952 erschienenen Band *Das Interview* hebt König die »Mannigfaltigkeit der Stilformen in Soziologie und Sozialwissenschaften« hervor, gibt sich pluralistisch (»Es kann nun keineswegs unsere Absicht sein, in diesem Streit eine Entscheidung herbeizuführen ...«) und empfiehlt »eine engere Verbindung zwischen der amerikanischen und europäischen Soziologie ..., bei der die Europäer von der Wendigkeit und Experimentierlust der Amerikaner und diese von unserer größeren philosophischen Tradition (!) profitieren würden« (vgl. König 1952, S. 15-17).

überprüft, sondern lediglich bestimmte globale Aussagen empirisch illustriert werden, die also wesentlich »unmethodisch« gewonnen sind. Gegenüber ihnen sind die Attribute »wahr« und »falsch« nicht anwendbar. Auch wenn sich die Vertreter der »Geschichts- und Sozialphilosophie« als Soziologen gerieren: »alle diese Systeme (sind) nur symptomatisch relevant und nicht nach ihrem manifesten gedanklichen Inhalt« (König 1962, S. 10), also nur unter wissenssoziologischen, nicht aber unter sachlich-wissenschaftlichen Gesichtspunkten[5], denn:

»Sowie sich diese Denksysteme … in die eigentliche Forschung einmischen, wirken sie in höchstem Maße verwirrend, indem sie unmethodisch gewonnene und benutzte Erfahrungsbestandteile mischen mit theoretischen Urteilen und globalen Bewertungen, so daß ein dauerndes Hin und Her zwischen den verschiedensten Dimensionen stattfindet, das dialektisch endlos in sich fortwuchert, so daß der unkundige Beobachter nur allzu leicht vergißt, daß in diesem spekulativ spielerischen Gespinst schon längst auch der letzte Rest eines Gegenstandes verlorengegangen ist. Alles, was bleibt, sind Bewertungen verschiedenster Art …« (ebd., S. 12).

Ein weiteres Merkmal von »Geschichts- und Sozialphilosophie« liegt schließlich darin, daß sie »teleologisch die Entwicklung des sozialen Lebens aus bestimmten historischen Endzielen zu erklären sucht, statt diese Ziele als Ergebnis des sozialen Geschehens darzustellen« (König 1971, S. 103).

Eine spezifische Variante von »Geschichts- und Sozialphilosophie« stellt »Kulturkritik« dar. Kulturkritik ist »ein Versuch von

5 Damit repräsentiert König ein bis in die siebziger Jahre gängiges wissenschaftstheoretisches Modell, das Karin Knorr-Cetina so beschreibt: »Bei Ergebnissen, die als ›falsch‹ diskreditiert wurden, wird nach sozialen Ursprüngen gesucht, während Inhalte, solange sie als wahr gelten, durch kognitive (wissenschaftliche, rationale) Faktoren erklärt werden … Diese Vorgehensweise entspricht einem Modell der ›Kontamination‹ des Wissenschaftlichen durch das Soziale: Es wird unterstellt, daß soziale Einflüsse wissenschaftliche Verfahren derart ›kontaminieren‹, daß sie zu inkorrekten Ergebnissen führen.« Knorr-Cetina weiter: »Die neuere Wissenschaftssoziologie kritisiert die Einseitigkeit dieser Vorgehensweise, bei der soziologische Erklärungen für wissenschaftliche Artefakte und Fehlschlüsse, aber nicht für als wahr geltende wissenschaftliche Leistungen geboten werden …« (Knorr-Cetina 1988, S. 85).

Menschen, die in unserer Gegenwart nicht zu Hause sind, diese Gegenwart durch Anlegung eines Wertmaßstabes zu entwerten, der in Wahrheit trotz aller Emphase jeglicher Substanz ermangelt« (König 1965a, S. 10). Charakteristisch für sie ist, daß sie »mit den Denkmitteln der alten Philosophie und des alten Industriesystems das neue Industriesystem beurteilt, statt es zu analysieren« (ebd.).

Die begriffsbestimmenden Merkmale einer »Geschichts- und Sozialphilosophie« sieht König also in nichtkognitiver (politischer, sozialpolitischer, ideologischer, religiöser) Intention, totalitätsbezogenen Aussagen über Gesellschaft, unmethodischer Generierung von Erfahrungswissen, Vermischen von Erfahrungswissen und Wertung sowie teleologischem Geschichtsverständnis.

Als Alternative zur »Geschichts- und Sozialphilosophie« fordert König eine empirische Soziologie, denn »Wissenschaft ist letztlich nur als empirische Forschung möglich« (König 1962, S. 3). Mit »empirisch« hat König dabei die moderne empirische Sozialforschung im Sinn. Es genügt nun allerdings nicht, »irgendwelche Phänomene zu beobachten, zu beschreiben und zu klassifizieren«, vielmehr benötigt die Soziologie ein Begriffssystem, welches die allgemeine Soziologie liefert und die »in einer gewissen Systematik bereits vorliegen«, zum Beispiel »Begriffe wie der des sozialen Handelns, der Regelung durch Erwartungsnormen, der sozialen Rolle, der Gruppe und viele andere mehr« (ebd.).

Von diesen allgemeinen Kategorien, die transzendental sind, also »aller Erfahrung vorausgesetzt werden müssen« (ebd.), sind die eigentlichen »soziologischen Theorien« zu unterscheiden. Im Unterschied zur ganzheitlich orientierten »Geschichts- und Sozialphilosophie« sind die Aussagen soziologischer Theorie immer begrenzter Natur (König 1971, S. 305). Soziologische Theorien entstehen dadurch, daß Hypothesen durch die empirische Forschung verifiziert werden.

Es liegt in der Natur der Sache, daß zunächst viele soziologische Theorien geringer Reichweite generiert werden, die zudem miteinander meist wenig zu tun haben (vgl. König 1962, S. 5). Dies aber wird, wie König in Aussicht stellt, kein Dauerzustand sein. Soziologische Theorie wird von der »Beobachtung empirischer Regelmäßigkeiten« über die »Entwicklung von ad-hoc-

Theorien« und »Theorien mittlerer Reichweite« zu »Theorien höherer Komplexheit« fortschreiten.[6]

Diese empirische Soziologie grenzt sich nicht nur gegen »Geschichts- und Sozialphilosophie« ab, sondern auch gegen den »Szientismus«, »das heißt einer Verfolgung rein ›wissenschaftlicher‹ Aufgaben ohne Rücksicht auf die lebendige Relevanz der Probleme, auf die Krisen der historisch-gesellschaftlichen Entwicklung und auf die oft sehr handgreiflichen Interessen der weltlichen Macht, bestimmte Erkenntnisse zu verhindern« (ebd., S. 13).[7] Sozialforschung muß im Dienst der Praxis stehen[8], die Relevanz ihres Forschungsgegenstandes bedenken (»Knowledge for What?«; ebd., S. 15) und darf vor keiner Macht zurückschrekken (»furchtlose Sozialwissenschaft«; ebd., S. 14). Aber praktisch in einem heilsamen Sinne wird Soziologie eben nur dadurch, daß sie sich ganz auf »die Sache« konzentriert und sich sozialpolitischer und sozialreformerischer Abschweifungen enthält, von ideologischen und utopischen Verirrungen ganz zu schweigen.

Die Befürchtung, das »in der empirischen Sozialforschung unübersehbar vordringliche() Interesse für Methoden« könne in einen szientistischen Perfektionswahn ausarten, teilt König nicht. Vielmehr versetze die Entwicklung von Methoden und Forschungstechniken die Soziologie in die Lage, ihre praktischen Aufgaben zu erfüllen (vgl. ebd., S. 15).[9]

---

6 Vgl. König 1962, S. 5 f., vgl. auch König 1971, S. 309: »*Mit der Zeit* werden die Theorien mittlerer Reichweite zu größeren Theoriezusammenhängen entwickelt ...« (Hervorhebung vom Verf.).

7 König (1962, S. 13 f.) kritisiert in dieser Hinsicht »ein(en) große(n) Teil der im Dienste der Verwaltung stehenden Forschung, die vielfach in bloße Routinearbeit abgesunken ist« sowie »ein großer Teil der kommerziellen Forschung, die reine Auftragsforschung ist«.

8 In diesem Sinne mahnt König (1952, S. 36), »daß die Sozialwissenschaften aus den Geschehnissen der ›großen Welt‹ herauswachsen und wieder zur Welt zurückwollen«.

9 Diesen Optimismus vermag der späte König nicht mehr zu teilen. Rückblickend vermerkt er in seiner Autobiographie, daß »leider ... auf die Dauer der Eindruck entstand, als sei die Behandlung und experimentelle Erprobung bestimmter Forschungs-›Techniken‹ identisch mit der ›Methode‹ der Soziologie. So ist, wenn ich es offen sagen darf, eine ganze Generation von Forschungstechnokraten herangewachsen, die das Instrument behandeln, als sei es allgemein ›disponibel‹ ohne Rücksicht auf Gegenstand und Umstände« (König 1984, S. 201).

Für die Erfüllung ihrer Forschungsaufgaben ist Enthaltung von Werturteilen unentbehrlich, um die Objektivität wissenschaftlicher Erkenntnis nicht zu beeinträchtigen. Das heißt aber nicht, daß der Soziologe sich außerhalb der Wissenschaft, in der alltäglichen Diskussion, der Wertfreiheit zu befleißigen hat, im Gegenteil: »Die Soziologen könnten ihrer Aufgabe nur schlecht gerecht werden, wenn sie moralische Leisetreter wären, wenn sie nicht wie in der Vergangenheit so auch in Gegenwart und Zukunft allen Wertentscheidungen entgegenzutreten bereit wären, die die menschliche Würde verletzen ...« (ebd., S. 14). Für diese Wertentscheidung gilt, daß die Soziologie »immer wieder aufgerufen ist, zu den Mitteln der Sozialkritik zu greifen, sobald irgendeine Form der weltanschaulich travestierten Macht weltlicher oder geistlicher Natur die Krisenlage der menschlichen Natur unter bestimmten gegebenen Umständen zu verschleiern sucht« (ebd.).[10]

3. Die Differenzen der Konzepte Max Webers und René Königs

Schon aus den Schriften Königs über Max Weber wird deutlich, daß in wissenschaftslogischer Hinsicht sein Verhältnis zu diesem keineswegs unproblematisch ist. In einem Beitrag in der Reihe *Die großen Deutschen* des Propyläen-Verlags hebt König nicht das wissenschaftliche Werk, geschweige denn die Wissenschafts-

10 So eindrucksvoll sich Königs Passagen über die kritische Berufung des Soziologen auch lesen – für sich genommen lesen –, wissenschaftslogisch sind sie problematisch, weil sie eine klare begriffliche Trennung zwischen »empirischer Soziologie« einerseits und »Geschichts- und Sozialphilosophie« andererseits verwischen. Denn einerseits wird »Sozialkritik« vom empirischen Soziologen gefordert, andererseits gilt »Sozialkritik« als Kriterium von »Geschichts- und Sozialphilosophie«. Welche Sozialkritik als »Geschichts- und Sozialphilosophie«, welche als intellektuelle Pflicht des Soziologen einzustufen ist, kann dann nur noch per Werturteil entschieden werden. Umgekehrt kritisiert König, der ja einerseits Werturteile in der Wissenschaft entschieden ablehnt, an anderer Stelle die »Enthaltsamkeit von Werturteilen« als »ein indirektes Eingeständnis« der Unfähigkeit, »sich aus der Wertwelt des Nationalsozialismus zu befreien oder sie zu überwinden« (König 1962, S. 14).

logik, sondern die »schlichte intellektuelle Rechtschaffenheit« Webers hervor (vgl. König 1957, S. 411), »daß er sich als Wissenschaftler von der weltanschaulichen und unter Umständen sogar quasi-religiösen Verheißung fernhielt« (vgl. ebd., S. 410). Das Prinzip der Wertfreiheit wird als Ausdruck dieser Haltung gewürdigt. Ansonsten hält sich König in seinem Urteil über Webers Wissenschaftslogik bedeckt, abgesehen von einer dunklen Andeutung über die »mißliche Situation Webers ..., der seine Thesen in Auseinandersetzung mit der völlig unzulänglichen Wissenschaftslogik der neukantischen Wertphilosophie eines Heinrich Rickert aufbauen mußte, was ihn oft zu umständlichen Umwegen veranlaßte, statt das Problem direkt anzugehen« (ebd., S. 414).[11] Bedenkt man, wie stark Weber erklärtermaßen an die neokantianische Wissenschaftslogik anknüpfte (nicht: sich mit ihr »auseinandersetzte«; siehe unten, Kapitel I.4), so wird deutlich, daß König mit Webers Wissenschaftslehre (abgesehen vom Prinzip der Werturteilsfreiheit) durchaus nicht einverstanden war. Und in der Tat sind gravierende Unterschiede unübersehbar:

1. König postuliert eine einheitliche Wissenschaftsmethode. Der Besonderheit des sozialwissenschaftlichen Gegenstandes ist durch eigene Forschungstechniken, nicht aber durch eine eigene Wissenschaftslogik Geltung zu verschaffen (vgl. König 1956b, S. 18). Entsprechend prangert König die »verhängnisvolle Scheidung zwischen Natur- und Kulturwissenschaften oder Natur- und Geisteswissenschaften« an (ebd., S. 20). Zu den Protagonisten dieser »verhängnisvollen Scheidung« zählt Max Weber mit seinen Konzepten einer (kulturwissenschaftlichen) Wirklichkeitswissenschaft und einer verstehenden Soziologie.

2. In den Kategorien Webers ist Königs Konzept als »Gesetzeswissenschaft« (und nicht als Wirklichkeitswissenschaft) einzuordnen. Jedenfalls ist dessen Theorieverständnis nomologischer Natur; es beginnt ja mit »Beobachtung empirischer Regelmäßigkeiten«, worauf alles andere aufbaut.[12]

11 Ganz anders dagegen Max Webers Bewertung nach der Lektüre von Rickerts *Die Grenzen der naturwissenschaftlichen Begriffsbildung*. In einem Brief an seine Frau heißt es lakonisch: »Rickert habe ich aus. Er ist *sehr* gut« (Marianne Weber 1989, S. 273).

12 An anderer Stelle heißt es: »Die Aussagen der soziologischen Theorie

3. Begriffe sind für Weber kein Abbild der Realität, sondern »gedankliche Mittel zum Zweck der geistigen Beherrschung des empirisch Gegebenen« (vgl. Max Weber 1973b, S. 208). König hingegen repräsentiert als Vertreter einer »objektiven Soziologie« den erkenntnistheoretischen Realismus, für den Begriffe Abbilder der empirischen Wirklichkeit sind.[13]

4. Daraus folgt eine sehr unterschiedliche Bestimmung der Werte im sozialwissenschaftlichen Erkenntnisprozeß. Für Weber sind, bei aller Ablehnung von (subjektiven) Werturteilen in der Wissenschaft, Werte unentbehrlicher Bestandteil des sozialwissenschaftlichen Erkenntnisprozesses, indem sie aus der unendlichen Wirklichkeit die bedeutsamen Bestandteile selektieren, also entscheidend die wissenschaftliche Problemstellung disponieren. Weber geht sogar so weit, den »Kulturmenschen« mit der Fähigkeit, zu seiner Welt wertend Stellung zu nehmen, zur »transzendentalen Voraussetzung« der »Kulturwissenschaft« zu erklären (vgl. ebd., S. 180). Wenn König (scheinbar wie Weber) über Werte bzw. Wertfreiheit in der Wissenschaft spricht, so ist dabei die von Weber so pedantisch traktierte Wertbeziehung nicht bedacht. Während Werte (als Wertbeziehung) aus der Sicht von Weber Voraussetzung für wissenschaftliche Erkenntnis sind, beeinträchtigen sie für König die Objektivität des sozialwissenschaftlichen Erkenntnisprozesses, indem sie quasi den – abbildhaft verstandenen – Erkenntnisvorgang verzerren.

5. Max Weber ist erkenntnistheoretisch Kantianer (vgl. ebd., S. 208; Oexle 1984, S. 32; Schluchter 1991 I, S. 49, 81-84), was für König zumindest ohne weiteres nicht zu sagen ist. Treffender ist es wohl, König als einen kantianisch aufgeklärten Em-

sind ... begrenzter Natur, indem sie spezifische Aussagen über einzelne soziale Vorgänge macht *und diese unter angenommene Gesetzmäßigkeiten zu subsumieren sucht,* die jeweils auf verschiedenem Abstraktionsniveau stehen« (König 1971, S. 305; Hervorhebung vom Verf.).

13 Dies manifestiert sich zum Beispiel in einem Satz über die Gesellschaft der zwanziger Jahre, wie sie von der zeitgenössischen deutschen Soziologie gesehen wurde: »Die Gesellschaft wird nicht als das betrachtet, was sie ist, sondern ihr Dasein wird durch Begriffe verdrängt« (König 1961, S. 97). Ein solcher Satz wäre von Max Weber undenkbar.

piristen zu charakterisieren. Kantianisch aufgeklärt insofern, als er nicht einer naiven Vorstellung erliegt, daß sich wissenschaftliche Erkenntnis aus der Erfahrung quasi von selbst ergibt, sondern daß sie Grundbegriffe benötigt, die sich zwar anhand der Erfahrung illustrieren, jedoch nicht aus ihr ableiten lassen (vgl. König 1962, S. 4). Empiristisch wirkt Königs Wissenschaftsverständnis jedoch insofern, als er darauf beharrt, daß »Wissenschaft letztendlich nur als empirische Forschung möglich (ist)« (ebd., S. 3). Damit aber wird das laut Kant neben der Erfahrung zweite Bein wissenschaftlicher Erkenntnis, die begriffliche Kraft des Verstandes, zumindest vernachlässigt. Davon hebt sich Webers Wissenschaftsverständnis deutlich ab; nicht von »empirischer Forschung« ist da die Rede, sondern von »denkende(r) Ordnung der empirischen Wirklichkeit« (Max Weber 1973b, S. 156).

6. Der Empiriebegriff von König und Weber ist recht unterschiedlich. König hat mit Erfahrungswissen die Resultate methodisch kontrollierter Sozialforschung im Sinn. Dagegen wird bei Weber Empirie weitgehend mit Geschichte gleichgesetzt.[14]

7. Der Zweck der Generierung von Erfahrungswissen ist für König: der Gewinn nomologischen Wissens, für Max Weber: historisch-konstellative Erklärung.

8. Nach der Vorstellung Königs steuert die Sozialwissenschaft auf ein endgültiges begriffliches System zu (vgl. König 1971, S. 19). Dagegen betont Max Weber unter Hinweis auf die wechselnden Wertideen »die Sinnlosigkeit« des Gedanken, »daß es das, wenn auch noch so ferne, Ziel der Kulturwissenschaft sein könne, ein geschlossenes System von Begriffen zu bilden, in dem die Wirklichkeit in einer in irgendeinem Sinne *endgültigen* Gliederung zusammengefaßt und aus dem heraus sie dann wieder deduziert werden könnte« (Max Weber 1973b, S. 184).

So unterschiedlich beide Konzepte methodologisch auch ausfallen, in der Intention sind sie gleich: Beide streben eine autonome,

---

14 Soziologie versteht Weber bezeichnenderweise als Wissenschaft von der Geschichte: »Die Begriffsbildung der Soziologie entnimmt ihr *Material* ... sehr wesentlich, wenn auch keineswegs ausschließlich, den auch unter den Gesichtspunkten der Geschichte relevanten Realitäten des Handelns« (Max Weber 1972, S. 9).

methodisch solide *und* lebensbedeutsame Wissenschaft an, einen Königsweg zwischen Ideologiebildung und selbstgenügsamem Szientifizismus.

4. Der geistesgeschichtliche Entstehungskontext von Max Webers »Wirklichkeitswissenschaft«

Die gravierenden wissenschaftslogischen Differenzen zwischen Max Weber und René König ergeben sich zum guten Teil aus dem sehr unterschiedlichen wissenschaftsgeschichtlichen Entstehungskontext beider Konzeptionen. Verfolgen wir zunächst die geistige Lage, in welcher Webers Programm einer »Wirklichkeitswissenschaft« entstand. Sie war geprägt durch den *Historismus* bzw. durch die Kontroversen um dessen Gültigkeit als Leitprinzip geisteswissenschaftlichen Forschens und Denkens.[15]

15 Über den Historismus – ein überaus schillerndes und schwer definierbares, nichtsdestotrotz ein für das Verständnis deutscher Geisteswissenschaften des 19. und 20. Jahrhunderts unumgehbares Phänomen – hat seit den achtziger Jahren eine intensive Debatte eingesetzt. Vgl. Otto Gerhard Oexle, »Die Geschichtswissenschaft im Zeichen des Historismus. Bemerkungen zum Standort der Geschichtsforschung«, in: *Historische Zeitschrift* 238 (1984), S. 17-55; ders., »›Historismus‹. Überlegungen zur Geschichte des Phänomens und des Begriffs«, in: *Braunschweigische Wissenschaftliche Gesellschaft, Jahrbuch 1986*, S. 119-155; ders., »Von Nietzsche zu Max Weber. Wertproblem und Objektivitätsforderung der Wissenschaft im Zeichen des Historismus«, in: C. Peterson (Hg.), *Rechtsgeschichte und theoretische Dimension*, Lund 1990, S. 96-121; Annette Wittkau, *Historismus. Zur Geschichte des Begriffs und des Problems*, Göttingen 1992; Gunter Scholtz, *Zwischen Wissenschaftsanspruch und Orientierungsbedürfnis. Zu Grundlage und Wandel der Geisteswissenschaften*, Frankfurt am Main 1991, S. 130-200; Horst Walter Blanke, *Historiographiegeschichte als Historik*, Stuttgart 1991; ders., »Historismus als Wissenschaftsparadigma, Einheit und Mannigfaltigkeit«, in: Jürgen Fohrmann und Wilhelm Voßkamp (Hg.), *Wissenschaft und Nation. Studien zur Entstehungsgeschichte der deutschen Literaturwissenschaft*, München 1991, S. 217-231; Friedrich Jäger und Jörn Rüsen, *Geschichte des Historismus. Eine Einführung*, München 1992; Jörn Rüsen, *Konfigurationen des Historismus. Studien zur deutschen Wissenschaftskultur*, Frankfurt am Main 1993; Volker Steenblock, *Transformationen des Historismus*, München 1991. Immer noch le-

Historismus ist als eine aus der Erfahrung der Geschichtlichkeit der Welt erwachsene, naturwüchsig entstandene (also nicht programmatisch mit einer Nominaldefinition in die Welt gesetzte[16]) Erkenntnisweise zu verstehen, die gegen Ende des achtzehnten Jahrhunderts einsetzt (vgl. dazu Meinecke 1965; Iggers 1971, S. 43-61; Jäger/Rüsen 1992, S. 21-40). »Der Kern des Historismus besteht in der Ersetzung einer generalisierenden Betrachtung geschichtlich-menschlicher Kräfte durch eine individualisierende Betrachtung« (Meinecke 1965, S. 2). Sein Grundprinzip ist, geschichtlich-gesellschaftliche Phänomene als individuell und geschichtlich geworden zu begreifen. Der Historismus prägte insbesondere die deutsche Geschichtswissenschaft (vgl. Iggers 1971), aber auch andere geisteswissenschaftliche Disziplinen wie die Ökonomie (Roscher, Knies, Schmoller) oder die Jurisprudenz (von Savigny).[17]

Im neunzehnten Jahrhundert traten die erkenntnistheoretischen Leitprinzipien des Historismus vermischt mit weltanschaulichen und geschichtsphilosophischen Elementen auf. Insbesondere ist hier die Lehre vom Staat zu nennen, nach der dieser

senswert wegen seines Informationsgehaltes trotz eines im Lichte der neueren Literatur fragwürdigen Interpretationsansatzes Georg G. Iggers, *Deutsche Geschichtswissenschaft*, München 1971. Erwähnt sei auch Herbert Schnädelbach, »Über historistische Aufklärung«, in: *Allgemeine Zeitschrift für Philosophie* 2 (1979), S. 17-36, worin, grundlegend für neuere Historismusinterpretationen, Historismus als Teil der Aufklärung, nicht als deren Gegenspieler, begriffen wird.

16 »Der Historismus ... ist nicht ausgeklügelt, er ist kein Programm, er ist der organisch gewordene Boden, die Weltanschauung selbst, die sich herausbildete, nachdem das religiös gebundene Weltbild des Mittelalters sich zersetzte und nachdem das aus ihm säkularisierte Weltbild der Aufklärung mit dem Grundgedanken einer überzeitlichen Vernunft sich selbst aufgehoben hatte« (Mannheim 1970a, S. 246). Und weiter: »Nicht die Geschichtsschreibung hat uns den Historismus gebracht, sondern der Geschichtsprozeß hat uns zu Historisten gemacht« (Mannheim 1970a, S. 247). Zur Begriffsgeschichte des Historismus vgl. Scholtz 1975, Oexle 1986, Wittkau 1992, besonders S. 33-42.

17 Zur Historismusdiskussion in der deutschen Nationalökonomie, der Rechtswissenschaft, der Philosophie und der protestantischen Theologie vgl. Wittkau 1990, S. 61-130. Einen Eindruck von der Verbreitung und Bedeutungsvielfalt des Historismusbegriffs vermittelt der Überblick bei Oexle 1986, S. 123-132.

nicht als utilitaristische Einrichtung zu verstehen ist (wie im westeuropäischen Denken), sondern im metaphysischen Sinn eine Verkörperung höherer sittlicher Prinzipien darstellt (vgl. Iggers 1971, besonders S. 17 f.). Ferner wurde, ungeachtet des Individualitätsaxioms, Geschichte als letztlich sinnvoller, göttlich gelenkter, heilsgeschichtlicher Prozeß aufgefaßt.[18] *Die weltanschaulich-geschichtsphilosophischen Elemente werden um die Jahrhundertwende weitgehend überwunden. Damit wird – nicht zuletzt dank Max Weber – Historismus in ein rein methodologisches Prinzip transferiert.*[19] Max Webers Wissenschaftslehre fällt also in die Phase des Historismus, »die die Annahme umfassender Sinnzusammenhänge verabschiedete und auf die Gewordenheit und Überholbarkeit aller menschlichen Weltverhältnisse ver-

18 Auf dieses ideologisch-methodologische Konglomerat als solches beziehen sich die Historismusbegriffe von Iggers (1971) und Jäger/ Rüsen (1992, besonders S. 4-8).

19 In diesem Sinne vgl. zum Beispiel den Historismusbegriff von Ernst Troeltsch, der darunter »die Historisierung unseres ganzen Wissens und Empfindens der geistigen Welt, wie sie im Laufe des neunzehnten Jahrhunderts geworden ist«, versteht. »Wir sehen hier alles im Flusse des Werdens, in der endlosen und immer neuen Individualisierung, in der Bestimmtheit durch Vergangenes und in der Richtung auf unerkannt Zukünftiges. Staat, Recht, Moral, Religion, Kunst sind in den Fluß des historischen Werdens aufgelöst und uns überall nur als Bestandteil geschichtlicher Entwicklungen verständlich« (vgl. Troeltsch 1922a, S. 573). An dieses Verständnis knüpft Otto Gerhard Oexle an (vgl. Oexle 1984, S. 17 f.). Anders als Iggers und Rüsen trennt er analytisch diesen methodologischen Kern von den weltanschaulich-geschichtsphilosophischen Implikationen. Während in der Sichtweise von Iggers und Rüsen Historismus ein weitgehend abgeschlossenes Phänomen des 19. Jahrhunderts darstellt, wird Historismus bei Oexle zu einer *relativ* zeitlosen, auch heute noch aktuellen philosophisch-methodologischen Größe. Auch bei Volker Steenblock (1991a, S. 209) wird »›Historismus‹ ... in einem über den in der Geschichtswissenschaft üblichen Begriffsgebrauch hinausgehenden Sinne vor allem als philosophischer und rationalitätstheoretischer Begriff aufgefaßt«. Steenblock (1991a, S. 210) betont die Aktualität des Historismus: »In vielen wichtigen philosophischen Strömungen der Gegenwart finden sich erneut grundlegende historistische Vorstellungen und Theorieelemente«, zum Beispiel in der analytischen und konstruktiven Wissenschaftstheorie nach der Kuhnschen Revolution, im Poststrukturalismus und in der Postmoderne.

wies« (Steenblock 1991a, S. 209). Daß Weber als »Kind des Historismus« (Wagner/Zipprian 1989, S. 7) anzusehen ist, ist nicht zu bezweifeln (vgl. auch Tyrell 1994, S. 396). Schon die formale Gegenstandsbestimmung der Wirklichkeitswissenschaft, also individuelle Wirklichkeit in ihrem »So-und-nicht-anders-Gewordensein«, reflektiert die grundlegenden historistischen Kategorien der Individualität und Entwicklung. Weber wird in der Literatur daher auch meist als hervorragende Figur der Historismus-Diskussion mit einbezogen (vgl. zum Beispiel Iggers 1971, Oexle 1984, Oexle 1986).

Die den geistigen Einfluß des Historismus repräsentierenden historischen Schulen der deutschen akademischen Geistes- und Sozialwissenschaften gerieten wissenschaftslogisch etwa seit den siebziger Jahren des neunzehnten Jahrhunderts in eine Legitimationskrise, und zwar aus drei Gründen. Der Siegeszug der erfolgreichen Naturwissenschaften warf die Frage auf, ob deren Denkformen und Methoden nicht auch erfolgreich in den nicht-naturwissenschaftlichen Disziplinen angewandt werden könnten und sollten.[20] Sie stellte sich um so dringlicher, als es den nicht-naturwissenschaftlichen Disziplinen nicht gelungen war, eine eigene umfassende, kohärente Wissenschaftslogik zu entwickeln. Schließlich sahen sich die historischen Schulen durch Nietzsches Schelte »Vom Nutzen und Nachteil der Historie« mit dem Verdacht konfrontiert, »totes« Wissen ohne Lebensbedeutung hervorzubringen.

Auf diese Herausforderungen reagierten die historischen Schulen mit einer umfassenden Neubegründung ihrer methodologischen Grundlagen als »Geisteswissenschaften« oder »Kulturwissenschaften«. Max Webers frühe wissenschaftslogische Aufsätze, insbesondere auch sein Konzept einer »Wirklichkeits-

---

20 Noch 1903 stellte Ernst Troeltsch fest: »Im allgemeinen wissenschaftlichen Bewusstsein überwiegt gegenwärtig die Meinung, dass die einzige objektive und feste Erkenntnis von der naturgesetzlichen Erforschung der Wirklichkeit hervorgebracht werde, und dass daher auch die Geschichte zu Ergebnissen nur führen könne, wenn die menschliche Geschichte als Fortsetzung der biologischen Evolution in diesen Zusammenhang der Naturgesetze hineingestellt, den das Ganze der Natur beherrschenden Gesetzen untergeordnet und dadurch zum Range einer Wissenschaft erst erhoben würde« (Troeltsch 1903, S. 9).

wissenschaft«, ordnen sich in diese Bewegung ein.[21] Sie beginnt mit *Wilhelm Dilthey*, der, ausgehend von der Unterscheidung von sinnvoller und sinnfreier Wirklichkeit, eine »philosophische Grundlegung« (Dilthey 1966, S. XVI) der »Geisteswissenschaften« anstrebt.[22] Es handelt sich um den Versuch, Geisteswissenschaften (also der Inbegriff derjenigen Disziplinen, »welche die geschichtlich-gesellschaftliche Wirklichkeit zum Gegenstand haben«; ebd., S. 4) als verstehende *und* erfahrungswissenschaftliche Disziplin jenseits von spekulativer Metaphysik einerseits und erklärendem naturalistischem Wissenschaftsbegriff andererseits zu begründen.

Diltheys Konzept einer Geisteswissenschaft ist keineswegs schlechthin antinaturalistisch, und Dilthey hat die Anwendbarkeit naturwissenschaftlicher Erklärungsmuster auf Geschichte nie völlig ausgeschlossen (vgl. Makkreel 1991, S. 6). Vielmehr sind die Naturwissenschaften »Voraussetzung und Grundlage der Geisteswissenschaften«, da menschliches Leben und Handeln in einer physischen Umwelt stattfindet und durch diese bedingt ist.[23] Daraus folgt, so Dilthey, daß in den Geisteswissenschaften auch die Kategorien »Notwendigkeit« und »Gesetz« ihren Platz haben (vgl. Dilthey 1957, S. 253). Trotzdem bleibt für Dilthey ein Raum zwischen spekulativer Metaphysik und erfahrungswissenschaftlicher nomologischer Naturwissenschaft, der *erfahrungswissenschaftlich* mit nichtnomologischen, verstehenden Methoden ausgefüllt werden kann:

21 Max Weber selbst zählte sich zu den »Kindern« der »historischen Schule« (Max Weber 1973b, S. 208).

22 Dies erfolgt in *Einleitung in die Geisteswissenschaften* (1883), ein Werk, das, bezeichnend für den grundsätzlichen Anspruch des Vorhabens, ursprünglich »Kritik der historischen Vernunft« (vgl. Widmung) heißen sollte. Es erschien ein erster, historischer Band, dem ein zweiter, systematisch-erkenntnistheoretischer folgen sollte. Seine Position hat Dilthey in der Vorrede zusammengefaßt.

23 »Aber selbst die höchsten Verzückungen der Religion hängen zusammen mit Eindrücken der Natur, klimatischen Verhältnissen, Enthaltung von Nahrung, Speise, Schlaf usw. Physische Tatsachen sind so in allen Geisteswissenschaften mit geistigen Tatsachen verbunden. Und in diesem Zusammenhang, welcher durch Regelmäßigkeiten der Koexistenz und Sukzession die Abhängigkeit eines geistigen Systems von physischen Tatsachen entwickelt, besteht die Konstitution jeder Geisteswissenschaft« (Dilthey 1957, S. 252).

»Das Ganze geistiger Zustände und Vorgänge ist durch die Werte, welche sich hier im Gefühl entwickeln, durch seine Gliederung in große Zweckzusammenhänge, deren jeder logisch folgerichtig gestaltet ist, und durch das Bewußtsein der Souveränität des Willens von dem ganzen Reiche der Natur unterschieden und vor ihm ausgezeichnet« (ebd., S. 251).

Werte, Gefühl, Bewußtsein, Wille sind also diejenigen Kräfte, die Geschichte anders als Natur prägen und zum Gegenstand der Geisteswissenschaften werden. Diese Qualitäten sind (in Kontrast zur »äußeren Erfahrung« der Naturwissenschaft) der »inneren Erfahrung« zugänglich, wobei das »in der inneren Erfahrung Gegebene nun auf äußere Objekte durch eine Art von Transposition übertragen« wird (ebd., S. 250). Aus der Eigenart geisteswissenschaftlicher »innerer Erfahrung« folgt, daß eine Erkenntnistheorie der Geisteswissenschaften psychologisch fundiert werden muß.

Eine neue Wendung in die Debatte um die Logik der historischen Schulen bringt der Neokantianer *Wilhelm Windelband* in seiner berühmten Straßburger Rektoratsrede von 1894. Dilthey hatte den Objektbereich der Geisteswissenschaften mit Hilfe einer ontologischen Bestimmung von Geschichte in Abgrenzung zur Natur definiert. Windelband weist nun darauf hin, daß die ontologische Bestimmung nicht mit den Erkenntnisweisen kongruent sei. So gelte die Psychologie als Geisteswissenschaft, arbeite aber mit den Methoden einer Naturwissenschaft, indem sie »wie diese ihre Tatsachen feststellt, sammelt und verarbeitet nur unter dem Gesichtspunkte und zu dem Zwecke, daraus die allgemeinen Gesetzmäßigkeiten zu verstehen« (Windelband 1904, S. 10). Sie sei, so die Wortneuschöpfung Windelbands, eine »nomothetische« Wissenschaft. Demgegenüber sei die Mehrzahl der als »Geisteswissenschaften« bezeichneten Disziplinen darauf gerichtet, »ein einzelnes, mehr oder minder ausgedehntes Geschehen von einmaliger, in der Zeit begrenzter Wirklichkeit zu voller und erschöpfender Darstellung zu bringen« (ebd., S. 10 f.). Diese bezeichnet Windelband als »idiographische« Wissenschaft. Windelband folgert daraus, daß eine nichtnaturwissenschaftliche Logik nicht auf einer ontologischen Unterscheidung von Natur und Geist oder dergleichen zu fundieren sei. »Es bleibt möglich und zeigt sich in der Tat, dass dieselben Gegenstände zum Objekt einer nomothetischen und daneben auch einer idiographischen

Untersuchung gemacht werden können« (ebd., S. 12). Dies besagt, entgegen dem Dogma der historischen Schulen, daß die sogenannten »Geisteswissenschaften« auch mit positivistischen Methoden betrieben werden könnten. Windelband macht allerdings geltend, daß der Positivismus in den Geisteswissenschaften aus heuristischen Gründen abzulehnen sei, da »sich alles Interessen und Beurteilen, alle Wertbestimmung des Menschen auf das Einzelne und das Einmalige bezieht« (ebd., S. 21).

Ihre entfaltete Form erfährt die neokantianische Position in *Die Grenzen der naturwissenschaftlichen Begriffsbildung* (1902) von Windelbands Schüler *Heinrich Rickert*.[24] Rickert bekräftigt, daß die Schranken für die naturwissenschaftliche Methode keineswegs in der ontologischen Beschaffenheit der Geschichte liege. Gewiß sei es schwieriger, Gesetze für die Geschichte zu finden als für die Natur, aber darauf lasse sich kein prinzipieller methodologischer Gegensatz von Naturwissenschaft und Geschichtswissenschaft gründen (vgl. Rickert 1902, S. 251); prinzipiell ließe sich für historische wie für natürliche Gegenstände naturalistisch verfahren.

Aus dieser Einsicht zieht Rickert aber nicht die Konsequenz eines methodologischen Monismus naturalistischer Art. Vielmehr zeigt er auf, daß auch die Möglichkeiten der naturwissenschaftlichen Methode bzw. Begriffsbildung ihre Grenzen haben. Rickert argumentiert dabei wie folgt: Alles Material der empirischen Wissenschaften besteht »aus einer unübersehbaren Mannigfaltigkeit einzelner anschaulicher Gebilde« (ebd., S. 228). Die naturwissenschaftliche Begriffsbildung unternimmt es nun, dieses unendliche, mannigfaltige Material in eine überschaubare Form zu bringen, indem sie das den verschiedenen Dingen und Vorgängen Gemeinsame erfaßt. Dabei geht jedoch der Ausgangspunkt empirischer Wissenschaft, die anschauliche individuelle Wirklichkeit, verloren, und zwar um so mehr, desto weiter die Begriffsbildung fortschreitet, denn selbige vollzieht sich ja via Abstraktion der Wirklichkeit. Dieser unabänderliche Tatbestand ist so lange unproblematisch, als unser Forschungsinteresse auf die Erkenntnis des Allgemeinen gerichtet ist. Anders verhält es sich, wenn sich unsere Wißbegier der Erkenntnis des Besonderen zuwendet. In diesem Fall gilt, daß »alles Anschauliche und Indi-

24 Zum Verhältnis von Windelband und Rickert vgl. Oakes 1990, S. 53 bis 55.

viduelle unbegreiflich im Sinne der Naturwissenschaft ist« (ebd., S. 248).

Wie aber verfährt eine Wissenschaft, die sich dem Besonderen zuwendet? Kann es überhaupt eine Wissenschaft des Besonderen geben? Fällt nicht wissenschaftliche Erkenntnis mit der Erkenntnis des Allgemeinen zusammen?

Rickert verneint dies. Sofern unser Erkenntnisinteresse auf das Besondere gerichtet ist, und das ist, empirisch gesehen, in den Geisteswissenschaften, zum Beispiel der Geschichtswissenschaft, zweifelsohne der Fall, ist auch eine Wissenschaft des Besonderen legitim. Wie aber verfährt diese methodisch? Rickert antwortet mit dem Konzept der »historischen Begriffsbildung«.

Wissenschaft hat es, gleich ob sie naturwissenschaftlich oder historisch verfährt, mit empirischer Wirklichkeit zu tun. Die empirische Wirklichkeit ist uns in ihrer extensiven und intensiven Mannigfaltigkeit nicht zugänglich. Erkenntnis ist auf Begriffe angewiesen, welche die Komplexität der empirischen Wirklichkeit reduzieren. In Rickerts Worten ausgedrückt: Begriffe sind »Denkgebilde« mit dem »Zweck, die empirische Wirklichkeit umzuformen und zu vereinfachen, so dass sie in eine wissenschaftliche Darstellung eingeht« (ebd., S. 329).

Wie aber selektiert der Forscher wissenschaftlich relevante Wirklichkeit? Für die naturwissenschaftliche Begriffsbildung liegt der Sachverhalt klar. Hier interessiert das Allgemeine, das in einer Gattung von Objekten vorhanden ist. So interessieren den Naturforscher der einzelne Baum oder das einzelne Blatt als solches nicht, sondern nur als Exemplar einer Gattung. In der Praxis der historischen Forschung hingegen geht es um Individuen (im weitesten Sinne). Wie kommt es, logisch gesehen, daß der Historiker sich für die Ablehnung der Kaiserkrone durch König Friedrich Wilhelm IV. interessiert, nicht aber für den Schneider, der ihm den Rock gefertigt hat? Wie entsteht ein »historisches Individuum« als Gegenstand des Forschers? Weil er es als einzigartig empfindet. Warum empfindet er es als einzigartig? Weil er es – und das ist der entscheidende Punkt – auf Werte bezieht. Ein »historisches Individuum« kommt also dadurch zustande, daß Wirklichkeit auf Werte bezogen wird, wodurch wir in die Lage versetzt werden, Bedeutungspräferenzen zu entwickeln, Wichtiges von Unwichtigem zu unterscheiden. »Das Wesen aller wissenschaftlichen Begriffsbildung besteht in der Scheidung des

Wesentlichen vom Unwesentlichen, und diese Scheidung setzt ...
ein Subjekt voraus, das mit Rücksicht auf einen als werthvoll
anerkannten Zweck die Trennung des Wesentlichen vom Unwesentlichen vornimmt« (ebd., S. 669). Ohne Werte ist keine
Wissenschaft des Individuellen (im logischen Sinne) möglich:
»(D)er Glaube, in der Geschichte jemals einen absolut werth-
freien Standpunkt zu vertreten, das heißt nicht nur Werthurteile,
sondern auch Werthbeziehungen vermeiden zu können, ist daher
immer eine Selbsttäuschung« (ebd., S. 367 f.).

Historische Individuen als wissenschaftliche Erkenntnisobjek-
te entstehen also durch Wertbeziehung. Nun sind historische
Individuen keine »in sich abgeschlossenen Gestaltungen«. »In
der empirischen Wirklichkeit giebt es etwas Vereinzeltes niemals,
und die Geschichte als Wirklichkeitswissenschaft darf also nicht
›individualistisch‹ in dem Sinne sein, dass sie die Wirklichkeit in
isolirte Individuen auflöst« (ebd., S. 392). Ein historisches Individuum muß also in einen »allgemeinen Zusammenhang« eingebettet werden. Doch dieser »allgemeine Zusammenhang« ist
nicht allgemein im naturwissenschaftlichen Sinne, sondern ist
ebenfalls als historisches Individuum aufzufassen. Umgekehrt
kann man auch ein historisches Individuum in weniger komplexe
historische Individuen auflösen (vgl. Kapitel III.3).

Der Begriff des »historischen Zusammenhangs« ist aber noch
in anderem Sinn zu verstehen: »Die historischen Thatsachen
nämlich sind nicht nur insofern nicht vereinzelt und isolirt, als sie
stets Theile eines grösseren Ganzen sind, sondern auch insofern,
als sie sich gegenseitig beeinflussen oder in einem *kausalen* Zusammenhange mit anderen Thatsachen stehen. Es giebt keinen
Theil der empirischen Wirklichkeit, indem nicht jedes Ding die
Wirkung von anderen Dingen ist und für andere Dinge eine Ursache bildet« (ebd., S. 409).

Rickert wendet sich damit gegen die seinerzeit verbreitete Auffassung, natürliche Abläufe seien kausal bedingt, geschichtliches
Geschehen dagegen nicht (aufgrund von Willensfreiheit etc.):
»(W)arum sollte das Sein weniger kausal bedingt sein, wenn es
auf seine Individualität und Besonderheit hin betrachtet wird, als
wenn man es unter allgemeine Begriffe zu bringen versucht?«
(ebd., S. 410) Man dürfe allerdings den Begriff der Kausalität
nicht mit dem des Naturgesetzes identifizieren: »Der Begriff einer einmaligen und individuellen Kausalreihe schliesst es viel-

mehr aus, daß ihre Darstellung durch Begriffe von Naturgesetzen erfolgen kann« (ebd., S. 414).[25] »Thatsächlich fällt jedenfalls der Begriff des *kausal* Bestimmten mit dem des *gesetzmäßig* Bestimmten nicht zusammen« (ebd.). Ein Gesetz kann nur als heuristisches Hilfsmittel zur Eruierung historischer Kausalität dienen (vgl. ebd., S. 423).[26]

Rickert relativiert die Unterscheidung zwischen naturwissenschaftlicher und historischer Begriffsbildung dahingehend, daß meist naturwissenschaftliche Begriffe auch historische[27], historische Begriffe auch naturwissenschaftliche Elemente enthalten. Dies sei aber kein Hindernis zur prinzipiellen Unterscheidung von naturwissenschaftlicher und historischer Begriffsbildung:

»Der Zweck der Wissenschaft ermöglicht … immer eine Entscheidung darüber, ob wir es mit einem allgemeinen oder mit einem individuellen Begriff zu thun haben, und weil zwischen den Zwecken der Naturwissenschaft und denen der Geschichte stets ein prinzipieller Gegensatz besteht, so haben wir auch ein Recht, trotz aller Relativität von einem Gegensatz allgemeiner und individueller Begriffe zu sprechen. Solange die Naturwissenschaft von dem Ziel geleitet ist, ein System von Begrif-

25 Rickert sieht das Verhältnis von naturwissenschaftlicher und historischer Kausalität so: »An den individuellen historischen Kausalzusammenhängen findet vielmehr die naturwissenschaftliche Begriffsbildung ebenso wie an jeder anderen geschichtlichen Wirklichkeit ihre Grenze. Niemals kommt für eine Gesetzeswissenschaft der wirklich einmalige Vorgang, bei dem aus einer individuellen Ursache ein individueller Effekt hervorgeht, als solcher in Frage, sondern es werden immer nur allgemeine Begriffe gebildet, die das mehreren Kausalverhältnissen Gemeinsame enthalten. Es entsteht dadurch dann die gewiss sehr werthvolle Einsicht, dass, wo auch immer ein Objekt sich zeigt, das als Exemplar unter einen bestimmten allgemeinen Begriff als Ursache fällt, ein anderes Objekt sich einstellen muss, das die Merkmale eines bestimmten allgemeinen Effektbegriffes trägt, aber es wird dabei von jeder einmaligen individuellen Kausalreihe abgesehen …« (Rickert 1902, S. 418).

26 Außer dem Kausalitätsbegriff wird auch der Begriff der »geschichtlichen Entwicklung« der Individualitätskategorie angepaßt. Vgl. Rickert 1902, S. 471 f.; vgl. auch Kapitel III.3.

27 Rickert (1902, S. 512) macht geltend, »dass wir *nur* die Atomwelt als eine absolut unhistorische Welt bezeichnen können, denn schon die Physik im engeren Sinne braucht Begriffe wie Licht, Wärme, Schall, die im Vergleich zur Atombewegung etwas Besonderes enthalten«.

fen zu bilden, dem jeder Theil einer Wirklichkeit sich als Exemplar unterordnen lässt, sind alle ihre Begriffe als allgemeine Begriffe zu verstehen. Solange die Geschichte das durch seine Individualität Bedeutsame in ihre Darstellungen aufnimmt und es nur dann unterlässt, bis zum absolut Individuellen vorzudringen, wenn bereits der allgemeine Gruppenbegriff genug Individualität besitzt, um das für sie Wesentliche darzustellen, bleibt sie unter allen Umständen die Wissenschaft vom Individuellen, die nicht nur für einzelne Individuen, sondern auch für Gruppen immer individuelle Begriffe zu bilden hat« (ebd., S. 493 f.).

Nachdem Rickert so die Grenzen der naturwissenschaftlichen Begriffsbildung und die Grundsätze der historischen Begriffsbildung herausgearbeitet hat, setzt er sich mit der Frage auseinander, wie letztere eine »der Naturwissenschaft ebenbürtige Objektivität« erreichen kann (ebd., S. 600). Denn: »Ist ... von der Geschichte die Wirklichkeit mit Rücksicht auf das Besondere und Individuelle darzustellen, und sind daher die Prinzipien ihrer wissenschaftlichen Bearbeitung Werthgesichtspunkte, so ist der Historiker dazu verurtheilt, bei schwankenden und individuellen Meinungen stehen zu bleiben, denn was ein geschichtliches Individuum ist, hängt ja dann von subjektiven Liebhabereien ab« (ebd., S. 602).

Rickerts Lösung dieses Problems geht davon aus, daß es einen Kanon »allgemein anerkannte(r) Werthe« gibt: »In der Geschichte kommt nur die Beziehung der Objekte auf allgemein anerkannte Werthe in Betracht, durch die sich in ihnen in einer für Alle gültigen Weise die wesentlichen von den unwesentlichen Bestandtheilen scheiden« (ebd., S. 629). Rickert behauptet nicht, der Wissenschaftler könne entscheiden, welche Werte »richtig«, welche »falsch« sind. Er behauptet vielmehr, daß es faktisch einen Kanon allgemein anerkannter Grundwerte gibt: »(A)ber wenn empirisch festgestellt ist, dass ein bestimmter Kreis von Menschen, an den der Historiker sich mit seiner Darstellung wendet, thatsächlich gemeinsame Kulturwerthe wie Staat, Kunst, Wissenschaft, Religion besitzt, deren Anerkennung als normativ allgemein allen Gliedern der Gemeinschaft zugemuthet wird, und wenn dann mit Rücksicht auf diese Werthe die Thatsachen der Vergangenheit unter historische Begriffe gebracht werden, so entsteht auch eine für Alle gültige Darstellung ...« (ebd.).[28]

28 Tenbruck betont mit Recht, Rickert habe nicht ein System objektiver Werte konstruieren wollen: »Rickert stellt eigentlich nur hypothe-

Worin besteht nun der spezifische Beitrag Max Webers im Diskurs um eine nichtnaturwissenschaftliche Methodologie um die Jahrhundertwende? Unsere Darstellung der wichtigsten diesbezüglichen philosophischen Beiträge mag verdeutlicht haben, daß wesentliche Elemente zumindest bereits bei den Neokantianern Windelband und Rickert vorlagen[29]:

1. Weber hielt, wie Dilthey, Windelband, Rickert und die historischen Schulen überhaupt, eine eigene – nichtnaturalistische – Erkenntnislogik für die historischen Wissenschaften für unumgänglich.

2. In der Begründung der Unumgänglichkeit folgt Weber Windelband und Rickert: Die naturwissenschaftliche Begriffsbildung ist nicht in der Lage, die Individualität und Mannigfaltigkeit von Wirklichkeit zu erfassen, auf die es uns als (mit vielfältigen Wertbezügen in der Welt lebende) Kulturmenschen gerade ankommt.

3. Schon der Terminus »Wirklichkeitswissenschaft« ist keine Webersche Kreation. Er geht auf Georg Simmels *Die Probleme der Geschichtsphilosophie* (1892) zurück, der auch bereits den Gegensatz zu einer »Gesetzeswissenschaft« herausstellte.[30] Er wird häufig von Rickert verwendet[31] und bezeichnet – als

tisch fest, daß die Geschichte nur dann objektiv allgemeingültige Erkenntnisse wie die Naturwissenschaft liefern werde, wenn ein System objektiver Werte bestehe« (Tenbruck 1989, S. 98 f.).

29 Dies hat Weber selbst so gesehen. In einer Fußnote zur Überschrift des »Objektivitätsaufsatzes« heißt es: »Wer die Arbeiten der modernen Logiker kennt – ich nenne nur Windelband, Simmel, und für unsere Zwecke speziell Heinrich Rickert –, wird sofort bemerken, *daß in allem wesentlichen lediglich an sie angeknüpft ist*« (Max Weber 1973b, S. 146; Hervorhebung vom Verf.). Entsprechend hat sich »(i)n der Max-Weber-Exegese ... seit Anfang der siebziger Jahre der Konsens eingestellt, daß Webers Methodologie nur vor dem Hintergrund der sogenannten Südwestdeutschen Schule angemessen zu interpretieren sei« (Krech/Wagner 1994, S. 757).

30 »Insofern also Geschichtswissenschaft zu schildern hat, was wirklich geschehen ist, indem sie die Wirklichkeitswissenschaft schlechthin ist, tritt sie in den denkbar schärfsten Gegensatz gegen alle Gesetzeswissenschaft. Gerade der einzelne nach Zeit und Raum bestimmte Fall, der ihren Inhalt bildet (= »historisches Individuum«, V. K.), ist der letzteren völlig gleichgültig« (Simmel 1989, S. 348 f.).

31 Vgl. Rickert 1902, S. 322, 324, 327, 329, 369, 378, 382, 383, 392, 409, 438, 441, 445, 474, 476, 477, 480, 488, 535, 634.

Gegenstück zur naturwissenschaftlichen, vom Besonderen abstrahierenden »Begriffswissenschaft«[32] – ein auf individuelle Erkenntnis ausgerichtetes Wissenschaftskonzept.

4. Weber folgt Rickerts erkenntnistheoretischem Ansatz: Erkenntnis muß vom Subjekt (nicht vom Objekt) ausgehend gedacht werden.

5. Die Wertlehre mit der Differenzierung von Werturteil und Wertbeziehung übernimmt Weber ebenfalls von Rickert.[33] Allerdings folgt Weber diesem nicht in dessen Überlegungen zu den Möglichkeiten einer Objektivierung der Werte.

6. Auch in der Forderung nach Werturteilsfreiheit kann Max Weber keine Originalität beanspruchen.[34] Schon Simmel forderte in *Die Probleme der Geschichtsphilosophie* (1892), daß »allenthalben die Theorie der menschlichen Dinge sich scharf gegen die Normgebung für sie abzugrenzen hat« (Simmel 1989, S. 299). Auch Rickert (1902, S. 502) befand: »Werturteile stören jede wissenschaftliche Objektivität« (vgl. auch Kapitel VI.1).

7. Wie Rickert (und, zumindest implizit, vorher schon die historischen Schulen) bestimmt Weber als (formalen) Gegenstand der Wirklichkeitswissenschaft das »historische Individuum«.

8. Die These, daß auch für individuelle Erkenntnis »Gesetze« nicht nur zulässig, sondern unverzichtbar sind, hat bereits Windelband vertreten: »Andererseits bedürfen nun aber die idiographischen Wissenschaften auf Schritt und Tritt der allgemeinen Sätze, welche sie in völlig korrekter Begründung nur den nomothetischen Disziplinen entlehnen können. Jede Kausalerklärung irgend eines geschichtlichen Vorganges setzt allgemeine Vorstellungen vom Verlauf der Dinge überhaupt voraus« (Windelband 1904, S. 23).

9. Das wirklichkeitswissenschaftliche Prinzip historisch-konstellativer Erklärung findet sich bei Rickert (siehe oben) und

32 Dieser Begriff soll neben Gesetzen auch Klassifikationen einschließen.

33 Ansätze zur Kategorie der Wertbeziehung finden sich bereits bei Simmel 1989, S. 349.

34 Bezeichnenderweise versieht Max Weber selbst im Objektivitätsaufsatz sein Werturteilspostulat mit dem Zusatz: »... natürlich ohne den Anspruch, damit etwas ›Neues‹ zu fordern« (vgl. Max Weber 1973b, S. 146).

auch bereits bei Simmel: »Die geschichtlichen Erscheinungen sind *jedenfalls* Resultate sehr vieler zusammentreffender Bedingungen und deshalb *keinesfalls* aus je einem Naturgesetz herzuleiten« (Simmel 1989, S. 351).

Max Webers Programm einer Wirklichkeitswissenschaft folgt also den einschlägigen Vorlagen einer historischen Wissenschaftslogik, insbesondere Rickerts *Grenzen*. Die einzige wesentliche Differenz besteht darin, daß Weber sich mit einem »Polytheismus der Werte« abfindet, während Rickert (1902, S. 629) sich noch an »allgemein anerkannte Werthe« klammert. (Als eigener Beitrag gegenüber Rickert ist Webers Lehre des Idealtypus sowie der »Theorie der objektiven Möglichkeit« zu werten.[35])

35 Wir folgen damit derjenigen Interpretationsrichtung, die Webers Wissenschaftslehre in enger Abhängigkeit von der Philosophie des südwestdeutschen Neokantianismus, insbesondere von Heinrich Rickerts »Grenzen« sieht (vgl. insbesondere Burger 1987, Nusser 1986, Oakes 1988, Merz 1990, Schluchter 1991 I). Diese Interpretation ergibt sich meines Erachtens – abgesehen davon, daß man die wesentlichen Elemente des Objektivitätsaufsatzes schon bei Rickert findet (siehe oben) – vor allem aus der bei Marianne Weber (1989, S. 273) überlieferten Briefstelle: »Rickert habe ich aus. Er ist *sehr* gut, zum großen Teil finde ich darin das, was ich selbst, wenn auch in logisch nicht bearbeiteter, Form gedacht habe. Gegen die Terminologie habe ich Bedenken.« Der Satz »Er ist *sehr* gut« ist für sich genommen noch nicht als sachliche Übereinstimmung zu werten, wohl aber im Zusammenhang mit der folgenden Passage: »Zum großen Teil finde ich darin das, was ich selbst, wenn auch in logisch nicht bearbeiteter, Form gedacht habe.« Max Webers Kritik bezieht sich nur auf die Terminologie, nicht aber auf die Sache. Die Bedenken werden im Roscher/Knies-Aufsatz expliziert: »Gleichwohl hat natürlich seine Bezeichnung der ›Gesetze‹ suchenden Arbeit als ›naturwissenschaftlicher‹ Begriffsbildung in der Polemik der Gegner die stete Vermischung des ›ressortmäßigen‹ mit dem logischen Begriff der ›Naturwissenschaften‹ zur Folge gehabt« (Max Weber 1973a, S. 126). – Wagner/Zipprian (1989) machen hingegen eine tiefgreifende Differenz zwischen Rickert und Weber aus, weil Rickert Wertbeziehung als substantielle, Weber hingegen als formale Kategorie versteht. Diese Differenz wird in der Sache treffend dargelegt, ihr Stellenwert für das Verhältnis Rickert–Weber insgesamt jedoch meines Erachtens überschätzt. – Für einen engen Bezug Max Webers auf das neokantianische Erkenntnisprogramm sprechen auch die mehr als vierzig Briefe, die Weber an Rickert 1904 bis 1920 verfaßt hat. Diese sind, so

Insgesamt gesehen, liegt Max Webers eigener Beitrag nicht in der originären Formulierung einer wissenschaftslogischen Position. Vielmehr bringt er die philosophischen Lehren des Neokantianismus für die Forschungspraktiker in eine konzeptionelle Form. Die Differenzen zwischen Rickert und Weber liegen nicht eigentlich in der Sache selbst, sondern in den Konsequenzen, die daraus gezogen werden. Für Rickert sind seine Studien zur kulturwissenschaftlichen Logik nicht sein Hauptanliegen.[36] Seine *Grenzen* verortet er als Schützenhilfe für die Historiker in ihrem Abwehrkampf gegen den Positivismus. Die *Grenzen* intendieren also die Legitimierung bestehender Verfahren. Auch Max Weber

Guy Oakes, »was das Verhältnis zwischen Webers Methodologie und Rickerts Philosophie anlangt, ... in mindestens dreierlei Hinsicht aufschlußreich. Erstens stellen sie einen Gegenbeweis zu der Behauptung dar, Weber habe nur gelegentlich – und wenn, dann nur geringes – Interesse an methodologischen Fragen genommen, was dann nach 1907 völlig erloschen sei. Wie die Briefe zeigen, hielt sich Weber über Rickerts Publikationen ständig auf dem laufenden und setzte sich zudem detailliert und sorgfältig mit den ihm von Rickert zugesandten Arbeiten auseinander ... Zweitens zeigen die Briefe deutlich, daß Weber von einer Übereinstimmung seiner und Rickerts Position überzeugt war, nicht nur in methodologischen Fragen, was in der Literatur zumeist anerkannt wird, sondern auch in Fragen der Werttheorie, was häufig bestritten worden ist ... Drittens schließlich lassen die Briefe die Vermutung als wenig plausibel erscheinen, Weber habe sich vom neukantianischen Bezugsrahmen Rickerts irgendwann einmal abgewandt. In seinem letzten Brief an Rickert, den er am 26. April 1920, weniger als einen Monat vor seinem Tode, schrieb, skizzierte Weber seinen Handlungsbegriff, den er in Wirtschaft und Gesellschaft zugrunde legen wollte. Dabei verwendete er denselben, Rickert entlehnten Bezugsrahmen, den er auch in seinen Aufsätzen aus den Jahren 1903-1907 benutzt hatte« (Oakes 1990, S. 158 f.).

36 Im Vorwort zur fünften Auflage der *Grenzen* heißt es: »Hier habe ich nur noch zu bemerken, daß ich mein wiederholt umgearbeitetes Buch jetzt in seiner endgültigen Form vorlege. Selbst wenn ich noch eine neue Auflage erleben sollte, würde ich das alte Werk so lassen, wie es ist. *Mir sind andere Arbeiten wichtiger. In den »Grenzen« habe ich stets eine logische Spezialarbeit gesehen.* Die ganze Kraft, die mir in meinem Alter noch zur Verfügung steht, gehört nun der Ausarbeitung von umfassenderen, systematischen Gedanken, die sich nicht auf Fragen der Logik beschränken« (Rickert 1929, S. XXX f.; Hervorhebung vom Verf.).

geht es darum, methodologische Unzulänglichkeiten der historischen Schulen zu beheben (vgl. seine Aufsätze über Roscher und Knies und Eduard Meyer), ohne aus dem Erkenntnisprogramm des Historismus auszusteigen. Darüber hinaus eröffnet aus seiner Sicht die »Grenzen« die Chance, Theorie und Geschichte zu verbinden und damit die große Antinomie zwischen historischer und theoretischer Nationalökonomie, zwischen nomothetischen und historischen Schulen zu überwinden.[37] Außerdem garantiert die konstitutive Kategorie der Wertbeziehung, daß Wissenschaft nun endlich lebensbedeutsam wird. In der Wirklichkeitswissenschaft wird nur das zum Thema gemacht, was als wichtig, »kulturbedeutsam« gilt. Damit wird Nietzsches Kritik an der Lebensfremdheit der Historie hinfällig (vgl. Oexle 1990, besonders S. 98-101, 107-110, 114). Rickerts Werk ebnet Weber den Weg zu einer methodologisch soliden *und* lebensbedeutsamen Wissenschaft. Rickert ist derjenige, der die neokantianische Wissenschaftslogik in ihrer ausgereiften Form formuliert, aber nicht er, sondern erst Weber erkennt ihre volle forschungspraktische Tragweite.

Das Konzept der Wirklichkeitswissenschaft, dem das Prinzip der historischen Begriffsbildung zugrunde liegt, eröffnet Weber neue wissenschaftliche Horizonte. Bis zu Rickerts *Grenzen* ist Weber nicht mehr als ein »Kleinmeister« der historischen Schule der Nationalökonomie; wäre er um 1900 verstorben, hätte die Wissenschaftsgeschichte für ihn, wenn überhaupt, nur eine Fußnote übrig gehabt. Das Konzept der Wirklichkeitswissenschaft ermöglicht Weber nun, großräumige, makrosoziale Gebilde (»Kulturkreise«) als historische Individuen zu konzeptualisieren. Namentlich sein Hauptanliegen, die »Religionssoziologie«, ist ohne Rickerts Konzept der historischen Begriffsbildung kaum denkbar.

Das Konzept einer Wirklichkeitswissenschaft sollte, wie wir anhand der historischen Soziologie sehen werden, in der deutschen Soziologie über Jahrzehnte erheblichen Einfluß gewinnen. Gemeinsam mit Diltheys »Geisteswissenschaft« und Husserls

---

37 Seine wissenschaftslogischen Überlegungen des Objektivitätsaufsatzes bezieht Max Weber auch ausdrücklich auf den Methodenstreit der Nationalökonomie, auf das »noch immer problematisch gebliebene Verhaltnis zwischen ›theoretischer‹ und ›historischer‹ Arbeit in unserem Fache« (Max Weber 1973b, S. 187).

Phänomenologie, parallel zu Simmels Entwurf einer formalen Soziologie, auf den sich dann Vierkandt, von Wiese und andere beriefen, verdrängte es weitgehend den (naturalistischen) Positivismus aus der Soziologie.[38] In den zwanziger Jahren hatten sich dann zwei Hauptrichtungen in der Soziologie herausgebildet, die sich auf Simmel berufende »formale« oder »systematische« Soziologie und die vor allem auf Sombart und Max Weber zurückgehende »historische Soziologie«.[39] Kaum ein deutscher So-

38 »Man empfand allmählich, daß an Stelle hergebrachter vollständiger Verwerfung der westlichen Soziologie als Wissenschaft die Aufgabe treten müsse, die man formulieren könnte: ›Laßt uns an Stelle der westlichen positivistischen Soziologie, deren Väter Comte und Spencer waren, eine bessere und eine dem deutschen philosophischen und wissenschaftlichen Denken entsprechendere Soziologie setzen‹« (vgl. Scheler 1923, S. 8).

39 Diesen Prozeß kann man recht gut anhand der verschiedenen Auflagen des Bändchens *Soziologie* im Göschen-Verlag (Leipzig) verfolgen. In der ersten Fassung von Thomas Achelis (1899) sind als »Häupter der modernen Soziologie« nur Positivisten aufgeführt (unter anderem Comte, Spencer, von Lilienfeld, Schäffle, Gumplowicz). Entsprechend ausgerichtet ist das Kapitel »Methoden und Principien der Sociologie« mit den Abschnitten »Objektivität, Induktion, Psychologische Methode, Statik und Dynamik, Sociologische Gesetze, Teleologische Notwendigkeit«. Die zweite Auflage vom gleichen Verfasser (1912) ist in puncto Gliederung und Inhalt noch im wesentlichen unverändert, doch wird sie nun mit einer an Simmel angelehnten Definition eingeleitet: »Die Soziologie ist die Lehre von den Formen des gesellschaftlichen Zusammenlebens« (S. 5). Schon im Jahr 1917 erscheint eine Neufassung unter dem Titel *Grundfragen der Soziologie* von Georg Simmel, in der Soziologie als Lehre von den Formen der Vergesellschaftung bestimmt wird. In der folgenden Neufassung von 1926 (Verfasser: Leopold von Wiese) sind als »Hauptrichtungen« der Gegenwart »historische« (Max Weber, Werner Sombart), »philosophische« (Ottmar Spann) und »systematische Soziologie« (vor allem von Wiese selbst) unterschieden, während die eigentliche positivistische Soziologie nur noch im Rahmen der »geschichtlichen Entwicklung der Soziologie« abgehandelt wird. – Ein anderes Indiz für den rapiden Bedeutungsverlust des Positivismus in der deutschen Soziologie ist, daß 1931 der hundertste Geburtstag Schäffles, des bedeutendsten deutschen positivistischen Soziologen, kaum registriert wurde (vgl. von Wiese 1933, S. 31). Von Wiese bestätigte, »daß die Generation der Nachkriegszeit von dieser Richtung nichts wissen will« (von Wiese 1933, S. 33). – Instruktiv in dieser

ziologe bekennt sich in den zwanziger Jahre noch zum Positivismus[40]; er gilt durch Dilthey, Rickert und Husserl[41] als überholt und in seiner Annahme voraussetzungsloser Erkenntnis als wissenschaftslogisch naiv.[42]

Charakteristisch für das erste Drittel des zwanzigsten Jahrhunderts im deutschen Sprachraum war eine interdisziplinäre Diskussion um eine nichtnaturalistische historische Wissenschaftslogik, an der auch historische Soziologen teilhatten (vgl. außer Max Weber zum Beispiel Troeltsch 1922, Freyer 1923, Freyer 1930, Mannheim 1970a, von Schelting 1934)[43] und die, wie wir sehen werden, für die logischen Formen materialer historisch-soziologischer Forschungspraxis bedeutsam war. In Poppers *Logik der Forschung* (1934) sind die Anliegen historischer Wissenschaftslogik – andeutungsweise – noch enthalten. Darin werden »Universalien« und »Individualien« als verschiedene Begriffsweisen verstanden, die einander nicht ersetzen können (vgl. Popper 1966, S. 35-39).[44] Das entspricht den Unterscheidungen von

Hinsicht ist auch Vierkandts Aufsatz mit dem bezeichnenden Titel *Die Überwindung des Positivismus in der Soziologie der Gegenwart* (Vierkandt 1926).

40 Eine der wenigen Ausnahmen war Franz Oppenheimer, der von seinem Medizinstudium her für den naturalistischen Wissenschaftsbegriff disponiert war und bekundete, »daß ich auch als Soziologe niemals aufgehört habe, Naturforscher und Arzt zu sein« (Oppenheimer 1924, S. 29).

41 Vgl., insbesondere in bezug auf Husserl, Vierkandt 1926.

42 Vgl. exemplarisch Mannheim 1970b, S. 329-331. Der Positivismus ist für Mannheim »lediglich eine Philosophie der Philosophielosigkeit« (S. 329). Seine Vertreter »sehen nicht, daß das Erfassen und Erkennen der Sinngehalte durch das Verstehen und durch die Interpretation hindurchgehen muß und daß die ganze Problematik, die hierbei entsteht, durch einen naturwissenschaftlichen Monismus nicht bewältigt werden kann, und sie sehen schließlich nicht, daß ihr Naturalismus sie unfähig macht, die Beziehungen zwischen Sein und Sinn adäquat zu erfassen« (Mannheim 1970b, S. 330).

43 Auch die Wissenssoziologie insbesondere Mannheims kann man als Teil der Diskussion um eine historische Wissenschaftslogik auffassen.

44 »Der Versuch, ein Individuum durch universelle Eigenschaften und Beziehungen zu kennzeichnen, die anscheinend nur für dieses charakteristisch sind, kann nicht gelingen: nicht ein bestimmtes Individuum wird so gekennzeichnet, sondern die stets universelle Klasse

Gesetzes- und Wirklichkeitswissenschaft (Simmel, Max Weber) oder naturwissenschaftlicher und historischer Begriffsbildung (Rickert). Mit dem vielbeachteten Aufsatz »The Function of General Laws in History« von Carl G. Hempel (1942) setzte sich die Forderung durch, daß auch für die Geschichte das naturwissenschaftliche Erklärungsmodell verbindlich zu übernehmen sei. Damit war auch die Diskusssion um eine nichtnaturalistische Wissenschaftslogik, soweit sie überhaupt zur Kenntnis genommen worden war[45], ad acta gelegt. Dem rigiden Naturalismus des Covering-law-Modells wurde zwar seit den fünfziger Jahren mit sprachlogischen und handlungstheoretischen Argumenten entgegengetreten (Gardiner 1952, Dray 1957, Winch 1971), doch führte dies nicht zur Revitalisierung einer historischen Wissenschaftslogik nach Art von Dilthey, Simmel, Rickert und Max Weber.[46] Erst seit den achtziger Jahren ist ihr – vor allem im Zusammenhang mit den Diskussionen um Historismus und Max Weber – neues systematisches Interesse zuteil geworden.

5. Der Entstehungskontext von René Königs »Geschichts- und Sozialphilosophie«

In den fünfziger Jahren hatte sich gegenüber den zwanziger Jahren die wissenschaftstheoretische Lage grundlegend verändert. In den USA hatte sich seit den zwanziger Jahren in der Soziologie das Konzept einer Soziologie als »hard science« nach dem Vorbild der Naturwissenschaften durchgesetzt (vgl. Ross 1991, S. 428-448). Der Positivismus hatte sich inzwischen, vor allem

---

aller jener Individuen, auf die jene Kennzeichnung paßt« (Popper 1965, S. 37). Diesen Tatbestand beschrieb Rickert als »die Grenzen der naturwissenschaftlichen Begriffsbildung«.

45 Bei Hempel 1942 findet sich jedenfalls kein Bezug darauf.

46 In dem von Patrick Gardiner herausgegebenen Reader *The Philosophy of History* (Oxford 1974) mit zehn Beiträgen findet sich kein Vertreter der deutschen historischen Wissenschaftslogik. In der Bibliographie sind von 104 Titeln nur drei aufgeführt (von Dilthey, Löwith und Max Weber), die der deutschen historischen Wissenschaftslogik zuzurechnen sind. – Als Überblick zur geschichtstheoretischen Diskussion in der analytischen Philosophie vgl. Lübcke 1993, vertiefend zu diesem Thema vgl. Acham 1974.

dank des »Wiener Kreises«, neu formiert. Er entledigte sich der geschichtsteleologischen Hüllen des klassischen Positivismus, verwarf überhaupt alle Metaphysik, also Lehren zu übersinnlichen Gegenständen[47], und leugnete, daß auf apriorischem Wege Wirklichkeitsaussagen oder normative Aussagen möglich seien (vgl. Stegmüller 1989, S. 346). Wie der klassische Positivismus erhob er die Erfahrung zur alleinigen Quelle wissenschaftlicher Erkenntnis und propagierte einen monistischen Wissenschaftsbegriff. Die neopositivistische Philosophie nach Art des Wiener Kreises konzentrierte sich im Anschluß an den frühen Wittgenstein auf die sprachlogische Analyse.

Diese »positivistische Revolution« (Hans Albert) bestimmte in den fünfziger Jahren die wissenschaftslogische Diskussion in den Sozialwissenschaften.[48] Charakteristisch dafür ist Hans Alberts Aufsatz »Entmythologisierung der Sozialwissenschaften«, welcher 1956 in der nunmehr von König herausgegebenen *Kölner Zeitschrift für Soziologie und Sozialpsychologie* erschien. Albert unterschied darin drei Hauptrichtungen der Gegenwartsphilosophie: Positivismus, Marxismus und phänomenologischen Existentialismus. Während die beiden letztgenannten Strömungen ihr Bestehen politischer Protektion verdankten (also der Marxismus dem Sowjetsystem, der »Existentialismus« dem Nazi-Regime; Albert 1956, S. 243, 247), habe sich der Positivismus im angelsächsischen Raum in freiem geistigen Wettbewerb definitiv durchgesetzt (ebd., S. 243) und bilde auch für die Wissenschaft der übrigen Welt die einzig mögliche methodologische Grundlage.[49] Für die Soziologie bedeute dies: Abschied vom »Neo-Obskurantismus« (ebd., S. 247) einer geisteswissenschaftlichen

47 Antimetaphysisch waren aber auch die Geisteswissenschaften. Schon Dilthey hatte über die »Unhaltbarkeit der Metaphysik« reflektiert. Vgl. Dilthey 1966, S. 375-408, hier S. 390.
48 Bettina Heintz (1993, S. 533) hat darauf hingewiesen, daß in den Sekundärdarstellungen des logischen Empirismus, welche die Einstellung der Soziologie gegenüber den Naturwissenschaften »zum großen Teil« prägten, »die differenzierte und in sich heterogene Philosophie des Wiener Kreises in der Regel auf einen kruden Empirismus reduziert« wurde.
49 »Außerhalb der analytischen Philosophie dürfte es heute kaum eine philosophische Strömung geben, die für die Methodologie der empirischen Wissenschaften einige Bedeutung hat« (Albert 1956, S. 244).

Soziologie, die phänomenologische Wesensschau betreibe und einen wissenschaftlich nicht haltbaren ontologischen Unterschied zwischen Natur und Geschichte konstruiere (ebd., S. 252). Einer positivistischen Soziologie als einzig gültiger wissenschaftlicher Form wies Albert zwei Aufgaben zu: Ideologiekritik, also die »Säuberung« des wissenschaftlichen und außerwissenschaftlichen Denkens von vorpositivistischen Denkmustern, und sozialtechnische Politikberatung (vgl. ebd., S. 258-264).

Das war der wissenschaftstheoretische Diskussionsstand, als König sein Konzept einer empirisch-einzelwissenschaftlichen Soziologie formulierte. Es sind vor allem zwei Punkte, in denen sich der Einfluß der »positivistischen Revolution« in Königs Wissenschaftskonzept um 1960 niederschlägt. Da ist zum einen der Grundsatz, daß Erkenntnis nur auf dem Weg der Erfahrung möglich ist. Zum anderen manifestiert er sich in der Trennung von Soziologie und »Geschichts- und Sozialphilosophie«. Er entspricht der Unterscheidung zwischen analytischer Philosophie einerseits und mit Metaphysik und sinnlosen Aussagen befrachteten philosophischen Systemen andererseits. Wie die metaphysischen Systeme aus der Philosophie, so wird spekulative »Geschichts- und Sozialphilosophie« aus der Soziologie ausgeschieden. Wie analytische Philosophie als einzig legitimer Ansatz in der Philosophie, so gilt empirisch-analytische Soziologie als einzig gültige Form in der Soziologie.

Ebensowenig wie Webers »Wirklichkeitswissenschaft« stellt Königs »empirisch-analytische Soziologie« eine originäre persönliche Leistung dar. Weber brachte den neuesten Stand der wissenschaftsphilosophischen Diskussion seiner Zeit, den vor allem der Neokantianismus repräsentierte, in eine für die fachwissenschaftlichen Forschungspraktiker gedachte konzeptionelle Form. Ebenso war es Königs Anliegen, den aktuellen wissenschaftstheoretischen Diskussionsstand als konzeptionelle Grundlage der Soziologie zu vermitteln, und der wurde eben durch die »positivistische Revolution« bestimmt.

Doch es war nicht die »positivistische Revolution« allein, die Königs Kategorien der (empirischen) Soziologie und der »Geschichts- und Sozialphilosophie« prägte. Hier ist auch noch der Konflikt zwischen »systematischer« und »historischer Soziologie« aus den zwanziger und frühen dreißiger Jahren präsent. Schon von Wiese als »Haupt« der systematischen Richtung wollte etwa die philosophische Soziologie Ottmar Spanns in die Philosophie, die historische Soziologie in die Geschichtswissenschaft verwiesen wissen (vgl. von Wiese 1926, S. 37, 92).[50] Alfred Vierkandt, den König (1967, S. IX) zu seinen »akademischen Lehrern« zählte, bestritt, daß es sich bei Max Webers Religionssoziologie um Soziologie handele: »in Wirklichkeit ist das eine rein *historische* Arbeit« (vgl. Vierkandt 1923, S. 9). Auf dieser Linie lag auch der junge René König in den dreißiger Jahren. »Der Sinn meiner Habilitationsarbeit«, so schreibt er rückblickend in seiner Autobiographie, »war die Definition einer Grundlage für die Analyse des sozialen Tatbestandes (le fait social) *in seiner Allgemeinheit, also nicht der Besonderheit einer Gesellschaft* als kapitalistischer, vorkapitalistischer oder mittelalterlicher. Die besonderen Gesellschaften sind Gegenstände der Geschichte. Gibt es in den zahllosen Formen von Gesellschaften, die ich zu ordnen suchte – und zwar nicht nur im engen europäisch-amerikanischen Rahmen, sondern in ihrer planetarischen Ausdehnung – allgemeine Strukturen, die es erlauben würden, ein einheitliches System soziologischer Kategorien aufzustellen? Das war meine Frage …« (König 1984, S. 102; Hervorhebung vom Verf.). Auch hier wird Soziologie als systematische Wissenschaft definiert, und *nur* als solche, und das Historische der Geschichtswissenschaft zugeschlagen. Außerdem bekämpft König in seiner Habilitationsarbeit, den Inhalt seiner späteren Kategorie der »Geschichts- und Sozialphilosophie« vorwegnehmend, die »historisch-existenzialistische Soziologie« Freyers und Landshuts. Auch bei seiner berühmten Definition einer »Soziologie, die nichts als Soziologie ist«, handelt es sich nur um eine Variation einer Formulierung Geigers über empirische Soziologie.[51] Königs Verständnis von »Soziologie« bzw. »Geschichts- und Sozialphilosophie« knüpft also auch wesentlich an die Denkmuster der deutschen systematischen Soziologie der zwanziger Jahre an.

Ferner spielen in Königs Begriffsbildung persönlich-psychologische Momente hinein. König empfand eine Abneigung gegen

---

50 Innerhalb der deutschen Soziologie orientierte sich König an der formal-systematischen Richtung; im übrigen wurde er bekanntlich stärker durch die Durkheim-Schule beeinflußt.

51 Geiger (1931, S. 571) postuliert eine Soziologie, die »Empirie und nichts als Empirie« ist. Über König/Geiger vgl. auch Kapitel VII.4.

den »ästhetischen (Bildungs-)Humanismus«, dem er ursprünglich selbst verhaftet gewesen war.[52] Während seiner Emigrations-
zeit wurde ihm »allmählich immer klarer, daß dem Humanismus
die Gefahr innewohnt, an die Stelle der Wirklichkeit bildungsge-
filterte ›Bilder‹ der Wirklichkeit zu setzen«.[53] König beschreibt
in seiner Autobiographie über mehrere Seiten (ebd., S. 112-116)
seine mühsame Abnabelung vom »naiven Humanismus«. Diesen
»naiven Humanismus«, den er anscheinend auch in der deutschen historischen Soziologie verkörpert sah, verfolgte König
mit der Radikalität des Konvertiten, wie seine sich oft geradezu
überschlagende Polemik gegen die »Kulturkritik« dokumentiert.
   Schließlich sind für Königs unversöhnliche Gegnerschaft zur
(historisch-soziologischen) »Kulturkritik« auch politische Motive anzunehmen.[54] König identifizierte sich als Emigrant mit der
Demokratie; Soziologie sollte eine demokratische Wissenschaft
sein. Die alte deutsche Soziologie war gegenüber der Moderne
skeptisch gestimmt, sie bangte um Freiheit und Selbstverantwortung des Menschen und fürchtete technische und ökologische
Risiken. Diese »Kulturkritik« begünstigte, so Königs Überzeugung, den Nationalsozialismus (vgl. König 1965b, S. 490; König
1965c, S. 558). Bei den Kategorien der Geschichts- und Sozialphilosophie und Kulturkritik schwingen also politische Überzeugungen und Motive – um nicht zu sagen: Werturteile – mit.[55]

---

52 Ein bemerkenswertes Produkt dieser Phase ist Königs Arbeit *Vom
   Wesen der deutschen Universität*, Berlin 1935.
53 Vgl. König 1984, S. 112. In dieser Formulierung tritt auch prägnant
   der erkenntnistheoretische Realismus Königs hervor. Vgl. dazu auch
   Kapitel VII.2.
54 »Im Anhang erhebt sich noch die Frage, warum denn diese Kulturkritik derart wichtig ist, daß es eines solchen Aufwandes an Antikri-
   tik bedarf. Diese läßt sich leicht mit dem Hinweis auf den verkappt
   reaktionären Charakter der Kulturkritik beantworten, die den Menschen in den modernen Massendemokratien das Selbstvertrauen zu
   nehmen sucht, um damit antidemokratische Maßnahmen zu rechtfertigen, da sich ja der Zeitgenosse doch nicht allein in der Gegenwart
   zurechtzufinden vermöge« (vgl. König 1965, S. 10).
55 Vgl. M. Rainer Lepsius (1992, S. 240) über König: »Der radikale
   Kampf gegen die Geschichtsphilosophen war von ihm gedacht – und
   von mir auch so empfunden – als ein Beitrag zur ›geistigen Befreiung
   vom Nationalsozialismus‹ und seinen intellektuellen Stützen«.

Königs Urteil über die deutsche soziologische Tradition fiel in den späten fünfziger Jahren äußerst negativ aus. Die »zwanziger Jahre« waren für ihn

»die Zeit, in der die deutsche Soziologie ihre sachliche Aufgabe vollkommen aus den Augen verloren hatte und sich an der Alternative Hegel und Marx aufrieb, statt zu erkennen, daß eine wirklich soziologische Theorie einzig jenseits beider aufgebaut werden konnte. Unabhängig von dieser mörderischen Alternative plätscherte einzig die sog. ›formale‹ Soziologie in ihren nichtssagenden Allgemeinheiten, die sich zwar fernhielten von dem Rechtfertigungsdenken und den Polemiken der Rechts- und Linkssoziologen, dafür aber der Soziologie den Lebensnerv ausgerissen hatten« (König 1958, S. 11).

An anderer Stelle bemängelte König, daß »Max Weber« und »sein Beginnen einer Soziologie als Strukturanalyse der Gegenwartsgesellschaft, das heißt als Wirklichkeitswissenschaft, seither nicht wieder aufgegriffen, sondern durch zahlreiche Versuche der Bewertung der Gegenwartsgesellschaft ersetzt« wurden (vgl. König 1961, S. 91).

Entsprechend erklärte König 1955 anläßlich der redaktionellen Übernahme der *Kölner Zeitschrift*, »daß sich die soziologische Produktion in Deutschland von ihren früheren Leistungen und Leitideen in den zwanziger Jahren trennen kann und wohl auch trennen muß« (König 1955, S. 1), und stellte 1960 fest: »Der Ansatz der Soziologie heute kann nicht zurückgreifen auf die zwanziger Jahre« (König 1960, S. 143).

Es spricht einiges dafür, daß bei König seit den sechziger Jahren ein Umdenken über die Weimarer Soziologie stattgefunden hat. Ein Beispiel: 1960 bemerkte König, es sei »recht bezeichnend gewesen für die deutsche Soziologie in den zwanziger Jahren«, daß »man unendlich viel Tinte für mehr oder weniger geistvolle methodologische Erörterungen vergoß und darüber – mit nur wenigen Ausnahmen – die positive Forschung völlig aus den Augen verlor« (König 1960a, S. 536). Ein führender Vertreter dieser »veralteten methodologischen Diskussionen« (vgl. ebenda) war Alexander von Schelting, über dessen Hauptwerk *Max Webers Wissenschaftslehre* (1934) König in einem Nachruf 1963 notierte, daß es »beim jedesmaligen Wiederlesen immer neue Aspekte eröffnet, die es noch heute weit überlegen erscheinen lassen über die vielen oberflächlichen Auseinandersetzungen, die Max Weber in der deutschen Nachkriegsperiode gefunden hat.

Es ist erstaunlich zu sehen, wie zutiefst modern dieses Buch noch heute anmutet, wobei Alexander von Schelting insbesondere in seiner Erkenntnistheorie viele Probleme vorausnimmt, die noch für uns heute von Bedeutung sind« (König 1963, S. 788).

Dies war wohl mehr als Pietät gegenüber einem verstorbenen Kollegen aus gemeinsamen Züricher Emigrationszeiten. König stellte sich nun in die Tradition deutscher Soziologie der zwanziger Jahre. Die zweite Auflage seines Handbuchs der empirischen Sozialforschung sah König in »Kontinuität« zum *Handwörterbuch der Soziologie* von 1931 (vgl. König 1967, S. IX), gegen dessen Neuherausgabe 1959 er beim Verlag interveniert hatte (vgl. König 1960, S. 140 f.). In einem Aufsatz 1984 entwarf König ein eindringliches und dichtes Bild der deutschen Soziologie in den Jahren vor 1933 in ihrer Mannigfaltigkeit (vgl. König 1984, besonders S. 18-35). 1987 meinte König rückblickend, es sei sein Anliegen in der Nachkriegszeit gewesen, »die Soziologie in der Bundesrepublik aus ihren Leistungen seit den zwanziger Jahren zu neuem Leben zu bringen« (König 1987, S. 18 f.). Die Texte der fünfziger Jahre sprechen zwar eine andere Sprache. Aber deutlich wird jedenfalls, daß es sich bei der methodologischen Kritik der fünfziger Jahre um eine eher zeitspezifische Erscheinung handelt.[56]

Fazit: Max Webers »Wirklichkeitswissenschaft« und René Königs empirische Soziologie samt ihrem Gegenbild einer »Geschichts- und Sozialphilosophie« sind Produkte verschiedener wissenschaftsgeschichtlicher Epochen mit sehr unterschiedlichen wissenschaftslogischen Grundströmungen. Max Webers Programm einer »Wirklichkeitswissenschaft« ist Teil der – im Zeichen positivistischer Herausforderung – erfolgreichen wissenschaftslogischen Neuformierung der Geisteswissenschaften, welche dann für ein halbes Jahrhundert die deutsche Soziologie (zu Lasten des Positivismus) entscheidend prägte. René Königs Entwurf hingegen repräsentiert die »positivistische Revolution«

---

56 Um den krassen Unterschied zwischen dem König der fünfziger und dem König der achtziger Jahre in seinem Urteil über die deutsche soziologische Tradition zu erfassen, vergleiche man die Aufsätze König 1961 und König 1984. Es gibt dann quasi »König I« und »König II«. In dieser Arbeit wird aber – zu analytischen Zwecken (vgl. oben, Einleitung) – nur die methodologische Kritik der fünfziger Jahre (»König I«) aufgegriffen.

im Gefolge des Wiener Kreises[57], die sich in den deutschen Sozialwissenschaften der fünfziger Jahre auf breiter Front durchsetzte.

Wir haben in diesem Kapitel versucht, Max Weber und König aus den großen philosophischen und wissenschaftslogischen Grundströmungen ihrer Zeit zu *verstehen*. In den folgenden Kapiteln wird es nunmehr um *Geltung* gehen, also inwieweit sich die einzelnen historischen Soziologen in ihren methodologischen, historischen und zeitdiagnostischen Aussagen adäquat mittels »Wirklichkeitswissenschaft« oder »Geschichts- und Sozialphilosophie« beschreiben lassen.

57 Unser Urteil gründet sich *ausschließlich* auf die Wissenschaftslehre René Königs. Eine andere Frage ist, ob König in seiner Intention und Forschungspraxis nicht Max Webers »Wirklichkeitswissenschaft« näher steht als seiner eigenen Wissenschaftslogik.

II. Die historischen Soziologen als Erkenntnissubjekte

Wir wollen uns zunächst vergegenwärtigen, wie sich aus Sicht Max Webers und René Königs Wissenschaftslehren der Sozialwissenschaftler als Erkenntnissubjekt darstellt.

Der Soziologe im Sinne von Königs Wissenschaftslehre ist ein Fachwissenschaftler, das heißt, er hat sich auf eine begrenzte Thematik zu beschränken und empirische Forschung auf dem Wege kontrollierter Verfahren zu betreiben. Er hat sich dabei streng jeglicher Wertungen zu enthalten, die nur den (abbildhaft verstandenen) Erkenntnisprozeß verzerren würden. Erst recht hat er, von ideologischen und utopischen Verirrungen ganz abgesehen, sozialpolitische und sozialreformerische Abschweifungen zu vermeiden. Gerade indem er sich ganz auf »die Sache« konzentriert, kann seine wissenschaftliche Arbeit praktisch wirksam und segensreich werden (vgl. Kapitel I.2).

Ist also bei König absolute Wertfreiheit geradezu die Prämisse »richtiger« wissenschaftlicher Erkenntnis, so verhält es sich bei Weber genau umgekehrt. »Transzendentale Voraussetzung jeder Kulturwissenschaft«, so heißt es da, »ist …, daß wir Kultur*menschen sind*, begabt mit der Fähigkeit und dem Willen, bewußt zur Welt *Stellung* zu nehmen und ihr einen *Sinn* zu verleihen« (Max Weber 1973b, S. 180). Denn erst diese Fähigkeit ermöglicht es dem Wissenschaftler, aus der unendlichen Wirklichkeit ein sinnvolles Erkenntnisobjekt zu selektieren. Objektive Erkenntnis ergibt sich für Weber nicht durch Wertverzicht, sondern dadurch, daß sich der Sozialwissenschaftler im Forschungsprozeß seiner Werte bewußt ist und sie reflektiert und kontrolliert einbringt.

Wir wollen nun gemäß der von uns gewählten idealtypischen Methode versuchen, die Differenz zwischen dem Fachwissenschaftler im Sinne Königs und den historischen Soziologen unter dem Gesichtspunkt des Erkenntnissubjekts herauszuarbeiten. Dabei gehen wir in folgenden Schritten vor:
- Ausgehend vom Sozialtypus des »Mandarins« (Fritz Ringer) wird das elitäre Selbstverständnis der historischen Soziologen vorgestellt, das sich im Anspruch auf geistige Führung in der Gesellschaft äußert (II.1).

- Wir beschreiben dann, wie sich der Anspruch auf geistige Führung im Projekt einer wissenschaftlichen Zeitdiagnostik niederschlägt (Sombart, Troeltsch, Mannheim) (II.2).
- Abschließend wird im Lichte der These von der Wirklichkeitsferne der Weimarer Soziologie untersucht, welchen gesellschaftlichen Erfahrungsbezug die historischen Soziologen in ihre Zeitdiagnosen einbrachten (II.3).

1. Die historischen Soziologen als »Mandarine«

Unsere Analyse der historischen Soziologen als Erkenntnissubjekte geht von Fritz Ringers Begriff des »Mandarins« aus.[1] Er bezeichnet den Sozialcharakter des typischen europäischen, akademisch gebildeten Geistes- und Sozialwissenschaftlers in der Zeit von 1890 bis 1933. Das »Mandarinentum« definiert Ringer »als eine gesellschaftliche und kulturelle Elite ..., welche ihren Status in erster Linie ihren Bildungsqualifikationen und nicht Reichtum oder vererbten Rechten verdankt« (Ringer 1983, S. 15). Es handelt sich dabei um eine historische Erscheinung während des Übergangs von einer primär agrarischen zu einer vollständig industrialisierten Gesellschaft. In dieser Phase verleiht Großgrundbesitz nicht mehr, industrielles Kapital noch nicht eindeutig den führenden gesellschaftlichen Status, so daß sich Bildung als gleichwertige Potenz avancieren kann. Das Mandarinentum versteht Ringer als eine autonome soziale Schicht, also relativ unabhängig vom Wirtschaftsbürgertum und vom grundbesitzenden Adel. Es verfügt über ein eigenes Kollektivbewußtsein mit einem kohärenten Weltbild, in dessen Zentrum die Begriffe »Bildung« und »Kultur« stehen. Zusammenfassend kann man das Mandarinentum als eine Intelligenzschicht definieren, die ein eigenes gesellschaftliches Gruppenbewußtsein entwickelt, verbunden mit einem elitären Selbstverständnis und Anspruch auf »geistige Führung«.[2]

1 Ringers Konzept des Mandarins ist unter Historikern nicht unumstritten, weil es »ohne eine eigentliche Sozialgeschichte auskommt« (Lenger 1994, S. 11; vgl. auch vom Bruch, S. 11, 90). Es scheint uns aber das gesellschaftliche Selbstverständnis der historischen Soziologen treffend zu charakterisieren.
2 Vgl. zu dieser Thematik die Beiträge in Gangolf Hübinger und Wolf-

Diese Attribute des Ringerschen Mandarins findet man auch verbreitet bei den historischen Soziologen. Typisch für sie ist ein Gesellschaftsbild, das eine Bildungsschicht als relativ autonome, geistig führende Gruppe enthält, der man sich selbst zurechnet. Ein Beispiel ist Sombarts Charakterisierung des »gebildeten Menschen«:

»Im Mittelpunkte der Welt und seiner eigenen Interessen steht das Persönliche, das eigenartig Individuelle, dessen Entfaltung er als den Sinn des Lebens betrachtet. Alles objektiv das Einzelwesen Bestimmende, alles Normative, alles nach allgemeiner Geltung Strebende, alle Errungenschaften der objektiven Kultur läßt er nur soweit gelten, als es der Entwicklung des Persönlichen und seiner Eigenart förderlich ist. Er glaubt, daß alle Werte am letzten Ende nur im Persönlichen ruhen und wurzeln können, und daß alle Erscheinungen, alle Geschehnisse in dieser Welt nur Sinn und Bedeutung haben in ihrer Beziehung zum Wohl und Wehe unserer Persönlichkeit, unserer lebendigen Seele ...« (Sombart 1907a, S. 68).

Am bekanntesten in diesem Kontext ist Karl Mannheims Theorie der »freischwebenden Intelligenz« geworden. Mannheim begreift sie als »relativ klassenlose Schicht« (Mannheim 1969, S. 135), die aus sozial heterogenen Elementen besteht, deren »vereinheitlichendes soziologisches Band« die »Bildung« ist (siehe unten).

Mit seinem Begriff der Intelligenz steht Mannheim keineswegs allein. Wie Mannheim (ebd.) selbst bestätigt, stammt der Terminus der »freischwebenden Intelligenz« von Alfred Weber, der damit die sozialstrukturelle Anschauung Mannheims von der Bildungsschicht als relativ autonomer Sozialgruppe teilt. Alfred Weber hat in den zwanziger Jahren das Konzept einer »unegalitären Demokratie« entworfen, in deren Zentrum er »geistig überragende Führer oder Führungsschichten« stellte (vgl. A. Weber 1925, S. 136). Alfred von Martin entwickelte den Begriff einer »kulturtragenden Intelligenz« (als Gegenstück zur »technischen Intelligenz«), die als Gegengewicht zu technischen Sachzwängen und ökonomischen Interessen fungieren sollte.[3] Auch bei Som-

gang J. Mommsen (Hg.), *Intellektuelle im Deutschen Kaiserreich*, Frankfurt am Main 1993, insbesondere Hübinger 1993. Zur »Gelehrtenpolitik« im Kaiserreich vgl. vom Bruch 1980. Für die Weimarer Republik fehlt leider eine vergleichbare Studie.

3 Vgl. von Martin 1956a, S. 250; von Martin 1965, S: 192; vgl. dazu auch

bart erscheinen, wie erwähnt, die »Gebildeten« als eigene Schicht mit besonderer gesellschaftlicher Verantwortung, die von ihm in der Zeitschrift *Der Morgen* exklusiv angesprochen wurde (siehe oben).

Ein elitäres Selbstverständnis, wie es Ringer den »Mandarinen« zuschreibt, war unter den deutschen Wissenschaftlern des wilhelminischen Kaiserreiches und der Weimarer Republik weit verbreitet. Auch Max Weber war davon nicht frei: »Wissenschaftliche Schulung aber, wie wir sie nach der Tradition der deutschen Universitäten an diesen betreiben sollen, ist eine *geistesaristokratische* Angelegenheit« (Max Weber 1973e, S. 587). Helmuth Plessner, der mit seinen *Grenzen der Gemeinschaft* ebenfalls zu den besonnenen Sozialwissenschaftlern der Weimarer Republik gerechnet wird, stellte in ebenjenem Werk auch fest: »Von der Vernunft können nur wenige Gebrauch machen, aber seinem Herzen will doch ein jeder, auch der einfachste Mann folgen« (Plessner 1924, S. 10). Noch deutlicher wurde Max Scheler: »›Die Menge wird niemals Philosoph sein‹. Dieses Wort Platons gilt auch heute ... Ist und war Philosophie also stets Sache einer *Elite*, die sich um eine hervorragende Denkerpersönlichkeit schart, so ist die philosophisch begründete Weltanschauung doch keineswegs einflußlos auf den Gang der Geschichte. Denn alle Geschichte ist wesentlich ein Werk von Eliten und deren Nachahmungen« (Scheler 1968, S. 5). Alfred von Martin verteidigte selbst nach der Katastrophe von 1945 in einer »kleinen Diskussion mit Amerika« das bildungsaristokratische Prinzip:

»Auf innigste zu wünschen bleibt es freilich, daß sich ... eine wahrhafte Kulturpolitik erhöbe, um, über die Human*ität* hinaus – die nur jenes Moralische darstellt, das sich ›von selbst verstehen‹ sollte – auch ein Stück Human*ismus* zu verwirklichen im Sinne einer höheren Bildung

Kruse 1994, S. 121-125. Die Auffassung von der Bildungsschicht als relativ autonomer Sozialgruppe kommt auch in v. Martins Begriff des Bürgertums zum Ausdruck, der die Typen des »Unternehmers« und des »Intellektuellen« unterscheidet. Laut von Martin ist »die Spannung also zwischen den rein zweckrationalen Strebungen des Wirtschaftsbürgertums und der durchaus eigenständig sich entwickelnden wertrationalen Leitidee des Bildungsbürgertums ... viel zu stark, als daß da von einem Verhältnis ideologischen Trabantentums die Rede sein könnte. Bürgerlich ist ... jedes in seiner, je ganz anderen und heterogenen Art« (von Martin 1974, S. 16 f.).

und Kultur, die freilich, ihrem Wesen nach, immer nur einer geistigen Elite vorbehalten bleiben kann ... Man darf eine Kultur nicht beschränken wollen auf das allen Zugängliche. Für die höheren Aufgaben bedarf es stets einer Elektion, und für die höchsten einer nochmals gesiebten Elite« (von Martin 1946, S. 70).

Dieses elitäre Bewußtsein kristallisiert sich in den Begriffen von »Masse« und »Geist«.[4] Nicht alle historischen Soziologen pflegten einen so emphatischen und elitären Intelligenzbegriff, namentlich nicht die Sozialisten Oppenheimer und Heimann. Gleichwohl waren auch sie persönlich, zumal als Soziologen, von der Vorstellung »geistiger Führung« in aktuellen gesellschaftlichen und politischen Zeitfragen durchdrungen. Dies sei anhand einer Passage demonstriert, in der Franz Oppenheimer rückblickend die Entstehung seines Buches *Kapitalismus, Kommunismus, Wissenschaftlicher Sozialismus* aus der Revolutionszeit von 1918/19 beschreibt:

»Ich entwarf es im Krankenbett, während langsamer Erholung nach einer fast tödlichen Krankheit, und schrieb es als Rekonvaleszent in wenigen Wochen nieder. Höchste Eile schien geboten. Die kommunistische Revolution hatte in Bayern und Ungarn ihre kurze Herrschaft angetreten. Da fühlte auch ich die Verpflichtung des Patrioten, der sich Fachmann nennen darf, zu versuchen, ob es nicht gelingen könnte, durch ein Wort zur rechten Zeit sozusagen den Rossen des Schicksals in die Zügel zu fallen, um sie noch im letzten Augenblick vom Abgrund zurückzureißen« (Oppenheimer 1962, S. III).

Hier wird gesellschaftliche Verantwortung artikuliert, die sich aus der Qualifikation als »Fachmann« ableitet. Was aus diesem Zitat auch herausklingt, ist ein starker politisch-gesellschaftlicher Aktivismus. Diesen gesellschaftlich engagierten Gelehrtentypus hat Mannheim in bezug auf Troeltsch, für die anderen historischen Soziologen nicht minder zutreffend[5], so beschrieben:

4 Der elitäre Zuschnitt Weimarer Soziologie allgemein ist oft herausgearbeitet worden, so von Lukács 1984, Lenk 1972 und Berking 1984.
5 Über Alfred Weber zum Beispiel urteilt sein Biograph: »(E)r wollte immer heraus in das wirkliche, das praktische Leben, und politisches Engagement und politische Aktivität waren ihm dabei nicht nur selbstverständlich, sondern geradezu persönliches Bedürfnis« (Demm 1986, S. 7). Sein Motto war: »Wir wollen wirken« (vgl. Demm 1990, S. 72).

»Er will aber nicht mehr die glückliche Insel der Zurückgezogenheit eines Gelehrtentypus, der, vom Leben abgewandt, unpolitisch, unaktiv, in der scheinbaren Ordnung einer ausgereiften Welt seinen Detailproblemen nachgeht und sein Teilleben führt. Er will mitten drin sein und die Linien seines theoretischen Interesses mit den Leiden einer aufgewühlten Welt verbinden« (Mannheim 1970a, S. 263).

Die historischen Soziologen verkörpern also einen aktivistischen Gelehrtentypus mit Anspruch auf geistige Führung in der Gesellschaft. Wie ist das zu verstehen?

»Geistige Führung« bezieht sich zunächst einmal auf den Bereich der Werte. Die Intellektuellen sind Schöpfer, Ausleger und Hüter der Werte in der Gesellschaft. Ohne die »freischwebenden Intellektuellen«, so Mannheim, »wäre es leicht möglich, daß in dem kapitalistisch werdenden Sozialkörper ein großer Teil unserer geistigen Inhalte verschwände und nur die nackten Interessen übrigblieben« (Mannheim 1984, S. 147). »Gerade in einer durchtechnisierten Welt ist als erhaltender Faktor ein geistiges Gegengewicht … vonnöten, soll der Mensch ein eigenwertiges, selbstzweckliches Wesen sein und bleiben und nicht zum bloßen Mittel werden, um das Funktionieren eines Kollektivmechanismus aufrechtzuerhalten« (von Martin 1965, S. 236). Auch Alfred Weber hielt eine unabhängige, werttragende Intelligenzschicht als geistiges Gegengewicht gegen die Sachzwänge der durchtechnisierten industriellen Gesellschaft und gegen die ökonomischen Interessengruppen für unentbehrlich.[6] Außerdem sollten die werttragenden Intellektuellen die Demokratie gegen totalitäre Gefahren immunisieren.[7]

6 »Das Entscheidende ist (,) das Geistige, das alles Überragende, dies überhaupt so stark zu machen, daß es wieder lenkt …« (A. Weber 1924, S. 29).
7 Dieser Gesichtspunkt kommt aber erst durch die Erfahrung des Dritten Reiches ins Spiel. Alfred Weber zum Beispiel begründet vor 1933 die Demokratie nicht normativ, sondern soziologisch. Angesichts der modernen gesellschaftlichen Entwicklung, insbesondere der »Bewußtseinsaufhellung der Massen«, sei Demokratie »unentrinnbar« geworden (vgl. dazu Kruse 1990, S. 357 f.). Zur geistigen Immunisierung gegen den Totalitarismus sind zum Beispiel auch Alfred Webers Ausführungen über »transzendente Mächte« (unter anderem A. Weber 1946, S. 254-276; A. Weber 1963a, S. 99-123), Alfred von Martins (wertphilosophische) Kritik an Hegel, Nietzsche, Spengler und Ernst Jünger (von Martin 1946a; von Martin 1946b; von Martin 1948a) oder

Der Anspruch auf »geistige Führung« erstreckte sich also zum einen (als Teil der kulturtragenden Intelligenz) auf Auslegung und Schutz der Werte in einer mehr und mehr von technischen Sachzwängen und ökonomischen Interessen bestimmten Gesellschaft.[8] Dies war Sache der gesamten kulturtragenden Intelligenz. Speziell für die Soziologen *als Soziologen* trat noch eine zweite Aufgabe hinzu: wissenschaftliche Zeitdiagnostik.

2. Historische Soziologen als Zeitdiagnostiker

Soziologische Zeitdiagnostik als Projekt taucht zuerst Anfang des zwanzigsten Jahrhunderts auf. Im Juni 1907 erscheint erstmals *Der Morgen* – eine Zeitschrift, die sich als Organ politischer Bildung insbesondere für »Gebildete« verstand. Zu ihren Herausgebern zählte neben dem Komponisten Richard Strauss, dem dänischen Literaturhistoriker Georg Brandes und dem Kunsthistoriker Richard Muther auch *Werner Sombart*, dessen Artikel maßgeblich das geistige Gesicht der Zeitschrift prägten (vgl. vom Bruch 1980, S. 184). In einem Einführungsartikel propagierte Sombart eine »Kulturphilosophie« – ein Wort, das man in diesem Kontext durchaus mit »soziologische Zeitdiagnostik« übersetzen kann.[9] Es lohnt sich, diesen Artikel genauer zu betrachten.

Müller-Armacks und Heimanns Projekte einer Rechristianisierung gedacht (vgl. zum Beispiel Heimann 1950, S. 157-245; Müller-Armack 1981b, S. 492-496).

8 Es sei daran erinnert, daß noch René König das gesellschaftliche Engagement des soziologischen Intellektuellen einfordert (vgl. Kapitel I.2).

9 »Kultur« war in den letzten Vorkriegsjahren ein Modewort in der gesamten deutschen gebildeten Öffentlichkeit (vgl. vom Bruch 1980, S. 30, Anm. 69 a) mit unterschiedlicher Bedeutung. In der sozialwissenschaftlichen Literatur fungierte »Kultur« bis in die dreißiger Jahre nicht selten als Begriff für das gesellschaftliche Ganze. So unterschied Sombart (1907, S. 4) »drei große Gebiete objektiver Kultur«, nämlich »materielle Kultur«, »gesellschaftliche (soziale) Kultur« und »geistige Kultur«. Mannheims Aufsatztitel »Seele und Kultur« hat Kurt Wolff (1970, S. 14) mit »Geist und Gesellschaft« übersetzt. Später bezeichnete Mannheim (1932, S. 22) die »Soziologie als Lehre vom Gesamtzusammenhang des gesellschaftlich-geistigen Geschehens« als »Kultursoziologie«.

Am Anfang dieses Beitrags wird der geistige Entstehungskontext soziologischer Zeitdiagnostik deutlich: der einsetzende Zweifel am Kulturfortschritt der Menschheit. Das neunzehnte Jahrhundert war noch vom Glauben erfüllt, daß materieller und moralischer Fortschritt Hand in Hand gingen. Dies änderte sich um die Jahrhundertwende:

»Galt es noch vor wenigen Jahren als eine Art von Axiom, dessen Richtigkeit nur wenige Sonderlinge anzuzweifeln wagten: daß die Menschheit ›fortschreite‹, daß die Bahn der Kultur eine Sonnenbahn sei, die uns emporführe zu höheren Formen des Lebens, so mehren sich jetzt die Stimmen derer, die ganz im Gegenteil nur Uebles von der Kultur auszusagen wissen, die in ihr nur noch Zerstörung, nur noch Niedergang erblicken …« (vgl. Sombart 1907, S. 1).

Die Frage sei nun, so Sombart, »wie in der Wirrnis unserer Zeit wieder ein Weg zu finden sei, den jeder mit Zutrauen und mit der Gewißheit gehen mag, daß es ein sicherer Weg ist, der zu hohen Zielen führt. Das heißt: es gilt wieder neue, lebendige Ideale zu schaffen; richtiger: einen vornehmen Lebensgeschmack, einen edlen Kulturgeschmack neu zu stabilisieren« (ebd., S. 2).

Die Suche nach neuen Kulturidealen kann nun, so Sombart, auf keinen Fall Aufgabe der Wissenschaft sein. »Aus der Wissenschaft blühen keine Werte«, sondern einzig durch das »eigene Erlebnis« und aus »höchstpersönlicher Subjektivität« (vgl. ebd.). Doch mit Erlebniswillen und Subjektivität allein ist es jedoch nicht getan, sie finden ihre Grenzen in der gesellschaftlichen Realität:

»Aber wenn wir nun daran gehen, uns unser Leben nach eigenem Geschmack zu gestalten, so werden wir sehr bald gewahr, daß wir doch nicht selbstherrisch schalten und walten können, daß wir eingeschlossen sind in enge Schranken durch die natürliche und soziale Umgebung, in der wir nun doch einmal leben müssen« (ebd.).

In dieser fundamentalen Gegebenheit sieht Sombart auch den Grund, »(w)eshalb uns die vielen hübschen Bücher, die mit neuen oder auf neu gearbeiteten Kulturidealen jetzt auf dem Markte hausieren gehen, so flach erscheinen, so dürftig, so dünn«: ihnen fehle »das Bewußtsein des Notwendig-Schicksalsmäßigen unseres Kulturablaufes« (ebd.). Mit anderen Worten: »Das innerste Wesen des Kulturproblems ist Tragik: ist der Zwiespalt zwischen unserem Drängen nach höchstpersönlicher freier Gestaltung unseres Lebens und dem, was uns von außen her als Notwendigkeit

und oft genug verhaßte Notwendigkeit aufgezwungen wird«
(ebd., S. 3). Und damit gelangt Sombart zum entscheidenden
Punkt:

»Wenn wir aber die Kulturprobleme von dieser Seite her anschauen (und
ich meine nur diese Betrachtungsweise wird ihrer Tiefe und ihrer Größe
ganz gerecht), so springt mit einem Male ein ganz neues Interesse aus
den Dingen heraus: *das Interesse am Erkennen dessen, was ist.* Denn
wenn wir einsehen, daß wir mit unserem eigenen Leben in einem notwendigen Ablauf des Geschehens eingeschlossen sind, an deren Gestaltung wir nur geringen Anteil haben, so wollen wir wenigstens die Zusammenhänge dieses notwendigen Geschehens begreifen, wollen die
Gesetze erkennen, nach denen der Kulturprozeß verläuft. Sei es, daß wir
damit unsere Freiheit der Notwendigkeit auch des Kulturgeschehens
gegenüber wiedergewinnen – die ja am letzten Ende darin bestehen soll,
daß wir das freiwillig, aus eigener Entschließung tun, wozu uns die
Notwendigkeit zwingt – sei es, *daß wir aus der Einsicht in die Bedingungen der Kultur die Möglichkeit hernehmen, gestaltend, fördernd, hem-
mend in den Gang der Kulturentwicklung einzugreifen oder doch wenigstens unser Leben in gewissen Grenzen nach eigenen Plänen zu
gestalten* … (W)ie man sich auch zu den praktischen Problemen der
Kulturgestaltung stellen mag: das erste müßte immer sein, diese Kultur
zu verstehen … Um etwas in seiner Notwendigkeit zu begreifen, genügen freilich schöngeistiges Gerede und allgemeine Sentiments nicht, mit
denen man bisher die Kulturprobleme behandelt hat. *Es bedarf der
gründlichen Fachkenntnisse, in unserm Falle vor allem auf dem Gebiete
der sozialen Wissenschaften*, in denen alle die Kultur angehenden Probleme zusammenlaufen. Nur der Soziologe kann heute über Kulturprobleme reden und auch dann nur, wenn er vor allem die Bedingungen des
Wirtschaftslebens aus eigener Wissenschaft und eigener Anschauung genau kennt« (ebd., S. 3 f.; Hervorhebung vom Verf.).

Damit ist Sombart zu dem Projekt einer wissenschaftlichen Zeitdiagnostik gelangt, das die Wissenschaftsgestalt deutscher historischer Soziologie über Jahrzehnte prägen sollte. Dieses Projekt,
wie Sombart es entwirft, hat also mit Werten unmittelbar nichts
zu tun. Das Anliegen ist vielmehr ein analytisches (»das Interesse
am Erkennen dessen, was ist«). Voraussetzung für Zeitdiagnostik
sind »gründliche Fachkenntnisse«. Ihr Ziel besteht darin, persönlich und politisch im gesellschaftlichen Raum reflektiert zu
handeln. Die Suche nach neuen Werten: ja. Aber das ist nicht
Sache der Wissenschaft. Deren Aufgabe ist vielmehr, dafür zu
sorgen, daß diese Suche nicht utopisch abgehoben von der Realität stattfindet:

»Es ist Kinderart, Forderungen zu stellen, ohne die Bedingungen zu kennen, an die ihre Erfüllung geknüpft ist. Es ist wertloses Geschwätz, neue Kulturideale zu predigen, ohne die Grundlagen aufzuweisen, auf denen unsere Kultur ruht oder die neuen ruhen könnten. Es ist Quacksalberei, Heilmittel anzupreisen, ohne etwas von den Lebensgesetzen des Körpers zu wissen, den man heilen will« (ebd., S. 3).

Das Projekt einer wissenschaftlichen Zeitdiagnostik entstand also im Kontext nachlassenden Fortschrittsglaubens und der Suche nach neuen Kulturidealen seit der Jahrhundertwende. Seine Aufgabe war, der Diskussion um neue Kulturideale eine soziologische Grundlage zu verschaffen, damit jene nicht abgehoben von den gesellschaftlichen Realitäten stattfand. Es wurde nach dem ersten Weltkrieg – ohne expliziten Bezug auf Werner Sombart – von *Ernst Troeltsch* aufgegriffen[10], und zwar unter dem Terminus einer »gegenwärtigen Kultursynthese«. Troeltsch war von Haus aus Theologe; die Frage, wie soziologische Realfaktoren die Entfaltung geistiger Ideen in der Welt hinderten, führte ihn zur Soziologie.[11] Ursprünglich ein eher weltabgewandter

10 Troeltsch selbst hat allerdings bereits im 1907 erschienenen Aufsatz »Das Wesen des modernen Geistes« historisch-soziologische Zeitdiagnostik projektiert: »... (J)eder heutige Versuch der Selbstbesinnung und Selbstorientierung ist darauf angewiesen, unsere Welt in erster Linie rein historisch zu begreifen als eine von bestimmten geschichtlichen Kräften hervorgebrachte Formation, als eine Zusammen- und Ineinanderschiebung verschiedener Schichten, bei der erst hinterher der Versuch einer möglichst zusammenfassenden Konstruktion aus leitenden Grundideen versucht werden kann, und wo erst ganz zuletzt ethisch und kulturpolitisch Stellung zu diesem Ganzen gesucht werden kann« (Troeltsch 1966, S. 298).

11 Vgl. Scheler 1923, S. 7 f. Troeltschs Hinwendung zur Soziologie drückte sich neben seinen religionssoziologischen Werken auch darin aus, daß er seinen Lehrstuhl für Theologie in Heidelberg aufgab und ein Ordinariat für »Kulturphilosophie« (entspricht in unserem heutigen Verständnis dem Grenzbereich von Sozialphilosophie und Soziologie) übernahm. Dieses begrüßte er als »mir eigens auf den Leib geschnittene(n) Professur« und sah sich »von den Theologen-Kollegen völlig erlöst« (zitiert nach Drescher 1991, S. 216 f.) – Troeltsch hat als Soziologe in der neueren soziologiegeschichtlichen Literatur nur wenig Beachtung gefunden; die wichtigsten Beiträge stammen von den Theologen Hans-Georg Drescher (als Biograph) sowie Friedrich Wilhelm Graf und Horst Renz (unter anderem als Herausgeber und Beitragende der *Troeltsch-Studien*).

Gelehrter[12], interessierte sich Troeltsch (vermutlich unter dem Einfluß Max Webers; vgl Drescher 1991, S. 117) zunehmend für aktuelle politisch-gesellschaftliche Probleme. Die Ereignisse seit 1914 weckten in ihm die Überzeugung, daß sich Wissenschaft den politisch-gesellschaftlichen Herausforderung ihrer Zeit stellen müsse:

»Weltkrieg und Revolution wurden historischer Anschauungsunterricht von furchtbarster und ungeheuerster Gewalt. Wir theoretisieren und konstruieren nicht mehr unter dem Schutze einer alles tragenden und auch die kühnsten oder frechsten Theorien zur Harmlosigkeit machenden Ordnung, sondern mitten im Sturm der Neubildung der Welt, wo jedes ältere Wort auf seine praktische Wirkung oder Wirkungslosigkeit geprüft werden kann, wo Unzähliges Phrase und Papier geworden ist, was vorher feierlicher Ernst zu sein schien oder auch wirklich war. Da schwankt der Boden unter den Füßen und tanzen rings um uns die verschiedensten Möglichkeiten weiteren Werdens, selbstverständlich da am meisten, wo der Weltkrieg zugleich eine totale Umwälzung bedeutet hat, in Deutschland und in Rußland« (Troeltsch 1922, S. 6).

Ernst Troeltsch' Antwort war das Projekt einer »gegenwärtigen Kultursynthese«. Sie sollte sowohl »Kulturideale« als auch deren soziologische Bedingungen umfassen. Es dürfe, so Troeltsch, »Ideologisches und Soziologisches nicht mehr getrennt« werden, sondern beides müsse »in seinem engen Zusammenhang gesehen und verstanden werden« (ebd., S. 771). Aus dieser Verbindung ergeben sich dann folgende Aufgaben:

»einerseits die Herausarbeitung eines klaren Bildes der gegenwärtigen soziologischen Lebensordnung, ihrer vorwärtsstrebenden, ihrer absterbenden und ihrer beharrenden Kräfte, ihrer Begründung in praktisch-materiellen und in psychologischen Verhältnissen, kurz ihrer eigentümlichen Struktur, von der jeder Einzelne ein Teil ist; andererseits die Konzentration, Vereinfachung und Vertiefung der geistig-kulturellen Gehalte, die die Geschichte des Abendlandes uns zugeführt hat ...« (ebd.).

Aufgabe der »gegenwärtigen Kultursynthese« ist also die Vergegenwärtigung vergangener (abendländischer) Kulturideale[13] und ihr Bezug auf die aktuelle »soziologische Lebensordnung«.

12 Dies ergibt sich aus der Troeltsch-Biographie von Hans-Georg Drescher 1991.
13 Troeltsch (1922, S. 771) spricht von »einer neuen Zusammenfassung, Anpassung und Umbildung der großen historischen Gehalte«.

Um eine »gegenwärtige Kultursynthese« zu erreichen, hält Troeltsch (ebd., S. 175 f.) zwei Qualitäten für notwendig: zum einen, die Dimension der Kulturideale betreffend, »künstlerische Gestaltungskraft«, zum anderen aber auch strenges wissenschaftliches Denken:

»Von jeder schwärmerischen Romantik ist solches Denken getrennt durch seine wissenschaftliche Schulung, zu der insbesondere neben dem historischen Scharfblick die Einstellung auf die wissenschaftlich verstandene Natur gehört. Jedes Kulturideal kann nur auf Grund der besonderen geographischen, klimatischen, anthropologischen, technischen und soziologischen Bedingungen gebildet werden ... So bleiben wir überall an streng reale Bedingungen gebunden, die erst die Wissenschaft uns völlig klar macht und nur dadurch beherrschen läßt, daß wir uns ihnen fügen« (ebd., S. 176).

In diesem Sinne setzte sich Troeltsch von »dem heute in Phantasie und Gefühl so stark erregten Literatentum« ab, ohne ihm grundsätzlich »Geist und anregende Kraft, wo sie vorhanden sind«, abzusprechen. »Aber ich ziehe die herbere und nüchternere Atmosphäre des strengen Wahrheitswillens vor« (ebd., S. IX). Troeltsch betont auch den grundsätzlichen kategorialen Unterschied zur Geschichtsphilosophie und -soziologie des neunzehnten Jahrhunderts nach Art von Hegel und Comte: »(A)n Stelle der auf Natur-, Geistes- oder Weltgesetze begründeten objektiven Teleologie und Kontemplation des Gesamtverlaufes der Menschheit tritt die vom Subjekt her (Wertbeziehung!, V. K.) zu schaffende gegenwärtige Kultursynthese des Europäismus, allerdings auf dem Untergrunde einer Universalgeschichte des Europäismus und im Rahmen eines Bildes der Gesamtmenschheit, soweit das letztere überhaupt möglich ist« (ebd., S. VII f.). Troeltschs Projekt einer »gegenwärtigen Kultursynthese« unterscheidet sich von Sombarts »Kulturphilosophie« darin, daß auch der Wissenschaftler, soweit er dazu geeignet ist[14], an der Bildung von Kulturidealen teilnehmen darf. Dies besagt aber nicht, daß es möglich ist, nach wissenschaftlichen Kriterien über

14 »Dazu gehören gläubige und mutige Menschen, keine Skeptiker und Mystiker, keine rationalistischen Fanatiker und historisch Allwissenden« (ebd.). Troeltsch bemerkt an gleicher Stelle ferner, daß eine »Kultursynthese« nicht das Werk einzelner ist, sondern sich aus einem kommunikativen Prozeß ergibt.

die Gültigkeit von Kulturidealen zu entscheiden.[15] Eigentliche Aufgabe des Kultursynthetikers nach Troeltsch ist vielmehr (wie bei Sombart), zu untersuchen, ob und wie bestimmte Kulturideale unter den gegebenen gesellschaftlichen Verhältnissen überhaupt verwirklicht werden können. Für diese analytische Aufgabe ist strenges wissenschaftliches Denken unerläßlich.

So bleibt auch für Troeltsch festzustellen, daß er »wie so viele andere bedeutende deutsche Forscher, die die Soziologie befruchteten, nicht eigentlich Fachsoziologe gewesen ist« (Scheler 1923, S. 7), sondern sich als historischer Soziologe und Zeitdiagnostiker verstand, in den Worten Schelers ausgedrückt: »historischer Synthetiker mit entschiedener Abzweckung aller seiner Studien auf praktisch tätige Formung des gegenwärtigen kulturellen Lebens. So reinen Sinnes er sich theoretischen Fragen hinzugeben vermochte, so war doch die energische Willensspannung des Gegenwartsgestalters die temperamentvolle fiebernde Seele auch seiner gesamten wissenschaftlichen Tätigkeit ...« (ebd.).

Ernst Troeltsch (1922, S. 772) hatte für den anvisierten zweiten Band seines Werkes über *Der Historismus und seine Probleme* eine eigene »gegenwärtige Kultursynthese« angekündigt. Dazu kam es nicht mehr; er starb bereits im Januar 1923. Doch sein Projekt einer »gegenwärtigen Kultursynthese« wurde von anderen aufmerksam registriert, insbesondere von Max Scheler und Karl Mannheim.[16]

Auch die Biographie von *Karl Mannheim* verlief zunächst in eher unpolitischen Bahnen. Der intellektuell frühreife[17] Sohn eines Budapester Textilkaufmanns studierte Sprachen, aber seine Leidenschaft – ihr ging er im Budapester »Sonntagskreis« nach –

15 Wir werden diese Frage ausführlicher im VI. Kapitel »Werte im historisch-soziologischen Erkenntnisprozeß« behandeln.

16 Klaus Lichtblau (1992) hat in einem brillanten Aufsatz herausgearbeitet, daß sich Schelers und Mannheims wissenssoziologische Entwürfe nicht einfach als Zurechnung von Ideen zu gesellschaftlichen Verhältnissen verstanden, sondern auch als Beitrag zu einer neuen »Kultursynthese«.

17 Dies demonstrieren die Briefe Mannheims der Jahre 1910 bis 1916 an den geistigen Ziehvater seiner Jugend, Georg Lukács, hg. und eingeleitet von Eva Gábor, in: *The New Hungarian Quarterly* 57 (1975), S. 93-105.

war die Philosophie[18], das Thema die kulturelle Erneuerung. Als Mannheim nach der gescheiterten ungarischen Räterepublik emigrierte und sich nach den Zwischenstationen Paris und Freiburg in Heidelberg niederließ, sah er sich vor die Alternative »Stefan George« oder »Max Weber« gestellt. Sein Impetus zur Erneuerung der Kultur hätte ihn eigentlich zu George führen müssen, aber Mannheim entschied sich für Max Weber (das bedeutete konkret: für dessen Bruder Alfred) und damit für die Soziologie. Der George-Kreis erschien ihm weltabgewandt und damit in kulturerneuernder, lebensgestaltender Hinsicht letztlich steril.[19] »Im Vergleich zu dem illusorischen kulturellen Freiraum, in dem sich der Stefan-George-Kreis bewegte, muß Mannheim die Soziologie wohl als ein Ort für historisches Verstehen und praktische Entwicklung erschienen sein« (Kettler/Meja/Stehr 1989, S. 43).[20] Von der neuen Wissenschaft der Soziologie erhoffte Mannheim die Überwindung der »geistige(n) Spaltung im deut-

18 Béla Balázs sah, wie er seinem Tagebuch anvertraute, in Mannheims Auftreten im »Sonntagskreis« »the first appearance of an important philosopher of the future« (zit. nach Gábor 1975, S. 105). Zum Budapester »Sonntagskreis« vgl. Éva Karády und Erzébet Vezér (Hg.), *Georg Lukács, Karl Mannheim und der Sonntagskreis*, Frankfurt am Main 1985; außerdem Karády 1993.

19 Aufschlußreich in dieser Hinsicht ist folgende Bemerkung Mannheims über den George-Kreis in einem Aufsatz für eine ungarische Emigrantenzeitung von 1921: »Der George-Kreis ... ist ein gutgemeintes Experiment einsamer Intellektueller, die versuchen, die verschiedenen Probleme der geistigen Heimatlosigkeit zu lösen ... Sie betrügen sich selbst mit dem Gefühl, Boden unter den Füßen zu haben. Sie haben sich in sich zurückgezogen, bedecken sich mit dem Mantel der Kultur, übergehen die Welt und verlieren sich in sich selbst. Das Leben in dem von Hügeln rundum beschützten Heidelberg gibt ihnen das Gefühl, daß sie existieren und wichtig und effektiv sind; es bedarf nur eines Gewitters, und sie werden zu Symbolen eines vergangenen Zeitalters« (zitiert nach Kettler/Meja/Stehr 1989, S. 41).

20 »Nicht abstrakte Normen ohne Bezug auf den Lebensraum können uns helfen, sondern Normen, die für einen konkreten Raum möglich sind. Normen ohne Bezug auf den konkreten Lebensraum können nur ›Erbauung‹ erwirken und mit Recht ist dem modernen Menschen nichts so sehr verhaßt, als diese ›Erbauung‹, die, weil sie zur Verwirklichung sich a priori den Weg versperrt, an der subjektiven Stimmungssphäre sich ergötzt« (Mannheim 1970g, S. 687).

schen Denken der Gegenwart zwischen einem geistreichen, oft sehr tiefen freien Gelehrten- und Ästhetentum, das aber häufig in seiner äußeren und inneren Ungebundenheit ins Unkontrollierbare sich verläuft, einerseits, und einem an ein Lehramt gebundenen, den Stoff beherrschenden, aber dem lebendigen Zentrum der Gegenwart fernen Gelehrtentum andererseits« (Mannheim 1970a, S. 263). Mit anderen Worten: Soziologie sollte eine zugleich methodisch seriöse wie lebensbedeutsame Wissenschaft sein. Eine solche sah auch Mannheim im Projekt einer »gegenwärtigen Kultursynthese« nach Art von Ernst Troeltsch (vgl. Mannheim 1970a).

Mannheim entwarf in den zwanziger Jahren nicht eigentlich eine materiale Kultursynthese (zu einer solchen steuerte er allerdings Elemente bei), sondern befaßte sich unter wissenssoziologischen Gesichtspunkten mit der Frage, wie man zu einer »Synthese« gelangen könnte.[21] Als Aufgabe einer solchen definierte er: »die in der Zeit überhaupt erreichbare umfassendste Sicht vom Ganzen zu bilden« (Mannheim 1969, S. 132). Sie wurde nicht als »absolute, zeitlose Synthese« projektiert, denn dies »würde unsererseits ein Zurückfallen in das statische Weltbild des Intellektualismus bedeuten. In einem Gebiet, in dem alles im Werden begriffen ist, kann auch die adäquate Synthese nur eine dynamische, nur eine von Zeit zu Zeit neu vorzunehmende sein« (ebd.).

Eine Schlüsselrolle zur Bildung einer »dynamischen Synthese« wies Mannheim der »freischwebenden Intelligenz« zu. Sie rekrutiert sich, wenn auch keineswegs gleichmäßig, aus allen Schichten. Sie verfügt über ein »vereinheitlichendes soziologisches Band«, die »Bildung« (vgl. ebd., S. 135 f.). So hat sie die Chance, die Partikularität der Denkstandorte der Klassen zu überwinden und zu einer dynamischen Synthese zu gelangen, welche die partikularen Elemente aufhebt und integriert.

Welche Aufgabe kommt nun der Soziologie innerhalb dieses Konzepts einer »Kultursynthese« durch die »freischwebende Intelligenz« zu? Ihre Funktion ist eine eher propädeutische. Als Wissenssoziologie soll sie die soziale Standortgebundenheit und Partikularität aller Denkstandorte enthüllen. Damit, so die Hoff-

---

21 Dies implizierte wie bei Troeltsch, daß eine Kultursynthese ein kollektives Produkt, das Ergebnis eines Diskurses ist.

nung Mannheims in einer unruhigen, von harten politischen Gegensätzen und Kämpfen geprägten Zeit, ließen sich die politischen Konflikte versachlichen[22] und die Kommunikation zwischen den verschiedenen gesellschaftlichen Gruppen und politischen Parteien verbessern.[23] Indem die Wissenssoziologie die Kommunikation zwischen den sich bekämpfenden Denkstandorten verbessert und ideologisch entlastet, schafft sie eine wichtige Voraussetzung für eine neue »Kultursynthese«.

Die zweite Aufgabe der Soziologie sieht Mannheim, wie Sombart und Troeltsch, in der Analyse der Gegenwartswirklichkeit, »(d)enn diese Gesellschaft kann auf die Dauer nicht bestehen, wenn die an ihr beteiligten Individuen nicht rationale Voraussicht üben können, wenn sie es nicht lernen, auf Grund sachhaltiger Diagnosen verantwortlich zu handeln« (Mannheim 1932, S. 41). In diesem Sinne postuliert Mannheim die »soziologische Lebensorientierung des modernen Menschen« (ebd., S. 42).

Schließlich, als dritte Aufgabe, kann Soziologie als Hilfswissenschaft der Politik zum Zweck einer rationalen Planung fungieren – ein Projekt, das Mannheim in *Ideologie und Utopie* theoretisch entwarf und im Exilwerk *Mensch und Gesellschaft im Zeitalter des Umbaus* umsetzte. Aufgabe der Soziologie ist es hingegen *nicht*, über die Gültigkeit von Werten zu entscheiden. Im Zentrum soziologischen Denkens und Forschens steht für Mannheim wissenschaftliche Zeitdiagnostik.[24] Wie stark Mannheims

22 »Mannheim war der Überzeugung, daß eine unparteiische Bestätigung und Ausarbeitung des partiellen Charakters aller politischen Positionen das Klima des politischen Konflikts verändern, oder doch zumindest einer Vergiftung der Atmosphäre durch gegenseitiges und selbstgenügsames Denunzieren der Ideologien anderer Einhalt bieten könne« (Kettler/Meja/Stehr 1990, S. 123).

23 »Sobald ein ideologisches Kollektivsubjekt die materielle Basis seiner eigenen Perspektive erkennt, akzeptiert es damit zumindest teilweise eine realitätsadäquate Erkenntnisweise, die auch andere Einsichten vermitteln kann, und es nimmt Kommunikationsverbindungen mit ähnlich aufgeklärten Subjekten auf. Genau dies konstituiert das therapeutische Potential der Wissenssoziologie …« (ebd., S. 124).

24 Bezeichnend dafür ist das Leitprinzip von *Mensch und Gesellschaft*: »Die realistische Beschreibung und theoretische Deutung der mit der Krise der liberalen Demokratie zusammenhängenden Ereignisse er-

Intention eine zeitdiagnostisch-analytische (und nicht reaktionär-kulturkritische) ist, zeigt ein Brief Mannheims von 1936 an Oscar Jászi:

»Der Hauptunterschied zwischen uns ist der: Meines Erachtens sind wir beide zutiefst ›liberal‹, aber während Sie sich mit edlem Trotz gegen unser Zeitalter zur Wehr setzen wollen, möchte ich, als Soziologe, durch sorgfältige Beobachtung das Geheimnis dieser neuen Zeit (auch wenn es ein teuflisches ist) herausfinden, denn ich bin davon überzeugt, daß nur dies uns erlauben wird, die Sozialstruktur in den Griff zu bekommen statt von ihr beherrscht zu werden« (zitiert nach Kettler/Meja/Stehr 1989, S. 18).

Daß wissenschaftliche Zeitdiagnostik der Beruf der Soziologie sei, diese Auffassung findet sich in mannigfachen Variationen bei den deutschen historischen Soziologen fast durchgängig. In diesem Sinne hatte schon Max Weber festgestellt: »Ausgangspunkt des sozialwissenschaftlichen Interesses ist nun zweifellos die *wirkliche*, also individuelle Gestaltung des uns umgebenden sozialen Kulturlebens in seinem ... Zusammenhang und in seinem Gewordensein« (Max Weber 1973b, S. 172).[25] Sein Bruder Alfred verfolgte mit seiner Kultursoziologie »die Absicht, zu der Frage unserer abendländischen Kultursituation eine Stellung zu gewinnen, die über Hoffnungen und Wünsche hinausging, indem sie die erreichbaren soziologischen Einsichten verwandte, um eine

schien uns wichtiger als alle weltanschaulichen Erklärungen über die Würde und den Wert der Freiheit und der eigenen Entscheidung« (Mannheim 1958, S. 5).

25 Auch der nahestehende, kongeniale Ernst Troeltsch (1922, S. 161) begreift Max Weber als Zeitdiagnostiker, indem er dessen Wissenschaft als »stark soziologisch erleuchtete Seinsforschung auf dem historischen Gebiet, um unsere Lage und Zukunftsmöglichkeiten, Spielraum und Art der Mittel klarzumachen, mit denen wir die Zukunft bauen können«, charakterisiert. Zwar finden sich nur »ein paar Dutzend Seiten, die sich klar zur Rekonstruktion von Max Webers Ansicht der Moderne eignen« (Roth 1987, S. 284), doch laut dem Stoffverteilungsplan für das projektierte *Handbuch der Politischen Ökonomie* (1910) wollte Max Weber mehr über die Gegenwartsprobleme der kapitalistischen Gesellschaft schreiben (vgl. Roth 1987, S. 303). »Hätte Weber diese Abschnitte geschrieben, wäre das Thema der kapitalistischen Weiterentwicklung und der Eigenart der modernen Gesellschaft viel ausführlicher behandelt worden als in ›Wirtschaft und Gesellschaft‹ (wie wir den Text kennen)« (ebd.).

Orientierung über den Ort zu gewinnen, an dem wir uns innerhalb der allgemeinen Geschichtsbewegung zur Zeit befinden«
(A. Weber 1920, S. 1). Oppenheimer verkündete unter dem Eindruck des Ersten Weltkriegs in seinem *System der Soziologie* programmatisch: »Wir wollen den gewaltigen Elementarprozeß des
gesellschaftlichen Seins und Werdens verstehen, nicht nur um der
theoretischen Freude willen, so groß sie auch ist, sondern auch
und vor allem, um ihn beherrschen und lenken zu können, und
zu verhindern, daß er noch einmal in so furchtbarer Gewalt los-
breche und die Kultur der Welt zerstöre« (Oppenheimer 1964
I, 1, S. XXIV). Freyer verstand »Soziologie« als »das wissenschaftliche Selbstbewußtsein einer gesellschaftlichen Wirklichkeit« (Freyer 1930, S. 5). Für Heimann war »der Gesichtspunkt
der Soziologie … ganz und gar der historische des qualitativen
Wandels«, der »Notwendigkeit des Werdens aus der Konstellation und der Verschiebung der das Werden tragenden Kräfte«
(Heimann 1932, S. 24 f.). Alfred von Martin postulierte »Gegen-
wartsdiagnostik«, welche »die spezielle Seinslage der konkreten
Gegenwart anvisiert« (von Martin 1956, S. 14). Mannheim sah
in »wissenschaftlicher Zeitdiagnose« den charakteristischen
Gesichtspunkt europäischer Soziologie überhaupt, wogegen für
»den Amerikaner« die »Lösung unmittelbarer technischer Aufgaben des gesellschaftlichen Geschehens« im Vordergrund stehe
(vgl. Mannheim 1969, S. 219). Müller-Armack (1981a, S. 13) befand, es sei »notwendig, die wissenschaftliche Fragestellung von
den zentralen Anliegen unserer Gegenwart her zu bestimmen«
und forderte: »Die künftige Forschung wird … ihre Arbeit im
Blick auf die Erkenntnis der von unserer Gegenwart als entscheidend empfundenen Probleme betreiben müssen« (Müller-Armack 1981d, S. 12). Die zeitdiagnostische Ambition kommt
auch in Titeln wie *Diagnose unserer Zeit* (Mannheim), *Diagnose
unserer Gegenwart* (Müller-Armack), *Theorie des gegenwärtigen
Zeitalters* (Freyer) und *Ortsbestimmung der Gegenwart* (Rüstow) zum Ausdruck. Diese und andere Absichtserklärungen
über soziologische Zeitdiagnostik blieben nicht leere Worte.[26]

26 Obwohl sich die historischen Soziologen als Zeitdiagnostiker verstanden, sind sie relativ selten und erst in den letzten Jahren als solche
   aufgearbeitet worden. Zu Sombart vgl. Lenger 1994, S. 136-170, 332
   bis 357; Yang 1994. Zu Oppenheimer vgl. Kruse 1990, S. 83-233. Zu
   Alfred Weber vgl. Kruse 1990, S. 284-380. Zu von Martin vgl. Papcke

Werner Sombart machte sich die Diagnose des modernen Kapitalismus zur Lebensaufgabe, dessen Geschichte und Entwicklungsperspektive er in zwei voluminösen Werken beschrieb und analysierte.

In die gleiche Richtung bewegte sich auch *Franz Oppenheimer*. Er spürte den Ursachen der »sozialen Frage« nach und diskutierte Auswege aus der wirtschaftlichen und gesellschaftlichen Krise des Kapitalismus. Ähnlich Sombart verfaßte er zunächst zahlreiche vorbereitende Arbeiten, die dann in das Opus magnum, ein acht Teilbände umfassendes *System der Soziologie*, einmündeten.

Alfred Weber fragte vor dem Ersten Weltkrieg, wie der moderne Großbetrieb den Sozialcharakter des Arbeiters (A. Weber 1912) und des bürgerlichen Menschen (A. Weber 1910) beeinflusse. In den zwanziger Jahren befaßte sich Weber frühzeitig mit der Krise der europäischen Demokratien (A. Weber 1925). *Kulturgeschichte als Kultursoziologie* (1935/1950) und *Abschied von der bisherigen Geschichte* (1946) beschrieben unter anderem Aufstieg und Niedergang der aufklärerisch-humanistischen Wertewelt. Unter dem Eindruck des Dritten Reichs entwarf er nach dem Zweiten Weltkrieg eine Theorie des bürokratisierungsbedingt persönlichkeitsgespaltenen »vierten Menschen«. Auch die ökologische Gefährdung geriet bereits in seinen zeitdiagnostischen Horizont.

Alfred von Martin beschrieb am Vorabend der nationalsozialistischen Machtergreifung in seiner scheinbar rein historischen *Soziologie der Renaissance* anhand des italienischen Renaissance-Bürgertums die Morphologie bürgerlicher Entwicklung (wirtschaftlicher Aufstieg, wirtschaftliche und politische Herrschaft, Krise der Demokratie/Diktatur/Assimilation mit Adel und Klerus) und wies auf Parallelen zur Gegenwartsentwicklung hin (von Martin 1932, S. V-IX, 89-96). In seinen Schriften der fünfziger und sechziger Jahre beleuchtete von Martin den Wandel des aktivistischen, individualistischen »bürgerlichen Menschen« (Prototyp: der Unternehmer des neunzehnten Jahrhunderts) zum konformistischen, konsum- und sekuritätsorientier-

1991, S. 180-197; Kruse 1994, S. 109-140. Zu Freyer vgl. Muller 1986, S. 193-208; Kruse 1994, S. 141-186. Zu Heimann vgl. Papcke 1991, S. 63-81; Kruse 1994, S. 50-99. Zu Mannheim vgl. Lichtblau 1992. Zu Müller-Armack vgl. Daheim 1989.

ten »nachbürgerlichen Menschen«. Ferner diskutierte er die Frage, ob die Gegenwartsgesellschaft (der fünfziger Jahre) noch als Klassengesellschaft qualifiziert werden könne.

Hans Freyer fand in den zwanziger und frühen dreißiger Jahren sein zeitdiagnostisches Thema im Interessenpartikularismus der Klassengesellschaft, deren Überwindung er durch die »Revolution von rechts« in Aussicht stellte. In den fünfziger und sechziger Jahren widmete er sich einer Theorie der »industriellen Gesellschaft«, welche entgegen dem vorherrschendem Fortschrittsoptimismus die technischen, ökologischen und menschlichen Risiken industriegesellschaftlicher Entwicklung herauszustellen bestrebt war.

Eduard Heimann untersuchte in den zwanziger Jahren, wie die Sozialpolitik den kapitalistischen Entwicklungsprozeß beeinflußt (Heimann 1980). Im US-amerikanischen Exil ging er den Ursachen des demokratischen Zusammenbruchs und des faschistischen Aufstiegs nach (Heimann 1938, Heimann 1950). Die Ursachen der westlichen Nachkriegsprosperität verfolgte Heimann in den fünfziger und frühen sechziger Jahren. Er sah sie vor allem in den »Institutionen der sozialen Reform« (Arbeiterschutz, Sozialversicherung, Tarifvertragssystem), welche die Distribution zugunsten der Arbeitnehmer beeinflußten und zugleich ein beschleunigtes Wachstum induzierten (vgl. vor allem Heimann 1963).

Karl Mannheim registrierte in *Ideologie und Utopie* (1929) eine Abnahme des (seinstranszendierenden) utopischen Bewußtseins und den Aufstieg des »amerikanischen Bewußtseins«, das, frei von einem seinstranszendierenden Gestaltungswillen, am Paradigma einer organisatorisch-technischen Wirklichkeitsbeherrschung orientiert ist. Im englischen Exil deutete Mannheim die politischen Katastrophen der Gegenwart als Zeichen für das Ausklingen des »Laissez-faire«-Zeitalters und reflektierte über die Möglichkeiten von Planung in demokratischen Gesellschaften (vgl. Mannheim 1958).

Alfred Müller-Armack trat in der Nachkriegszeit in seinen religionssoziologischen Schriften als Zeitdiagnostiker hervor. Er versuchte dabei, die nationalsozialistische Katastrophe auf den Säkularisierungsprozeß seit dem neunzehnten Jahrhundert zu beziehen (Müller-Armack 1981c).

Ernst Troeltsch blieb, wie erwähnt, durch seinen frühen Tod die anvisierte »gegenwärtige Kultursynthese« versagt[27]; mit seinen »Spektator-Briefen« 1918 bis 1922 gelangte er jedoch zu einer klassischen Form des politisch-zeitdiagnostischen Essays.

Fazit: Historisch-soziologische Zeitdiagnostik als wissenschaftshistorische Erscheinung setzte um die Jahrhundertwende ein, als der seit Augustin vorherrschende Glaube an einen heilsgeschichtlichen Geschichtsprozeß, wie ihn noch Condorcet, Comte, Hegel, Marx, Droysen und Gustav Schmoller teilten[28], brüchig wurde.[29] Sie versuchte, eine Orientierung in einem nunmehr als offen und unsicher begriffenen Geschichtsprozeß zu ermöglichen. Sie gewann besondere Dringlichkeit nach dem Ersten Weltkrieg und den Revolutionen, als, um nochmals Troeltsch zu zitieren, »der Boden unter den Füßen (schwankte)« und »die verschiedensten Möglichkeiten weiteren Werdens (tanzten)«.[30] Sie endete mit dem Glauben an die sozialtechnische Machbarkeit gesellschaftlicher Prozesse.[31] Im Zeichen des »kurzen Traums immerwährender Prosperität« (Burkart Lutz) erschien sie nicht nur überholt und mangelhaft, sondern auch überflüssig. Mit dem Bewußtsein zunehmender Zukunftsunsicherheit (»Risikogesellschaft«) gewinnt das Projekt einer historisch-soziologischen Zeitdiagnostik neue Aktualität.[32]

27 Eine Rekonstruktion dieser »Kultursynthese« aus vorhandenen Schriften versucht Gerhard 1975.

28 Vgl. Löwith 1990. Über einen Glauben an einen heilsgeschichtlichen Prozeß der deutschen Historiker im 19. Jahrhundert vgl. Iggers 1971. Zu Schmoller beziehen wir uns auf Bock 1992, S. 6 f.; Schefold 1993.

29 Es sei nochmals daran erinnert, daß Sombart sein Projekt einer »Kulturphilosophie« mit dem wachsenden Zweifel am Kulturfortschritt begründete (siehe oben). Zu dem Zweifel am Kulturfortschritt in den Sozialwissenschaften des späten 19. Jahrhundert vgl. Hughes 1958, Rammstedt 1985, Dahme 1988, Mestrovic 1991, Lichtblau 1996.

30 In den Worten Freyers: »Eine geistige Gegenwartslage, die von inneren Spannungen birst und von Aufgaben überquillt ..., gibt der Theorie der Kultur eine aufregende Wichtigkeit und macht für uns die Frage, wie die objektiv-geistige Welt gebaut sei, geradezu zur Lebensfrage« (Freyer 1923, S. 12).

31 Zu diesem Glauben vgl. beispielhaft Albert 1956, S. 261-264.

32 Daß das Projekt einer historisch-soziologischen Zeitdiagnostik durch die »Mainstream«-Kritik der fünfziger Jahre nicht obsolet wurde, lehrt nicht zuletzt der späte König selbst. In seinem Aufsatz »Gesellschaftliches Bewußtsein und Soziologie« spricht er von einer

3. Wissenschaft und Praxis. Zur These der Gesellschaftsferne der Weimarer Soziologie

Wir haben gesehen, daß die Soziologen als Angehörige einer eigenen Intelligenzschicht, einem elitären gesellschaftlichen Selbstverständnis verhaftet, sich zur geistigen Führung in der Gesellschaft berufen fühlten: ein Anspruch, der sich insbesondere in wissenschaftlicher Zeitdiagnostik niederschlug. König (1961) hat nun behauptet, die Soziologie der zwanziger Jahre habe keine »Strukturanalyse der Gegenwartsgesellschaft«, also wissenschaftliche Zeitdiagnostik, betrieben, sondern »Bewertung der Gegenwartsgesellschaft«, das heißt Kulturkritik.

Ob bei historischer Soziologie wirklichkeitswissenschaftliche Zeitdiagnostik oder Kulturkritik im Sinne Königs vorliegt, mag an dieser Stelle dahingestellt sein. Im Hinblick auf die historischen Soziologen als Erkenntnissubjekte ist es jedoch interessant, wie König die kulturkritische Orientierung aus den Lebensverhältnissen der damaligen »sozialwissenschaftlichen Intelligenz« erklärt:

»Sie war weitgehend zusammengesetzt aus akademischen Beamten, denen schon das Wirtschaftsleben eine fremde Größe war, genauso die industrielle Arbeit und die Arbeiterschaft, die Fabrik und der Handels-

»ganz neue(n) Funktion der soziologischen Theorie«, die er als »Integrationsfunktion« in komplexen, fortgeschrittenen Industriegesellschaften bezeichnet (König 1979, S. 367), wobei Soziologie als »kritische Soziologie diesen hochkomplexen thematischen Zusammenhang durchsichtig macht und die kognitive Durchdringung des Strukturnetzes der fortgeschrittenen Industriegesellschaften anbahnt« (ebd., S. 368 f.). Integration ist in einer solchen »nicht mehr erreichbar auf institutioneller Ebene, sondern einzig im Rahmen einer neuen Philosophie, die ... um die Chancen des Menschseins unter den gezeichneten Existenzbedingungen (rotiert). Hier könnte die Soziologie auch ihren gesamten Realismus einbringen, der es verhindern wird, daß diese Philosphie exzessiv im Lehrraum schwebt ... Das würde auch dem bisher noch immer weitgehend ziel- und zwecklosen Forschungsbetrieb ein deutliches Ende setzen« (ebd.). Diese Sätze fügen sich gut in die Projekte einer »Kulturphilosophie« bzw. »Kultursynthese« ein, die wir in diesem Abschnitt vorgestellt haben. – Zu den »Fin-de-siècle«-Parallelen des späten neunzehnten und des späten zwanzigsten Jahrhunderts vgl. im übrigen Mestrovic 1991.

betrieb, rationale Organisation und rationale Menschenführung, vor allem aber die großen Zusammenballungen der modernen Industrie- und Großstädte ... So war diese akademische sozialwissenschaftliche Elite von vornherein antiindustriell, antikapitalistisch, antistädtisch ausgerichtet ...« (König 1961, S. 98 f.).

Das Bild, welches König hier zeichnet (und das in der späteren soziologiegeschichtlichen Literatur häufig reproduziert wurde), ist das einer weltfremden, von der gesellschaftlichen Wirklichkeit abgeschnittenen sozialwissenschaftlichen Intelligenz der zwanziger Jahre. Unwissenschaftliche Kulturkritik scheint da eine logische Konsequenz zu sein. Betrachtet man die Biographien der einzelnen historischen Soziologen, ergibt sich jedoch ein abweichender Befund.

Dies gilt schon für *Max Weber* selbst: Allein die Tatsache, daß ein vuluminöses Buch mit dem Titel *Max Weber und die deutsche Politik 1890 bis 1920* geschrieben werden konnte (Mommsen 1974), zeigt, daß hier auch außerwissenschaftliche Intentionen im Spiel waren. Und in der Tat hat Max Weber eine Fülle außerwissenschaftlicher Aktivitäten entfaltet.[33] So war er Referendar beim Königlichen Amtsgericht Berlin-Charlottenburg, Anwalt am Berliner Kammergericht, er gehörte dem »Verein für Sozialpolitik« an, und zwar als »eines seiner aktivsten Mitglieder« (Mommsen 1974, S. 17). Er war Mitglied des Christlich-sozialen Vereins, Berichterstatter des Bundesrats beim vorläufigen Börsenausschuß, Mitglied der Getreidehandelskommission, diente in der Reservelazarettkommission in Heidelberg 1914/15 als Disziplinaroffizier, nahm an den Beratungen über die Grundzüge des Verfassungsentwurfs im Reichsrat des Innern teil und wurde in den Heidelberger Arbeiter- und Soldatenrat gewählt.

Werner Sombart[34] arbeitete, bevor er endgültig die wissenschaftliche Laufbahn einschlug, für drei Jahre als Syndikus an der Bremer Handelskammer[35] (Sombart 1987a, S. 432; Lenger 1994, S. 38-40). Als Dozent in Breslau unternahm er mit Studenten im Rahmen von Übungen über Karl Marx Exkursionen in Fabriken, Bergwerke und Landgüter, um die soziale Realität zu studie-

33 Die folgenden Daten sind entnommen aus Käsler 1978, S. 40-55.
34 Zur Biographie Sombarts vgl. vom Brocke 1987 und, höchst informativ, Lenger 1994.
35 Als Nachfolger bewarb sich erfolglos Max Weber (vom Brocke 1987, S. 17).

ren.[36] 1900 tat sich der als Marx-Interpret berühmt Gewordene als Mitbegründer der »Association internationale pour la législation du travail« hervor, deren Vorsitzender der prominente französische Revisionist Alexandre Millerand war. Für die 1901 in Berlin gegründete deutsche Sektion, die »Gesellschaft für soziale Reform«, verfaßte er die Statuten (Lenger 1994, S. 105 f.). Er war auch Vorsitzender der Breslauer Ortsgruppe, wo er Sozialdemokraten mit bürgerlichen Sozialreformern zusammenführte (vgl. Sombart 1987a, S. 430; Lenger 1994, S. 54-58; 106-108). Ferner hielt er 1901 vor der Breslauer Arbeiterschaft Vorträge über das Gewerkschaftswesen (vgl. Sombart 1987a, S. 431).

Franz Oppenheimer[37] wirkte, bevor er sich der Wissenschaft verschrieb, von 1882 bis 1895/96 als Arzt im westpreußischen Dorf Pakosch und in einem Armenviertel Berlins. Damit war er hautnah mit den Auswüchsen der »sozialen Frage« konfrontiert, die ihn zu Reflexionen über die gesellschaftlichen Ursachen anregten – der Ausgangspunkt seines späteren soziologischen Systems (vgl. Oppenheimer 1964a, S. 90-103). Aber auch in späteren Jahren blieb er der Praxis verbunden. Oppenheimer, der bereits an den Gründungen der Baugenossenschaft »Freie Scholle« (Berlin) und der Konsum-, Produktiv- und Baugenossenschaft »Produktion« (Hamburg) beteiligt war, unternahm – mit unterschiedlichem Erfolg – etliche siedlungsgenossenschaftliche Experimente (vgl. ebd., S. 160-178). Er arbeitete mit Theodor Herzl zusammen und entwarf ein Programm zionistischer Kolonisation.[38] Ferner arbeitete er im Ersten Weltkrieg in einer Abteilung des Kriegsministeriums mit der Aufgabe, das kämpfende

36 Bernhard vom Brocke (1987, S. 18) urteilt, diese Exkursionen seien »damals ein unerhörtes Unterfangen« gewesen: »Die Folge war offener Widerspruch von Kollegen, die sich sogar auf den Paragraphen des Universitätsstatuts beriefen, wonach Vorlesungen im Universitätsgebäude selbst abzuhalten seien. Sombart ließ sich nicht beirren ...« Vgl. auch Lenger 1994, S. 51 f.

37 Oppenheimer hat zwei Autobiographien verfaßt (Oppenheimer 1929, Oppenheimer 1964a).

38 Theodor Herzl stellte laut Protokoll Oppenheimer auf dem Sechsten Zionisten-Kongreß in Basel (1903) mit den Worten vor: »Viele von uns, zu denen ich mich zähle, verdanken ihm die Klärung und Festigung ihrer Anschauungen über die Fragen der Bodenreform, Besiedlung und Produktionsgenossenschaft ...« (zitiert nach Oppenheimer 1964a, S. 281).

Heer mit Menschen und Material zu versorgen (vgl. ebd., S. 222 bis 226).

Ernst Troeltsch[39] war 1888/89 als Vikar und Hilfsgeistlicher unter anderem mit Armenpflege befaßt (vgl. Drescher 1991, S. 65). Ansonsten war er zunächst ein reiner Fachgelehrter. Max Weber forderte von ihm »aktive Beteiligung in der Politik«.[40] Zwar strebte Troeltsch kein Abgeordneten-Mandat an, aber seit 1904 wirkte er im Evangelisch-sozialen Kongreß mit (vgl. ebd., S. 172-180), und 1907 bis 1914 fungierte er als Universitätsvertreter in der Ersten Badischen Kammer (vgl. ebd., S. 203-209). Er wurde Mitglied des Vertreter von Gewerkschaften und anderen Interessenverbänden, Parlamentariern und Professoren umfassenden, im Dezember 1917 gegründeten »Volksbunds für Freiheit und Vaterland«, einer gemäßigten Gegenorganisation zur imperialistischen, für einen »Siegfrieden« agitierenden reaktionären »Vaterlandspartei« (vgl. Sösemann 1984, S. 136-141; Drescher 1991, S. 449). Er vertrat 1919 die Deutsche Demokratische Partei (DDP) in der Verfassungsgebenden Preußischen Nationalversammlung (vgl. Ruddies 1984, S. 159 f.) und übernahm im März 1919 das Amt eines parlamentarischen Unterstaatssekretärs im preußischen Ministerium für Wissenschaft, Kunst und Volksbildung, das er bis 1921 ausübte (vgl. dazu Ruddies 1984; Wright 1984; Drescher 1991, S. 471-481).

Alfred Weber[41] gehörte wie sein Bruder Max zu den aktivsten Mitgliedern des »Vereins für Sozialpolitik« (vgl. dazu Zwiedineck-Südenhorst 1948, Demm 1983, Demm 1990). Von 1916 bis 1918 war er im Reichsschatzamt als persönlicher Referent des Staatssekretärs Graf v. Roedern in Berlin beschäftigt. Zu seinen Aufgabengebieten zählten die Vorbereitung der Reichsfinanzreform, Kontakte zu Parlamentariern, Pressearbeit (vgl. Demm 1990, S. 180-192). 1918 wurde er erster Vorsitzender der neugegründeten DDP. Nach dem Zweiten Weltkrieg trat Alfred Weber der SPD bei und engagierte sich in den Gewerkschaften. Anläßlich seines Todes erschien ein Nachruf in den *Gewerkschaftlichen Monatsheften*, in dem es heißt: »Die Gewerkschaften haben in

39 Über die Biographie Troeltschs vgl. Drescher 1991.
40 So in einem Brief von Troeltsch, zitiert nach Drescher 1991, S. 203, Anm. 223.
41 Zur Biographie Alfred Webers bis 1919/20 vgl. Jaffé 1986, Demm 1990.

ihm nicht nur einen Freund verloren, sondern auch einen scharf-sinnigen Analytiker (!) ihrer Probleme, die er in dem breiten Rahmen der gesamten gesellschaftlichen Entwicklung zu sehen gewohnt war« (Wickel 1958, S. 394).

Eduard Heimann war nach seiner Promotion (1912) zuerst in der Wirtschaft tätig, als Volontär in der Bergmann-Elektrizitäts-Werke A.G. und später im Bankhaus Jacquiers und Securius. 1916 wurde er Mitleiter der Abteilung Statistik und Bericht-erstattung der Zentral-Einkaufs GmbH. 1919 fungierte er als Generalsekretär der Ersten Sozialisierungskommission, 1921/22 war er – in enger Zusammenarbeit mit Walter Rathenau – als Sekretär der Zweiten Sozialisierungskommision tätig (vgl. Ort-lieb 1975, S. 182 f.).[42]

42 Man kann diese Liste mit anderen historischen Soziologen beträcht-lich erweitern. Norbert Elias zum Beispiel arbeitete um 1925 für etwa zwei Jahre in einer Eisenfabrik – »für einen künftigen Soziolo-gen«, so Elias rückblickend, »waren das ungeheuer wertvolle Erfah-rungen«. »Mein Chef schickte mich durch alle Abteilungen. Ich mußte einen Monat lang mit dem Werkmeister Löhne berechnen, einen anderen Monat neben den Leuten an den Maschinen stehen, mußte das Warenlager kennenlernen, die Ofengießerei, und außer-dem war ich jeden Morgen bei der Besprechung, wo er seine Abtei-lungsleiter versammelte und seine Anweisungen gab« (vgl. van Voss/van Stolk 1990, S. 42 f.). Eine besonders wechselhafte Karriere erfuhr Karl Polányi, der zu den bedeutendsten historischen Soziologen des Exils zu zählen ist (*The Great Transformation*, 1944). Der 1886 ge-borene Sohn eines ungarischen Unternehmers studierte zunächst Rechtswissenschaften und arbeitete 1909 bis 1914 als Rechtsanwalt. Er war Mitbegründer der »Radikalen Partei« in Ungarn, die sich durch kulturelle Offenheit auszeichnete, und rückte 1911 in das do-nauländische Parlament ein. In den Revolutionswirren von 1918 brachte er es zum ungarischen Minister unter Graf Károly (dem Mit-gründer der »Radikalen Partei«), bevor dieses Kabinett durch die Kommunisten unter Béla Kun gestürzt wurde. In Österreich avan-cierte Polányi zu einem erfolgreichen Journalisten, bis er 1933 – auch in Österreich lag inzwischen die Demokratie in ihren letzten Zügen – als Mitglied der Sozialdemokratischen Arbeiterpartei Österreichs entlassen wurde. Erst im Jahr 1941 begann seine eigentliche wissen-schaftliche Karriere, als ihm sein Freund Peter Drucker am Benning-ton-College in Vermont eine Professur vermitteln konnte. *The Great Transformation* (1944) trug ihm einen Ruf an die Columbia-Univer-sity ein (vgl. zu alledem Papcke 1993, S. 186-191). – Alfred Müller-

Diese knappen biographischen Notizen zeigen, daß die These von einer rein akademischen, der gesellschaftlichen Realität entrückten Existenz der deutschen Soziologie vor 1933 jedenfalls pauschal nicht aufrechtzuerhalten ist. Vielmehr waren die meisten der historischen Soziologen jahrelang in diversen Funktionen in Wirtschaft, Gesellschaft und Staat tätig. Der praktisch ausgerichtete »Verein für Sozialpolitik« gewährleistete einen erfahrungswissenschaftlichen Bezug zu aktuellen sozialen Problemen samt einem Diskurs über einzuschlagende praktische Konsequenzen. Ein deutliches Indiz für die Wirklichkeitsbezogenheit der historischen Soziologen ist ferner, daß einigen von ihnen attraktive Stellen in Politik und Wirtschaft angeboten wurden[43], was zeigt, daß ihnen auch Praktiker Wertschätzung entgegenbrachten und ihnen Praxistauglichkeit bescheinigten. Im übrigen entstammten die historischen Soziologen häufig Familien, in denen die Väter als Abgeordnete fungierten und/oder in der Wirtschaft tätig waren[44], was dem Bezug zur ökonomischen

Armack ist bekanntlich als »geistiger Vater« der sozialen Marktwirtschaft hervorgetreten und wirkte 1952-1958 als Leiter der Grundsatzabteilung, 1958-1963 als Leiter der Abteilung Europa im Bundesministerium für Wirtschaft (über diese und weitere politische Aktivitäten vgl. Müller-Armack 1971). Sehr vielfältig – »vom Verlagslektor und klassischen Philologen bis zum Regierungsbeamten, vom Verbandsfunktionär und Wirtschaftstheoretiker bis zum Universitätsprofessor auf dem Lehrstuhl Max Webers« – gestaltete sich auch die Biographie von Alexander Rüstow, über die Kathrin Meier-Rust (1993, hier zitiert S. 15) unterrichtet. Über von Martin und Mannheim liegen keine Biographien vor. Freyers außerwissenschaftliche Aktivitäten blieben relativ beschränkt (vgl. Muller 1987).

43 So wurde Sombart zweimal eine Kandidatur für den Reichstag angetragen (vom Brocke 1987, S. 28). Mannheim wurde kurz vor seinem Tod 1947 mit der Leitung der europäischen Abteilung der UNESCO betraut (vgl. Wolff 1978, S. 287).

44 Anton Ludwig Sombart war Bürgermeister, Zuckerindustrieller und stieg zum Rittergutsbesitzer auf. Er wirkte als nationalliberaler Reichstagsabgeordneter (1867-1878) und als Mitglied des preußischen Abgeordnetenhauses (1861-1863, 1877-1882, 1889 bis 1893). Bismarcks Angebot, ihn als Landwirtschaftsminister vorzuschlagen, lehnte er wegen seiner Augenschwäche ab (vgl. vom Brocke 1987, S. 14 f.). – Auch Max Weber sen. fungierte als nationalliberaler Abgeordneter des Deutschen Reichstags (1872-1884) und des preußischen Abgeordnetenhauses (1868-1897) (Käsler 1978, S. 40f.). In seinem

und politischen Wirklichkeit nur zuträglich sein konnte. Mit Zuschreibungen wie »weltabgewandt«, »weltfremd« etc. sollte man also vorsichtig sein. Zusammenfassend ist festzuhalten:

1. Die historischen Soziologen lassen sich als »Mandarine« im Sinne Fritz Ringers begreifen, das heißt als Intelligenzler mit einem eigenen Gruppenbewußtsein – auch gegenüber dem Wirtschaftsbürgertum (»freischwebende Intelligenz«) – , mit einem elitären Selbstverständnis, das sich aus ihrem Status als »Gebildete« nährte, und mit einem Anspruch auf geistige Führung.

2. Der Anspruch auf »geistige Führung« manifestiert sich vor allem in wissenschaftlicher Zeitdiagnostik, die in Zeiten schwindenden Fortschrittsbewußtseins, sozialstruktureller Umwälzungen, wirtschaftlicher Krisen und politischer Katastrophen Orientierung in einer schwer durchschaubaren Gegenwart vermitteln soll.

3. Zeitdiagnostik als Projekt entsteht im Kontext mit dem nachlassenden Glauben an einen moralischen Fortschritt in der Geschichte und der Debatte um gültige Kulturideale. Bei historisch-soziologischer Zeitdiagnostik sind also Werte im Spiel. Der historische Soziologe ist somit kein wertfreier Fachwissenschaftler im Sinne Königs, sondern »Kulturmensch() ..., begabt mit der Fähigkeit und dem Willen, be-

Charlottenburger Anwesen verkehrten führende Köpfe des deutschen Liberalismus, so die nationalliberalen Führer Bennigsen, Hobrecht und Miquel und die politisch engagierten Historiker Sybel, Treitschke und Mommsen (Jaffé 1986, S. 180 f). – Ernst Troeltschs Ahnengalerie bestand hauptsächlich aus Kaufleuten; »die Hinwendung des Vaters zur Medizin scheint eine Ausnahme gewesen zu sein« (Drescher 1991, S. 22). – Alfred von Martin war Sohn eines schlesischen Rittergutsbesitzers. – Hans Freyers Vater schlug eine Verwaltungslaufbahn ein und brachte es zum Postdirektor im sächsischen Burgstadt (Muller 1987, S. 26). – Hugo Heimann, der Vater Eduard Heimanns, fungierte beruflich als Buchhändler und Verlagskaufmann. Seit 1908 saß er als SPD-Parlamentarier im preußischen Abgeordnetenhaus; er gehörte auch der konstituierenden Nationalversammlung 1919 an. – Karl Mannheims Vater war Textilfabrikant (Gabor 1975, S. 93). – Eine eindeutig bildungsbürgerliche Herkunft ist bei den von uns berücksichtigten historischen Soziologen lediglich bei Franz Oppenheimer auszumachen, dessen Vater als Prediger der jüdischen Reformgemeinde in Berlin wirkte.

wußt zur Welt Stellung zu nehmen und ihr einen Sinn zu verleihen« (siehe oben) im Sinne Webers.

4. Schon an dieser Stelle läßt sich festhalten, daß das Anliegen historisch-soziologischer Zeitdiagnostik keineswegs »Kulturkritik« im Sinne Königs ist, nämlich Kritik moderner gesellschaftlicher Zustände vom Standpunkt reaktionärer Wertvorstellungen aus. Vielmehr ging es ursprünglich (bei Sombart und Troeltsch) darum, die Diskussion um »Kulturideale« zu versachlichen (nicht: normativ zu entscheiden), sie auf die gesellschaftlichen Realitäten zu beziehen, zu prüfen, ob und inwieweit bestimmte Werte mit der bestehenden gesellschaftlichen Wirklichkeit überhaupt vereinbar sind.

5. Oft ist behauptet worden, die frühe deutsche Soziologie sei »weltfremd« gewesen. Ohne eine inhaltliche Auseinandersetzung mit dieser These zu führen, haben wir gezeigt, daß die meisten historischen Soziologen zumindest zeitweise in einem engen Kontakt zur gesellschaftlichen Wirklichkeit standen. Viele waren in der Wirtschaft aktiv, andere in der Politik. Die Mitarbeit im »Verein für Sozialpolitik« gewährleistete einen kontinuierlichen wissenschaftlichen Bezug zu aktuellen sozialen und wirtschaftlichen Problemen der Zeit.

III. Das Erkenntnisobjekt historischer Soziologie

Wir kommen nun zur formalen Bestimmung des Erkenntnisobjektes historischer Soziologie. Max Weber hat – im Anschluß an Rickert – als Gegenstand einer Wirklichkeitswissenschaft das »historische Individuum« bestimmt, also individuelle Wirklichkeit in ihrer Eigenart.[1] Damit grenzte er »Wirklichkeitswissenschaft« von »Gesetzeswissenschaft« ab, die ihr Erkenntnisziel nicht in der Erforschung historischer Individuen, sondern nach naturwissenschaftlichem Vorbild in der Aufstellung von »Gesetzen« findet.

Gegenstand der empirischen Soziologie Königs sind »einzelne soziale Vorgänge«. Hier liegt eine scheinbare logische Identität vor. Beide, König wie Weber, haben es mit singulären Phänomenen zu tun. Aber ein singuläres Phänomen wird erst dann zu einem historischen Individuum, wenn wir es unter individualisierenden Gesichtspunkten betrachten. Wird ein einzelnes Phänomen jedoch unter generalisierenden Gesichtspunkten betrachtet, ist es kein historisches Individuum, sondern Exemplar einer Gattung. Letzteres ist bei König der Fall, denn die Untersuchung von Einzelphänomenen dient zum einen der Aufstellung von Gesetzen (»Beobachtung empirischer Regelmäßigkeiten«), zum anderen werden Einzelphänomene durch Gesetze erklärt.[2] Bei

---

1 Dieser Begriff wird im Objektivitätsaufsatz erstmals eingeführt auf S. 178. Im Aufsatz über die »Protestantische Ethik« definiert Weber »historisches Individuum« als »Komplex von Zusammenhängen in der geschichtlichen Wirklichkeit, die wir unter dem Gesichtpunkte ihrer *Kulturbedeutung* begrifflich zu einem Ganzen zusammenschließen« (Max Weber 1920, S. 30). Zum »historischen Individuum« und seinen neokantianischen Wurzeln vgl. Oakes 1988.

2 Dies hat Max Weber scharf unterschieden. »Die Beziehung der Wirklichkeit auf Wertideen, die ihr Bedeutung verleihen, und die Heraushebung und Ordnung der dadurch gefärbten Bestandteile des Wirklichen unter dem Gesichtspunkt ihrer Kultur*bedeutung* ist ein gänzlich heterogener und disparater Gesichtspunkt gegenüber der Analyse der Wirklichkeit auf *Gesetze* und ihrer Ordnung in generellen Begriffen« (Max Weber 1973b, S. 176).

der empirischen Soziologie Königs handelt es sich also um Gesetzeswissenschaft im Sinne Webers.

Im Unterschied zur empirisch-einzelwissenschaftlichen Soziologie, die es mit separierten, abgegrenzten Erkenntnisobjekten zu tun hat, trachtet »Geschichts- und Sozialphilosophie« – aus Sicht von König illegitimerweise – nach Erkenntnis historisch-sozialer *Totalitäten*. Wir haben also drei formale Typen von Erkenntnisobjekten vorliegen: »historisches Individuum« (als eigengearteter und spezifisch bedingter Gegenstand), »Gesetz« (bzw. »einzelne soziale Vorgänge« unter nomologischen Gesichtspunkten betrachtet, das heißt nomologisch erklärt oder zur Generierung nomologischen Wissens erforscht) und »Totalität«.

Wir werden in diesem Kapitel folgendermaßen vorgehen: Zunächst ist zu untersuchen, wie die historischen Soziologen das Erkenntnisobjekt der Soziologie formallogisch definieren (III.1). Danach wird zu prüfen sein, wie der Erkenntnisgegenstand ihrer Zeitdiagnosen (also auf der materialen, nicht der methodologischen Ebene) aufzufassen ist (III.2); sodann beschäftigt uns »historisches Individuum« als analytische Kategorie in der historischen Soziologie (III.3); abschließend ist zu überprüfen, was es in bezug auf historische Soziologie mit dem Vorwurf der »Totalität« auf sich hat (III.4).

1. Die formale Definition des soziologischen Erkenntnisobjekts

Untersucht man, wie die historischen Soziologen den (formalen) Gegenstand der Soziologie begreifen, so stellt man fest, daß etliche von ihnen, in Abgrenzung zur (individualisierenden) Geschichtswissenschaft, Soziologie als *systematische* Disziplin bestimmen. Hier ist zuallererst *Max Weber* selbst zu nennen:

»Die Soziologie bildet … *Typen*-Begriffe und sucht *generelle* Regeln des Geschehens. Im Gegensatz zur Geschichte, welche die kausale Analyse und Zurechnung *individueller*, *kultur*wichtiger Handlungen, Gebilde, Persönlichkeiten erstrebt« (Max Weber 1972, S. 9).

Auch *Franz Oppenheimer* faßt (was angesichts der positivistischen Prägung des ›gelernten‹ Arztes nicht verwundert) »Soziologie als Gesetzeswissenschaft« auf (Oppenheimer 1964 I, 1,

S. 177). Soziologie verfolgt Geschichte unter generalisierenden Gesichtspunkten, während die Geschichtswissenschaft auf »das Individuelle, das Idiographische« (ebd., S. 176) verwiesen wird. Die Soziologieauffassung von *Werner Sombart* geht gleichfalls in diese Richtung. »Wissenschaftliche Soziologie«, so definiert der Verfasser des *Modernen Kapitalismus,* »nenne ich die systematische Erfahrungswissenschaft vom menschlichen Zusammenleben« (Sombart 1923, S. 6). Die Abgrenzung zur Geschichtswissenschaft erfolgt dann wie bei Max Weber und Oppenheimer: »Die geschichtliche Einstellung ist die Einstellung auf das Einzige, Einmalige, die soziologische die auf die Wiederholung, also das Typische: daher *systematische* Wissenschaft. Die Schlacht von *Tannenberg* gehört der Geschichte, die *Schlacht* von Tannenberg der Soziologie; die Universität *Berlin* der Geschichte, die *Universität* Berlin der Soziologie an usw.« (ebd., S. 7).

Schon 1916 hatte *Ernst Troeltsch* erklärt, es gebe grundsätzlich nur zwei Möglichkeiten, Soziologie zu betreiben. »Entweder sieht man in ihr eine Einzelwissenschaft allgemeinbegrifflicher Haltung, die Formen und Bedingungen der Vergesellschaftung überhaupt vergleichend zu schematisieren sucht«, also Soziologie als eine systematische Wissenschaft. »Oder man sieht darin die Generalwissenschaft, die von der Gesellschaft an sich, das heißt von der Menschheit und den in ihrem Dasein sich verschlingenden Gemeinschaftsinteressen, handelt und eben damit sowohl die Entwicklungsgeschichte als das Idealziel der Menschheit konstruiert, eine Zusammenfassung von Geschichte, Geschichtsphilosophie, Kulturphilosophie und Ethik in einer neuen allumfassenden und die wissenschaftliche Generalmethode befolgenden Wissenschaft« (Troeltsch 1916, S. 259 f.), also eine enzyklopädische Disziplin nach Art von Comte und Spencer. Und Troeltsch urteilt: »Von beiden Möglichkeiten scheint mir nur die erste berechtigt und die zweite die Quelle aller Irrtümer und Verworrenheiten«, was dann im Aufsatz mit wissenschaftslogischen Anleihen an Rickert begründet wird (vgl. ebd., S. 270 bis 273).

Die erste Generation derer, die wir als Vertreter der »deutschen historischen Soziologie« bezeichnen (also Werner Sombart, Max Weber, Ernst Troeltsch, Franz Oppenheimer; Ausnahme: Alfred Weber), definiert also Soziologie als systematische, generalisierende Wissenschaft im Sinne Rickerts, die der individualisierenden Geschichtswissenschaft gegenübergestellt wird (ob und inwieweit sie in diesem Sinn Soziologie betrieben haben, ist eine andere Frage, der wir uns im folgenden Abschnitt zuwenden werden). Sie reproduziert damit das, was Rickert bereits in seinen »Grenzen der naturwissenschaftlichen Begriffsbildung« ausgeführt hat: Soziologie könne logisch betrieben werden als generalisierende Geschichtswissenschaft. Sie könne und dürfe allerdings die eigentliche, individualisierende Geschichtswissenschaft nicht ersetzen (vgl. Rickert 1902, S. 287 f., S. 293 f.).

Systematische Soziologie als *alleiniger* Bestandteil des neuen Fachs wird erst seit Mitte der zwanziger Jahre bestritten. Um diese Zeit wird die Forderung erhoben, Soziologie als *historische* Disziplin zu betreiben. Das Projekt einer historischen Soziologie als Wirklichkeitswissenschaft im Sinne Max Webers findet nun Eingang in das neue Fach (programmatisch, denn als strukturlogische Forschungsrealität existiert es schon längst, spätestens seit der ersten Auflage von Sombarts *Modernem Kapitalismus* von 1902; vgl. Kruse 1990a).

Den Gestaltwandel zu einer historischen Soziologie kündigt *Karl Mannheim* bereits in seinem Historismus-Aufsatz von 1924 an. Der Historismus sei »eine geistige Macht geworden von unübersehbarer Tragweite« (Mannheim 1970a, S. 246). Noch werde Soziologie selbst von einem Historismus-Theoretiker wie Ernst Troeltsch als generalisierende Wissenschaft verstanden. »Es ist aber zu erwarten, daß das in der marxistischen Soziologie, aber auch in anderen Bestrebungen weiterarbeitende Hegelsche Element die generalisierende Typik der sozialen und wirtschaftlichen Formen in eine jeweils einmalige Stufenfolge dieser Formen (historische Individualität!, V. K.) umwandeln wird und das geschichtsphilosophische Element auf diesem Wege auch in der Soziologie sich durchsetzen wird« (ebd., S. 297).

Behandelt Mannheim in seinem Historismusaufsatz eine (individualisierende) historische Soziologie noch eher als Vision, so wird sie ein Jahr später (1925) in »Die Probleme einer Soziologie des Wissens« bereits als »Möglichkeit«, als Alternative zu einer systematischen Soziologie hingestellt:

»An dieser Stelle muß zumindest der fundamentale Unterschied zwischen den beiden Typen von Soziologie, die als Möglichkeit für einen jeden Denker heute vorliegen, verzeichnet werden. Die eine Richtung knüpft an die Traditionen der naturwissenschaftlichen, gesetzesuchenden Gruppe der Wissenschaft an (der vorwiegend westlich orientierte Typus der Soziologie), der andere Typus an die Traditionen der Geschichtsphilosophie (zum Beispiel Troeltsch, Alfred Weber). Ist für den ersteren Typus ein jedes historische Individuum nur eine Komplexion genereller, sich gleichbleibender Bestimmungen, und verzichtet diese Forschungrichtung gerade deshalb auf jenen Rest im ›Individuum‹, der von diesen generellen, abstrakten Bestimmungen aus nicht erfaßbar ist, so trachtet die andere Richtung gerade den umgekehrten Weg einzuschlagen. Für sie ist das historische Individuum (worunter selbstverständlich nicht nur eine Persönlichkeit, sondern eine jede einmalige historische Konstellation gerade in ihrer Einmaligkeit gemeint ist) das zu Erfassende, das Ziel ihrer Forschung« (Mannheim 1970b, S. 338).

Das »historische Individuum« als »einmalige historische Konstellation« macht also auch Karl Mannheims akademischer Lehrer *Alfred Weber* zum formalen Objekt seiner »Geschichts- und Kultursoziologie«. In einem programmatischen Aufsatz von 1920 unterteilt er die historisch-soziale Totalität in »Zivilisationsprozeß«, »Gesellschaftsprozeß« und »Kulturbewegung«. Geschichts- und Kultursoziologie habe zu eruieren, in welcher spezifischen Konstellation diese drei Größen und ihre Elemente zu einer gegebenen Zeit und in einem gegebenen Raum gelagert seien. Alfred Weber als Zeitdiagnostiker hat dabei besonders die Gegenwart als historische Individualität im Auge. Mit kritischem Seitenblick auf die systematische Soziologie nach Art von Wieses resümiert der Kultursoziologe sein Konzept so:

»Es wird also versucht, über die übliche Gesellschaftslehre hinausgehend, um es noch einmal gegen alle Mißverständnisse zusammenzufassen, den Totalitätsverlauf der Geschichte derart nach seinen so gemeinten soziologischen Konstellationen zu analysieren, daß verständlich werden nicht bloß einzelne, isolierte oder durch die Betrachtung zu isolierende Entwicklungstendenzen, nicht bloß einzelne Formtypen und deren Wiederholung und Aufeinanderfolge in ihm – das wesentliche, bisher als legitim betrachtete Leistungsgebiet der Soziologie –, sondern seine Gesamtphysiognomie in bestimmten Perioden und in den verschiedenen Geschichtskreisen, die Einfügung großer Einzelphänomene in diese – womöglich der Charakter der Gesamtsituation und ihrer Handlungsbedingungen, die sich aus dem Zusammenfluß aller verschiedenen Geschichtsströme in der unmittelbar uns umschließenden Gegenwart für uns ergeben« (A. Weber 1927, S. 8).

Den Höhepunkt der Opposition gegen eine systematische Soziologie markieren Siegfried Landshuts *Kritik der Soziologie*

(1929) und Hans Freyers *Soziologie als Wirklichkeitswissenschaft*
(1930). Soziologie sei als Lehre von den sozialen Formen dabei,
sich mehr und mehr von den Lebensproblemen der gesellschaftlichen Wirklichkeit zu entfernen:

»(W)ährend die Wissenschaft von der lebendigen Bewegung des Lebens
überholte Problematiken fortspinnt und die Sackgassen verfehlter Fragestellungen ständig verlängert, wird der Rückanschluß aus der Wissenschaft heraus an die Notwendigkeiten des mitgelebten Lebens stets
schwieriger« (Landshut 1929, S. 2).
»Die Gefahr, daß die wissenschaftliche Soziologie den Kontakt mit der
gesellschaftlichen Wirklichkeit der Gegenwart verliert, besteht zweifellos ... Da ist eine soziale Gegenwart, die nicht nur Probleme in sich
birgt, sondern selbst ganz Problem ist. Sie scheint alle Kräfte unseres
Denkens alarmieren zu müssen ...[3] Unterdessen findet die akademische
Soziologie zum großen Teil ihr Genügen darin, die Spielarten menschlicher Beziehungen zu rubrizieren, die Typen sozialen Verhaltens zu
katalogisieren, die Strukturgesetze der ›Gruppe überhaupt‹ zu formulieren« (Freyer 1930, S. 1).

Siegfried Landshut beruft sich auf Max Webers Objektivitätsaufsatz, wenn er fordert, »daß das Sachgebiet, mit dem die Soziologie es zu tun hat, seinem ganzen Umfang nach ein geschichtliches
ist. So ist die Erkenntnis dieser geschichtlichen Wirklichkeit stets
ein Verständnis von Zusammenhängen und damit etwas grundsätzlich anderes ... als alle Feststellung genereller Regeln des
Geschehens und Bildung allgemeiner Begriffe« (Landshut 1929,
S. 9 f.). Landshut postuliert also geschichtliche Wirklichkeit, verstanden im Sinne von historischer Individualität, zum Gegenstand der Soziologie.

Ebenso definiert *Hans Freyer* »Soziologie« als »Wissenschaft
von einem klar bestimmten und begrenzten Objekt: von der gesellschaftlichen Wirklichkeit ...« (Freyer 1930, S. 12):

»Die Gegenstände der Soziologie sind gesellschaftliche Wirklichkeiten:
der konkreten Zeit eingelagert, geschichtlich aufeinander und auf die
Gegenwart bezogen. Eine formale Soziologie denaturiert also ihr Objekt auf das gründlichste; sie verwandelt es aus zeitgebundener Wirklichkeit in zeitentrückte Gestalt. Will das soziologische Denken konkret
sein, das heißt der Natur seines Gegenstandes gerecht werden, so muß es
sich in allen seinen Kategorien historisieren. Es muß in seine Begriffe

---

3 Hier tritt das zutage, was der späte König (1979, S. 361) die »Alarmfunktion« der alten Soziologie genannt hat.

den geschichtlichen Gehalt der gesellschaftlichen Wirklichkeiten, in den systematischen Zusammenhang seiner Begriffe die geschichtliche Bewegung der Gesellschaft aufzunehmen wissen« (ebd., S. 158 f.).

Gesellschaft, so Freyer, »ist eine historische Größe, sie ist das Feld einmaliger unumkehrbarer Bewegungen und akuter geschichtlicher Entscheidungen« (ebd., S. 11; vgl. auch S. 158 f., S. 298). Insbesondere mit der Gegenwart habe es der Soziologe zu tun. »(G)egenwärtige Wirklichkeit (ist) eine – freilich sehr vielspältige, als Ganzes aber eindeutig bestimmte – historische Individualität« (ebd., S. 306). Auch für Freyer also ist der formale Gegenstand der Soziologie historische Individualität.

Eduard Heimann schließt sich der Polemik gegen die »systematische Soziologie« an. Er hält sie für »formalisiert und akademisiert« und wirft ihr vor, »sich aus der aktuellen Problematik auf allgemeingültige Fragen zurückzuziehen und damit ihre feinsinnige Kultiviertheit zu erkaufen« (Heimann 1932, S. 25). Er fordert, daß »der Gesichtspunkt der Soziologie ... ganz und gar der historische des qualitativen Wandels« sei:

»Man verfehlt das dynamische Wesen des Lebens überhaupt und damit das Wesen jeder besonderen zeitlichen Ausprägung des Lebens, wenn man versucht, das einzelne Stück Leben – eine Person oder eine Sozialgestalt oder eine Epoche im Leben dieser oder jener – als Sonderfall einer allgemeingültigen Gesetzmäßigkeit zu begreifen; nicht quantitative Verschiebung gleichbleibender Elemente, sondern das Hervorbrechen neuer Qualität aus der vorhandenen, neuer geistgeladener Gestalt aus der alten, das ist das Wunder des Lebens und der Geschichte« (Heimann 1980, S. 141).

»Das einzelne Stück Leben« (»eine Person oder eine Sozialgestalt oder eine Epoche im Leben dieser oder jener«), die nicht als Exemplar einer »allgemeingültigen Gesetzmäßigkeit« begriffen wird, ist nichts anderes als das historische Individuum Max Webers.

Fazit: Soziologie wird bis etwa Mitte der zwanziger Jahre von den historischen Soziologen als generalisierende, systematische Wissenschaft definiert (nicht als individualisierende Disziplin im Sinne von Max Webers Programm einer Wirklichkeitswissenschaft). Damit wird eine Phase gekennzeichnet, in der historische Soziologie »an sich«, also als strukturlogischer Tatbestand, bereits existiert, aber nicht als Teil der sich neuformierenden soziologischen Wissenschaft begriffen wird. Erst durch die Opposition gegen die »systematische Soziologie« von Wieses, Vierkandts etc., ihre Wirklichkeitsferne und Ahistorizität tritt historische Soziologie »für sich« als *soziologisches* »Paradigma« in Erscheinung. Nun wird, teilweise unter Rekurs auf Max Webers Objektivitätsaufsatz, »historische Individualität« als Gegenstand der Soziologie bestimmt.

2. Das formale Erkenntnisobjekt in der historisch-zeitdiagnostischen Analyse

Wie haben nun zu fragen, wie sich in der historisch-zeitdiagnostischen Forschungspraxis das Erkenntnisobjekt darstellt. Beginnen wir mit Max Weber. Seine Vorbemerkung zu den *Gesammelten Aufsätze zur Religionssoziologie* eröffnet dieser bekanntermaßen mit folgenden Sätzen:

»Universalgeschichtliche Probleme wird der Sohn der modernen europäischen Kulturwelt unvermeidlicher- und berechtigterweise unter der Fragestellung behandeln: welche Verkettung von Umständen hat dazu geführt, daß gerade auf dem Boden des Okzidents, und *nur* hier, Kulturerscheinungen auftraten, welche doch – wie wenigstens wir uns gern vorstellen – in einer Entwicklungsrichtung von universeller Bedeutung und Gültigkeit lagen?« (Max Weber 1920, S. 1).

Weber listet dann unter historisch-komparativen Seitenblicken auf, was alles dem Okzident, und nur ihm, zu eigen ist: rationale, empirische Wissenschaft, rationale harmonische Musik, Fachmenschentum, Fachbeamtentum, rationaler Kapitalismus und anderes mehr. Es geht Weber mit anderen Worten darum, »die besondere *Eigenart* des okzidentalen und, innerhalb dieses, des modernen okzidentalen, Rationalismus zu erkennen und in ihrer Entstehung zu erklären« (ebd., S. 12).[4]

4 Die seiner Religionssoziologie zugrunde liegende Kategorie der »historischen Individualität« bestätigt Weber in der »Einleitung«, wo er bemerkt, daß »wir ja die wichtigsten der großen Religionen individuell betrachten wollen. Diese sind untereinander weder in dieser noch in anderer Hinsicht einfach in eine Kette von Typen, deren jeder gegenüber dem andern eine neue ›Stufe‹ bedeutet, einzugliedern. *Sondern sie sind sämtlich historische Individuen höchst komplexer Art …* Es handelt sich bei den nachfolgenden Darlegungen also in keiner Art um eine *systematische* Typologie der Religionen« (Max Weber 1920,

Was Weber hier über den okzidentalen Rationalismus als Gegenstand schreibt, entspricht formal exakt dem, was im Objektivitätsaufsatz als »Wirklichkeitswissenschaft« dargelegt ist: »Ausgangspunkt des sozialwissenschaftlichen Interesses ist nun zweifellos die *wirkliche*, also individuelle Gestaltung des uns umgebenden sozialen Kulturlebens in seinem *universellen*, aber deshalb natürlich nicht minder *individuell* gestalteten, Zusammenhange und in seinem Gewordensein aus anderen, selbstverständlich wiederum individuell gearteten, sozialen Kulturzuständen heraus« (Max Weber 1973, S. 172 f.).

Daß in der »Einleitung« als materiales Erkenntnisobjekt der Weberschen Religionssoziologie das beschrieben wird, was sich im Objektivitätsaufsatz als formales Objekt der Wirklichkeitswissenschaft findet, wird spätestens dann deutlich, wenn man die einzelnen Elemente der Sätze einander gegenüberstellt:

»Ausgangspunkt des sozialwissenschaftlichen Interesses ...	»Universalgeschichtliche Probleme wird der Sohn der modernen europäischen Kulturwelt ...
... ist ... die wirkliche, also individuelle Gestaltung des uns umgebenden sozialen Kulturlebens ...	(Welche Verkettung von Umständen hat dazu geführt, daß) gerade auf dem Boden des Okzidents, und nur hier, Kulturerscheinungen auftraten ...
... in seinem universellen ... Zusammenhange ...	(... welche doch in einer Entwicklungsrichtung) von universeller Bedeutung ... lagen?
... und in seinem Gewordensein aus anderen, selbstverständlich wiederum individuell gearteten, sozialen Kulturzuständen heraus.«	Welche Verkettung von Umständen (hat dazu geführt ...)«

Daß sich die Webersche Religionssoziologie voll und ganz mit dem Programm einer Wirklichkeitswissenschaft im allgemeinen und der Kategorie der historischen Individualität im besonderen deckt, ist also nicht zu bezweifeln (vgl. Barrelmeyer 1997b, S. 285 ff.). Aber: Widersprechen nicht die systematischen Teile

S. 264 f.; erste Hervorhebung vom Verf.). – Den »Geist des Kapitalismus« begreift Max Weber explizit als »historisches Individuum« (Max Weber 1920, S. 30).

in *Wirtschaft und Gesellschaft* dem wirklichkeitswissenschaftlichen, auf historische Individualität abhebenden Programm?

Systematische Begriffsbildung – und darin unterscheidet sich Weber vom begriffsfeindlichen Historismus des 19. Jahrhunderts – ist integraler Bestandteil des wirklichkeitswissenschaftlichen Konzepts.[5] Als »gedankliche Mittel zum Zweck der geistigen Beherrschung des empirisch Gegebenen« sind sie analytisch auch für die wirklichkeitswissenschaftlich orientierte Forschung unentbehrlich. Systematische Begriffsbildung widerspricht nur dann dem Begriff einer Wirklichkeitswissenschaft, wenn sie für sich genommen Zweck ist, nicht aber Mittel zur Erkenntnis historischer Individualität. *Wirtschaft und Gesellschaft* als über weite Strecken systematisch konzipiertes Werk würde also dann, und nur dann, den wirklichkeitswissenschaftlichen Rahmen sprengen, wenn Max Weber historische Individualität zugunsten systematischer Zielsetzungen aufgegeben hätte.

Die Antwort auf diese Frage hängt von der Werkinterpretation ab. Über Jahrzehnte galt es als selbstverständlich, daß *Wirtschaft und Gesellschaft* das Opus magnum sei, auf das Max Weber viele Jahre hingearbeitet habe, das zu vollenden ihm jedoch nicht vergönnt war.[6] Sollte *Wirtschaft und Gesellschaft* das letzte und gültige Hauptwerk darstellen, so wäre Max Weber von einer wirklichkeitswissenschaftlichen »Kulturwissenschaft« zu einer gewiß noch historisch gesättigten, aber doch systematisch orientierten Soziologie konvertiert. Das Programm einer Wirklichkeitswissenschaft würde dann nur eine Periode (um nicht zu sagen: eine Episode) in seinem Denken und Schaffen darstellen.

Nun ist in der neueren Weber-Forschung mit guten Gründen die These vertreten worden, das eigentliche und letzte For-

5 Zu den programmatischen Postulaten des Objektivitätsaufsatzes zählt die »Forderung der Bildung scharfer Begriffe« (Max Weber 1973b, S. 146, Anm. 1; vgl. auch ebd., S. 207 f.).

6 Diese Auffassung ging vor allem von den Herausgebern aus. Marianne Weber deklarierte in ihrer Einleitung *Wirtschaft und Gesellschaft* als »Hauptwerk«. Nicht anders sah es Johannes Winckelmann, der trotz gewichtiger Einwände (vgl. insbesondere Tenbruck 1977) seine letzte Arbeit mit »Max Webers hinterlassenes Hauptwerk« (1986) betitelte. Auch René König (1957, S. 414) faßte *Wirtschaft und Gesellschaft* entsprechend auf und begriff folgerichtig Max Weber als systematischen Soziologen. Bereits Freyer (1930) und Landshut (1929) haben ähnlich gedacht.

schungsinteresse Webers habe in der Religionssoziologie und den dort formulierten Fragestellungen über die Entstehung der Eigenart des okzidentalen Kapitalismus gelegen.[7] »So umspannen die *Gesammelten Aufsätze zur Religionssoziologie* die gesamte Schaffenszeit Webers von der *Protestantischen Ethik* bis zu seinem Tod; sie, und nicht *Wirtschaft und Gesellschaft*, waren das Werk, das ihn beharrlich beschäftigt hat« (Tenbruck 1975, S. 677). Dagegen seien die in *Wirtschaft und Gesellschaft* zusammengefaßten Beiträge eher als Auftragsarbeiten im Rahmen des »Grundriß der Sozialökonomik« denn als Summum opus aufzufassen.[8] Tenbruck (ebd., S. 696) sieht das begriffliche

---

7 Johannes Weiß (1992, S. 102) sieht »(u)nter den Interpreten Max Webers ... weitestgehende Übereinstimmung darüber, daß der Religionssoziologie im Gesamtentwurf von dessen soziologischen Werk eine Schlüsselbedeutung zukommt«.

8 Diese Auffassung wird bestätigt durch ein Rundschreiben Max Webers an die Mitherausgeber vom 8. 12. 1913, in dem er über den »fast völligen Ausfall() mehrerer besonders wichtiger Beiträge« klagt und fortführt: »Da für einige ein Ersatz überhaupt nicht zu schaffen war, habe ich geglaubt, für das Werk, um ihm ein anderweitiges Aequivalent zu liefern und so seine Eigenart zu heben, *unter Opferung anderer, mir weit wichtigerer Arbeiten* in dem Abschnitt ›Wirtschaft und Gesellschaft‹ eine ziemlich umfassende soziologische Erörterung liefern zu sollen, *eine Aufgabe, die ich sonst in dieser Art niemals übernommen hätte*« (das Schreiben ist abgedruckt bei Winckelmann 1986, S. 156-159, hier zitiert S. 158; Hervorhebung vom Verf.). So erscheint Stefan Breuers Sichtweise plausibel und zwingend: »Als im Juli 1914 der Weltkrieg ausbrach, nahm Weber diese Gelegenheit wahr, um ungeachtet des Drängens seines Verlegers die Arbeit am Grundriß für mehrere Jahre einzustellen. Statt dessen nutzte er die freie Zeit, die ihm seine tagespolitischen Aktivitäten ließen, ausschließlich für die religionssoziologischen Studien und publizierte zwischen 1915 und 1920 insgesamt elf Artikel auf diesem Gebiet«. Zwar sei der Forschungsrahmen durchaus breiter gewesen. »Gleichwohl war die Religionssoziologie doch insofern das Zentrum, als Weber die Theorie des Rechts und der Herrschaft nur soweit vorantrieb, wie sie für die Erklärung der Wirtschaftsethik vonnöten war ...« (Breuer 1992, S. 21). »Die Herrschaftssoziologie ... war nur ein Stiefkind Webers; wie dem Aschenputtel im Märchen war ihm nur eine dienende Funktion zugedacht, um die Lieblingskinder in desto hellerem Glanze erstrahlen zu lassen. Von der ›Protestantischen Ethik‹ bis zur Vorbemerkung zu den religionssoziologischen Schriften hatte Weber nur ein Thema: den

Instrumentarium, wie es in *Wirtschaft und Gesellschaft* entwik-
kelt wird, »als Mittel zum Zweck der Erkenntnis der historischen
Wirklichkeit und vor allem historischer Abläufe«. So gesehen,
steht *Wirtschaft und Gesellschaft* im Rahmen des wirklichkeitswissenschaftlichen Programms.

Entgegen Tenbrucks These, daß den *Gesammelten Aufsätzen
zur Religionssoziologie* der eindeutige Vorrang gegenüber *Wirtschaft und Gesellschaft* gebühre, meint Wolfgang Schluchter, es
lasse sich keine Priorität des einen gegenüber dem andern begründen, vielmehr seien beide als gleichgewichtige und komple-
mentäre Großprojekte zu beurteilen:

»Die Unterschiede zwischen ihnen haben auch nichts mit der üblichen
Unterscheidung von Soziologie und Geschichte zu tun. Sie sind vielmehr auf unterschiedliche Zwecksetzungen im Rahmen des soziologischen als eines kulturwissenschaftlichen Ansatzes zurückzuführen:
›Wirtschaft und Gesellschaft‹ soll in erster Linie der soziologischen Begriffsbildung und Begriffskasuistik dienen, ›Die Wirtschaftsethik der
Weltreligionen‹ in erster Linie der Darstellung wichtiger Kulturkreise
unter Anwendung der soziologischen Begriffe und unter der Fragestellung, worin die Eigenart des Okzidents besteht und worauf sie beruht«
(Schluchter 1991 II, S. 588).

Auch nach Maßgabe dieser Interpretation, die sich eher graduell
von Tenbruck unterscheidet, bewegte sich *Wirtschaft und Gesellschaft* voll und ganz im Rahmen einer Wirklichkeitswissenschaft:
systematische Begriffsbildung als Mittel, Erkenntnis historischer
Individualität als Zweck.

Daß Webers systematische Begriffe im Dienste der Erkenntnis
historischer Individualität stehen, hat ebenfalls Thomas Burger
(1994, S. 97) unterstrichen:

»Webers Wissenschaftslehre läßt keinen Zweifel daran, daß die Begriffe
seiner Soziologie im Prinzip keinen Eigenwert besitzen. Denn der Intention nach zielen sie keineswegs auf eine Theorie systematischer Beziehungen, die innerhalb eines kulturellen Kontexts bedeutsam erscheinen. Außerhalb dieses Kontexts verliert die gesamte Apparatur ihren
Sinn.«

Auch Johannes Weiß wendet sich gegen die Unterscheidung
»zwischen einer frühen ›historistischen‹ oder ›idiographischen‹

Geist des Kapitalismus bzw. der rationalen Kultur des Okzidents; alle
anderen Forschungsinteressen, die darüber hinauswiesen, wurden von
diesem Thema erdrückt« (ebd., S. 31).

und einer nachfolgenden theoretischen oder ›nomothetischen‹ Phase in Webers Methodologie und/oder Forschungspraxis:

»Über alle terminologischen Veränderungen und alle Verschiebungen der Perspektive hinweg vertritt Weber im Prinzip von Anfang an *die* Auffassungen, die er am Ende seines Lebens (nämlich im ersten Teil von Wirtschaft und Gesellschaft) noch einmal in konzentrierter und präzisierter Form vorgetragen hat: Um reale geschichtliche Verhältnisse und Entwicklungen begreifen und erklären zu können, muß sich die historische Sozialwissenschaft a) ohne Vorbehalt als empirisch-*kausale* Wissenschaft verstehen und sich als solche b) hinsichtlich ihrer Konzepte und Erklärungen um so viel theoretische Generalisierung bemühen, wie dies mit der Eigenart der jeweiligen ›Sache‹ vereinbar ist« (Weiß 1992, S. 172).

Soziologie sei von Max Weber, so Weiß (ebenda) weiter, »nie als separate Wissenschaft ..., sondern als theoretischer Teil einer umfassenden historischen Sozialwissenschaft verstanden« worden.

Schließlich ist zu bedenken, daß eine verstehende Soziologie, wie sie ja Weber postuliert, die Kategorie des historischen Individuums logisch voraussetzt. Denn wie ist Verstehen möglich ohne den Bezug auf einen spezifischen historischen Kontext?

Verfolgen wir nun, wie es die anderen historischen Soziologen in ihrer materialen Forschung mit der Kategorie des historischen Individuums halten. *Werner Sombart* hatte Soziologie ebenfalls als systematische Wissenschaft definiert (vgl. Kapitel III.1). Wie aber bestimmt Sombart den Gegenstand seines Hauptwerks *Der moderne Kapitalismus*?

In der ersten Auflage heißt es: »(E)s giebt ... wohl eine Theorie des ›*modernen Kapitalismus*‹, nimmermehr aber eine solche des Kapitalismus schlechthin« (Sombart 1987 I, 1, S. XIX). Mit anderen Worten: Sombart versteht den modernen Kapitalismus als ein historisches Individuum. Sombart hat diesen Sachverhalt prinzipiell so formuliert:

»Wir werden in Zukunft darauf verzichten müssen, eine allgemeine sociale Theorie aufstellen zu wollen, die für alle Zeiten Gültigkeit beansprucht, werden uns wenigstens darüber klar werden müssen, daß eine solche allgemeine Theorie nur ganz wenige Grundzüge des Wirtschaftslebens wird umspannen und niemals dessen gesamte Fülle wird erschöpfen können. Sie wird eine *Allgemeine Wirtschaftslehre* sein, wie ich sie nenne: eine Art von Vorspiel zu der eigentlichen Symphonie. Als unsere vornehmste Aufgabe wird vielmehr die erscheinen: *je für bestimmte, historisch abgrenzbare Wirtschaftsperioden je verschiedene Theorien zu formulieren*« (Sombart 1902, S. XXI).

Entsprechend fällt der Begriff des »modernen Kapitalismus« auch in der zweiten Auflage aus: »(D)er Kapitalismus wird in seinem Ablauf als einmalige Erscheinung, als ›historisches Individuum‹ betrachtet« (Sombart 1987 III, 1, S. XIII).[9]

Alfred Weber hat den Begriff des »modernen Kapitalismus« nach Art von Sombart (also als historisches Individuum) geteilt und ihm in *Die Krise des modernen Staatsgedankens* (1925) den Begriff des »modernen Staates« zur Seite gestellt. Es geht dabei nicht um »den« Staat schlechthin als ubiquitäre Erscheinung, als allgemeinsoziologischen Begriff. Sondern es geht um den »modernen Staat« als ein spezifisch europäisches Phänomen, das in der Renaissance erstmals einsetzt, also um den modernen europäischen Staat als historisches Individuum: »Der moderne Staat wie sein Schatten und späterer Former, der moderne Staatsgedanke, beide sind in ihrem ursprünglichen Wesen etwas rein Europäisches« (A. Weber 1925, S. 12).

Wie Alfred Weber den Staatsbegriff, so orientiert *Eduard Heimann* den Begriff der Sozialpolitik am individualisierenden Kapitalismusverständnis Sombarts und Max Webers: »Zu einem einmaligen Kapitalismus gehört eine einmalige Sozialpolitik« (Heimann 1931, S. 252). Es sei »ganz unmöglich, von einer allgemeinen Soziologie her, wie es in den Vereinigten Staaten versucht wird, das Wesen der Sozialpolitik zu erforschen« (ebd., S. 260):

»Eine Theorie der Sozialpolitik muß historisch gearbeitet sein, wenn sie nicht in leeren Definitionen und Abstraktionen steckenbleiben will. Ein vermeintlich objektives und auf das Allgemeingültige gerichtetes Den-

---

9 »Historisches Individuum« als kategoriale Grundlage von Sombarts *Modernem Kapitalismus* und ihre innovative Bedeutung erkennt auch Ernst Troeltsch, wie aus einem vertraulichen Brief an Hans Delbrück von 1916 in puncto Berufung auf den Lehrstuhl für Nationalökonomie an der Universität Berlin hervorgeht: »Der ganze Wurf, die Bestimmung des modernen Kapitalismus im Verhältnis zu jedem anderen als eigentümlich und eben modern, die ganze individualisierende Begriffsbildung auf dem Gebiet der Wirtschaftslehre im Gegensatz zu den früheren Gleichmachungen alles Wirtschaftlichen als Erwerbstrieb usw.; das sind doch große, bedeutende und seltene Erkenntnisse« (zitiert nach Drescher 1991, S. 431).

ken versucht immer wieder, verschiedenartige Geschehnisse zu allen Zeiten, besonders aber in unserer Zeit, mit dem Namen ›Sozialpolitik‹ zu benennen ... Aber jenes verallgemeinernde Vorgehen verkennt die *Besonderheit* der Geschehnisse, an denen der Name Sozialpolitik sich erst gebildet hat« (ebd., S. 250; Hervorhebung vom Verf.).

Sehr klar kommt die Kategorie des historischen Individuums in *Karl Mannheims* Habilitationsschrift *Konservativismus* zum Ausdruck, wie schon die einleitenden Sätze demonstrieren:

»Wir wollen das Wesentliche gleich vorwegnehmend aussprechen: das Ziel der folgenden Untersuchung ist, in einem eng begrenzten Gebiete des Historischen den seinsgebundenen Charakter des Denkens aufzuweisen. Nicht vom Denken und Wissen *überhaupt* wird hier die Rede sein, sondern von einem bestimmten Denken und Wissen in einem bestimmten Lebensraume. Das *thema probandum* dieser Arbeit besteht im Nachweis der Tatsache, daß sich in der ersten Hälfte des neunzehnten Jahrhunderts, von bestimmten sozialen Schichten getragen, in Deutschland eine einheitliche Denkrichtung herausbildete, die man *Altkonservativismus* nennen kann: ein Denken mit einem eigentümlichen Gepräge und von einer klar erfaßbaren soziologischen Zurechenbarkeit« (Mannheim 1984, S. 47).

Hier wird mit aller Deutlichkeit der Gegenstand formal als »historisches Individuum« qualifiziert. Es geht nicht um Denken und Wissen überhaupt, sondern um ein bestimmtes Denken und Wissen in einem bestimmten Lebensraum. Mannheim schärft diese kategoriale Differenz, indem er dem »Konservativismus« als einem »historisch-soziologische(n) Begriff« einen »generalisierend-soziologischen Begriff« gegenüberstellt, dem »Traditionalismus«: »Wir unterscheiden deshalb *Traditionalismus*, als eine allgemein menschliche Eigenschaft, von *Konservativismus*, als einem spezifisch historischen und modernen Phänomen« (vgl. ebd., S. 92 f.).

Ähnlich wie bei Mannheims Konservativismus verhält es sich mit *Alfred von Martins* Leitthema, dem Bürgertum. Ihn interessiert das Bürgertum nicht als systematische Größe, sondern als eine spezifisch okzidentale Erscheinung. Er fokussiert das Bürgertum als Kollektivträger kapitalistischer Dynamik (vgl. Kruse 1994, S. 110-113). In seiner *Soziologie der Renaissance* definiert hingegen von Martin sein Erkenntnisinteresse nicht als ein individualisierendes, sondern als ein systematisches. Es geht ihm darum, anhand einer soziologischen Untersuchung der Renaissance

Erkenntnisse zu gewinnen, »die über die Erklärung eines einmaligen historischen Verlaufs *hinausreichen*, die also für das Verständnis *aller* bürgerlichen Kultur, und so auch unserer heutigen noch, relevant sind ...« (von Martin 1932, S. VII).

Einen Sonderfall stellt *Franz Oppenheimer* dar, der sich wie Werner Sombart mit dem Kapitalismus befaßt. Aber es ist nicht der Kapitalismus Werner Sombarts. Wenn Oppenheimer definiert, »der Kapitalismus ist eine geschichtliche Epoche«, und: »eine geschichtliche Epoche ist ein von einem bestimmten Prinzip beherrschter Zeitraum des Menschen« (Oppenheimer 1962, S. 1), dann scheint er sich im Rahmen der Kategorie des »historischen Individuum« zu bewegen. Aber es geht hier in eine andere Richtung. Der Kapitalismus ist für Oppenheimer eine geschichtliche Epoche, welche die feudale Ständescheidung aufgelöst hat, aber das zweite Prinzip feudaler Ordnung, das Großgrundeigentum, bestehen ließ. Insofern ist der Kapitalismus eine »Epoche des Übergangs« (ebd., S. 18) zwischen Feudalgesellschaft und einem nachkapitalistischen liberalen Sozialismus. So gesehen ist der Kapitalismus *kein* historisches Individuum, weil er, ähnlich wie bei Marx, als Stadium eines weltgeschichtlichen Evolutionsprozesses gesehen und dabei zudem heilsgeschichtlich überhöht wird. Hier manifestiert sich, daß einige historische Soziologen nicht nur vom dem (individualisierenden) Einfluß des Historismus geprägt sind, sondern auch anderen Denkströmungen, insbesondere dem Marxismus und dem klassischen Positivismus, unterliegen.

Unter die Kategorie des »historischen Individuums« fällt hingegen der Begriff »industrielle Gesellschaft« des späten *Hans Freyer*. »Industriegesellschaft« ist ein Begriff, den wir, eingeschliffen durch die Modernisierungstheorie, gewöhnlich in evolutionstheoretischen Kategorien denken, also als ein fortgeschrittenes Stadium im gesellschaftlichen Evolutionsprozeß, das sich qua allgemeiner evolutiver Gesetzmäßigkeiten (soziale Differenzierung) aus der traditionalen Gesellschaft herausgebildet hat. Nicht so Hans Freyer. Auch für Freyer ist »industrielle Gesellschaft« eine universale Erscheinung oder jedenfalls auf dem Wege, eine solche zu werden. Aber dennoch ist sie ein genuin okzidentales Phänomen, das aus einer spezifisch europäischen Konstellation erwachsen ist (vgl. auch Kapitel IV.2) und seit geraumer Zeit dabei ist, sich über die ganze Welt zu verbreiten.

Ernst Troeltsch war nicht mehr dazu gekommen, eine »gegenwärtige Kultursynthese« zu entwerfen, hatte deren Gegenstand jedoch ebenfalls als historisches Individuum definiert, nämlich als »Herausarbeitung eines klaren Bildes der gegenwärtigen soziologischen Lebensordnung« in »ihrer *eigentümlichen* Struktur« (Troeltsch 1922, S. 771; Hervorhebung vom Verf.).

Alfred Müller-Armack (1981b, S. 56) hat es mit dem »Wirtschaftsstil« des »abendländischen Kapitalismus« zu tun, den er als »besondere geschichtliche Erscheinung« begreift«. »Unser lebendiges Interesse gehört dabei immer der Erkenntnis der *besonderen Eigenarten* und Wurzelbedingungen des heutigen europäischen Wirtschaftssystems« (ebd., S. 63; Hervorhebung vom Verf.).

Die Beispiele, in denen der Forschungsgegenstand historisch-soziologischer Arbeiten als historisches Individuum definiert wird, ließen sich beliebig vermehren. Es sei hier noch ein prominentes Werk der Nachkriegszeit angeführt, das »als hervorragendes Exempel gesamtgesellschaftlicher Analyse der ›Kritischen Theorie‹« (so der Klappentext) gilt, in Wirklichkeit aber unverkennbar in der Tradition historischer Soziologie steht: Jürgen Habermas' *Strukturwandel der Öffentlichkeit*. Im Vorwort heißt es:

»Wir begreifen ›bürgerliche Öffentlichkeit‹ als epochaltypische Kategorie; sie läßt sich nicht aus der unverwechselbaren Entwicklungsgeschichte jener im europäischen Hochmittelalter entspringenden ›bürgerlichen‹ Gesellschaft herauslösen und, idealtypisch verallgemeinert, auf formal gleiche Konstellationen beliebiger geschichtlicher Lagen übertragen. So wie wir zu zeigen versuchen, daß in einem präzisen Sinne etwa von ›öffentlicher Meinung‹ erst im England des späten 17. und im Frankreich des 18. Jahrhunderts die Rede sein kann, so behandeln wir überhaupt ›Öffentlichkeit‹ als eine historische Kategorie. Darin unterscheidet sich unser Verfahren a limine von dem Ansatz der formalen Soziologie, deren fortgeschrittener Stand heute von der sogenannten strukturell-funktionalen Theorie bezeichnet wird« (Habermas 1987, S. 7).

Also: »Bürgerliche Öffenlichkeit« ist eine »epochaltypische Kategorie«, eine »historische Kategorie«, mit anderen Worten: ein historisches Individuum. Die Zugehörigkeit zur historischen Soziologie wird zusätzlich dadurch deutlich, daß Habermas sich nach Art der zwanziger Jahre von der »formalen Soziologie« abgrenzt.

Bleibt noch zu fragen, wie sich denn »historisches Individuum«, das wir als konstitutive Kategorie historisch-soziologischen Forschens und Denkens erfahren haben, mit den Definitionen einer systematischen, generalisierenden Soziologie verträgt. Hier müssen wir uns zunächst vergegenwärtigen, daß diese Definitionen in Abgrenzung zur Geschichtswissenschaft in konventioneller Manier[10] vorgenommen wurden. Wenn nun die historischen Soziologen davon sprechen, die Geschichtswissenschaft sei für das Besondere, die Soziologie für das Allgemeine zuständig, so ist das relativ zu verstehen. Wir wollen dies veranschaulichen an Sombarts Einleitung zur zweiten Auflage seines *Modernen Kapitalismus*, wo das methodische Vorgehen in diesem Werk von der Wirtschaftsgeschichte unterschieden wird:

»Es muß aber betont werden, daß auch eine ersprießliche Wirtschafts*geschichte* in dem besondern Verstande einer Ermittlung von Besonderheiten der historisch-soziologischen Forschung nicht nur zur Ergänzung, sondern geradezu zur Unterlage bedarf. Dann erst, wenn festgestellt ist, welche wirtschaftlichen Erscheinungen allgemeine, das heißt wiederkehrende sind, können wir mit Sicherheit aussagen, worin die Besonderheit des von uns betrachteten Problemkomplexes liegt.«

Was aber ist nun »das Allgemeine«, »das Wiederkehrende«?

»Die Eigenart dieses Werkes besteht nun darin, daß in ihm *die Frage nach der Allgemeinheit der wirtschaftlichen Erscheinungen bis an die äußerste noch zulässige Grenze ausgedehnt worden ist.* Diese Grenze ist der durch die süd- und westeuropäischen Völker, die seit der Völkerwanderung die Träger der Geschichte Europas sind, gebildete Kulturkreis. Soweit dieser in Betracht kommt, ist also die Frage wiederum die spezifisch geschichtliche: es gibt nur eine Geschichte des ›modernen Kapitalismus‹, nicht eine Geschichte des Kapitalismus schlechthin. Innerhalb dieses nun einmal gegebenen Kulturkreises ist dann jede Besonderheit der verschiedenen Völker außer acht gelassen und gefragt worden: welche wirtschaftlichen Erscheinungen, die zur Entstehung des modernen Kapitalismus führen, sind *allen* europäischen Völkern gemein? Ich halte diese Fragestellung nicht nur für vollauf berechtigt, sondern, wie ich schon sagte: die Ermittlung dieser allgemein-europäischen Züge der wirtschaftlichen Entwicklung ist die notwendige Voraussetzung, um nun mit Aussicht auf reichen Ertrag die wirtschaftlichen Schicksale der engeren Verbände zu untersuchen. Also nicht, daß meine

10 Neben Rickert 1902 (besonders S. 287-289) seien als weitere prominente Beispiele Bernheim 1908 (S. 94-99) und Mehlis 1915 (S. 109 f.) genannt.

Arbeit die Spezialforschung ausschlösse, sie möge sich nun auf ein ganzes Land oder ein einzelnes Dorf beziehen ... Wie der Mathematiker den in allen Werten wiederkehrenden Buchstaben herausnimmt und vor eine Klammer setzt, so daß er statt ab plus ac plus ad ... a(b plus c plus d ...) sagt, so bin ich verfahren, indem ich aus allen europäischen Wirtschaftsgeschichten, die jede für sich das Produkt aus europäischem und nationalem Wesen sind, die europäische Note herausgesucht und in ihrer eigentümlichen Gestaltung verfolgt habe« (Sombart 1987 I, 1, S. XIX f.).

Also: Sombart begreift den »modernen Kapitalismus« als »historisches Individuum«, das heißt als spezifisch okzidentale Erscheinung. Es handelt sich um eine sehr große, um eine Makro-Individualität. *Für diese Makroindividualität* werden nun verallgemeinernde Aussagen getroffen, also solche, die für diese Individualität insgesamt, nicht nur für einzelne ihrer Teile, gültig sind. Das ist keine absolute, sondern eine relative Verallgemeinerung, relativ zu den Aussagen von Historikern, die sich nur auf Länderebene erstrecken oder auf kleinere Einheiten. So gesehen, schließen sich die Definitionen von Soziologie als systematischer, verallgemeinernder Disziplin und die wirklichkeitswissenschaftliche Kategorie der historischen Individualität keineswegs aus.[11]

In ähnlichem Sinne ist diese Bemerkung Max Webers über seine religionssoziologischen Aufsätze zu verstehen:

»Es handelt sich bei den nachfolgenden Darlegungen also in keiner Art um eine *systematische* ›Typologie‹ der Religionen. Andererseits freilich

11 Entsprechend interpretiert Otto Hintze in einer Rezension mit dem bezeichnenden Titel »Der Kapitalismus als historisches Individuum« das Hauptwerk Sombarts: »Die Soziologie sucht das Allgemeine, die Historie das Besondere. Aber rein soziologisch in diesem Sinne ist doch wiederum das Werk auch nicht. Es trägt auch in seiner Allgemeinheit noch einen starken historischen Zug an sich, und zwar deswegen, weil es den Rahmen der Allgemeinbetrachtung nicht weiter spannt, als die Möglichkeit reicht, das Ganze als ein historisches Individuum zu begreifen, und weil dieses historische Individuum, der moderne Kapitalismus in seiner Entwicklung aus dem feudalhandwerklichen Wirtschaftsleben des Mittelalters, doch auch wieder ein Besonderes ist im Vergleich mit anderen bodenständigen Wirtschaftsweisen der Völker außereuropäischer Kulturkreise ... Eben diese Beschränkung auf eine individuelle Gesamterscheinung verleiht dem Werke von Sombart doch wieder einen starken historischen Zug, trotzdem der Gegenstand in seiner Allgemeinheit eine soziologische Abstraktion ist« (Hintze 1964b, S. 382 f.).

auch nicht um eine rein historische Arbeit. Sondern ›typologisch‹ ist die nachstehende Darstellung in dem Sinne, daß sie das für den Zusammenhang mit den großen Gegensätzen der *Wirtschafts*gesinnung in typischer Art Wichtige an den historischen Realitäten der religiösen Einheiten betrachtet, und Anderes vernachlässigt. Nirgends beansprucht sie also ein voll abgerundetes Bild der dargestellten Religionen zu bieten. Sie muß diejenigen Züge, welche der einzelnen Religion *im Gegensatz* zu anderen eigen *und zugleich* für unsere Zusammenhänge wichtig sind, sehr stark herausheben« (Max Weber 1920, S. 265).

Wie Sombarts *Moderner Kapitalismus*, so hat es auch Webers Religionssoziologie mit »historische(n) Individuen höchst komplexer Art« zu tun, mit einzelnen Kulturkreisen. Hier wird Komplexität zusätzlich dadurch reduziert, daß die Religionen auf Wirtschaftsgesinnung bezogen werden und vor allem insoweit berücksichtigt werden, als sie für diese relevant sind. Auch hier handelt es sich nicht um eine absolute Verallgemeinerung (das wäre das, was Weber als »systematische ›Typologie‹ der Religionen« bezeichnet), sondern um eine *relative* Verallgemeinerung, die sich mit der Kategorie der historischen Individualität wohl verträgt.[12]

3. »Historisches Individuum« als analytische Kategorie in der historischen Soziologie

»Historisches Individuum« ist eine für die historische Soziologie absolut elementare Kategorie. Sie entspricht logisch und in ihrer Bedeutung etwa dem Begriff »soziales System« in der Systemtheorie. Wie es die Systemtheorie mit sozialen Systemen zu tun hat, so die historische Soziologie mit historischen Individuen.

12 »Systematisch« ist im übrigen nicht immer als Gegensatz zu »historisch« zu verstehen, sondern hat auch eine Bedeutung im Sinne von »geordnet«. So bemerkt Marianne Weber (1972, S. XXXII) im Vorwort zu *Wirtschaft und Gesellschaft*, daß der »riesenhafte historische Stoff schon ›systematisch‹, das heißt im Unterschied zu bloß schildernder Darstellung, durch ›idealtypische‹ Begriffe zugeordnet« sei. Eine ähnliche Bedeutung liegt vor, wenn Sombart auf »begriffliche Schärfe, auf *systematische* Durchdringung des Stoffs und vor allem auf die Synthese des Einzelwissens« abhebt (Sombart 1987 I, 1, S. XVI; Hervorhebung vom Verf.).

Während der Begriff des sozialen Systems auf das Allgemeine des Sozialen abhebt, bezieht sich historisches Individuum auf das Besondere. Mit anderen Worten: Historische Soziologie betrachtet ein soziales System nicht in bezug auf seine Allgemeinheit, sondern auf seine Eigenheit, auf das, was es von anderen sozialen Systemen unterscheidet. Sie ist somit das logische Gegenstück zu einer universalen Theorie nach Art der Systemtheorie.

Wie ein soziales System (von einer Dyade bis zur Weltgesellschaft), so ist auch ein historisches Individuum in unterschiedlichsten räumlichen und zeitlichen Größendimensionen denkbar. Ein historisches Individuum kann sich konkret als einzelner Handlungsakt darstellen, es kann sich – räumlich gesehen – um eine Stadt, um eine Region, ein Land, einen Geschichtskörper handeln (vgl. Rickert 1902, S. 400; vgl. auch Kapitel I.4). »Historisches Individuum« ist sowohl formales Objekt der Forschung als auch analytisches Instrument.

Wir wollen nun das historisch-soziologische Verständnis von historischer Individualität vertiefen und konkretisieren. Dabei gehen wir aus von strukturanalytischen Überlegungen Karl Mannheims zur historischen Soziologie.

In einem erst 1980 veröffentlichten, aus dem Jahr 1922 stammenden Manuskript unterscheidet Mannheim »drei Arten von Soziologie«: »formale Soziologie« als Lehre von den »Wesensallgemeinheiten« (Georg Simmel), allgemeine Soziologie (welche die mannigfaltigen sozialen Erscheinungen »flächenhaft« typisiert) und »Soziologie als Lehre von der Geschichtsdynamik« bzw. »dynamische Soziologie« (also in unserem Sinne: historische Soziologie) (vgl. Mannheim 1980, S. 114-134). Diese grenzt er nun ab gegenüber Geschichtsphilosophie und Geschichtsschreibung.

»Geschichtsphilosophie« wollte »aus den sinngenetischen Momenten hierarchisch die Erscheinungen erfassen und projizierte() die in den Gebilden gefundene sinngenetische Hierarchie ohne weiteres in die historische Zeit« (ebd., S. 130). Die Geschichtsphilosophie hat also in den Geschichtsprozeß einen Sinn hineinprojiziert. In der »dynamischen Soziologie« ist die metaphysische Komponente, die einen Grundplan und ein letztes Ziel vorgeschrieben hatte, ausgeschaltet. Die erste Konsequenz davon ist, »daß die soziologisch-genetische Typisierung der *Gebilde* nicht wertend« ist. Das »*Spätere*« bedeutet nicht das *Höhere* im

Sinn des Wertvolleren, sondern nur eine strukturelle Beschaffenheit, in der das Vorhergehende (desselben Kulturkreises) im Späteren »aufgehoben« ist. In diesem Sinne wird zum Beispiel der Kapitalismusbegriff seines teleologischen Gehaltes entkleidet.

Wie unterscheidet sich nun »dynamische Soziologie« von der geschichtswissenschaftlichen Historiographie? Sie gelangt nicht zum kontinuierlichen Zeitbegriff des Historikers, sondern behält das Hierarchische bei (also kontinuierlicher Zeitbegriff vs. hierarchischer Zeitbegriff, der Entwicklung in Stufen denkt). Für den Historiker gilt: »in historia non datur saltus«. »Die Soziologe aber, dadurch daß sie das Zeitmoment nicht als chronologisches, sondern als hierarchisches erfaßt und nicht Ereignisse in ihrem einmaligen Wirkungszusammenhang, sondern aufeinanderfolgende Etappen darstellt, hat eine Distanz zu den Ereignissen, in der das Gewordene stets als ein sprunghaft Andersgewordenes erscheint« (ebd., S. 132). Mannheim bringt dann historische Soziologie wie folgt auf den Punkt:

»Man kann also die dynamische Soziologie als eine nichtflächenhafte, sondern vielmehr als eine individualisierend-typenbildende Disziplin auffassen, die die empirischen Typen der sozialen Gebilde stufenförmig einer geschichtsphilosophisch-soziologischen Hierarchie gemäß bildet« (ebd.).

Entsprechend ist Mannheim in *Ideologie und Utopie* verfahren. Das utopische Bewußtsein[13] wird als ein historisches Individuum verstanden, als eine spezifisch okzidentale neuzeitliche Erscheinung in einer bestimmten historischen Seinslage.[14] Dieses neuzeitliche utopische Bewußtsein untergliedert Mannheim in »Stufen«, »Gestalten« (Mannheim 1969, S. 184): den »orgiastischen Chiliasmus der Wiedertäufer«, die »liberal-humanitäre Idee«, die »konservative Idee« und die »sozialistisch-kommunistische Utopie«. Man kann sagen, daß dabei das historische Individuum

13 Utopisch ist ein Bewußtsein, welches eine bestehende »Seinsordnung« transzendiert und in ein Handeln übergeht, welches diese ganz oder teilweise sprengt (vgl. Mannheim 1969, S. 169).

14 Die Konzeptualisierung als »historisches Individuum« kommt besonders deutlich in folgenden Sätzen zum Ausdruck: »Da der Mensch ein primär in der Geschichte und in Gesellschaft lebendes Wesen ist, so ist dieses ihn umgebende ›Sein‹ nie ein ›Sein überhaupt‹, sondern stets eine konkrete historische Gestalt des gesellschaftlichen Seins« (ebd., S. 170).

»neuzeitliches utopisches Bewußtsein« in historische Individuen zweiter Ordnung aufgelöst wird. Letztere werden dann nicht nach Art des Historikers in ihrem einzelgeschichtlichen Ablauf verfolgt, sondern idealtypisch zugespitzt systematisch-querschnitthaft analysiert.[15]

Ähnlich verfährt Sombart mit dem modernem Kapitalismus.[16] Sombart untergliedert ihn in Frühkapitalismus, Hochkapitalismus und Spätkapitalismus. Jede dieser Stufen – historische Individualitäten – wird systematisch-verallgemeinernd analysiert mit spezifischen »sozialen Gebilden«.

Im *Frühkapitalismus* (dreizehntes bis frühes neunzehntes Jahrhundert) treten die kapitalistischen Prinzipien (Erwerbsstreben, ökonomischer Rationalismus) erstmals auf, aber sie sind noch nicht dominant. Bedarfsdeckungsprinzip und Traditionalismus herrschen noch vor. Innerhalb des gewerblich-industriellen Sektors überwiegt das Verlagssystem gegenüber Manufaktur und Fabrik, deren Betriebsgröße in der Regel gering bleibt. Das Arbeitsverhältnis ist patriarchalischer Natur.

Im *Hochkapitalismus* sind Erwerbsprinzip und ökonomischer Rationalismus zur vollen Herrschaft gelangt. Damit gehen folgende Erscheinungen einher: Erweiterung des Absatzgebietes, Zunahme der Betriebsgröße, Niedergang der Hausindustrie, Anwendung der wissenschaftlich-anorganischen Technik, absolutistische Betriebsverfassung, Versachlichung der Wirtschaftsbeziehungen, Übergang vom Holz zur Kohle als stofflicher Grundlage.

Der *Spätkapitalismus*, in den Sombart die europäische Gesellschaft mit dem Ersten Weltkrieg eintreten sieht, ist gekennzeichnet durch schwindendes Erwerbsstreben, den Übergang von personaler zu kollektiver Führung, durch Bürokratisierung und Konstitutionalisierung (Mitbestimmung) des kapitalistischen Betriebes.

Eine vergleichbare Auflösung eines historischen Individuums in historische Individuen auf der Zeitachse läßt sich auch bei Alfred Weber beobachten, zum Beispiel in seiner Theorie des

---

15 Mannheim (ebd., S. 184) hat die »Stufen« des utopischen Bewußtseins ausdrücklich als »Konstruktionen«, als »Idealtypen« im Sinne Max Webers charakterisiert.

16 Vgl. zum folgenden zusammenfassend Sombart 1925, S. 24-26.

modernen Staates.[17] Kriterium dabei ist die »Zwecksetzung des politischen Wollens« (A. Weber 1925, S. 14), das in einem wechselseitigen kausalen Zusammenhang mit dem modernen Kapitalismus einerseits, mit der Kultursphäre (also dem Bereich der Religion, der Philosophie und der Werte) andererseits steht. Der »moderne Staat erster Prägung« (sechzehntes und siebzehntes Jahrhundert) ist ein Typus, der, bedingt durch die Konkurrenzsituation der einzelnen souveränen europäischen Staaten untereinander, unter dem Imperativ steht, seine Macht nach innen und nach außen mit allen Mitteln zu mehren. Dies veranlaßt ihn, zum eigenen Nutzen und zur eigenen Stärkung Wirtschaft und Wissenschaft gezielt zu fördern. Kultursoziologisch ist der moderne Staat erster Prägung dadurch charakterisiert, »daß er nämlich für sein Verhalten alle kultischen und religiösen Bindungen abgestreift hat. Er ist ganz und bloß in Rechtsform gebrachte reine und *unbeschränkte* Machtzusammenfassung« (A. Weber 1982, S. 64).

Im achtzehnten Jahrhundert tritt der moderne Staat in eine neue Periode (»moderner Staat zweiter Prägung«) ein. Der moderne Kapitalismus (ebenfalls eine spezifisch okzidentale Erscheinung) emanzipiert sich von der Führung des Staates (»laisser faire« anstatt Merkantilismus). Sein Handeln wird zunehmend kulturell gebunden (aufgeklärter Absolutismus, Rechtsstaatsprinzip, Menschenrechte, Völkerrecht) (vgl. A. Weber 1925, S. 39-66). Diese Tendenz wird jedoch seit etwa 1880 zumindest für den außenpolitischen Bereich konterkariert, und damit setzt der »moderne Staat dritter Prägung« als neues historisches Individuum ein (vgl. ebd., S. 69-87). In dieser Epoche dominieren die kapitalistischen Wirtschaftskräfte den Staat und instrumentalisieren ihn für ihre ökonomischen Interessen (»Imperialismus«).

Eduard Heimann individualisiert das Wirtschaftssystem westlicher Prägung in »Frühkapitalismus« und »System der sozialen

---

17 Alfred Weber begreift, wie wir bereits ausgeführt haben (Kapitel III.2) den »modernen Staat« als ein spezifisches Phänomen des europäisch-abendländischen Geschichtskörpers, der in den italienischen Stadtrepubliken der Renaissance erstmals Gestalt annimmt, von Niccolo Machiavelli sein theoretisches Gerüst erhält und sich im Zeitalter des Absolutismus (17./18. Jahrhundert) in ganz Europa politisch durchsetzt. Vgl. A. Weber 1925, besonders S. 12-21.

Reform«. Frühkapitalismus ist durch Privateigentum an Produktionsmitteln sowie Marktwirtschaft inklusive individuellen Arbeitsmarkt gekennzeichnet. Im System der sozialen Reform sind die besagten frühkapitalistischen Strukturen um die Institutionen der sozialen Reform, insbesondere Arbeiterschutz, Sozialversicherung und Tarifvertragswesen ergänzt (vgl. Kruse 1994, S. 72-74).

Der späte Freyer untergliedert das historische Individuum »industrielle Gesellschaft« in zwei nachgeordnete Individuen: die industrielle Gesellschaft »erster« und »zweiter Ordnung«. Charakteristisch für die erstgenannte sind Trennung von Staat und Gesellschaft, freier Markt, freie Konkurrenz, freier Arbeitsvertrag, rasches absolutes und relatives Anwachsen des Proletariats, Antagonismus von Bourgeoisie und Proletariat. Die »industrielle Gesellschaft zweiter Ordnung« sieht Freyer hingegen markiert durch komplexe Organisation des Produktionsprozesses, Zusammenwachsen von Staat und Gesellschaft, Interventionsstaat (insbesondere Sozialstaat), Großverbände, Tarifvertragssystem und mittelstandsgesellschaftliche Nivellierung (vgl. ebd., S. 159 f.).

Bei allen diesen Beispielen – die Reihe ließe sich fortsetzen[18] – wird auf der Zeitachse individualisiert. Die so gebildeten historischen Individuen werden dann systematisch-querschnitthaft analysiert. Wie aber kommt die Untergliederung eines geschichtlichen Prozesses in historische Individuen zustande, und nach welchen Kriterien werden die Grenzen zwischen den historischen Individuen gezogen? Folgen wir Rickert, so ist dabei wieder maßgeblich die Wertbeziehung im Spiel:

»Die Verknüpfung eines Werdeganges mit einem Werthgesichtspunkt vollzieht sich bei einer historischen Entwicklung also wiederum nur so, dass das Geschehen in der früher genau angegebenen Weise überhaupt auf einen Werth bezogen wird. Sobald dies geschieht, heben sich aus der ganzen Mannigfaltigkeit des Ablaufes der Ereignisse bestimmte Stadien heraus und schliessen sich zu dem Begriff einer einmaligen Entwicklung

18 Erwähnt sei nur beispielhaft Max Weber, der darauf abzielt, »die besondere *Eigenart* des okzidentalen und, *innerhalb dieses*, des modernen okzidentalen, Rationalismus zu erkennen und in ihrer Entstehung zu erklären (Max Weber 1920, S. 12; zweite Hervorhebung vom Verf.). Der *moderne* okzidentale Rationalismus ist dann ein historisches Individuum zweiter Ordnung.

zusammen, die mit Rücksicht auf den Werth einen teleologischen Charakter besitzt, ohne dadurch als Ganzes oder theilweise gewerthet zu sein. Sie erhält durch die Beziehung auf den Werth nur einen bestimmten Anfang und ein bestimmtes Ende, insofern die vorangehenden oder nachfolgenden Ereignisse nicht mehr bedeutungsvoll sind, und zugleich gliedert sie sich in eine bestimmte Reihe von Stadien, die zwischen Anfang und Ende liegen, weil überall dort ein Einschnitt in den kontinuirlichen Fluss des Werdens gemacht werden muss, wo die allmähliche Veränderung gross genug geworden ist, um auch eine andersartige Bedeutung mit Rücksicht auf den leitenden Werthgesichtspunkt zu besitzen« (Rickert 1902, S. 471 f.).

Rickert begründet also kantianisch die Individualisierung auf der Zeitachse aus dem erkennenden Subjekt heraus. Entsprechend den Werten erkennt das denkende Bewußtsein bedeutsame qualitative Einschnitte innerhalb des jeweiligen (individuellen) historischen Prozesses, die dann als Grenze zwischen den einzelnen »Stadien« gesetzt werden. Mit anderen Worten: Die »Stadien« sind eine Konstruktion des denkenden Bewußtseins, für welche die Wertbeziehung konstitutiv ist.

Karl Mannheim versucht – philosophisch anspruchsloser, aber leichter verständlich – die Grenzen zwischen den »Epochen« – so wollen wir ein historisches Individuum zweiter Ordnung auf der Zeitachse nennen – aus dem Erkenntnis*objekt* heraus zu bestimmen. Demnach ist jede Epoche durch bestimmte »principia media« gekennzeichnet. »Principia media« bezeichnen einen epochenspezifischen, multidimensionalen, interdependenten Strukturzusammenhang, der einen Bedingungsrahmen für individuelles und kollektives Handeln darstellt.[19] Was wir vorausgehend als spezifische Merkmale der einzelnen Epochen bei Sombarts »modernem Kapitalismus«, Alfred Webers »modernem Staat«, Freyers »industrieller Gesellschaft« etc. beschrieben haben, das sind in Mannheims Sinne »principia media«.

Die historischen Soziologen individualisieren nicht nur zeit-

---

19 Die Aufgabe des Soziologen ist, diese »principia media«, die dem anschaulichen Bewußtsein nicht unmittelbar zugänglich sind, »durch eine lange Reihe registrierender, abwägender und kombinierender Denkakte allmählich zu erschließen« (Mannheim 1958, S. 217). Diese »Analyse« soll »qualitativ« sein. Sie ist dann in einem zweiten Schritt, soweit möglich, durch eine quantitative Analyse zu ergänzen (vgl. ebd., S. 218 f.).

lich, sondern auch räumlich. Am bedeutsamsten ist der Begriff des »Kulturkreises«, der Max Webers Religionssoziologie zugrunde liegt und auch für die meisten anderen historischen Soziologen von fundamentaler Bedeutung ist. Exemplarisch erwähnt sei hier Alfred Weber, der in *Kulturgeschichte als Kultursoziologie* die Weltgeschichte in einen Plural von »Geschichtskörpern« auflöst: Ägypten, Babylonien, China, Indien, Persien, Israel, Mittelmeerantike, Byzanz, Islam, Rußland und das europäische Abendland.[20] Unter »Geschichtskörper« versteht Alfred Weber (1931, S. 286) Gebilde, die »durch einen jedem von ihnen eigenen ereignishaften historischen Lebensprozeß« zusammengefaßt sind. Moderner ausgedrückt, bilden Geschichtskörper eine kommunikative Einheit bzw. sind von anderen Geschichtskörpern kommunikativ weitgehend getrennt. Etwa mit Ende des Zweiten Weltkrieges sieht Weber den Plural von Geschichtskörpern in eine Art Weltgesellschaft münden.[21]

Die Kategorie der historischen Individualität manifestiert sich ferner auf der Ebene systematischer Grundbegriffe. Mannheims »principia media« haben wir bereits erwähnt. Ganz im Geist des Historismus ist auch Sombarts Begriff der »Wirtschaft« definiert:

»Will man Wirtschaft denken und ihre Erscheinungen wissenschaftlich erfassen, so kann man sie nur inmitten einer bereits *gewordenen, historischen Umwelt* sich vorstellen, also als ein *bestimmt gestaltetes geschichtliches Gebilde*« (Sombart 1987 I, 1, S. 21; Hervorhebung vom Verf.).

Entsprechend fällt der Begriff des »Wirtschaftssystems« aus, des »tragende(n) Begriff(s) der Nationalökonomie«:

»Darunter verstehe ich eine bestimmt geartete Wirtschaftsweise, das heißt eine bestimmte Organisation des Wirtschaftslebens, innerhalb deren eine bestimmte Wirtschaftsgesinnung herrscht und eine bestimmte Technik zur Anwendung gelangt. In dem Begriffe des Wirtschaftssystems wird die *historisch bedingte Eigenart* des Wirtschaftslebens zu einer begrifflichen Einheit zusammengefaßt. Alle übrigen nationalökonomischen Begriffe sind auf diesen Ober- oder Grundbegriff auszurichten« (Sombart 1987, S. 21 f., Hervorhebung vom Verf.).

Das gleiche Prinzip liegt Müller-Armacks Definition des »Wirtschaftsstils« zugrunde:

20 Die genannten Kulturen sind bei Alfred Weber (1963) erfaßt.
21 In diesem Sinne spricht Alfred Weber (1946) vom »Abschied von der bisherigen Geschichte«.

»Wenn hier vom neuzeitlichen Wirtschaftsstil die Rede ist, so sei darunter verstanden die Ausdruckseinheit der politischen und wirtschaftlichen Verfahren, welche die abendländischen Völker seit dem 16. Jahrhundert entwickelten. Aufgabe der wissenschaftlichen Stilanalyse ist, nicht nur die Einheitlichkeit des sich auf den verschiedendsten Lebensgebieten manifestierenden Stilgedankens, sondern gleichzeitig auch seine *Besonderheit* gegenüber dem Wirtschaftsstil anderer Kulturen zu zeigen. Gerade im Vergleich mit den Wirtschaftssystemen der asiatischen Hochkulturen und aus der vorhergehenden Analyse der Stile der Frühkulturen tritt klar die Einheitlichkeit und das Monopol hervor, das Europa in der Entwicklung seiner Wirtschaftseigenart gewann« (Müller-Armack 1981b, S. 97; Hervorhebung vom Verf.).

Beim »Wirtschaftsstil« geht es also nicht um universale ökonomische Gesetze wie meist in der Ökonomie, sondern um eine zeit- und raumspezifische Ausprägung des Wirtschaftens, in Worten Müller-Armacks ausgedrückt: »um einmalige, zu bestimmter Zeit auftauchende Erscheinungen« (ebd., S. 59).

Das Prinzip »historische Individualität« läßt sich auch an einem so progressiv-linear besetzten Begriff wie »Fortschritt« bei Freyer zeigen. »Fortschritt« ist für Freyer kein universales Phänomen, wie zum Beispiel in der Modernisierungstheorie angenommen, sondern eine *spezifisch moderne, industriegesellschaftliche Bewegungsform der Geschichte.* Dieser Fortschrittsprozeß ist durch eine charakteristische Struktur bestimmt. Er besteht aus einem Bündel von Subprozessen wie »die Verstädterung der Wohnweise und der Lebenshaltung, die steigende Abhängigkeit aller Bedürfnisse vom Markt, die Einebnung der örtlichen und der altständischen Unterschiede, die Rationalisierung aller zwischenmenschlichen Beziehungen in und außerhalb der Arbeit, die Bürokratisierung aller Verwaltungstätigkeiten und Verbände« (Freyer 1965a, S. 84), »Produktionssteigerung, Bevölkerungswachstum, Raumüberwindung, Mobilisierung der Menschen und der Güter, maximale Ausbeutung der Material- und Energievorräte« (Freyer 1966, S. 68). Diese Subprozesse »wirken aufeinander ein, und der spezifische Fall ist, daß sie sich gegenseitig befördern, abtreiben, verstärken. Je dichter sie sich verflechten, desto mehr wird die Geschichte insgesamt zu einer vielsträhnigen, aber einsinnig gerichteten Fortschrittsbewegung ...« (Freyer 1965, S. 293). So wird sogar der Fortschrittsbegriff, der denkbar weit vom Historismus entfernt zu sein scheint, zu einem »historischen Individuum«.

Die analytische Bedeutung der Kategorie »historisches Individuum« ist also vor allem in zweifacher Hinsicht bedeutsam: Sie konzeptualisiert sozialen Wandel neu, ohne die geschichtsteleologischen Prämissen der Geschichtsphilosophie und -soziologie des neunzehnten Jahrhunderts. Eine wirklichkeitswissenschaftliche historische Soziologie kennt keinen weltgeschichtlichen Einheitsprozeß, sondern gemäß den Prämissen des Historismus nur historische Individuen mit jeweils eigener Entwicklung. Sie eröffnet außerdem logisch soziologische Zeitdiagnostik. Soziologische Zeitdiagnostik setzt die Kategorie des historischen Individuums voraus. Es geht ja dabei um Gegenwartswirklichkeit in einem umfassenden Sinn, um Gegenwartswirklichkeit nicht unter generalisierendem, sondern individualisierendem Gesichtspunkt, also um das, was die *Eigenart* der Gegenwart ausmacht und sie von anderen historischen Perioden unterscheidet.

Hinsichtlich des formalen Erkenntnisobjekts entspricht »deutsche historische Soziologie« und ihre Zeitdiagnostik also den Vorgaben von Max Webers Programm einer Wirklichkeitswissenschaft. Aus *dieser* logischen Identität *allein* auf einen *kausalen Einfluß* von Webers Wirklichkeitswissenschaft auf die anderen historischen Soziologen zu schließen, wäre allerdings voreilig. »Historisches Individuum« ist die grundlegende Kategorie des in Deutschland so bedeutsamen Historismus, dessen Einfluß sich in besagter logischer Identität niederschlägt.

4. Historische Individualität und Totalität

Mit dem Nachweis der logischen Identität von wirklichkeitswissenschaftlichem und historisch-soziologischem Erkenntnisobjekt ist der Verdacht einer »Geschichts- und Sozialphilosophie« auch in bezug auf das Erkenntnisobjekt noch nicht ganz vom Tisch. Das logische Objekt einer Geschichts- und Sozialphilosophie ist die historisch-soziale *Totalität*. Und von Totalitäten ist bei den deutschen historischen Soziologen, namentlich Troeltsch, Alfred Weber und Mannheim, des öfteren die Rede. Im diesem Abschnitt werden wir uns zu klären bemühen, was es mit dem Totalitätsbegriff auf sich hat und wie er sich mit der Kategorie »historisches Individuum« verträgt.

Der Begriff der Totalität tritt bei den deutschen historischen Soziologen vorzugsweise in zwei Bedeutungen in Erscheinung. Die erste entspricht dem Begriff des historischen Individuums im Sinne einer komplexen Makroindividualität. Er wird dann meist bezeichnenderweise »individuelle Totalität« genannt. Damit sind zum Beispiel »Renaissance«, »Reformation« oder »Antike« gemeint (vgl. Troeltsch 1922, S. 54). Vor allem Kulturkreise werden als »individuelle Totalitäten« verstanden.[22]

Für die zweite Hauptbedeutung müssen wir die zeitgenössisch relevante historische Wissenschaftslogik bemühen.

Wir haben im vorangegangenen Abschnitt (III.3) gesehen, daß die historischen Soziologen historische Individuen in kleinere Elemente, in historische Individuen zweiter Ordnung auflösen. Es ist aber auch das umgekehrte Vorgehen möglich, ja notwendig.

Historische Individuen sind, wie Rickert gezeigt hat, »keine in sich abgeschlossene Gestaltungen«. »In der empirischen Wirklichkeit giebt es etwas Vereinzeltes niemals, und die Geschichte als Wirklichkeitswissenschaft darf also nicht ›individualistisch‹ in dem Sinne sein, dass sie die Wirklichkeit in isolirte Individuen auflöst« (Rickert 1902, S. 392).

Ein historisches Individuum muß in einen »allgemeinen Zusammenhang« eingebettet werden. Dieser ist aber, logisch gesehen, ebenfalls ein historisches Individuum. Er interessiert insbesondere für den Zweck kausaler Erklärung (vgl. das folgende Kapitel IV).

Entsprechend ist der Totalitätsbegriff aufzufassen. Er bezeichnet einen großen, kausal relevanten Zusammenhang eines historischen Individuums. In diesem Sinne bemerkt Troeltsch, daß »jedes solche Individuum (eine Person, V. K.) seinerseits nur aus einer *größeren Totalität*, Familie, Geschlecht, Klasse, Volk, Zeitumständen, geistiger Gesamtlage und letztlich Menschheitszusammenhang, zu verstehen ist« (Troeltsch 1922, S. 33; Hervorhebung vom Verf.).

Systemtheoretisch formuliert, bezeichnet der Totalitätsbegriff die Umwelt eines historischen Individuums. Aber wie der Indivi-

---

22 Troeltsch (1922, S. 35) beobachtet »die heute immer weitergreifende Neigung, Völker und Staaten zu Kulturkreisen zusammenzufassen und in diesen den eigentlichen historischen Gegenstand zu erblikken.«

dualitätsbegriff ein soziales System *in seiner Eigenheit* erfaßt, so ist nicht Umwelt in allgemeinen nomologischen, sondern in ihren konkret-individuellen Bezügen gemeint. Auch in diesem Sinn ist das Attribut »individuelle« Totalität zu verstehen.

Der Totalitätsbegriff in der historischen Soziologie bedeutet also nichts weiter, als daß historische Individuen in ihrem größeren, wiederum individuell begriffenen Zusammenhange zu sehen sind, ähnlich wie der Systembegriff in der Systemtheorie notwendig den Umweltbegriff einschließt. »Totalität« ist also keine ontologisch-metaphysisch überhöhte Kategorie, sondern einfach ein heuristisches Prinzip. In diesem Sinne differenziert Mannheim zwischen einem Totalitätsbegriff der politischen Extreme einerseits und der politischen Mitte andererseits:

»Nur der *linke* und der *rechte Flügel* glauben in der Gesamtentwicklung *ontisch* an eine Totalität. Auf der einen Seite der Neomarxismus eines *Lukács* mit seinem grundlegenden Werk, auf der anderen Seite der Universalismus eines *Spann* ... Nicht als ontisch-metaphysische Einheit – wie die soeben Erwähnten –, sondern als eine Forschungshypothese handhabt *Troeltsch* die Totalität. In experimentierender Weise bringt er sie als ordnenden Gesichtspunkt an die Stoffmassen heran, auf mehrere Anläufe verteilt versucht er dem jeweils Verbindenden nachzutasten. *Alfred Weber* sucht im Elemente des Anschaubaren und im entschiedenen Gegensatz zu der an die Deduktion gemahnenden Apodiktizität des Rationalismus die Totalität im gewesenen historischen Geschehen eher als Gestalteinheit zu rekonstruieren ...« (Mannheim 1969, S. 217 f.).

Eine »Totalität« ist also für die historische Soziologie nicht ontisch gegeben: »Wie weit man diese Totalität, also den grundlegenden historischen Gegenstand, jedesmal spannt, das ist Sache der Fragestellung und des die Themata aus der endlosen Erlebniswirklichkeit herausgreifenden Interesses« (Troeltsch 1922, S. 33). Ähnlich Alexander von Schelting (1934, S. 418): »›Totalität‹ bedeutet natürlich nicht, daß die volle Mannigfaltigkeit des Wirklichen einer Zeit in historische Begriffe eingehen soll. Es handelt sich ... natürlich auch hier um wertorientierte Auswahl.«

Daß der Begriff des Ganzen in der historischen Wissenschaftslogik nicht als ontologische Größe betrachtet wird, macht auch Rickert deutlich. Er betont, daß »das Verhältniss des Theiles zum Ganzen stets relativ ist«, daß »jedes Individuum sich sowohl als Theil eines Ganzen als auch zugleich als Ganzes betrachten lassen muss, das Theile hat«. Teil und Ganzes sind bei Rickert also relationale Begriffe, die von der Beschaffenheit der Gegenstände unabhängig sind.[23]

Der Gebrauch der Totalitätskategorie ist, so Karl Acham (1990, S. 96), dann wissenschaftlich legitim, wenn wir uns bewußt sind, »daß soziale Ganzheiten als solche nie unserer Beobachtung gegeben sind, sondern Konstruktionen unseres Geistes darstellen«. Dies ist für die – nominalistisch denkenden – historischen Soziologen anzunehmen.

23 Vgl. allgemein zu dieser Thematik den Sammelband *Teil und Ganzes*, hg. von Karl Acham und Winfried Schulze, München 1990, in unserem Kontext insbesondere die Beiträge von Acham und Oexle.

IV. Historisch-soziologische »Erklärung«

Wir haben im vorangegangenen Kapitel den formalen Erkenntnisgegenstand der deutschen historischen Soziologen herausgearbeitet und kamen zu dem Ergebnis, daß dabei nahezu einheitlich ein »historisches Individuum« gemäß dem wirklichkeitswissenschaftlichen Konzept Max Webers vorliegt. Nun wollen wir uns nach dem Explanandum dem Explanans zuwenden. Wie »erklärt« historische Soziologie?

Vergegenwärtigen wir uns zunächst noch einmal die Kategorien René Königs und Max Webers: »Soziologische Theorie« erklärt laut René König, indem sie »spezifische Aussagen über einzelne soziale Vorgänge macht und diese unter angenommene Gesetzmäßigkeiten zu subsumieren sucht« (König 1971, S. 305). Anders ausgedrückt: Soziale Einzelvorgänge werden aus allgemeinen Gesetzmäßigkeiten erklärt.

Für das »Erkenntnismodell der Geschichts- und Sozialphilosophie« gilt hingegen, daß sie »teleologisch die Entwicklung des sozialen Lebens aus bestimmten historischen Endzielen zu erklären sucht, statt diese Ziele als Ergebnis des sozialen Geschehens darzustellen«. Aus dieser Sichtweise entspringt, so König (ebd., S. 103), »das Vorurteil einer *unilinearen Entwicklung* der menschlichen Gesellschaft«.

Ganz anders als Königs »soziologische Theorie« verfährt Max Webers »Wirklichkeitswissenschaft«. Diese will gesellschaftliche Wirklichkeit in ihrer Eigenart nicht nomologisch, sondern historisch erklärt wissen: »die Kausalfrage ist, wo es sich um die *Individualität* einer Erscheinung handelt, nicht eine Frage nach *Gesetzen*, sondern nach *konkreten kausalen Zusammenhängen*, nicht die Frage, welcher Formel die Erscheinung als Exemplar unterzuordnen, sondern die Frage, welcher *individuellen Konstellation* (Hervorhebung vom Verf.) sie als Ergebnis zuzurechnen ist« (Max Weber 1973b, S. 178). Die Pointe wirklichkeitswissenschaftlicher Erklärung liegt darin, daß sie in die historisch-konstellative Erklärung nomologisches Wissen einbezieht. »(D)ie Kenntnis von Gesetzen ... erleichtert und ermöglicht uns die kausale Zurechnung der in ihrer Individualität kulturbedeutsamen Bestandteile der Erscheinungen zu ihren konkreten Ursachen. Soweit, und nur soweit, als sie dies leistet, ist sie für die Erkenntnis individueller Zusammenhänge wertvoll« (ebd.).[1]

Bei alledem wird vorausgesetzt, daß die Aufgabe einer Wirklichkeitswissenschaft nicht nur Beschreibung, sondern auch Erklärung ist.[2] Max Weber setzt sich somit nicht nur gegen das Modell einer Gesetzeswissenschaft ab, sondern auch gegen ältere Spielarten des Historismus, die das Kausalitätsprinzip mit Verweis auf den freien Willen grundsätzlich leugnen.[3]

Wir wollen zunächst auf der methodologischen Ebene verfolgen, wie die historischen Soziologen »Erklärung« konzipieren (IV.1). Danach werden wir auf der forschungspraktischen Ebene untersuchen, wie im Rahmen der historisch-zeitdiagnostischen Arbeiten erklärt wird (IV.2). In Abschnitt IV.3 werden wir die historischen Soziologen mit Königs Vorwurf einer geschichtsteleologischen Erklärung konfrontieren und dabei besonders dem geschichtstheoretischen Verständnis der historischen Soziologen nachgehen. Abschließend (IV.4) wollen wir das Modell historisch-soziologischer Erklärung in einer antikritischen Auseinandersetzung mit Guy Oakes methodologisch vertiefen.

1. Historisch-soziologische Erklärung in konzeptioneller Betrachtung

Wir stellen in diesem Abschnitt unter dem Gesichtspunkt »Erklärung« (also die Zuordnung von Erscheinungen in ein Ursache-Wirkungs-Verhältnis) sechs Konzepte vor, die man alle als Exemplare des historisch-soziologischen Ansatzes betrachten kann: Werner Sombarts »historische Sozialtheorie«, Franz Oppenheimers »Soziologie«, Alfred Webers »Kultursoziologie«,

1 Vgl. jetzt vertiefend zu »Kausalität« bei Max Weber: Weiß 1994. Vgl. auch Wagner/Zipprian 1985.
2 Schon Rickert hatte gefordert: »Wenn daher die Geschichte Wirklichkeitswissenschaft sein soll, so wird sie sich auch hiermit zu beschäftigen haben, ja es muss eine wesentliche Aufgabe der Wirklichkeitswissenschaft sein, nicht nur darzustellen, was war und ist, sondern auch nach den Ursachen zu forschen, die das, was ist oder war, hervorgebracht haben« (Rickert 1902, S. 409).
3 Dies erfolgt vor allem im Aufsatz über Roscher und Knies (weniger im Objektivitätsaufsatz).

Karl Mannheims »Wissenssoziologie«, Alfred Müller-Armacks am Begriff des Wirtschaftsstils orientierte »Religionssoziologie« und Alfred von Martins »Soziologie« von 1956.

Werner Sombart qualifiziert im Geleitwort zur ersten Auflage seinen *Modernen Kapitalismus* als »historische Sozialtheorie«. Sie geht von der Erfahrung aus. Zur »Theorie« wird sie dadurch, daß sie den Erfahrungsstoff »unter den Gesichtspunkt eines einheitlichen Erklärungsprinzips« ordnet (Sombart 1902, S. XIII). Dieses Erklärungsprinzip kann entweder teleologisch oder kausalistisch sein. Sombart entscheidet sich für das Kausalprinzip (zur Begründung vgl. ebd., S. XVI). Kausale Erklärung hat an der »Motivation lebendiger Menschen« anzusetzen. Sie hat dabei als historische Theorie epochenspezifische Motivreihen zu identifizieren, und zwar solche prävalenter Natur. Prinzip ist also: »einheitlich geordnete Erklärung aus den das Wirtschaftsleben einer bestimmten Epoche prävalent herrschenden Motivreihen der führenden Wirtschaftssubjekte« (ebd., S. XXI f.; im Original hervorgehoben).

Die »historische Sozialtheorie« setzt kausal erklärend also auf der Motivations- bzw. Handlungsebene an, bleibt aber dabei nicht stehen: »(I)rgend welche psychische Ursachenreihe, die soziales Leben bewirken soll, kann von uns immer nur als in einer ganz bestimmten, historisch gewordenen Umwelt wirksam vorgestellt werden« (ebd., S. XXVII). Sombart konkretisiert dies so:

»Wenn ich also beispielsweise den kapitalistischen Geist als treibende Kraft des modernen Wirtschaftslebens anspreche und ihn in seiner Wirksamkeit verfolgen will, so muß ich zu allererst in Rücksicht ziehen, daß er sich zu entfalten begann in einer so eigenartig gestalteten Welt, wie es das europäische Mittelalter war, das heißt in einer bestimmten Natur, unter bestimmten Rassen, mit einem bestimmten Ausmaß technischen Könnens, auf einem bestimmten Niveau geistiger Kultur, im Rahmen einer bestimmten Rechts- und Sittenordnung, daß er also weltenverschiedene Wirkungen hätte erzeugen können, wären diese Voraussetzungen seiner Bethätigung in anderer Form erfüllt gewesen« (ebd., S. XXVIII).

Was Sombart hier beschreibt, ist genau das, was Max Weber als »historische Konstellation« im Sinne von »konkreten kausalen Zusammenhängen« bezeichnet (siehe oben).

Die Motivreihen werden also auf eine historische Strukturkonstellation bezogen, aber nicht im Verhältnis einer mechanischen Kausalität, sondern einer »objektiven Bedingung« (ebd., S. XXIV). Die objektiven Bedingungen klassifiziert Sombart in »homogene und heterogene« (das heißt den prävalenten Motivreihen günstige oder ungünstige), »naturale und soziale«, »absolute und relative« (das heißt vorgegebene oder durch den Vergesellschaftungsprozeß geschaffene) und »originäre und abgeleitete«.

Sombarts »objektive Bedingungen« entsprechen also Max Webers »historischer Konstellation«. Ähnlich wie Max Webers Wirklichkeitswissenschaft verhält sich Sombart auch gegenüber systematischer Begriffsbildung und Gesetzen. Sie sind laut Weber Mittel, nicht Zweck der Analyse. Auch Sombart betont, »daß rein begriffliche oder im engeren Sinne systematische Untersuchungen als vorbereitende Thätigkeiten sehr wohl ihre Berechtigung haben. Man müsse sie allerdings als »Propädeutik« verstehen. »(U)rsächliche Erklärung objektiver Thatbestände« ist nur durch eine »historische Betrachtungsweise« möglich (vgl. ebd., S. XXVIII).[4]

Sombart (ebd., S. XVIII f.) hat den handlungstheoretischen Ansatz seiner »historischen Sozialtheorie« wie folgt begründet: (a) Ein erklärender Rekurs auf die Strukturebene würde zu einem »unbegrenzten Regressus« führen, »der sein Ende erst bei der Einsicht in die Bewegung der kleinsten Teile und der Gesetze, welche diese regeln …, finden könnte«. (b) »Psychologische Verursachung« lasse sich nicht adäquat in den Kategorien »mechanischer Kausalität« denken. (c) Die Motive menschlichen Handelns seien empirisch unmittelbar zugänglich.

Anders *Franz Oppenheimer*: Zunächst einmal akzeptiert dieser selbstverständlich die Kausalitätskategorie; sie ist für ihn geradezu Voraussetzung jeder Wissenschaft: »(D)aß alle Veränderungen streng kausal zusammenhängen, *müssen* wir denken« (Oppenheimer 1964 I, 1, S. 192).[5] Zweites Axiom ist, daß Wissen-

4 Im Gegensatz zu den beiden Auflagen des *Modernen Kapitalismus* und ihren methodologischen Reflexionen lehnt Sombarts späte *Noo-Soziologie* (1936) »›Gesetze‹ nach Art der Naturgesetze im Bereiche der Kultur« grundsätzlich ab (Sombart 1956, S. 121). Zumindest darin widerspricht sie Max Webers Wirklichkeitswissenschaft, die Gesetze auch in bezug auf historische Erklärung für unerläßlich befindet.

5 Oppenheimer (1964 I, 1, S. 200) schränkt allerdings ein, daß es im Gegensatz zur Mechanik für die Gesellschaft kaum möglich ist, »die

schaft nomothetisch vorgehen muß, »(d)enn alle Wissenschaft sucht nach Gesetzmäßigkeit« (Oppenheimer 1964 I, 2, S. 776). Entsprechend definiert Oppenheimer Soziologie als »Gesetzeswissenschaft«, die ihr »Erfahrungsobjekt, die gesellschaftlich-geschichtliche Wirklichkeit ... ›nomothetisch‹, das heißt auf die gesetzlich sich überall wiederholenden Erscheinungen hin« untersucht (vgl. Oppenheimer 1928, S. 11).[6]

Als Konsequenz dieser Konzeption von Soziologie als nomothetischer Wissenschaft postuliert Oppenheimer die Annahme des »sozialpsychologischen Determinismus« als »Axiom a priori« (Oppenheimer 1964 I, a, S. 199)[7], denn »wie wäre eine

Gleichheit der in der Ursache entbundenen und in der Wirkung zutage tretenden Kräfte ... exakt messend nachzuweisen«.

6 Unter einem sozialen Gesetz versteht Oppenheimer (1964 I, 1, S. 186) gemäß Franz Eulenburg »ein allgemeines und hypothetisches Urteil über den Zusammenhang von sozialen Elementarerscheinungen«.

7 Es handelt sich bei Oppenheimers sozialpsychologischem Determinismus also um eine axiomatische, nicht ontologisch begründete Entscheidung. Ausgangspunkt von Oppenheimers Handlungstheorie ist die Theorie des menschlichen Motivationsapparates. Er besteht aus drei Stufen, der subsozialen, der sozialen und der suprasozialen, die im einzelnen Menschen kombiniert zur Wirkung kommen. Die subsoziale Stufe enthält »die Triebe des anthropologischen Individuums« (vgl. Kartenmodell zur Trieblehre in: Oppenheimer 1964 I, 1, S. 244 f.). Dieser instinktiv bestimmten Sphäre sind die Begriffe »Trieb« und »Masse« zugeordnet. Die soziale Stufe umfaßt den rational denkenden und handelnden vergesellschafteten Menschen. Dieser Sphäre entsprechen die Begriffe »Gruppe« und »Interesse«. Die dritte Stufe bezeichnet die »suprasoziale«, das heißt die »sozial geformte(), aber freie(), autonome() und harmonische() Persönlichkeit« (Oppenheimer 1964 I, 1, S. 323). – Die soziologische Theorie beschränkt sich auf die Stufe der sozialen Persönlichkeit. Sie leugnet nicht die objektive Realität der subsozialen bzw. suprasozialen Stufen, aber sie abstrahiert von ihnen und überläßt sie den Nachbarwissenschaften (Psychologie, Sozialpsychologie, Sozialphilosophie, Geschichtswissenschaft). Das Erkenntnisinteresse der Soziologie bezieht sich lediglich auf die soziale Stufe. Denn nur diese Reduktion ermöglicht der Soziologie den Status einer deterministischen Gesetzeswissenschaft. »Die Soziologie muß streng ›deterministisch‹ sein – oder sie ist als Wissenschaft unmöglich« (Oppenheimer 1964 I, 1, S. 199). Handlungstheoretische Grundeinheit ist für Oppenheimer nicht das Individuum, sondern die Gruppe, deren Glieder durch das »Interesse« zusammengehalten werden (vgl. Kruse 1990, S. 128-136).

Gesetzmäßigkeit der menschlichen Massenhandlung, das Thema der Sozialwissenschaften, möglich, wenn der menschliche Wille dem Kausalgesetz nicht unterworfen wäre?« (Oppenheimer 1964 I, 2, S. 776). Oppenheimer behandelt freilich den »sozialpsychologischen Determinismus« als »methodische Fiktion«:

»Es ist uns ein Axiom a priori, daß eine bestimmte Verumständung in jedem Menschen je nach seiner Artung ein bestimmtes Motiv, und dieses eine bestimmte Handlung auslöst« (Oppenheimer 1964 I, 1, S. 199).

Ein zweites Instrument, eine nomothetische Wissenschaft zu ermöglichen, ist neben dem sozialpsychologischen Determinismus die Annahme des ökonomischen Prinzips, des »Prinzip des kleinsten Mittels«, gemäß dem »der Mensch, wenn er wirtschaftlich handelt, sich immer bemüht, sein erstrebtes Wunschziel mit der kleinsten Anstrengung, bzw. mit dem kleinsten Opfer an verfügbaren Gütern zu erreichen« (Oppenheimer 1919, S. 19).

Mit alledem erscheint Oppenheimer auf dem Wege zu einer abstrakten, unhistorischen Modelltheorie, also weit weg von Max Webers Wirklichkeitswissenschaft, die er in seinem nomothetischen Selbstverständnis ohnehin nicht teilt. Aber er kommt dann doch noch auf den Pfad historischer Kausalität zurück, indem er seine allgemeinsoziologischen Kategorien in einen historischen Raum stellt. Handeln findet in einer spezifischen »Lagerung«, »äußeren Verumständung« statt, mit Max Weber ausgedrückt: in einer bestimmten historischen Konstellation. Oppenheimer hat dies in seinem *System der Soziologie* wie folgt auf den Punkt gebracht:

»Wo der Mensch rings um sich her in endloser Steppe nichts anderes finden kann als Horden von ebenso jämmerlicher Armut wie seine eigene, da ist sein kleinstes Mittel zum wirtschaftlichen Zwecke die eigene Arbeit in Jagd und Fischfang. Das ist die *Hordenwirtschaft*. Wo der Mensch bereits das Tier gezähmt hat, da ist zunächst sein kleinstes ökonomisches Mittel die *Weidewirtschaft*, er wählt aber, wo sich Gelegenheit bietet, und seine kriegerische Kraft ausreicht, sehr gern das dann noch ›kleinere‹ politische Mittel, Nachbarstämme ihrer Herden zu berauben und ihre Mitglieder als Sklaven zu halten ... Das ist die *Nomadenwirtschaft*. Wo ein reicher städtischer Markt existiert, läßt der Herr seine Sklaven für diesen Markt arbeiten. Das ist die *kapitalistische Sklavenwirtschaft* des Altertums und einiger moderner europäischer Kolonien. Wo aber kein solcher Markt existiert, da ist das kleinste Mittel, die Sklaven nur für sich selbst, für die autarkische Groß-Oikenwirtschaft arbeiten zu lassen: das ist die *patriarchalische Sklavenwirtschaft*. Wo zwar schon persönliche Freiheit, Freizügigkeit, Gewerbefreiheit usw. besteht, aber die Volksmasse, entbehrend aller eigenen Mittel zur Verwertung ihrer Arbeit im eigenen Interesse, namentlich des Grund und Bodens, sich in Massen zu billiger Arbeit anbieten muß, um die Existenz zu haben , – *ihr ›kleinstes Mittel‹!* – da ist das kleinste Mittel der beati possidentes, der Eigentümer des Kapitals und des Bodens, Arbeiter anzustellen und die Differenz zwischen dem Werte ihrer Arbeit und ihrem Lohne als Profit und Grundrente einzuziehen: das ist die *kapitalistische Verkehrswirtschaft der Neuzeit*« (Oppenheimer 1964 IV, 3, S. 1146 f.).

Diese Oppenheimersche Lösung ist gewiß nicht nach dem Geschmack Max Webers, denn dieser bevorzugt bekanntlich eine verstehende Soziologie und hätte sich mit dem sozialpsychologischen Determinismus kaum angefreundet. Der Unterschied zu Max Weber und Sombart (und den meisten historischen Soziologen) besteht darin, daß Oppenheimer Strukturen nicht als *Bedingungsrahmen*, sondern als *Determinanten* des Handelns begreift. Bei Oppenheimer fehlt so etwas wie der »kapitalistische Geist« (vgl. Oppenheimers heftige Polemik gegen Sombart in Oppenheimer 1964 IV, 3, S 1143-1156; dazu auch Kruse 1990, S. 119 bis 136). Bei dem Konzept der Wirklichkeitswissenschaft geht es jedoch nicht nur um Verstehen, sondern ebenso um historische Kausalität, und *in diesem Sinne* bewegt sich Oppenheimer durchaus noch im Rahmen von Max Webers Wirklichkeitswissenschaft.[8]

Wir haben festgestellt, daß sich die Erklärungskategorie der Wirklichkeitswissenschaft nach zwei Seiten hin abgrenzt, zum einen gegen die Gesetzeswissenschaft, der gegenüber Max Weber die historische Kausalität postuliert, zum anderen aber auch gegen die Spielarten des Historismus, welche mit Verweis auf den freien Willen die Kausalitätskategorie grundsätzlich ablehnen. Oppenheimer schien in Richtung Gesetzeswissenschaft abzudriften; wir sahen, daß er dann doch noch quasi im letzten Moment, wenn auch in ganz anderer Weise als in Max Webers »verstehender Soziologie«, die Kurve zur historischen Kausalität hin nimmt, indem er den sozialpsychologischen Determinismus

8 Im Sinne Max Webers liegt auch Oppenheimers Auffassung, daß man das »Individuelle gar nicht in seiner Einzigartigkcit abschätzen« könne, »wenn man nicht in bezug auf das Allgemeine völlig exakte Vorstellungen besitzt« (Oppenheimer 1964 I, 1, S. 177).

und das Prinzip des kleinsten Mittels in einen historischen Raum stellt. Bei der Kultursoziologie *Alfred Webers* liegt eher der umgekehrte Fall vor: »Ihre tiefste soziologische Erkenntnis ist gerade, daß alles Kulturelle spontane, unvorhersehbare Schöpfung in einem jeweils neuen Lebensstoff ist ... Diese Kulturproduktivität selbst, ebenso wie jede konkrete kulturelle Gesamtformung des Daseins oder Gesamthaltung zu ihm aber sind weder nach Zeit noch Art noch Form wissenschaftlich vorhersehbar. Sie sind stets ein unerwartet neu aus der Spontaneität der menschlichen Seele Erwachsendes ...« (A. Weber 1931, S. 291).

Aus diesen und ähnlichen Passagen könnte man folgern, daß Alfred Weber die Kausalitätskategorie grundsätzlich ablehnt. Man tut jedoch gut daran, diese Spontaneitätsrhetorik nicht zu überschätzen. Sie möchte letztlich nicht mehr besagen, als daß *kulturelles* Handeln sich nicht in Kategorien mechanischer Kausalität erfassen läßt.[9] Sie wehrt sich ferner dagegen, den han-

9 Max Weber denkt in dieser Hinsicht nicht anders. Er wendet sich gegen die Vorstellung »›gesetzlicher‹ Abhängigkeit« in der Geschichte, »dergestalt, daß wo x (asketischer Protestantismus) ist, auch schlechthin ausnahmslos y (kapitalistischer ›Geist‹) bestand« (Max Weber 1982a, S. 29). Er behaupte nicht, so Max Weber weiter in der Replik gegen H. Karl Fischer, »daß baptistische Sibirer unvermeidlich zu Großhändlern, calvinistische Bewohner der Sahara zu Fabrikanten würden« (S. 30). Er verweist als Begründung auf die »Art der ursächlichen Verkettung historisch komplexer Erscheinungen untereinander« (S. 29). – Die Weber-Brüder sind sich auch darin einig, daß das Handeln in der modernen kapitalistischen Industriegesellschaft hochgradig determiniert ist. Max Weber: »Die heutige kapitalistische Wirtschaftsordnung ist ein ungeheurer Kosmos, in den der Einzelne hineingeboren wird und der für ihn, wenigstens als Einzelnen, als faktisch unabänderliches Gehäuse gegeben ist, in dem er zu leben hat. Er zwingt dem Einzelnen, soweit er in den Zusammenhang des Marktes verflochten ist, die Normen seines wirtschaftlichen Handelns auf. Der Fabrikant, welcher diesen Normen dauernd entgegenhandelt, wird ökonomisch ebenso unfehlbar eliminiert, wie der Arbeiter, der sich ihnen nicht anpassen kann oder will, als Arbeitsloser auf die Straße gesetzt wird« (Max Weber 1920, S. 37). Ganz ähnlich denkt Alfred Weber, wie zum Beispiel seine Ausführungen über das »Berufsschicksal« des Industriearbeiters manifestieren, das durch die Strukturen des kapitalistischen Großbetriebes vorgegeben ist und für Spontaneität oder Freiheit nicht den geringsten Raum läßt (vgl. A. Weber 1912; vgl. auch Kapitel VI.2).

delnden Menschen psychologisch auf »einen möglichst simplen Zweck in der Befriedigung von Bedürfnissen oder Trieben, wie etwa den Egoismus, den Willen zur Macht, das Geltungsbedürfnis, das Verlangen nach Lust u. dgl. m.« zu reduzieren (vgl. Eckert 1970, S. 78). Sie wehrt sich, um es mit mit einem Wort Tenbrucks auszudrücken, gegen die »Abschaffung des Menschen« durch die Soziologie. Dies alles besagt aber nicht, daß sich menschliches Handeln gänzlich der Kausalitätskategorie entzieht:

»Der Mensch ist ... auf der einen Seite Gestalter. Auf der anderen Seite aber ist er auch der durch die Umwelt – auch durch die von ihm selbst geschaffene soziologische Umwelt – nicht nur Bedingte, sondern auch Gestaltete und Geformte« (A. Weber 1955, S. 44).

Mit anderen Worten: Es geht in Alfred Webers Kultursoziologie um die Dialektik von handelndem Menschen und den Strukturen, die er schafft und die auf ihn bzw. seinen Sozialcharakter zurückwirken. Die Umwelt des Menschen nennt er »Dasein«. Das »Dasein« gliedert er in drei Sphären: (a) »Zivilisation«, den Bereich intellektueller Welterfassung, der Wissenschaft und Technik; (b) »Gesellschaft«, den Bereich gesellschaftlicher Organisationsformen inklusive Staat und Wirtschaft, der demographischen Verteilung, räumlichen Ordnung, sozialen Schichtung und der Klassenkämpfe, und (c) »Kultur«, den Bereich religiöser, philosophischer und ästhetischer Werte, seelischen Ausdrucksstrebens und der Sinndeutung der Welt (Kultur objektiviert sich vor allem in Religion, Philosophie und Kunst).

Für die Bereiche des Daseins führt Alfred Weber den Begriff der »historisch-soziologischen Konstellation« ein. Die Trennung der Sphären solle »das Verständnis ermöglichen, für das, was wir *historisch-soziologische Konstellation* nennen, das heißt die jeweils aus der besonderen Art des Zusammenspiels der Kräfte der drei Sphären sich ergebenden Lage«, womit Weber insbesondere den »Charakter der Gesamtsituation und ihrer Handlungsbedingungen, die sich aus dem Zusammenfluß aller verschiedenen Geschichtsströme in der unmittelbar uns umschließenden Gegenwart für uns ergeben«, aufzuhellen hoffte (vgl. A. Weber 1927, S. 8).

Alfred Weber qualifiziert die Daseinskonstellation also, ähnlich Sombart, als »Handlungsbedingung«, nicht, wie Oppenheimer, als Determinante: »Wir können in der Geschichte stets nur äußere Bedingungen samt den in ihnen enthaltenen Möglichkeiten und die Ausnutzung dieser Möglichkeiten durch spontane Eingriffe erkennen. Was geschieht, ist kontingent, Erfüllung einer unter vielen Möglichkeiten in dem auf diese Art geschaffenen Rahmen« (A. Weber 1946, S. 15).

Auch bei Alfred Weber ist, wie bei seinem Bruder Max, der Konstellationsbegriff von zentraler Bedeutung. Er hat in den fünfziger Jahren seine Soziologie sogar als »Konstellationssoziologie« qualifiziert (vgl. A. Weber 1955, besonders S. 412-417).

Ähnlich wie Max ist Alfred Weber keineswegs grundsätzlich gegen nomologisches Denken eingestellt. Vielmehr hält er es für die Bereiche der Zivilisation und der Gesellschaft durchaus für berechtigt[10]; er hat es auch selbst in seiner *Reinen Theorie des Standorts* (1909) praktiziert. Nur für Kultur erachtete er aus ontologischen Gründen (vgl. A. Weber 1927, S. 2) – und das ist mit Max Webers Neokantianismus unvereinbar – gesetzeswissenschaftliches Denken für deplaziert. Von dieser Ausnahme abgesehen, bewegt sich das kultursoziologische Konzept Alfred Webers im Rahmen von Max Webers Wirklichkeitswissenschaft. Es postuliert historische Kausalität – eine »weiche« Kausalität – und akzeptiert für die Sphären »Zivilisation« und »Gesellschaft« Gesetzeswissen.

Der Begriff der »historischen Konstellation« ist auch im Werk von *Karl Mannheim* von hervorragender Bedeutung.[11] Seine für

10 »Wie man für die Gegenstände des Zivilisationsprozesses und des Zivilisationskosmos mit ihrer Allgemeingültigkeit und Notwendigkeit ... die Begriffe der heutigen Naturwissenschaft anwenden kann ..., so kann man an die Gegenstände der Kulturbewegung und die verschiedenen Kulturwelten in ihrer Ausschließlichkeit und Einmaligkeit nur mit der ›historischen‹ Begriffbildung, den Begriffen und Vorstellungen der ›einmaligen Wesenheiten‹ herankommen« (A. Weber 1920, S. 26). – Hans Freyer (1930, S. 137) charakterisiert Alfred Webers Kultursoziologie so: »Er löst, wie der ganze moderne Historismus, die Einheit der Weltgeschichte in den Plural der weltgeschichtlichen Kulturen auf und verfolgt jenes doppelte Ziel, das gleichfalls für alles gegenwärtige Geschichtsdenken charakteristisch ist: die einmalige, unwiederholbare, eigenwertige Individualität der geschichtlichen Wirklichkeiten einfühlend zu ergreifen, und zugleich gewisse allgemeinste, trotzdem aber vielsagende Typismen und Gesetzmäßigkeiten aufzuweisen, die überall obwalten ...«
11 Mannheim (1969, S. 182) bezieht sich hinsichtlich des Konstella-

die Konzeption der Wissenssoziologie wohl bedeutendste Arbeit
»Das Problem einer Soziologie des Wissens« (1925) beginnt mit
einer Einführung des Konstellationsbegriffs. Mannheim leitet
ihn aus der Astrologie ab, wobei dieser das »gegenseitige Verhältnis der Sterne in der Geburtsstunde des Menschen« erfasse. Dies
erfolge aus der Überzeugung, daß diese Konstellation der Sterne
bestimmend sei für das Schicksal der Neugeborenen. Die Astrologie sei »für uns unglaubhaft und nichtssagend« geworden, aber
der Konstellationsbegriff sei aus diesem Kontext losgelöst worden und bedeute nunmehr »eine der wichtigsten Kategorien,
durch die wir Welt und Geist erfassen«. Mannheims Definition:
»Konstellation kann im weiteren Sinne das eigentümliche Zu-
sammensein von Faktoren in einem gegebenen Zeitpunkte bedeuten und ihre Beobachtung kann wichtig werden, wenn man
glaubt, daß das gleichzeitige Beisammensein verschiedener Faktoren die Ausgestaltung des besonders uns interessierenden Faktors mitbestimmt« (Mannheim 1970b, S. 308).
  Diese Definition Karl Mannheims entspricht der Begrifflichkeit von Max Webers Wirklichkeitswissenschaft. Mit Mannheims
»besonders uns interessierenden Faktor« ist Max Webers »historisches Individuum« gemeint, das ja durch Wertbeziehung konstituiert wird. Mit der Bestimmung von Konstellation als für das
Explanandum kausal relevantes Ensemble von Faktoren, die als
»eigentümlich« verstanden werden, bewegt sich Mannheim
ebenfalls ganz auf der Linie von Max Webers Wirklichkeitswissenschaft.
  In diesem mit einer Analyse des Konstellationsbegriffs eingelei-
teten Aufsatz setzt sich Mannheim vor allem mit der Wissenssoziologie Max Schelers auseinander, um aus der Kritik Schelers
heraus seine eigene Position zu gewinnen. Mannheim charakterisiert Schelers Standpunkt als »phänomenologisch«, das heißt,
daß »in phänomenologischer Wesensschau verschiedene Inhalte
als überzeitlich geltende« erfaßt werden (ebd., S. 324). In diesem
Sinne begreift Mannheim Scheler, obwohl sich dieser bemühe,
»Historismus« und »Soziologismus« zu integrieren, als Vertreter
einer generalisierenden systematischen Soziologie (vgl. ebd.,

tionsbegriffs allerdings auf Alfred Weber: »Es ist Alfred Webers Verdienst, die Konstellationsanalyse zum Organon der Kultursoziologie
gemacht zu haben …«

S. 350).[12] Dagegen proklamiert Mannheim für die Wissenssoziologie einen radikalen Historismus, der keine überzeitlichen Wesenheiten oder dergleichen anerkennt.

»Wogegen wir uns sträuben, ist also zunächst das Hineinbeziehen des Naturalen, als eines überzeitlich in sich selbst identischen Faktors in die Erklärung des Geschichtsprozesses. Aus einer solchen Auffassung könnten sich nur verschiedene Kombinationen sonst sich gleichbleibender Momente ergeben ... Wogegen wir uns ferner sträuben, ist das Setzen einer geistigen Welt, die ihre immanente Sinnlogik in sich enthält und für die die geschichtliche Welt mit ihren ›Realfaktoren‹ nur von selegierender Bedeutung sein soll« (ebd., S. 347 f.).

Die »Schelersche Ewigkeitsposition« (ebd., S. 350) lehnt Mannheim also im Namen des Historismus ab. »Für den Historisten existieren Wesenheiten nicht abgetrennt vom Geschichtsprozeß, sondern entstehen und verwirklichen sich in ihm und sind allein von ihm aus erfaßbar« (ebd., S. 351).

Ausgangspunkt der historistisch fundierten Position Mannheims ist, daß das einzig Dauerhafte der Wechsel ist: »Das unmittelbar Gegebene ist für uns der dynamische Wechsel der Standorte.« Aufgabe einer Wissenssoziologie ist daher, »die in einem Zeitalter vorhandenen Denkstandorte möglichst exakt herauszuarbeiten und ihr historisches Werden aufzudecken« (ebd., S. 368). Sie hat es also, in Weberscher Sprache ausgedrückt, mit Denkstandorten als geschichtlich gewordenen historischen Individuen zu tun.

Diese historischen Denkstandorte will Mannheim nicht nur historisch-empirisch konstatieren, sondern kausal erklären. Das bedeutet, daß diese Denkstandorte auf »soziale Standorte« (ebd., S. 375) zu beziehen sind. Hier wiederum geht es Mannheim, wie Sombart und Alfred Weber, sichtbar um »weiche« Kausalitäten. Er will eben nicht Denkstandorte als geistigen Reflex von sozialen Standorten begriffen wissen. Es gibt in der Geschichte nicht nur materielle Interessen, sondern auch davon unabhängiges geistiges Engagiert-Sein. Um dieses angemessen in seine wissens-

12 An anderer Stelle räumt Mannheim ein: »Scheler versucht das Historistische in sein Ewigkeitsdenken hineinzuarbeiten, nimmt das perspektivische Sehen (an einer anderen Stelle seiner Ausführungen) in sein Weltbild auf. Die statische Ewigkeitskonzeption und der dort eingearbeitete fremde Standort des Historismus klaffen aber auseinander« (Mannheim 1970b, S. 353).

soziologische Konzeption einzubeziehen, entwickelt Mannheim den Begriff der »geistigen Schichten« als Zwischenglied zwischen »sozialen Schichten« und »Denkstandorten«:

»Wir müssen unbedingt, wenn wir die gewordenen geistigen Gehalte auf das sozial differenzierte Sein beziehen wollen, stets zwischen *geistigen Schichten* und *sozialen Schichten* unterscheiden. Während wir die sozialen Schichten, dem Marxschen Klassenbegriff entsprechend, gemäß ihrer Rolle im Produktionsprozeß bestimmen können, ist es u. E. eine Unmöglichkeit, auch nur einen Parallelismus zwischen geistigen Standorten und den in diesem Sinne bestimmenden sozialen Schichten historisch durchzuführen. Die Differenzierung innerhalb der geistigen Welt ist viel zu reichhaltig, als daß man einfach einer jeden Richtung, einem jeden Standorte eine entsprechende Klasse im oben definierten Sinne zuordnen könnte« (ebd., S. 381).

Unter »geistiger Schicht« versteht Mannheim »jene Menschengruppen, die ihrem ›Weltwollen‹ (dessen Teil nur das Wirtschaftswollen, das Denkwollen, Kunstwollen usw. ist) verbunden sind, die an einer bestimmten Wirtschaft und an einem bestimmten Denkstil in einem gegebenen Zeitabschnitte innerhalb einer Gesellschaftseinheit ›engagiert‹ sind« (ebd., S. 381).[13]
  Mannheim leugnet nicht, daß auch das generalisierende Denken seine Berechtigung hat, weist aber wie Max Weber darauf hin, daß es dort an seine Grenzen stößt, wo das Erkenntnisinteresse ein Individualisierendes ist:

»Generalisierung und Formalisierung sind u. E. ein zwar berechtigtes ›technizistisches‹ Denkverfahren und als solches auch in der Soziologie weitgehend nützlich, weil sie zur Bewältigung und Beherrschung der Mannigfaltigkeit brauchbar sind. Für das *konkrete Denken* aber, für das *Denken des Konkreten*, können sie nur als Sprungbrett dienen« (ebd., S. 340).

Wie bei Max Weber und Sombart hat, so ist die Metapher des »Sprungbretts« zu deuten, systematisches Wissen eine propädeutische Funktion für die historisch-konstellative Analyse.
  Wie ist Erklärung in der Religionssoziologie von *Alfred Müller-Armack* konzipiert? Der Zentralbegriff dieser Soziologie ist »Wirtschaftsstil«. Dieser Begriff postuliert nicht eine allgemeine

13 Es sei darauf hingewiesen, daß hier einmal mehr die Kategorie des historischen Individuums durchschlägt (»in einer bestimmten Wirtschaft und an einem bestimmten Denkstil in einem gegebenen Zeitabschnitte …«).

Menschennatur und universal gültige ökonomische Gesetze, sondern geht davon aus, daß man, wie in der Kunst, auch für das Wirtschaftsleben verschiedene »Stile« unterscheiden kann. Damit entscheidet sich diese Religionssoziologie, wie wir in Kapitel III gesehen haben, für die Kategorie der historischen Individualität. »Stil« definiert Müller-Armack als »die in den verschiedensten Lebensgebieten einer Zeit sichtbare Einheit des Ausdrucks und der Haltung« (Müller-Armack 1981b, S. 57). »Im gleichen Sinne« spricht er »von Wirtschaftsstil dort, wo die Erscheinungsformen im Bereich des Sozialen und Wirtschaftlichen den Ausdruck einheitlichen Gepräges aufweisen« (ebenda). So ist zum Beispiel der neuzeitliche Wirtschaftsstil durch eine dynamische Haltung des Unternehmertums, eine auf Naturbeherrschung ausgehende Naturwissenschaft, durch eine rationale Technik, durch die Organisation des Marktes etc. geprägt. Wie ist nun die Entstehung eines bestimmten Wirtschaftsstils grundsätzlich zu erklären?

Müller-Armack wehrt sich dagegen, einen Wirtschaftsstil aus allgemeinen Kräften zu erklären, seien es Volksseele, Volkscharakter, ökonomische Basis oder geschichtsmorphologische Annahmen über ein Aufblühen und Absterben von Kulturen. »Diese ontologische Ausdeutung des Stilgedankens kann einem tieferen Nachdenken nicht standhalten« (vgl. ebd., S. 59). Man müsse sich vergegenwärtigen, daß es sich bei Wirtschaftsstilen »um einmalige, zu bestimmter Zeit auftauchende Erscheinungen« handele, mit Max Weber ausgedrückt, um historische Individuen. Einmalige, zu bestimmter Zeit auftauchende Erscheinungen lassen sich jedoch »schon rein logisch nicht aus den dauernd vorhandenen Trägern der Entwicklung, etwa der Volksseele«, erklären. »Man nimmt der geschichtlichen Formenbildung ihr Eigentliches, wenn man sie aus dem erklärt, was immer schon da war« (ebd., S. 60). Es handele sich um »statische Erklärungen«. Und nun argumentiert Müller-Armack wie Mannheim gegen Scheler: »An die Stelle dieser statischen Erklärungen der Wirtschaftsstile muß eine *dynamische Betrachtungsweise* treten, die auf alle falschen naturwissenschaftlichen Analogien verzichtet und die Stilentstehung aus dem geschichtlichen Prozeß selbst erklärt« (ebd.). Und Müller-Armack bilanziert:

»Für die Erforschung der geschichtlichen Wirtschaftsstile ergibt sich damit die Aufgabe: Auch die Wirtschaftssysteme der Vergangenheit sind nicht aus einem naturhaften Prozeß zu verstehen, der über die Köpfe der Menschen hinweg seinen Gang nimmt, sondern selbst Resultate der Gestaltung durch die Menschen ihrer Zeit. Statt sich mit einer ›Erklärung‹ der Wirtschaftsstile aus dem Volkscharakter, der Kulturseele oder den ökonomischen Bedingungen zu begnügen, erwächst heute der Stilforschung die … Aufgabe, die Entstehung der Stile *aus den Bedingungen und Taten ihrer Zeit selbst verständlich zu machen*« (ebd., S. 60, Hervorhebung vom Verf.).

Bei Müller-Armack findet sich zwar nicht der Terminus der historischen Konstellation, aber eine historisch-konstellative Erklärung im Sinne Max Webers ist hier, wie Müller-Armacks religionssoziologische Forschungspraxis bestätigen wird (vgl. Kapitel IV.2), zweifelsfrei gemeint. Eine Erklärung historischer Individuen (hier: Wirtschaftsstile) aus allgemeinen Gesetzen lehnt Müller-Armack ebenso ab wie Max Weber. Statt dessen optiert er für das Prinzip historischer Kausalität (»… die Entstehung der Stile aus den Bedingungen und Taten ihrer Zeit selbst verständlich zu machen«). Ähnlich wie Sombart will Müller-Armack von der Motivation handelnder Menschen ausgehen: »Nur aus der Erforschung der in den einzelnen Epochen lebendigen, leitenden Werte läßt sich begreifen, was man erstrebte und warum dieser oder jener Stil entstehen mußte.« Die Vergangenheit »lebendig zu verstehen, heißt, ihr Wirtschaftssystem aus den inneren Impulsen der Menschen zu begreifen« (ebd., S. 60 f.).

Wenn Müller-Armack auf dem Prinzip historischer Kausalität für die Erklärung von Wirtschaftsstilen besteht, so leugnet er damit nicht die Notwendigkeit von »Theorie«: »Wenn die Wirtschaftsstilkunde selbst auch wesentlich Resultat der geschichtlichen Bemühungen ist, bedarf sie an vielen Punkten, vor allem zur Untersuchung der immanenten Zusammenhänge der Wirtschaftssysteme, der theoretischen Analyse« (ebd., S. 53).

Auch *Alfred von Martin* fordert, daß Soziologie von einzelnen sozialen Handlungen auszugehen hat:

»Ehe man an die ›Erklärung‹ objektiver, aber eben damit auch abstrakter gesellschaftlicher Kausalzusammenhänge herangeht, muß man die sozialen Verhaltensweisen der lebendigen Menschen, von denen auch Max Weber ausgeht, zu ›verstehen‹ bemüht sein« (von Martin 1956, S. 2).

Von Martin (ebd., S. 41-45) wendet sich dagegen, nach Art des »Marxismus« soziologische Erklärung a priori letztlich auf die ökonomische Sphäre zu verengen:

»Eine Soziologie ohne Scheuklappen, welche dem ganzen Reichtum gesellschaftlichen Lebens gerecht werden will, wird … in gleichem Maße wie den wirtschaftlichen auch den politischen und den geistigen Faktoren ihr Augenmerk zuwenden … Statt voreingenommen auf eine (angeblich omnipotente) causa efficiens zu starren, wird sie ihre Aufgabe in der jeweiligen Eruierung der vorliegenden conditiones (sine quibus non) erblicken. Weder Eigenständigkeiten (Autonomien) noch Abhängigkeiten übersehend, wird sie, ohne vorgefaßte Meinung, Art, Umfang und wechselseitige Verknüpfung von Beziehungen, Einwirkungen, Beeinflussungen in jedem Einzelfall gesondert untersuchen« (ebd., S. 45).

Von Martins Formulierung, daß die »Aufgabe« der Soziologie in der »jeweiligen Eruierung der vorliegenden conditiones« bestehe, entspricht Max Webers Postulat einer historisch-konstellativen Erklärung. Er wendet sich gegen eine rein naturalistische Soziologie. Der Mensch sei »nicht nur ein Natur- sondern auch ein Kulturwesen«. Geschichte sei daher etwas anderes als der Vollzug von Naturgesetzen. Dies bedeute aber nicht, daß Geschichte »nur aus einer Fülle kontingenter Einmaligkeiten besteht, die sich jeder genereller (und insbesondere soziologischen) Erfassung entziehen« (ebd., S. 5 f.). Wie Max Webers Wirklichkeitswissenschaft konzipiert von Martin Soziologie als nichtnaturalistische Disziplin, welche aber antinaturalistische Abwege vermeidet und Gesellschaft auch für einen nomologischen Zugriff (»generelle Erfassung«) offenhält. Der Unterschied zu Max Weber besteht darin, daß von Martins Nichtnaturalismus nicht logisch, sondern ontologisch (»der Mensch« als »Kulturwesen«) begründet wird.

Wir haben also konzeptionell bei Sombart, Oppenheimer, Alfred Weber, Mannheim, Müller-Armack und von Martin folgende Übereinstimmungen festgestellt: (a) Erklärung historischer Individuen erfolgt historisch-konstellativ; (b) Gesetze sind für historisch-soziologische Erklärung nützlich, ja unentbehrlich; (c) Strukturen werden als Bedingungsgefüge, nicht als Determinanten des Handelns begriffen. Nur Oppenheimer optiert für einen deterministischen Handlungsbegriff – aus axiomatisch-methodologischen, nicht aus ontologischen Gründen. Damit bewegen sich diese Erklärungskonzepte im Rahmen von Max Webers Wirklichkeitswissenschaft. Wie es sich mit historisch-soziologischer Erklärung forschungspraktisch verhält, untersuchen wir im folgenden Abschnitt.

2. Historisch-soziologische Erklärung in forschungspraktischer Betrachtung

Wir wollen nun zunächst sehen, wie es denn Max Weber selbst *forschungspraktisch* mit der Kategorie der historischen Konstellation hält. Wie gehen dabei gleich in das Zentrum der Weberschen Fragestellung, warum denn im Okzident, ausgerechnet und nur hier, die moderne rationale Welt, insbesondere der »moderne Kapitalismus« entstanden ist. Und damit sind wir bei Webers »Protestantischer Ethik« – ein Werk, dessen Interpretation, wie wir sehen werden, auch in puncto »historische Konstellation« nicht unproblematisch ist.

Beginnen wir aber mit der methodologischen Bestimmung des Explanandums »Frühkapitalismus« bzw. »kapitalistischer Geist«. Dabei zumindest bewegt sich Weber ganz eindeutig im Rahmen seines wirklichkeitswissenschaftlichen Programms (vgl. Barrelmeyer 1997, S. 226 ff.). Der »Geist des Kapitalismus« wird als ein »historisches Individuum« betrachtet, und Weber definiert auch gleich, was das heißt: »ein Komplex von Zusammenhängen in der geschichtlichen Wirklichkeit, die wir unter dem Gesichtspunkt ihrer ›Kulturbedeutung‹ begrifflich zu einem Ganzen zusammenschließen« (Max Weber 1920, S. 30). Weber führt dann weiter aus, daß die Definition des kapitalistischen Geistes durch Wertgesichtspunkte geprägt sei. Das liege eben »im Wesen der ›historischen Begriffsbildung‹, welche für ihre methodischen Zwecke die Wirklichkeit nicht in abstrakte Gattungsbegriffe einzuschachteln, sondern in konkrete genetische Zusammenhänge von stets und unvermeidlich spezifisch *individueller* Färbung einzugliedern strebt« (ebd., S. 31).

In alledem wird kurz und bündig das wirklichkeitswissenschaftliche Credo des Objektivitätsaufsatzes zum Ausdruck gebracht, und man darf annehmen, daß mit den »konkreten genetischen Zusammenhängen« das gemeint ist, was andernorts als »historische Konstellation« bezeichnet wird. Aber wird denn diese Kategorie im Protestantismus-Aufsatz auch umgesetzt?

In diesem Zusammenhang ist darauf zu verweisen, daß der Protestantismus-Aufsatz nicht selten als Versuch spiritualistischer Geschichtsinterpretation verstanden wurde. Gewiß kann diese Deutung nicht aufrechterhalten werden; zu deutlich hat sich Weber, namentlich in seinen Repliken, gegen eine solche gewehrt.

Aber allein die Tatsache, daß die »Protestantische Ethik« so aufgefaßt *wurde*, deutet darauf hin, daß diese Arbeit nicht eben als ein Muster historisch-konstellativer Erklärung gelten kann. Das ist sie in der Tat nicht. Denn wenn es um das Explanans geht, ist ja nur von Protestantismus, Calvinismus etc. die Rede. Deswegen wurde ja Weber auch als Spiritualist verstanden.

An dieser Stelle ist wichtig, sich zu vergegenwärtigen, daß sich diese Arbeit nur als ein Anfang verstand und fortgesetzt werden sollte. Weber selbst hat davor gewarnt, den Protestantismus-Aufsatz pars pro toto zu nehmen. Nach Abschluß seiner Arbeiten könne sich ein ganz anderes Bild ergeben: »Es ist sehr gut möglich, daß, wenn meine Untersuchungen einmal zu Ende kommen sollten, ich zur Abwechslung ganz ebenso entrüstet der Kapitulation vor dem historischen Materialismus geziehen werde wie jetzt der Ideologie« (Max Weber 1982b, S. 56).[14]

Was hier über das Verhältnis von materialistischer und idealistischer Sichtweise gesagt wird, gilt auch für das Verhältnis von protestantischer Ethik zu anderen für die Genese des »Frühkapitalismus« bzw. »modernen Kapitalismus« relevanten Kausalfaktoren. Dies geht aus dem Ende des ersten Teils des Protestantis-

---

14 In der Tat ist in Randall Collins (1980) Rekonstruktion von Webers Kapitalismustheorie anhand der »Wirtschaftsgeschichte« davon die Rede, daß der späte Weber auf die »protestantische Ethik« verzichte und nunmehr ganz »institutionell« erkläre. Gegen diese These spricht die – ebenfalls kurz vor Webers Tod entstandene – folgende Passage darüber, wie der moderne okzidentale Kapitalismus zu erklären sei: »Jeder solche Erklärungsversuch muß, der fundamentalen Bedeutung der Wirtschaft entsprechend, vor allem die ökonomischen Bedingungen berücksichtigen. Aber es darf auch der umgekehrte Kausalzusammenhang darüber nicht unbeachtet bleiben. Denn wie von rationaler Technik und rationalem Recht, so ist der ökonomische Rationalismus in seiner Entstehung auch von der Fähigkeit und Disposition der Menschen zu bestimmten Arten praktisch-rationaler *Lebensführung* überhaupt abhängig. Wo diese durch Hemmungen seelischer Art obstruiert war, da stieß auch die Entwicklung einer *wirtschaftlich* rationalen Lebensführung auf schwere innere Widerstände. Zu den wichtigsten formenden Elementen der Lebensführung nun gehörten in der Vergangenheit überall die magischen und religiösen Mächte und die am Glauben an sie verankerten ethischen Pflichtvorstellungen« (Max Weber 1920, S. 12). – Gegen Collins' These vgl. Schluchter 1991 II, S. 402.

mus-Aufsatzes eindeutig hervor, das hier, weil in unserem Zusammenhang so wichtig, noch einmal komplett zitiert sei:

»…Wir fragen also lediglich, was von gewissen charakteristischen Inhalten dieser Kultur dem Einfluß der Reformation als historischer Ursache etwa *zuzurechnen* sein möchte. Dabei müssen wir uns freilich von der Ansicht emanzipieren: man könne aus ökonomischen Verschiebungen die Reformation als ›entwicklungsgeschichtlich notwendig‹ deduzieren. Ungezählte historische Konstellationen, die nicht nur in kein ›ökonomisches Gesetz‹, sondern überhaupt in keinen ökonomischen Gesichtspunkt irgendwelcher Art sich einfügen, namentlich rein politische Vorgänge, mußten zusammenwirken, damit die neu geschaffenen Kirchen überhaupt fortzubestehen vermochten. Aber andererseits soll ganz und gar nicht eine so töricht-doktrinäre These verfochten werden wie etwa die: dass der ›kapitalistische Geist‹ … *nur* als Ausfluß bestimmter Einflüsse der Reformation habe entstehen *können*, oder wohl gar: daß der Kapitalismus als *Wirtschaftssystem* ein Erzeugnis der Reformation sei … Sondern es soll nur festgestellt werden: ob und wieweit religiöse Einflüsse bei der qualitativen Prägung und quantitativen Expansion jenes ›Geistes‹ über die Welt hin *mit*beteiligt gewesen sind und welche konkreten *Seiten* der auf kapitalistischer Basis ruhenden *Kultur* auf sie zurückgehen. Dabei kann nun angesichts des ungeheuren Gewirrs gegenseitiger Beeinflussungen zwischen den materiellen Unterlagen, den sozialen und politischen Organisationsformen und dem geistigen Gehalte der reformatorischen Kulturepochen nur so verfahren werden, daß zunächst untersucht wird, ob und in welchen Punkten bestimmte ›Wahlverwandtschaften‹ zwischen gewissen Formen des religiösen Glaubens und der Berufsethik erkennbar sind. Damit wird zugleich die Art und allgemeine *Richtung*, in welcher infolge solcher Wahlverwandtschaften die religiöse Bewegung auf die Entwicklung der materiallen Kultur einwirkte, nach Möglichkeit verdeutlicht. *Alsdann* erst, wenn dies leidlich eindeutig feststeht, könnte der Versuch gemacht werden, abzuschätzen, in welchem Maße moderne Kulturinhalte in ihrer geschichtlichen Entstehung jenen religiösen Motiven und inwieweit anderen zuzurechnen sind« (Max Weber 1920, S. 82 f.).

Aus dieser Passage wird deutlich, daß Max Weber in seiner »Protestantischen Ethik« keineswegs die Kategorie der historischen Konstellation verlorengegangen ist. Sie wird ja auch hier explizit erwähnt. Der Protestantismus ist an der Entstehung der modernen, kapitalistisch geprägten »Kultur« »mitbeteiligt«, mit anderen Worten: Teil einer historischen Konstellation. Was Weber hier unternimmt, ist, daß er »zunächst« *einen* Kausalstrang unter die Lupe nimmt. Die »Protestantische Ethik« ist keine Konstellationsanalyse, aber eine Vorarbeit dazu. Sie ist kein Beispiel historisch-konstellativer Erklärung, wie sie das Programm einer Wirklichkeitswissenschaft beschreibt. Aber sie ist Teil einer projektierten Konstellationsanalyse, und insofern bewegt sich die »Protestantische Ethik« auch in puncto Erklärung sehr wohl im Rahmen einer Wirklichkeitswissenschaft.[15]

15 Daß Max Weber den modernen Kapitalismus historisch-konstellativ gemäß dem wirklichkeitswissenschaftlichen Konzept zu erklären trachtete, geht aus späteren Schriften hervor, in denen er sich kursorisch mit diesem Thema befaßt (vgl. zum Beispiel Max Weber 1920, S. 8-12; Max Weber 1958, S. 239 f.; 270). – Max Webers historisch-konstellative Erklärung der okzidentalen Sonderentwicklung rekonstruiert Schluchter (1991 II, S. 407-505). – Sehr prägnant kommt die Kategorie der historischen Konstellation in Max Webers kursorischer Erklärung der okzidentalen Freiheit zum Ausdruck: »Die historische Entstehung der modernen ›Freiheit‹ hatte einzigartige, niemals sich wiederholende Konstellationen zur Voraussetzung. Zählen wir die wichtigsten davon auf: Zunächst die überseeische Expansion: in den Heeren Cromwells, in der französischen Konstituante, in unserem gesamten Wirtschaftsleben, noch heute, weht dieser Wind von jenseits des Meeres ... Zweitens die Eigenart der ökonomischen und sozialen Struktur der ›frühkapitalistischen‹ Epoche in Westeuropa und drittens die Eroberung des Lebens durch die Wissenschaft, das ›Zusichselbstkommen des Geistes‹ ... Endlich: gewisse aus der konkreten historischen Eigenart einer bestimmten religiösen Gedankenwelt herausgewachsene Wertvorstellungen, welche, mit zahlreichen ebenfalls durchaus eigenartigen politischen Konstellationenn und mit jenen materiellen Voraussetzungen zusammenwirkend, die ›ethische‹ Eigenart und die ›Kulturwerte‹ des modernen Menschen prägten« (Max Weber 1906, S. 348). – Vgl. als ein Beispiel historisch-konstellativer Erklärung auch Max Webers Vortrag »Die sozialen Gründe des Untergangs der antiken Kultur« (1896) und seine logische Analyse bei Hans Albert (1990, S. 228-232), wobei Albert insbesondere auf die dabei implizierten allgemeinen Gesetzmäßigkeiten abhebt. – Vgl. auch, wie Rossi die Unterschiede von Max Webers Staatstheorie im Vergleich zu Hegel herausarbeitet: »Hegel bietet eine Theorie des Staates, und er unterscheidet erst in zweiter Linie zwischen den verschiedenen historischen Staatsformen, während Weber die besonderen Eigenschaften des modernen Staates herausstellen will ... Der moderne Staat steht nicht am Endpunkt eines Entwicklungsprozesses, sondern wird *in seinem Unterschied* zu den anderen Formen politischer Organisation definiert. Auch seine Rationalität ist eine spezifische Rationalität, für die man in anderen

Wie verfahren nun die anderen historischen Soziologen, wenn sie soziale Wirklichkeit erklären? Verfolgen wir zunächst, wie *Werner Sombart* über die Ursachen des modernen Kapitalismus denkt.

Sombart hat, wie wir gesehen haben, den modernen Kapitalismus als ein historisches Individuum verstanden.[16] Um den Kapitalismus zu erklären, sieht Sombart zwei Wege als möglich an:

»(W)ir können entweder Umstände aufzählen, die jeder Kapitalismus theoretisch voraussetzt, damit er da sein könne ... Oder aber, wir können diejenigen Ereignisse feststellen, deren Eintritt eine historische Erscheinungsform des Kapitalismus, den ›modernen‹ Kapitalismus möglich gemacht und zur Entwicklung gebracht haben. Das ist der Weg, den wir hier zu gehen haben ... Die eigenartige historisch engbegrenzte Fragestellung ist somit diese: nachdem die Wirtschaft der europäischen Völker die besondere Form der feudal-handwerksmäßigen während des Mittelalters angenommen hatte, die wir also als gegeben setzen, nachdem der neue Geist den Willen zum Kapitalismus aus sich geboren hatte: *welche Umstände sind zusammengetroffen*, die es ermöglicht haben, daß jener Wille zum Ziele gelangt ist« (Sombart 1987 I, 1, S. 326; Hervorhebung vom Verf.).

historischen Bereichen allenfalls Annäherungen findet. Wie der moderne Kapitalismus ist auch der moderne Staat mit seiner bürokratischen Verwaltung das Ergebnis des dem Okzident eigenen Rationalisierungsprozesses, und sein Entstehen hängt von einer Konstellation von Bedingungen ab, die sich anderswo nicht ergeben haben« (Rossi 1987, S. 177).

16 »Kapitalismus« definiert Sombart als »ein bestimmtes Wirtschaftssystem, das folgendermaßen sich kennzeichnen läßt: es ist eine verkehrswirtschaftliche Organisation, bei der regelmäßig zwei verschiedene Bevölkerungsgruppen: die Inhaber der Produktionsmittel, die gleichzeitig die Leitung haben, Wirtschaftssubjekte sind, und besitzlose Nurarbeiter (als Wirtschaftsobjekte), durch den Markt verbunden, zusammenwirken, und die von dem Erwerbsprinzip und dem ökonomischen Rationalismus beherrscht wird« (Sombart 1987 I, 1, S. 319). Die »Eigenart des Erwerbsprinzips« sieht Sombart (ebd., S. 320) darin, »daß unter seiner Herrschaft der unmittelbare Zweck des Wirtschaftens nicht mehr die Bedarfsbefriedigung eines lebendigen Menschen, sondern ausschließlich die Vermehrung einer Geldsumme ist«. Der »ökonomische Rationalismus« äußert sich, so Sombart, in dreifacher Weise: (a) als Planmäßigkeit der Wirtschaftsführung, (b) als Zweckmäßigkeit (Zweck-Mittel-Kalkulation) und (c) als Rechnungsmäßigkeit (ebd., S. 320).

Damit entscheidet sich Sombart für eine historisch-konstellative Erklärung. Er differenziert dabei zwischen der Genesis des »kapitalistischen Geistes« als motivationaler Antriebskraft und den Strukturbedingungen, welche die Entfaltung des »kapitalistischen Geistes«, einer Symbiose aus »Unternehmungsgeist« und »Bürgergeist«, ermöglichten. Verfolgen wir hier die Strukturbedingungen.[17] Sombart (ebd., S. 331) nennt drei Faktoren, die »in engster Wechselwirkung miteinander stehen«:

»Staat, Technik und Edelmetallproduktion sind gleichsam die Grundbedingungen der kapitalistischen Entwicklung: immer den Willen zum Kapitalismus als einen Bestandteil des neuen Geistes vorausgesetzt. Jede dieser Grundbedingungen läßt sich getrennt in ihrem Einflusse verfolgen: Der *Staat*, durch sein Heer vor allem, schafft für den Kapitalismus einen großen Markt; durchdringt das Wirtschaftsleben mit dem Geiste der Ordnung und Disziplin. Der Staat erzeugt durch seine Kirchenpolitik den Ketzer und, indem er die Wanderungen aus religiösen Gründen bewirkt, den ›Fremden‹: zwei beim Aufbau des Kapitalismus unentbehrliche Elemente. Der Staat drängt in die Ferne, er erobert die Kolonien und treibt mit Hilfe der Sklaverei die ersten kapitalistischen Großbetriebe hervor. Der Staat pflegt und fördert durch bewußtes Eingreifen seiner Politik die kapitalistischen Interessen. Die *Technik* macht die Produktion und den Gütertransport im Großen erst möglich (und notwendig); sie schafft durch neue Verfahrensweisen die Möglichkeiten neuer Industrien, die im Rahmen der kapitalistischen Organisation erwachsen. Die *Edelmetalle* beeinflussen das Wirtschaftsleben in vielfacher Hinsicht und wirken selbständig durch ihre Fülle Wunder: sie bilden den Markt in einer der kapitalistischen Entwicklung förderlichen Richtung; sie steigern den kapitalistischen Geist, indem sie den Erwerbstrieb verstärken und die Rechenmäßigkeit vervollkommnen. So wirken Staat, Technik und Edelmetalle unmittelbar auf den Kapitalismus ein ...«

Vermittelt durch diese Grundkräfte, kommen auch andere Faktoren zur Geltung: die Entfaltung bürgerlichen Reichtums (und damit Kapitalbildung), die Neugestaltung des Güterbedarfs und die Beschaffung von Arbeitskräften, die laut Sombart »größtenteils durch Vermittlung des Staates auf direktem oder indirektem Wege« erfolgt. (ebd., S. 333).

Alle diese genannten Faktoren werden in Sombarts Hauptwerk im einzelnen expliziert und entfaltet, was wir hier nicht weiter verfolgen können. Es dürfte aber deutlich geworden sein, daß

17 Zur Genesis des »kapitalistischen Geistes« bei Sombart vgl. Kapitel IV.4.

auch hier der moderne Kapitalismus nicht aus einer allgemeinen ökonomischen Entwicklungstheorie, geschweige denn aus einer Geschichtsteleologie erklärt wird, sondern – wie in Webers Wirklichkeitswissenschaft – aus einer spezifischen historischen Konstellation. Gewiß bestehen, was die Beurteilung dieser historischen Konstellation anbetrifft, Differenzen. Weber lehnt ausdrücklich die Edelmetalle, die für Sombart so wichtig sind, als einen für die Entstehung des modernen Kapitalismus relevanten Faktor ab (vgl. Max Weber 1958, S. 301). Aber die logische Struktur ihrer Erklärung, und darauf kommt es hier an, ist die gleiche.

Über Sombart läßt sich also sagen, daß die »Genese des Kapitalismus ... als ein komplizierter und durchaus kontingenter Prozeß (erscheint)« (Lenger 1994, S. 121). Ähnlich denkt *Ernst Troeltsch*, der den modernen Kapitalismus für »ein durch hundert besondere, gerade in der Neuzeit Europas zusammengekommene Bedingungen ermöglichtes und im Grunde doch gerade von der europäischen Psyche geschaffenes Gebilde« hält (vgl. Troeltsch 1916, S. 274). Leitend für Troeltschs Analyse der Gegenwart ist der Begriff der »modernen Welt« bzw. »modernen Kultur«. Der strukturlogische Sachverhalt ist der gleiche: Die moderne Kultur ist ein historisches Individuum, das in seiner »Eigenart« (Troeltsch 1911, S. 8) betrachtet wird. Als solches hebt sie sich insbesondere gegenüber der vorausgegangenen mittelalterlichen Kultur ab, die Troeltsch (ebd., S. 10) als »Autoritätskultur« charakterisiert. Ihr »Kulturideal« bestand in der »Leitung der einheitlichen Menschheit durch die Kirche und ihre Autorität«. Die »moderne Kultur« entsteht aus der Bekämpfung der kirchlichen Kultur und deren Ersetzung durch autonom erzeugte Kulturideale. Kennzeichnend für die moderne Kultur sind »ein immer gesteigerter *Individualismus* der Überzeugungen, Meinungen, Theorien und praktischen Zielsetzungen, *Rationalismus*, der sich insbesondere in der Wissenschaft als Instrument technischer Naturbeherrschung manifestiert, und, als Folge von beiden, der Relativismus«, »*Innerweltlichkeit* der Lebensrichtung« und ein »selbstvertrauender und fortschrittsgläubiger *Optimismus*« (vgl. ebd., S. 13-16).

Wie erklärt Troeltsch nun die Entstehung des historischen Individuums »moderne Welt«? Er erwähnt »die ganze, den Traum eines kirchlichen Weltreiches zerschlagende Bildung der großen militärischen Riesenstaaten, die Entwicklung der modernen, alles in ihren Bann schlagenden kapitalistischen Wirtschaft, die Entfaltung der Technik ..., die ungeheure Steigerung der Bevölkerungsziffern ..., die Eröffnung des allgemeinen Welthorizontes und die Berührung mit ungeheuren nichtchristlichen Welten, die weltpolitischen Völkerkämpfe nach außen und der Kampf der von dieser Entwicklung erzeugten neuen Klassenschichten nach innen« (ebd., S. 16). Dieses, so Troeltsch, »Gebiet() der rein tatsächlichen Umstände und Verhältnisse« kann man wohl als »historische Konstellation« im Sinne Max Webers qualifizieren. Es wird hier ein historisches Individuum durch einen Komplex individueller Faktoren erklärt und dabei im übrigen auch auf deren Wechselwirkungen hingewiesen (vgl. ebd.).

Was *Karl Mannheim* anbetrifft, so haben wir bereits gesehen (Kapitel III.2), daß er in seiner Konservativismus-Studie »Traditionalismus, als eine allgemeine menschliche Eigenschaft, von Konservativismus, als einem spezifischen historischen und modernen Phänomen« unterscheidet (Mannheim 1984, S. 93). Mit anderen Worten, Konservativismus wird – im Gegensatz zum generalisierenden Begriff des Traditionalismus – als historisches Individuum verstanden, das unter einer bestimmten »soziologischen Konstellation« entstand. Mannheim sieht »die soziologisch-historischen Vorbedingungen für das Zustandekommen des modernen Konservativismus im Zusammentreffen folgender Faktoren«: (1) Der »historische Sozialkomplex« ist »ausgesprochen dynamisch« (prozeßartig) geworden. Die partikularen Ereignisse im Gesamtgeschehen haben auf allen Gebieten immer mehr die Tendenz, »sich auf die einheitliche Wachstumsproblematik des Sozialkörpers hin zu orientieren ...« (2) Diese Dynamik vollzieht sich auf dem Wege einer sozialen Differenzierung, das heißt, es entstehen homogen reagierende Schichten, von denen einige die »forttreibenden Tendenzen« aufnehmen, andere dagegen beharrend oder gar rückschrittlich reagieren. (3) Die Ideenwelt spaltet sich, wobei die einzelnen Strömungen mit der sozialen Differenzierung parallel gehen. (4) Diese ideellen Spaltungen manifestieren sich zuerst in der Politik, die sich als erstes modernes Subsystem ausdifferenziert. Hier läßt sich wieder mit Max Weber sagen, daß sich der Konservativismus aus einer bestimmten historischen Konstellation heraus entfaltet. In der Tat spricht Mannheim (ebd., S. 105) von »der soziologischen Konstellation, in der der Konservativismus entstand«, und interpretiert den Konservativismus als »Funktion *einer* bestimmten historisch-soziologischen Lage«.[18]

Recht gut kommt die Kategorie der historischen Konstellation auch bei *Eduard Heimann* zum Ausdruck. In seiner *Sozialen Theorie des Kapitalismus* fragt Heimann, warum der Arbeitslohn im Kapitalismus so niedrig stehe. Er verweist auf »ein großes und überströmendes Arbeiterangebot, das trotz fortschreitender Aufsaugung durch die Industrie aus immer neu aufbrechenden Quellen immer neu gespeist wird«. Dieser Tatbestand werde von der Marxschen Lehre »zu einer kapitalistischen Wesensnotwendigkeit verabsoluticrt«. In Wirklichkeit seien die niedrigen Löhne des Frühkapitalismus durch eine »ganz bestimmte Konstellation« verursacht gewesen. »Eine andere Konstellation – schnelleres Wachstum der Beschäftigungsmöglichkeit als der Arbeiterzahl – würde die Lage der Arbeiter fortschreitend verbessern, ohne daß das System die geringste Änderung erführe« (Heimann 1980, S. 31).[19] Heimann macht weiter geltend, daß »der Änderung der Konstellation … überdies durch organisatorische Maßnahmen auf der Grundlage der persönlichen und der Vertragsfreiheit nachgeholfen werden« könne: »durch den Streik, allgemein durch den gewerkschaftlichen Monopolismus, der den Arbeitsfaktor zusammen- und unter Umständen zurückhält, ihn jedenfalls für das Kapital schwerer erreichbar macht und dadurch den Lohn erhöht« (ebd., S. 31 f.). Hier erklärt Heimann also die niedrigen Arbeitslöhne nicht zu einer Wesensnotwendigkeit des Kapitalismus, sondern zu einem Resultat einer spezifischen historischen Konstellation.[20]

Wir können zusammenfassend festhalten, daß die wirklichkeitswissensschaftliche Kategorie der historischen Konstellation nicht nur konzeptionell reflektiert (IV.1), sondern auch forschungspraktisch umgesetzt wurde.[21]

18 Auch Mannheims Analyse des »utopischen Bewußtseins« erfolgt erklärtermaßen »im Rahmen einer, sich stets verschiebenden Gesamtkonstellation« (Mannheim 1969, S. 182).
19 Diese Diagnose wurde durch die Nachkriegsprosperität eindrucksvoll bestätigt.
20 Heimann hat diesen Ansatz um 1960 zu einer historisch-theoretischen Diagnose der westlichen Nachkriegsprosperität ausgebaut, die ebenfalls historisch-konstellativ verfährt.
21 Für die eben nicht berücksichtigten historischen Soziologen seien

3. Ist Geschichte ein teleologischer Prozeß?
Zum geschichtstheoretischen Verständnis
der historischen Soziologen

Ein zentrales Merkmal von »Geschichts- und Sozialphilosophie«
ist die teleologische Geschichtsauffassung. Charakteristisch für
sie ist, daß sie die Entwicklung des sozialen Lebens aus angenommenen Endzielen der Geschichte »erklärt«. Aus der teleologischen Geschichtsauffassung ergibt sich das Konzept einer unilinearen Entwicklung (vgl. Kapitel I.2). Treffen diese Attribute
von Geschichts- und Sozialphilosophie auf die historische Soziologie zu? Wie gestaltete sich das Geschichtsdenken der deutschen historischen Soziologen?

Zunächst sei nochmals vorausgeschickt (vgl. Kapitel II.2),
daß das neunzehnte Jahrhundert, auch die Soziologie, von dem
Glauben an einen zielgerichteten Geschichtsprozeß, von »Weltgeschichte als Heilsgeschehen« (Karl Löwith), geprägt war. Hegel, Marx und Comte sind dafür, jeder auf seine Weise, prominente Beispiele. Am eindrucksvollsten tritt die teleologische
Geschichtsauffassung im geschichtswissenschaftlichen Historismus zutage. Die großen deutschen Historiker des neunzehnten
Jahrhunderts beharrten bekanntlich auf Einmaligkeit, Zufall und
freiem Willen, waren aber nichtsdestoweniger der Überzeugung,
daß hinter der unübersehbaren Fülle und Mannigfaltigkeit geschichtlichen Geschehens eine zielgerichtete göttliche Planung
stehe, die menschlichem Geist freilich unerforschbar bleibe (vgl.
Iggers 1971). Noch Gustav Schmoller, der Ziehvater der für die

folgende Beispiele historisch-konstellativer Erklärung erwähnt:
Für Freyer ist die »industrielle Gesellschaft« ein genuin europäisches
Phänomen, das durch ein komplexes Zusammenspiel von Wissenschaft, Technik und Kapitalismus entstanden ist (vgl. Freyer 1965,
S. 157-222, besonders S. 165, 186; vgl. dazu auch Kruse 1994, S. 155
bis 160). – Oppenheimer sieht den modernen Kapitalismus durch die
Konstellation »Bodensperre plus Privateigentum an Produktionsmitteln plus Freizügigkeit« bedingt (vgl. zur historisch-konstellativen Erklärung des modernen Kapitalismus bei Oppenheimer: Kruse 1990, S. 114-118, 137-144). Alfred Webers historisch-konstellative
Erklärung der modernen Kulturkrise findet sich in Kapitel VI.3 dargelegt.

Entstehung der historischen Soziologie so bedeutsamen Werner Sombart, Max Weber und Alfred Weber, war davon überzeugt, daß Geschichte ein zielgerichteter Fortschritt von Sittlichkeit und Bildung sei (vgl. Kapitel II.2). Der Begriff einer Geschichts- und Sozialphilosophie läßt sich in diesem Punkt für das neunzehnte Jahrhundert also durchaus bestätigen. Aber auch für die historischen Soziologen des zwanzigsten Jahrhunderts?

Wir haben bereits darauf hingewiesen, daß das im neunzehnte Jahrhundert oft selbstverständliche Fortschrittsbewußtsein um die Jahrhundertwende schwand (vgl. Kapitel II.2). Die Abkehr vom Fortschrittsglauben erfaßte auch die Generation Max Webers.

Max Weber bekundete in seinem Objektivitätsaufsatz, daß es einen zielgerichteten Fortschrittsprozeß nicht gebe, jedenfalls ein solcher mit erfahrungswissenschaftlichen Mitteln nicht erkennbar sei. Das optimistische Fortschrittsdenken war ihm fremd (vgl. Troeltsch 1922, S. 161; Hennis 1987, S. 203 ff.; Tyrell 1991, besonders S. 167 f.). Die Entwicklung der modernen Gesellschaft, »Rationalisierung«, »Intellektualisierung«, verstand er nicht als Fortschritt, sondern als »Schicksal«, das »männlich (zu) ertragen« sei (Weber 1973e, S. 612).[22]

Für *Werner Sombart* haben wir festgestellt, daß sein Programm einer »Kulturphilosophie« (bzw., wie wir es nennen würden, einer soziologischen Zeitdiagnostik) von der Einsicht ausging, daß das Fortschrittsbewußtsein passé sei, daß überhaupt keine zielgerichtete Geschichtsentwicklung auszumachen sei und daher ein Orientierungsdefizit vorliege (vgl. Kapitel II.1).

Anfang der zwanziger Jahre registriert *Ernst Troeltsch* (1922, S. 111 f.) die »heute allgemeine Einsicht, daß Geschichtsphilosophie nicht eine Systematik des Geschichtsverlaufs, eine teleologische Konstruktion der stufenweisen Zweckverwirklichung sein könne ... Der moderne Realismus der zu voller Kunst und Sicherheit gelangten historischen Methode erlaubt keine Konstuktion in der Art Hegels oder Fichtes oder auch Spencers und Comtes mehr, sowenig wie die modernen Naturwissenschaften eine Rückkehr zu der Naturphilosophie Novalis' oder Schellings erlauben.«

---

22 Tyrell (1991) verweist hinsichtlich Max Webers tragischen Geschichtsbewußtseins auf den Einfluß Nietzsches.

Auch *Alfred Weber* – er spricht schon von »Geschichts*soziolo-gie*« und nicht mehr, wie Ernst Troeltsch und Sombart im *Morgen*, von »Geschichts*philosophie*« – grenzt seine Geschichts- und Kultursoziologie von der Geschichtssoziologie des neunzehnten Jahrhunderts und von der Kulturmorphologie Spenglers gleichermaßen ab. Die Geschichtssoziologie des neunzehnten Jahrhunderts (Hegel, Marx, Comte, Spencer) charakterisiert er dahingehend, daß diese »nach dem Ziel oder den Zielen, denen die Gesamtgeschichte, als menschliche Entwicklung gesehen, zustrebe«, fragte, wobei sie in eigentümlicher Weise »aprioristische ›Fortschrittsideale‹« mit »real vorhandene(n) Evolutionsreihen« vermischte: »(D)ie Möglichkeit solcher Soziologie wird heute weitgehend abgelehnt« (A. Weber 1931, S. 285). Nicht minder distanziert gibt sich diese Kultursoziologie gegenüber der Kulturmorphologie Spenglers: »Alles, was hier gebracht werden soll«, so Alfred Weber in seiner Einleitung zu *Kulturgeschichte als Kultursoziologie*,

»ist in der wissenschaftlichen Überzeugung und der geistigen Haltung durch einen breiten Graben von derartigen Kulturprognosen getrennt. Mögen die alten Geschichtsphilosophien und -soziologien, die auch prognostizierten, und mag die moderne Kulturprognostik bei der Verarbeitung des Geschichtsstoffes sehr wichtige Erkenntnisse gewisser großer, durch die Geschichte hindurchgehender unumkehrbarer, daher – so kann man vermuten – auch in die Zukunft fortlaufender Entwicklungslinien geliefert haben …: alles, was sie damit konstatieren, stellt doch für jeden geschichtlichen Augenblick, auch den heutigen, nur Bedingungen des menschlichen Handelns fest, die zusammen mit anderen Bedingungen jeden neuen historischen Moment zu einem einzigartigen machen, aus dem, das noch nie dagewesene Zusammen der Bedingungen und Möglichkeiten nützend, das schöpferische menschliche Handeln spontan hervorspringt« (A. Weber 1963, S. 20).

Mit anderen Worten: Weil Strukturen nur Bedingungsrahmen, nicht aber Determinanten menschlichen Handelns sind, läßt sich menschliches Handeln und damit Geschichte nicht voraussagen. Aus der nichtdeterministischen Handlungstheorie, die die meisten historischen Soziologen teilen (wir haben es außer für Alfred Weber für Max Weber, Sombart, Mannheim und Müller-Armack gezeigt; vgl. Kapitel IV.1) folgt logisch, daß Geschichte kein determinierter, zielgerichteter Prozeß sein kann.

So ist es konsequent, wenn auch Mannheim und Müller-Ar-

mack die Zukunftsoffenheit von Geschichte betonen: »Etwas
vorauszusagen, wäre Prophetie. Jede Prophetie verwandelt aber
Geschichte zwangsläufig in reine Determination ... (D)ie Form,
in der die Zukunft allein sich gibt, ist die der Möglichkeit«
(Mannheim 1969, S. 223). »Die Geschichtstheorie kann weder ein
Schema liefern, welches die Essenz der historischen Vergangenheit in einer Formel zum bequemen Hausgebrauch zusammen-
faßt. Sie vermag ebensowenig die Bahn künftiger Entwicklung
vorherzubestimmen. Die Vergegenwärtigung des Vergangenen kann nur durch die empirische Geschichtsforschung, die Bestimmung der Zukunft nur durch die historische Tat geleistet
werden ...« (Müller-Armack 1932, S. 173).

Es gibt viele weitere Äußerungen, welche die Zukunftsoffenheit von Geschichte betonen. Es gibt aber auch Abweichungen,
und zwar bei Heimann, Oppenheimer und Freyer.

Eduard Heimann war von seiner persönlichen und geistigen
Herkunft her durch den Marxismus geprägt.[23] Der Marxismus
als orthodoxer historischer Materialismus versteht Geschichte
als Naturprozeß, Kapitalismus als notwendiges Entwicklungsstadium desselben, das ebenso notwendig aufgrund immanenter
ökonomischer Gesetzmäßigkeiten in den Sozialismus münden
muß. Daß er zur Zeit der Weimarer Republik diesem Geschichtsdenken verhaftet war, hat Heimann später selbst eingestanden.[24]
Die Denkfigur der Sozialpolitik als Vehikel, das den Kapitalismus Stück für Stück zum Sozialismus hinzieht (Heimann 1980),
ist dafür das schlagendste Beispiel.

Das ist aber nur die eine Seite. Wenn auch Heimann von der
historisch-materialistischen Geschichtsdialektik beeinflußt war,

23 Heimann war, wie bereits an anderer Stelle erwähnt (Kapitel II.3),
Sohn eines sozialdemokratischen Reichstags- und Landtagsabgeord-
neten, bei dem die Größen der sozialdemokratischen Parteiführung
verkehrten. Der junge Eduard war mehrfach mit der Familie Bebel
auf Urlaub (vgl. Ortlieb 1975).

24 Im Vorwort zur Neuauflage seiner erstmals 1932 erschienenen Bro-
schüre »Sozialistische Wirtschafts- und Arbeitsordnung« schreibt
Heimann im Juni 1947 rückblickend: »In dieser Schrift ist sie (»die
Erfahrung der Hitlerjahre«, V. K.) nicht vorweggenommen, so wenig
wie irgendwo sonst im sozialistischen Schrifttum. *Der optimistische
Glaube an die aufsteigende Dialektik der Entwicklung vom Kapita-
lismus zum Sozialismus* hat selbst seine Kritiker verblendet« (vgl.
Heimann 1948, S. 7; Hervorhebung vom Verf.).

so war er ihr doch nicht mit Haut und Haaren verfallen. Das wird darin deutlich, daß Heimann einräumt, ein sozialpolitisch in Wandlung begriffener Kapitalismus müsse nicht zwangsläufig in einen Sozialismus münden. Möglich sei auch »eine gleichsam konstitutionell beschränkte Betriebsmonarchie des Privateigentums, in der das Privateigentum wegen der konstitutionellen Beschränkung nicht mehr voll Privateigentum ist, immerhin aber seine herrschende Stellung bewahrt, indem es die Arbeiter in Arbeitsbürger verwandelt« (ebd., S. 54). »Absolute Gewißheit« sei »durch den Charakter des Lebens selbst ausgeschlossen; immer bleibt alles echte Leben wagnishaft« (ebd., S. 314).

Im Exil argumentiert Heimann dann für eine Offenheit des Geschichtsprozesses, die er handlungstheoretisch begründet:

»... human actions and reactions are never predetermined in the sense of a mechanical necessity; an element of free choice, whatever its philosophical interpretation, enters every decision, and we can therefore never strictly calculate the future course of history in advance« (Heimann 1938, S. 218 f.).

Der historische Materialismus ist im Werk Heimanns ein biographisch bedingtes Relikt des neunzehnten Jahrhunderts, das in seiner Wissenschaft an Bedeutung verliert und nach der nationalsozialistischen Machtergreifung bis zur Unkenntlichkeit in den Hintergrund tritt.

Ähnlich gelagert ist der Fall *Franz Oppenheimer*. Er ist von einem unbeirrbaren Glauben an einen Fortschritt der Geschichte zum Endzustand eines liberalen Sozialismus beseelt. Er sieht als »Wertergebnis« des historischen Prozesses »die Formung der suprasozialen Persönlichkeit« und die »Ausscheidung« von Sklaverei, Hörigkeit und Bodenmonopol (vgl. Oppenheimer 1964 I, 2, S. 1112).

Man sollte derartige Rhetorik nicht überschätzen. Sie bringen die Wertvorstellungen, Wünsche und Hoffnungen des Intellektuellen Franz Oppenheimer zum Ausdruck. Diese gehören, so das Selbstverständnis Oppenheimers, jedoch nicht in die Soziologie. Diese hat »in ihrem eigenen Betriebe mit der Welt der Werte und dem Sinn der Geschichte nichts zu tun« (Oppenheimer 1964 I, 1, S. 164).

Es gibt unter dem Eindruck der »Gegenwartskrise« der zwanziger Jahre manche Äußerung, welche den Fortschrittsglauben relativieren, so in seiner Auseinandersetzung mit Oswald Spengler und dessen These, daß alle Kulturen nach einer Aufstiegs- und Verfallsphase *notwendig* dem Untergang verfallen sind und daß auch die abendländische Kultur ihrem unabwendbaren Untergang entgegentreibt. Am Paradigma des antiken Seestaats zeigt Oppenheimer, daß der Untergang desselben nicht auf einer ehernen historischen Gesetzmäßigkeit beruht, der *alle* Gesellschaften unterworfen sind, sondern daß er als die unvermeidliche Folge einer spezifischen historischen Konstellation anzusehen ist, die sich von der Gegenwartskonstellation in wichtigen Punkten unterscheidet (vgl. dazu ausführlich Kruse 1990, S. 181-191; vgl. hier auch Kapitel V.4). Zwar schließt Oppenheimer die große historische Katastrophe durch Weltkriege oder soziale Revolutionen nicht aus (»Vielleicht ist das trübe Wort vom Untergang des Abendlandes wirklich wahr; das können wir nicht wissen«), doch sträubt er sich »mit aller Entschiedenheit zuzugeben, daß alle künftigen Kulturen das gleiche traurige Schicksal haben *müssen*, das die antiken Völker zermalmt hat und unsere westeuropäische Zivilisation zu zermalmen droht« (Oppenheimer 1921, S. 15).

Diese Äußerungen können als ein Bekenntnis zur historischen Kontingenz verstanden werden. Diese ist aber auch aus der immanenten Logik der Oppenheimerschen Soziologie angezeigt. Oppenheimers Grundbegriffe zur Erfassung sozialer Prozesse sind »wirtschaftliches Mittel« und »politisches Mittel«. »Wirtschaftliches Mittel« bezeichnet die Bedürfnisbefriedigung durch eigene Arbeit oder äquivalenten Tausch. »Politisches Mittel« meint dagegen Bedürfnisbefriedigung durch Gewalt oder durch ungleichen Tausch, der letztendlich auf gewaltsam geschaffenen sozialen Institutionen beruht.[25] Das »unentfaltete« politische Mittel der Gewalt ist nun, wie Oppenheimer immer wieder eindrucksvoll darlegt, ein geschichtlich höchst virulentes. Das politische Mittel setzt ein mit der Entstehung des Staates durch Überlagerung, und derartige Überlagerungen finden immer wieder statt.[26] Wenn dem nun so ist, so kann kein kontinuierlicher

25 Vgl. zu den Begriffen »ökonomisches Mittel« und »politisches Mittel«: Oppenheimer 1954, S. 10 f.; Oppenheimer 1964 III, 2, S. 146 bis 152.
26 Vgl. dazu historisch-empirisch Oppenheimers *Staat* (Oppenheimer 1964 II).

sozioökonomischer Prozeß in der Geschichte stattfinden, denn durch Überlagerungen kommt es immer wieder zu »Neukonstellationen«.[27] Durch den Begriff des politischen Mittels kann Geschichte also nicht als bruchloser Evolutions- oder Fortschrittsprozeß begriffen werden. Das »politische Mittel« zwingt logisch zur Konstellationsanalyse, wie sie Oppenheimer ja auch in seinen historisch-empirischen Partien faktisch praktiziert.[28] Oppenheimers Evolutionstheorie und sein Fortschrittsglauben sind Relikte des neunzehnten Jahrhunderts, die zu seinen historisch-zeitdiagnostischen Analysen logisch nicht passen.

Anders Hans Freyer: Dieser entwickelt in den zwanziger Jahren eine hegelianisierende Geschichtstheorie mit »Gemeinschaft« als These, »Gesellschaft« als Antithese, die nun im Begriff sind, sich in der Synthese »Volk« zu vereinigen.[29] Als politischen Katalysator dieses Prozesses macht Freyer die braune Bewegung der Nazis aus – die traurigste Fehldiagnose, welche den Weimarer historischen Soziologen unterlaufen ist. Damit wurde eine verbrecherische Bewegung mit den Weihen des Weltgeistes versehen. Was hier entscheidend ist: Es handelt sich um eine teleologische Geschichtsauffassung, und zwar diesmal (anders als bei Oppenheimer) um eine, die auch zeitdiagnostisch voll wirksam wird. Freyers »Revolution von Rechts« (gleiches gilt für seine meisten anderen Arbeiten der zwanziger und dreißiger Jahre) ist unvereinbar mit Webers Programm einer Wirklichkeitswissenschaft (auch wenn Freyer 1930 selbst ein Programm gleichen Namens entwickelt); diese Diagnose samt ihrer Geschichtstheorie fällt unter Königs Kategorie der Geschichts- und Sozialphilosophie. Hier wird ein geschichtlicher Prozeß – der Aufstieg der Nazibewegung – aus dem Endziel der Geschichte (»Volk«) er-

27 Zum Begriff der »Neukonstellation« vgl. A. Weber 1931, S. 288.
28 Vgl. Oppenheimers Analysen über das mittelalterliche Deutschland (Oppenheimer 1922, Oppenheimer 1964 IV, 3), insbesondere seine historisch-konstellativen Erklärungen der hochmittelalterlichen Blüte (Oppenheimer 1964 IV, 3, S. 872-913) und der Entstehung des »agrarischen Kapitalismus« im vierzehnten Jahrhundert (Oppenheimer 1964 IV, 3, S. 1071-1083).
29 Im Eubank-Interview mit Freyer 1934 heißt es: »Gesellschaftliche Wirklichkeit ist für mich eine Entwicklung von Gemeinschaft über Gesellschaft zum Volk« (vgl. Käsler 1985, S. 109). Vgl. ausführlich dazu *Revolution von Rechts* (Freyer 1931).

klärt. Aber das ist unter den von uns erfaßten deutschen historischen Soziologen die Ausnahme, eigentlich keine Soziologie, sondern eben Geschichts- und Sozialphilosophie.

Nun hat Freyer durch sein zeitdiagnostisches Debakel dazugelernt, auch geschichtstheoretisch. Geschichte ist, so Freyer in seiner *Theorie des gegenwärtigen Zeitalters*, ein »Geschehen, das zwar nicht aller, aber vieler Möglichkeiten voll ist ...«, und der soziologische Zeitdiagnostiker hat es »mit einem Studium der Wirklichkeit zu tun ..., die nach der Zukunft hin offen ist« (Freyer 1955, S. 12, 13). Entsprechend ist der Begriff des Fortschritts beim späten Freyer konzipiert. Fortschritt ist kein universaler Prozeß, erst recht kein teleologischer Prozeß, sondern ein zeitspezifischer Modus geschichtlicher Bewegung, der nur für die moderne Industriegesellschaft gilt. Mit anderen Worten: Fortschritt ist ein historisches Individuum (vgl. Kapitel III.2). Die strukturelle Signatur des Fortschrittsprozesses besteht darin, daß gleichgerichtete Subprozesse sich gegenseitig vorantreiben (vgl. Kapitel III.2), wobei der Gesamtprozeß eine beschleunigte Eigendynamik gewinnt. Dieser eigendynamische Fortschrittsprozeß kann in eine Katastrophe münden (vgl. Freyer 1965, S. 287), aber auch in einen neuen relativen Ruhezustand (vgl. ebd., S. 325). Wie auch immer: »Die Geschichte landet nie im Endgültigen« (ebd.). Beim späten Freyer hat sich also eine kontingente Geschichtsauffassung durchgesetzt.

4. Zur logischen Struktur historisch-soziologischer Erklärung

Die bisherige Analyse dieses Kapitels führte zu dem Schluß, daß die Annahme, historische Soziologie betreibe als Geschichts- und Sozialphilosophie eine geschichtsteleologische Erklärung, nicht aufrechtzuerhalten ist. Vielmehr wird ein teleologisches Geschichtsverständnis von den historischen Soziologen grundsätzlich abgelehnt und zugunsten einer indeterministischen Geschichtsauffassung überwunden (IV.3). Historisch-soziologische Erklärung wird als historisch-konstellative im Sinne Max Webers konzipiert (IV.1) und praktiziert (IV.2). Auch die meist kontingenzbetonte Handlungstheorie (Ausnahme: Franz Oppenheimer) ist mit einem teleologischen Geschichtsverständnis unver einbar. Außerdem schließt auch die für die historische Soziologie grundlegende Kategorie des historischen Individuums eine geschichtsteleologische Erklärung aus. Denn ein Phänomen, als historisches Individuum (also in seiner Eigenart) betrachtet, kann *nur* aus einer wiederum individuell gearteten Gruppe von Kausalfaktoren erklärt werden, andernfalls würde es sich um kein historisches Individuum handeln.[30]

Das für die deutsche historische Soziologie bestimmende Konzept historischer Erklärung bedarf weiterer Erörterung. Es ist in Max Webers Objektivitätsaufsatz nur unvollständig entwickelt. Darin wird gezeigt, daß historische Individuen durch historische Konstellationen erklärt werden und daß dabei Gesetze unentbehrlich sind. Offen bleibt jedoch, wie der (im logischen Sinne) historisch arbeitende Forscher zu den das historische Individuum in seinem So-und-nicht-anders-Gewordensein bestimmenden Konstellationsfaktoren gelangt und wie er begründet, daß gerade diese und nicht andere Faktoren aus dem extensiv und intensiv unendlichen Bedingungsgefüge eines historischen Individuums kausal relevant sind. Mit anderen Worten: Offen bleibt der Entdeckungs- und Begründungszusammenhang historischer Erklärung. In dieser Hinsicht führt Webers Beitrag »Kritische Studien auf dem Gebiet der kulturwissenschaftlichen Logik« (der sogenannte »Eduard-Meyer-Aufsatz«) weiter. Die hier entwickelte Theorie der »objektiven Möglichkeit« eröffnet ein vertieftes Verständnis für die kognitiven Operationen, die bei historischer Erklärung (im logischen Sinne) stattfinden (vgl. Barrelmeyer 1997b, S. 299 ff.).

Zudem ist aber auch die Tragfähigkeit von Webers Theorie historischer Erklärung grundsätzlich in Frage gestellt worden, und zwar von Guy Oakes. Oakes (1990) argumentiert dabei so: Weber sei in seinem Konzept einer Wirklichkeitswissenschaft weitgehend der Vorlage Rickerts gefolgt, in einem Punkt aber abgewichen. Werte betrachtete er als einen Bereich subjektiver

---

30 Dies bestätigt auch Popper (1966, S. 37): »Der Versuch, ein Individuum durch universelle Eigenschaften und Beziehungen zu kennzeichnen, die anscheinend nur für dieses charakteristisch sind, kann nicht gelingen: nicht ein bestimmtes Individuum wird so gekennzeichnet, sondern die stets universelle Klasse aller jener Individuen, auf die jene Kennzeichnung paßt.«

Entscheidung, wogegen Rickert von einer Objektivität der Werte ausgegangen war.[31]

Rickert postulierte für die historische Kulturwissenschaft die gleiche wissenschaftliche Strenge und Objektivität wie für die Naturwissenschaften. Der Unterschied historischer Begriffsbildung der Kulturwissenschaften zur naturwissenschaftlichen Begriffsbildung liegt darin, daß sie via Wertbeziehung zustande kommt. Will die Kulturwissenschaft eine der Naturwissenschaft ebenbürtige Objektivität erreichen, so müssen auch die für die historische Begriffsbildung konstitutiven Werte objektiv sein. Die Objektivität der Werte begründet die Objektivität kulturwissenschaftlicher Erkenntnis.

Für Rickert hänge, so Oakes, die wissenschaftliche Objektivität kulturwissenschaftlicher Erkenntnis von der Objektivität der Werte ab. Weber habe nun, als er Werte als Feld subjektiver Entscheidungen deklarierte, nicht bedacht, daß damit auch Konsequenzen für die Objektivität wissenschaftlicher Erkenntnis verbunden seien. Er habe »das unabhängige Nebeneinander von Wertbeziehungsproblem und Erkenntnisproblem postuliert«. Andererseits habe er behauptet, »daß es die Werte sind, die bestimmen, wie weit die Untersuchung ›sich in die Unendlichkeit der Kausalzusammenhänge‹ erstreckt« (Oakes 1990, S. 144). So aber würden die Werte quasi durch die Hintertür zur Erklärungsebene gelangen, und damit sei es mit der Objektivität kulturwissenschaftlicher Erkenntnis vorbei.

Da sich historisch-soziologische Erklärung logisch im Rahmen von Webers Wirklichkeitswissenschaft bewegt, betreffen diese Überlegungen auch grundsätzlich den wissenschaftlichen Charakter historischer Soziologie. Wir wollen daher zunächst Webers Theorie historischer Erklärung, wie sie sich im Eduard-Meyer-Aufsatz vorfindet, darlegen, und anschließend die Stichhaltigkeit der Kritik von Oakes überprüfen.

Im zweiten Teil des besagten Weber-Aufsatzes wird die Frage erörtert: »Wie ist die Zurechnung eines konkreten ›Erfolges‹

31 Diese »Objektivität der Werte« ist, jedenfalls in den »Grenzen«, nicht in einem metaphysischen Sinn gemeint, sondern als empirischer Tatbestand dergestalt, daß es einen Kanon allgemein akzeptierter Kulturwerte gibt, »deren Anerkennung als normativ allgemein allen Gliedern der Gemeinschaft zugemuthet wird« (Rickert 1902, S. 629). Vgl. dazu Tenbruck 1989, S. 98 f.; vgl. auch Kapitel I.4.

zu einer einzelnen ›Ursache‹ überhaupt prinzipiell *möglich* und vollziehbar angesichts dessen, daß in Wahrheit stets eine *Unendlichkeit* von ursächlichen Momenten das Zustandekommen des einzelnen ›Vorgangs‹ bedingt hat, und daß für das Zustandekommen des Erfolges in seiner konkreten Gestalt ja schlechthin *alle* jene einzelnen ursächlichen Momente unentbehrlich waren?« (Max Weber 1973c, S. 271). Und: »Durch welche logischen Operationen gewinnen wir die Einsicht und vermögen wir sie demonstrierend zu begründen, *daß* eine solche Kausalbeziehung zwischen jenen ›wesentlichen‹ Bestandteilen des Erfolges und bestimmten Bestandteilen aus der Unendlichkeit determinierender Momente vorliegt?« (ebd., S. 273).

Weber konstatiert, hier liege mehr vor als eine »einfache ›Beobachtung‹ des Hergangs« (ebenda). Vielmehr vollziehe sich die kausale Zurechnung »in Gestalt eines Gedankenprozesses, welcher eine Serie von *Abstraktionen* enthält. Die erste und entscheidende ist nun eben die, daß wir von den tatsächlichen kausalen Komponenten des Verlaufs eine oder einige in bestimmter Richtung abgeändert *denken* und uns fragen, ob unter den dergestalt abgeänderten Bedingungen des Hergangs der (in den ›wesentlichen‹ Punkten) gleiche Erfolg oder *welcher andere* »zu erwarten gewesen wäre« (ebenda). Kommen wir bei dieser Operation zu dem Schluß, durch die abgeänderte Komponente hätte sich der Ablauf erheblich geändert, dann ist die ursprüngliche Komponente Teil der erklärenden historischen Konstellation. Kommen wir zu dem Schluß, ohne diese Komponente hätte sich nichts Wesentliches am Ablauf geändert, ist sie *nicht* Teil der erklärenden historischen Konstellation.

Diese »Theorie der objektiven Möglichkeiten« ist eine aus strikt positivistischer Sicht despektierliche Konstruktion. Sie bedeutet »zunächst jedenfalls die Schaffung von – sagen wir ruhig: – *Phantasiebildern* durch Absehen von einem oder mehreren der in der Realität faktisch vorhanden gewesenen Bestandteile der ›Wirklichkeit‹ und durch die denkende Konstruktion eines in bezug auf eine oder einige ›Bedingungen‹ abgeänderten Herganges ... Schon dieser erste Schritt verwandelt mithin die gegebene ›Wirklichkeit‹, um sie zur historischen ›Tatsache‹ zu machen, in ein *Gedanken*gebilde ...« (ebd., S. 275).

Diese »Möglichkeitsurteile« – »das heißt die Aussagen über das, was bei Ausschaltung oder Abänderung gewisser Bedingungen geworden ›wäre‹« (ebd.) – sind aber nicht nur ein Produkt der Phantasie. Sie sind nur möglich mittels Bezug auf unser Regelwissen bzw. nomologisches Wissen. Wir zerlegen den historischen Kontext eines historischen Individuums so in einzelne Komponenten, daß wir jede Komponente einer Erfahrungsregel zuordnen können. Indem wir jetzt eine einzelne Komponente auf unser Regelwissen beziehen, können wir beurteilen, welcher Ablauf bei Abänderung oder Ausschaltung dieser Komponente zu erwarten gewesen wäre. Wäre ein erheblich anderer Ablauf zu erwarten, dann spricht dies für die kausale Relevanz der betrachteten Komponente, sie ist dann Teil der kausal relevanten historischen Konstellation und umgekehrt.

Scheitert Webers Konzept historischer Erklärung am Problem kulturwissenschaftlicher Objektivität, wie Oakes postuliert? Es scheitert seiner Ansicht ja daran, daß Werte – illegitimerweise – auch in die Erklärungssphäre gelangen. Doch ist zunächst festzuhalten, daß Weber nicht behauptet hat, Werte hätten in der Erklärungssphäre nichts zu suchen. Im Gegenteil: Nur mit Hilfe von Werten ist der kausale Regressus durchführbar, denn sie bestimmen, wie weit dieser extensiv und intensiv durchgeführt werden soll: »Was Gegenstand der Untersuchung wird, und *wie weit diese Untersuchung sich in die Unendlichkeit der Kausalzusammenhänge erstreckt*, das bestimmen die den Forscher und seine Zeit beherrschenden Wertideen« (ebd., S. 184; Hervorhebung vom Verf.). Und an anderer Stelle bemerkt Weber: »Aber es darf nicht vergessen werden, daß jeder, auch der scheinbar ›einfachste‹ *individuelle* Kausalzusammenhang ins Unendliche hinein zergliedert und gespalten werden kann und es nur eine Frage der Grenzen unseres jeweiligen kausalen *Interesses* ist, an welchem Punkt wir haltmachen« (ebd., S. 281). Denn es gibt keine objektiven Kriterien, um zu entscheiden, bis zu welchem Punkt der kausale Regressus durchgeführt werden soll.

Es gibt für Weber überhaupt keine »objektive« Erklärung im Sinne von der einen wahren, exklusiv richtigen Lösung – schon deswegen, weil voraussetzungslose Erkenntnis nicht möglich ist. Und wenn es keine voraussetzungslose Erkenntnis gibt, gibt es auch keine voraussetzungslose Erklärung. Weber wird nicht müde zu betonen, daß schon »das einfachste historische Urteil über die geschichtliche ›Bedeutung‹ einer ›konkreten Tatsache‹, weit entfernt, eine einfache Registrierung des ›Vorgefundenen‹

zu sein, ... ein kategorial geformtes *Gedanken*gebilde darstellt«
(ebd., S. 277). Mit anderen Worten: Historische Erklärung stellt
sich als ein komplexer Konstruktionsprozeß dar, an dem verschiedene Komponenten beteiligt sind. Da ist erstens die »Intuition« und die »Phantasie«. Diese Kräfte sind insbesondere für
den Entdeckungszusammenhang kausal relevanter Faktoren bedeutsam.

» ... auch um die Fortschritte des Erkennens eines Historikers minderen
Ranges ist es übel bestellt, wenn er über diese Gabe der ›Intuition‹ gar
nicht verfügt: dann bleibt er eine Art historischer Subalternbeamter. –
Aber mit den wirklich großen Erkenntnissen der Mathematik und Naturwissenschaft steht es absolut nicht anders: sie alle blitzen als Hypo-
these ›intuitiv‹ in der Phantasie auf und werden alsdann an den Tatsachen
›verifiziert‹, das heißt unter Verwertung des bereits gewonnenen Erfah-
rungswissens auf ihre ›Gültigkeit‹ untersucht und logisch korrekt ›formuliert‹. Ganz ebenso in der Geschichte ...« (Max Weber 1973a, S. 278).

Die zweite Komponente ist das Tatsachenwissen. Es versteht sich
von selbst, daß es einen unentbehrlichen Bestandteil historischer
Erklärung ausmacht. Drittens bedarf es des nomologischen Wissens, denn ohne dieses sind Möglichkeitsurteile nicht durchführbar. Und schließlich sind wir viertens auf unsere Wertideen angewiesen, die unser Erkenntnisinteresse und namentlich auch das
kausale Interesse formen. *Nur* unser kausales Interesse sagt uns,
bis zu welchem Punkt wir den kausalen Regressus durchführen.
 Aus alledem folgt, daß es eine »objektive« Erklärung, also eine
solche, die die »wirklichen« kausalen Zusammenhänge so abbil-
det, »wie sie sind«, nicht gibt. Jede historische Erklärung ist eine
voraussetzungsvolle Konstruktion. Eine historische Erklärung
ist in mehrfacher Hinsicht unterbestimmt. Sie ist *empirisch* unterbestimmt, weil unser Tatsachenwissen begrenzt und durch Beobachter erster Ordnung vermittelt ist. Das gilt vor allem für die
historischen Soziologen als Beobachter dritter Ordnung. Sie ist
kausal unterbestimmt, indem sie nicht die volle Vielfalt der Kausalzusammenhänge reproduzieren kann. Das wäre nicht nur ein
unmögliches, sondern auch sinnloses Unterfangen. Wie auch immer man die Webersche Theorie historischer Erklärung beurteilen mag: zum logischen Verständnis historischer Soziologie ist
sie nach wie vor unentbehrlich (vgl. auch Kapitel VII.4).[32]

32 Vgl. vertiefend zu dieser Materie Barrelmeyer 1997, S. 209-226, 234
 bis 236.

v. Historische Soziologie als Erfahrungswissenschaft

Soziologie im Sinne René Königs ist eine Erfahrungswissenschaft, welche sich zur Generierung von Erfahrungsmaterial der
Methoden empirischer Sozialforschung bedient. Auch Max Webers »Wirklichkeitswissenschaft« versteht sich als Erfahrungswissenschaft, wie schon seine Definition von Wissenschaft als
»denkender Ordnung der empirischen Wirklichkeit« besagt
(Max Weber 1973b, S. 156). Daß es Wirklichkeitswissenschaft
mit individueller Wirklichkeit in ihrem *Gewordensein* zu tun hat,
deutet darauf hin, daß Max Weber an ein historisches Vorgehen
gedacht hat. In diese Richtung weisen auch seine eigene Forschungspraxis wie seine Gegenstandsdefinition der Soziologie
(vgl. Kapitel I.3).

»Geschichts- und Sozialphilosophie« kann hingegen nicht als
Erfahrungswissenschaft gelten. Zwar ist sie, wie König betont,
nicht gänzlich unempirisch, aber ihr empirischer Gehalt ist eher
marginal und zudem unmethodisch generiert (vgl. Kapitel I.2).[1]

Daß »deutsche historische Soziologie« *keine* empirische Soziologie im Sinne empirischer Sozialforschung ist, dürfen wir
per definitionem voraussetzen. (Historische Soziologie hat es ja,
vage formuliert, mit »Geschichte« zu tun.) Die Frage in diesem Kapitel wird sein: Ist »deutsche historische Soziologie« eine
historische Erfahrungswissenschaft im Sinne Max Webers oder
eine empirisch unmethodische und marginale »Geschichts- und
Sozialphilosophie«? Wir wollen ihr in folgenden Schritten nachgehen:

– Ausgehend von der Entstehungszeit historischer Soziologie
um 1900 soll das erfahrungswissenschaftliche Selbstverständnis ergründet werden (V.1).

– Mit Blick auf die Hauptwerke ist dann zu prüfen, wie erfahrungswissenschaftliche Ansprüche eingelöst werden. Dabei

---

1 Zudem sind bei »Geschichts- und Sozialphilosophie« Erfahrungsbestandteile unreflektiert mit Politik und Ideologie vermischt. Diesen
Gesichtspunkt klammern wir hier aus und behandeln ihn im folgenden Kapitel (VI).

ist der spezifisch erfahrungswissenschaftliche Weg historischer
Soziologie herauszuarbeiten (V.2).

- Anschließend wird die Begründung und Legitimität des spezifischen empirischen Vorgehens in der historischen Soziologie
diskutiert, insbesondere auch unter logischen Gesichtspunkten (V.3).
- Schließlich werden wir uns dem eigentlichen erfahrungswissenschaftlichen Problem historischer Soziologie bzw. historisch-soziologischer Zeitdiagnostik zuwenden: Wie kann
Gegenwart, das heißt unabgeschlossene Geschichte, erfahrungswissenschaftlich bearbeitet werden? (V.4).

1. Das erfahrungswissenschaftliche Selbstverständnis der historischen Soziologen

Die Geistes- und Sozialwissenschaften des deutschen Kulturraums waren seit dem neunzehnten Jahrhundert vom Historismus geprägt (vgl. Kapitel I.4). Seit der Jahrhundertwende geriet
selbst die deutsche Soziologie, bis dahin ein Bollwerk des Positivismus, unter seinen Einfluß. Nun war der Historismus alles
andere als empiriefern. Vielmehr forderte auch er ein strenges
erfahrungswissenschaftliches Vorgehen. Insbesondere die deutsche Geschichtswissenschaft entwickelte und verbreitete die einschlägigen Forschungsmethoden, die bis heute Grundlage histo-
riographischer Arbeit sind.[2] Diese Forschungsmethoden waren
insofern nicht positivistisch, als sie allesamt auf der Kategorie des
Verstehens gründeten und Erklären im naturwissenschaftlichen
Sinne ausschlossen (vgl. Iggers 1971, S. 13 f.).[3] Dennoch war
der Historismus nicht minder erfahrungsorientiert als der Positivismus. Dies trug ihm die klassische Schelte von Nietzsche ein
(»Vom Nutzen und Nachteil der Historie«), wonach die »Historie« lebensfeindliche und ziellose Stoffhuberei betreibe. Aber ge-

---

2 Exemplarisch sei an Johann Gottfried Droysens *Grundriß der Historik* (1867) erinnert, in dem die Methoden der Heuristik, der Quellen-
kritik, der Darstellung und der Interpretation entwickelt sind.
3 Die antinaturalistische Komponente des Historismus trat besonders
zutage im geschichtswissenschaftlichen Methodenstreit zwischen Johann Gottfried Droysen und dem Positivisten Henry Thomas Buckle
1863. Vgl. dazu Homann 1989, S. 95-107.

rade diese Kritik bestätigt die dezidierte Erfahrungsorientierung des Historismus.

Zu den akademischen Fächern, die vom Historismus geprägt wurden, zählte auch die deutsche Nationalökonomie. Seit Roscher hatte sie den bis dahin beschrittenen Pfad der Theoriebildung nach klassischem Muster verlassen. Sie konzentrierte sich mehr und mehr auf wirtschaftsgeschichtliche Forschung. Dieses Konzept wurde namentlich von Gustav Schmoller verkörpert und durchgesetzt.[4]

Aus dieser historischen Schule der Nationalökonomie differenzierte sich seit etwa 1900 historische Soziologie als eigenes sozialwissenschaftliches Paradigma aus (vgl. Kruse 1990a). Ihre Pioniere, insbesondere Werner Sombart, Max Weber und Alfred Weber[5], entstammten der historischen Nationalökonomie. Hier erfuhren sie, nicht zuletzt durch Schmoller selbst, ihre wissenschaftliche Sozialisation.

Max Weber selbst promovierte über die Geschichte der Handelsgesellschaften im Mittelalter, wobei er sich »auf eine umfangreiche Kenntnis der Quellen, meist Rechtssätze und Gesetzessammlungen aus dem 11. bis 16. Jahrhundert in Südeuropa« stützte (vgl. Käsler 1978, S. 56). Ebenso historisch-empirisch orientiert zeigte sich Weber in seiner Habilitationsschrift *Die römische Agrargeschichte in ihrer Bedeutung für das Staats- und Privatrecht* (vgl. Mommsen 1974a, S. 184 f.). Seine Studie über die ostelbischen Landarbeiter ist in ihrer Anlage typisch für die Arbeiten des »Vereins für Sozialpolitik«.

Auffallend ähnlich verlief die Entwicklung von Werner Sombart und Alfred Weber. Sombart promovierte mit einer wirtschaftsgeschichtlichen Studie, und zwar über *Die römische Campagna*. In dieser Studie wurden Bodenbeschaffenheit und Klima, die Technik der Bewirtschaftung und die sozialen Verhältnisse der Campagna als prototypisch für weite Gebiete Italiens und Südeuropas systematisch-historisch untersucht. Dabei stützte

---

4 Zur historischen Schule der Nationalökonomie vgl. Gide/Rist 1913, S. 431-466; Schumpeter 1965, S. 986-994; Winkel 1977, S. 82-121. Vgl. auch die Beiträge im Sammelband *Gustav Schmoller in seiner Zeit*, hg. von Pierangelo Schiera und Friedrich Tenbruck, Berlin 1989.

5 Franz Oppenheimer war stärker theoretisch orientiert, aber auch er hörte bei Schmoller. Dieser förderte später seine Habilitation an der Universität Berlin (vgl. Oppenheimer 1929, S. 107).

sich Sombart auf Quellenstudien in römischen Staatsarchiven. Er prangerte die Ausbeutung des ländlichen Proletariats durch die grundbesitzende Aristokratie an und schlug sozialpolitische Reformmaßnahmen vor (vgl. dazu vom Brocke 1987, S. 16 f.; Lenger 1994, S. 42-47). Danach wandte sich Sombart statistischen Untersuchungen zur deutschen und italienischen Arbeiterschaft zu.[6]

Während sich Max Weber mit den Landarbeitern befaßte, widmete sich Alfred Weber der Hausindustrie, die um die Jahrhundertwende noch 400000 Arbeiter, hauptsächlich Frauen, beschäftigte. Die Lage der hausindustriellen Arbeiter galt in den neunziger Jahren als brennendes soziales Problem, nicht zuletzt infolge von Gerhart Hauptmanns 1894 uraufgeführtem Drama *Die Weber*. 1897 beschloß der Verein für Sozialpolitik eine neue Untersuchung über die Hausindustrie, die frühere Arbeiten aus den Jahren 1889 bis 1891 ergänzen sollte (vgl. Demm 1990, S. 33 f.). Alfred Weber wurde Mitglied der Kommision, die den Arbeitsplan sowie den Fragebogen entwarf, wobei er den überwiegenden Teil der Arbeit übernahm (vgl. ebd., S. 34-37). Seine diesbezüglichen Arbeiten – die Dissertation und acht Artikel – gelten, so Demm unter Berufung auf Werner Conze, bis heute als grundlegend auf diesem Gebiet (ebd., S. 34). Ferner war Alfred Weber an der »klassischen« Enquete über »Auslese und Anpassung (Berufswahl und Berufsschicksal) der Arbeiterschaft in der geschlossenen Großindustrie« des Vereins für Sozialpolitik maßgeblich beteiligt. Er brachte die Idee ein, er entwarf den Fragebogen und war als Co-Leiter tätig (vgl. Demm 1988, S. 124-132).

Anders als Sombart und die Brüder Weber hat der frühe Franz Oppenheimer keine Aktivitäten in empirischer Sozialforschung vorzuweisen. Seine Frühschriften *Die Siedlungsgenossenschaft* (1896) sowie *Großgrundeigentum und soziale Frage* (1898) sind als genuin theoretische Werke zu verstehen. Aber die *Siedlungs-*

6 Beispiele: »Das Problem einer zuverlässigen nationalen Lohnstatistik«, in: *Schmollers Jahrbuch* 13 (1889), S. 1459-1463; »Neuere Ergebnisse der italienischen Statistik«, in: *Schmollers Jahrbuch* 13 (1889), S. 1463-1474; »Die Statistik der Unfall- und Krankenversicherung im Deutschen Reich für 1887«, in: *Archiv für soziale Gesetzgebung und Statistik* 2 (1889), S. 639-652; »Ein Beitrag zur Lohnstatistik«, in: *Jahrbücher für Nationalökonomie und Statistik* 59 (1892), S. 97-116.

genossenschaft erfaßt die genossenschaftsgeschichtliche und -empirische Literatur. *Großgrundeigentum und soziale Frage* enthält neben dem theoretischen einen historischen Hauptteil, der der historisch-empirischen Beweisführung der axiomatisch-deduktiv entwickelten Theorie gilt. Dieser historische Teil stützt sich auf die Vorarbeiten der historischen Schule der Nationalökonomie zur Wirtschafts- und Sozialgeschichte des Mittelalters. Eine empirische Orientierung kann somit auch Oppenheimer nicht abgesprochen werden. Bei allen vier Gründerfiguren der »deutschen historischen Soziologie« finden wir also den empirischen Einfluß der historischen Schule.

Bedenkt man den Einfluß des Historismus im allgemeinen und der historischen Schule der Nationalökonomie im besonderen, so überrascht es nicht, daß sich die historischen Soziologen selbst als Erfahrungswissenschaftler verstanden.

Werner Sombart fordert grundsätzlich, daß »selbstverständlich ... alle sociale Theorie ihren Ausgangspunkt zu nehmen hat von der Erfahrung« (Sombart 1902, S. XII). Er wendet sich in der ersten Auflage seines *Modernen Kapitalismus* gegen Theoriesysteme, die meinten, »aus einigen willkürlichen Prämissen das sociale Geschehen ... ableiten zu können«:

»Demgegenüber ist mit Entschiedenheit immer wieder festzustellen, daß die sociale Wissenschaft im eminenten Sinne eine empirische Wissenschaft ist, die jede einzelne ihrer Erkenntnisse auf der unmittelbaren Anschauung der lebendigen Vorgänge aufbauen muß ... Was ich an Thatsachen habe erlangen können, habe ich versucht, in den Kreis meiner Betrachtungen zu ziehen, und oft genug hat mir der vorhandene Vorrat an Wissen nicht genügt, und ich habe mich bemüht, ihn durch eigene Ermittlung zu vergrößern. Thatsachen, Thatsachen, Thatsachen mußt du herbeischaffen: diese Mahnung hat mir bei der Abfassung dieses Buches immerfort im Ohre geklungen« (ebd., S. XI f.).

Ein deutliches erfahrungswissenschaftliches Selbstverständnis artikuliert *Ernst Troeltsch*, als er in Spenglers *Untergang des Abendlandes* »gefährliche Züge« erblickt und warnt:

»Es wäre lediglich allerschwerster Verlust, wenn wir den mühsam errungenen kritischen Rationalismus (!), das philologische Element, die empirische Exaktheit und nüchterne Kausalitätsforschung einfach preisgeben wollten, um sie dann später mühsam wieder erobern zu müssen oder, wenn dazu Fähigkeit oder Wille fehlen sollten, in einer erst geistreichen und dann verworrenen Barbarei unterzugehen« (Troeltsch 1966, S. 684).

Alfred Weber grenzt »Geschichtssoziologie« von »Geschichtsphilosophie« ab. »Geschichtssoziologie« beschränkt sich »auf
das empirisch Faßbare und seine verstehende Zusammenfassung« (A. Weber 1963, S. 18). »Der Soziologe« ist für ihn ein
»bescheiden aus den Tatsachen arbeitender Empiriker« (A. Weber 1927, S. 9).

Sehr grundsätzlich erscheint bei *Karl Mannheim* die empirische
Einstellung in einer Bemerkung über die bleibenden Verdienste
des »Positivismus«:

»Und wenn auch seine Denkmittel und Prämissen für uns als überwunden – weil zu eng – gelten müssen: zwei Momente sind in dieser Strömung enthalten, die – weil echt – auch für uns Geltung besitzen. Zunächst die philosophische Fixierung des Sachverhaltes, daß sich für den
gegenwärtigen Menschen das Erlebniszentrum in das Soziale verscho-
ben hat, also ihre Diesseitigkeitsorientierung, und zweitens ihre sog.
›Empiriefrömmigkeit‹, die eine jede künftige Metaphysik in Form einer bloßen Spekulation unmöglich machen wird« (Mannheim 1970b,
S. 330).

Hier wird, wie vorher schon bei Troeltsch gegen Spengler, ein
erfahrungswissenschaftliches Selbstverständnis als eine unhinter-
gehbare, bleibende Errungenschaft postuliert. Mannheims empirisches Wissenschaftsverständnis manifestiert sich auch in seiner
Programmatik der Wissenssoziologie:

»Die wichtigste Aufgabe der Wissenssoziologie im gegenwärtigen Stadium ist die, sich im Gebiete der historisch-soziologischen Tatsachenfor-
schung zu bewähren und in diesem Gebiete die Exaktheitskriterien für
ihre empirischen Feststellungen herauszuarbeiten und ihre Kontrollier-
barkeit zu sichern« (Mannheim 1969a, S. 263).

Sogar *Hans Freyer* postuliert in seiner umstrittenen *Soziologie als
Wirklichkeitswissenschaft* die »Selbstbeschränkung auf die empi-
rische Methode« (Freyer 1930, S. 302). Später erklärt er, ähnlich
Sombart (siehe oben), als Desiderat einer »Theorie des gegenwärtigen Zeitalters«, »möglichst viel geklärtes und verbundenes Tat-
sachenmaterial … unterzubringen (Freyer 1955, S. 13). In seiner
Einführung in die Soziologie fordert er: »Die Soziologie ist eine
Erfahrungswissenschaft, alle ihre Erkenntnisse stammen aus der
Erfahrung, und alle ihre Methoden dienen dazu, Erfahrungen zu
sammeln, zu ordnen, auszuwerten und denkerisch zu verarbeiten« (Freyer o.J., S. 31).

Alfred Müller-Armack versteht seine Religionssoziologie, welche das Verhältnis von Glaubensgeschichte und Wirtschaftsgeschichte thematisiert, als empirische Wissenschaft. Sie stelle den Versuch dar, »die Dinge entschieden empirisch zu untersuchen ..., auf dem Wege biographischer Studien und auf dem Wege einer von Tatsachen ausgehenden Detailforschung Zusammenhänge aufzuzeigen, die sich sonst nur dem mehr spekulativen Nachdenken bieten« (Müller-Armack 1981a, S. X). Man könne das Verhältnis von Religion und Wirtschaft nicht deduktiv bestimmen, sondern nur durch den Rekurs auf historische Erfahrung.

Alfred von Martin (1956, S. 13) warnt die Soziologie vor »Sinnhuberei«, das heißt vor dem »Sichergehen in vagen Allgemeinheiten spekulativer Art, bei dem die empirischen Gegenstände aus dem Auge verloren werden«. Soziologie müsse von »Beobachtung, Feststellung und Beschreibung der Tatsachen« (ebd., S. 11) ausgehen, dürfe sich allerdings nicht darauf beschränken.

Ein pauschales erfahrungswissenschaftliches Zeugnis stellt schließlich auch Theodor Geiger der historischen Soziologie aus: »Die moderne historische und Kultursoziologie sucht in Anwendung ethnographischer und ethnologischer Methoden auf die modernen Kulturvölker historische Gesellschaftsindividualitäten *auf empirischem Wege zu ermitteln*« (Geiger 1931a, S. 206; Hervorhebung vom Verf.).

Mit dem erfahrungswissenschaftlichen Selbstverständnis korrespondiert eine Absage an alle Metaphysik. In Sombarts *Modernem Kapitalismus* bleiben erklärtermaßen »alle metaphysischen Betrachtungen ausgeschlossen« (Sombart 1987 III, 1, S. 6; im Original hervorgehoben), insbesondere die Frage, »ob treibende Kräfte im gesellschaftlichen Handeln der Menschen ›letzten Endes‹ etwa überempirische Wesenheiten sind, die über unsere Köpfe hinweg mit uns spielen«, sei es »spiritualistisch als ›Geist‹ oder materialistisch als ›Naturgewalt‹« (vgl. ebenda). Alfred Weber will in *Kulturgeschichte als Kultursoziologie* »jede philosophische Stellungnahme vermieden« wissen: »Nicht so sehr, weil der Verfasser sich hier als Laie fühlt – was durchaus der Fall ist – als deswegen, weil die Aufgabe nicht eine Erfassung des *Sinns* der Geschichte war, sondern eine Deutung ihrer uns entgegentretenden Wesenhaftigkeiten mit soziologischen Mitteln, soweit diese reichen« (A. Weber 1963, S. 503). Es gehe also um »Deuten«:

»Das soll, um jedes Mißverstehen auszuschließen, nicht heißen philosophisches *Sinn*verstehen, sondern empirisches Gestalt- und Wesens-Begreifen, Bewegungs- und Richtungs-Erfassen« (ebd., S. 25).

Freyer (1930, S. 20 f.) unterscheidet Wissenschaften, die »mit dem Geist als einem Reich sinnvoller Formen« befaßt sind (»Metaphysik«), und »Wissenschaften, die mit dem Geist als einem sinnhaltigen Geschehen zu tun haben (»die empirischen Wissenschaften von der geistigen Wirklichkeit«). Letztere sind »weder vermögend noch befugt, die Zweiheit von Lebensbewegung und Sinnordnung zu überbrücken«. Dies beinhaltet für die empirischen Geisteswissenschaften eine Absage an die Metaphysik.[7]

Mannheim sieht es, wie bereits erwähnt, als bleibendes Verdienst des Positivismus an, daß seine »Empiriefrömmigkeit« »jede künftige Metaphysik in Form einer bloßen Spekulation unmöglich machen« werde (siehe oben). Auch Müller-Armack betont in *Das Jahrhundert ohne Gott*, dieses Buch sei »nicht metaphysisch-spekulativ, sondern empirisch gedacht« (Müller-Armack 1981c, S. 373).

Sind die erfahrungswissenschaftlichen Bekenntnisse der historischen Soziologen bloße Rhetorik? Logisch bedacht, müssen sie mehr sein. Eine nomologische Erklärung, die einen Einzelvorgang als Exemplar einer Gattung zuordnet, kann ohne Empirie auskommen. Historische Soziologie ist, wie wir gesehen haben, eine Wissenschaft, die historische Individuen historisch-konstellativ erklärt. Dieses Konzept ist nur auf empirischem Wege einzulösen. Wenn zum Beispiel erklärt werden soll, aus welcher historischen Konstellation in Europa der moderne Kapitalismus entstand, so ist dies nur auf dem Wege von Geschichtsforschung möglich. Historische Soziologie als historisch-konstellativ erklärende Disziplin kann logisch überhaupt nicht anders existieren denn als Erfahrungswissenschaft.

Das besagt allerdings keineswegs, daß historische Soziologie

---

7 Die Absage an die Metaphysik wird schon deutlich in Freyers *Theorie des objektiven Geistes* (1923, S. 11): »Jede direkte Wiederbelebung des ›deutschen Idealismus‹ en bloc ... ist Quacksalberei. Die unerhörte Spannung, mit der in diesen Systemen die Motive zusammengezwungen waren, ist unwiederbringlich aufgelöst, die zentrale Metaphysik endgültig zerbrochen, der Zauber der dialektischen Methode unrettbar entlarvt.«

Erfahrungswissenschaft im Sinne moderner empirischer Sozialforschung ist. Das spezifische erfahrungswissenschaftliche Profil
historischer Soziologie werden wir im folgenden Abschnitt zu
beschreiben versuchen.

2. Zum empirischen Status der »deutschen historischen Soziologie«

Wir haben im vorangegangenen Abschnitt festgestellt, daß den
Vertretern der »deutschen historischen Soziologie« ein erfahrungswissenschaftliches Selbstverständnis zu eigen ist und, logisch gesehen, zu eigen sein muß. Es wird nun zu untersuchen
sein, wie sich dieses forschungspraktisch niedergeschlagen hat.

In forschungspraktischer Hinsicht sind für die »deutsche historische Soziologie« zwei Aspekte charakteristisch: zum einen
großangelegte, historisch weitausgreifende Synthesen, zum anderen eine zeitdiagnostische Analyse. Wir wollen uns in diesem
Abschnitt zunächst mit dem empirischen Gehalt der großangelegten Synthesen nach Art von Sombarts *Modernem Kapitalismus*, Max Webers religionssoziologischen Aufsätzen, Oppenheimers *System der Soziologie*, Alfred Webers *Kulturgeschichte als
Kultursoziologie*, Hans Freyers *Weltgeschichte Europas* oder
Alexander Rüstows *Ortsbestimmung der Gegenwart* befassen.

Was bieten diese Arbeiten in empirischer Hinsicht? Es ist unmöglich, den Erfahrungsgehalt von bis zu mehrtausendseitigen
Monumentalwerken auf wenigen Seiten wiederzugeben. Wir versuchen nachstehend anhand von drei Beispielen anzudeuten,
welche Inhalte abgehandelt werden, um anschließend den empirischen Status zu bestimmen.

Sombarts *Moderner Kapitalismus* (2. Auflage) beginnt mit ei-
nem systematischen Begriffsapparat über Produktion, Technik,
Arbeit, Manufaktur, Fabrik, Wirtschaft, Wirtschaftsgesinnung,
Bedarfsdeckungsprinzip/Erwerbsprinzip, traditionalistisch/ra-
tionalistisch, objektive Kultur/persönliche Kultur, Kulturstil
(Sombart 1987 I, 1, Kapitel 1 bis 3).

Band I behandelt die vorkapitalistische Wirtschaft. Sombart
widmet sich zunächst der vorkapitalistischen Wirtschaftsgesinnung (Kapitel 4) und der »Eigenwirtschaft« des Frühmittelalters
(Kapitel 5 bis 7). Die folgenden Kapitel beschreiben die »Wieder-

geburt der Tauschwirtschaft« (Kapitel 8) und – nach einem Exkurs über die Theorie der Städtebildung (Kapitel 9) – die »Entstehung der mittelalterlichen Stadt« (Kapitel 10). In den Kapiteln 11 bis 18 wird die handwerksmäßige Wirtschaft analysiert. Erst danach kommt Sombart auf den Kapitalismus zu sprechen, zunächst indem er erörtert, was eine kapitalistische Unternehmung und einen kapitalistischen Unternehmer ausmacht (Kapitel 19), und indem er einen allgemeinen Überblick über das »Werden« des Kapitalismus gibt (Kapitel 20). In den Kapiteln 21 bis 28 berichtet Sombart über den modernen neuzeitlichen Staat, unter anderem – für die Entwicklung des Kapitalismus bedeutsam – Gewerbe- und Handelspolitik, Verkehrspolitik, Geldwesen und Kolonialpolitik.

Dies war der erste von sechs Halbbänden des *Modernen Kapitalismus*. Der zweite Halbband ist den »historischen Grundlagen des modernen Kapitalismus« gewidmet. In diesem Zusammenhang behandelt Sombart Geist und Fortschritt der Technik (Kapitel 29 und 30), die Edelmetallproduktion (Kapitel 31 bis 35), die verschiedenen Wege der Entstehung des bürgerlichen Reichtums als Grundlage der Kapitalbildung (Kapitel 36 bis 47), die »Neugestaltung des Güterbedarfs« (48 bis 52), die Beschaffung der Arbeitskräfte und die Entstehung der Unternehmerschaft.

Der zweite Band handelt über die Epoche des Frühkapitalismus. Sie wird zunächst überblicksartig eingeführt (Kapitel 1 bis 3), woran sich Abhandlungen über ihre Wirtschaftsgesinnung anschließen (4 bis 7). Danach werden die handwerklichen und kapitalistischen Wirtschaftsformen vorgestellt (Kapitel 8 bis 12). Es folgen Struktur und Preisbildung des Marktes (Kapitel 13 bis 15) sowie die Gestaltung der Konjunktur (Kapitel 16 und 17). Weiterhin befaßt sich Band II, 1 mit dem Verkehrswesen (Kapitel 18 bis 24), dem Nachrichtenwesen (25 und 26) der Organisation des Güterabsatzes (Kapitel 27 bis 33) und der Organisation des Handelsgewerbes (Kapitel 34 bis 38).

Band II, 2 behandelt die weiterbestehenden traditionellen Produktionsformen (Kapitel 39 bis 43), die modernen kapitalistischen Produktionsformen Verlag, Manufaktur und Betrieb (Kapitel 44 bis 46) sowie die industriellen Standort- und Arbeiterverhältnisse (Kapitel 47 und 48). Die Ursachen der Neugestaltung des Gewerbewesens werden untersucht (Kapitel 49 bis 54). Weitere Schwerpunkte dieses Halbbandes bilden die Nationalökonomie des Frühkapitalismus (Kapitel 55 und 56), die internationalen Wirtschaftsbeziehungen (Kapitel 57 bis 64) sowie innergesellschaftliche Wandlungen und Umschichtungen (Kapitel 65 bis 69). Er schließt mit zwei Kapiteln (70 und 71) über die »Hemmungen der kapitalistischen Entwicklung«, unter anderem mit einer Betrachtung über das drohende Ende des Kapitalismus wegen Holzmangels.

Der dritte Band schließlich analysiert den Hochkapitalismus. Als soziologische Rahmenbedingungen werden die Wirtschaftsgesinnung (Kapitel 1 bis 3), der Staat und seine Wirtschaftspolitik (Kapitel 4 bis 6) sowie die Entwicklung der Technik (Kapitel 7 bis 9) dargelegt. Eingeleitet durch theoretische Erörterungen (Kapitel 10 bis 12), werden dann die verschiedenen Formen des Kapitals (Geld- und Sachkapital) vorgestellt (Kapitel 13 bis 18). Danach beschreibt Sombart die Entstehung der industriellen Reservearmee (Kapitel 19 bis 24) sowie die örtliche, technische und ökonomische Anpassung der Bevölkerung an die Bedürfnisse des Kapitalismus (Kapitel 25 bis 27). Drei Kapital über die Nachfrage im Hochkapitalismus (Kapitel 28 bis 30) schließen den Halbband III, 1 ab.

Der Halbband III, 2 wird von systematischen Kapiteln über die Elemente des wirtschaftlichen Prozesses (Bedarfsbildung, Marktbildung, Betriebsbildung) sowie die Bewegungsformen des wirtschaftlichen Prozesses (Konkurrenz, Konjunktur) eingeleitet (Kapitel 31 bis 36). Die weitere Analyse ist unter den Begriff der »Rationalisierung« gestellt. Die Schwerpunkte bilden die Rationalisierung des Güterbedarfs (Kapitel 37 bis 39), des Marktes (Kapitel 40 bis 45) und der Betriebe (Kapitel 46 bis 54). Das Monumentalwerk klingt aus mit einem Blick auf nichtkapitalistische Wirtschaftsformen (Handwerk, Bauernwirtschaft, Genossenschaftswirtschaft, Gemeinwirtschaft) und schließt mit einer Betrachtung über das Wirtschaftsleben der Zukunft (Kapitel 55 bis 60). – Alle Bände sind durchsetzt mit diversen Literaturübersichten.

Noch umfangreicher fällt Franz Oppenheimers Hauptwerk *System der Soziologie* aus. Es umfaßt vier Bände, die in insgesamt acht Teilbände untergliedert sind. Der erste Band (Oppenheimer 1964 I, 1-2) enthält eine »Allgemeine Soziologie«, die neben methodologischen Vorüberlegungen eine Handlungs- und Gruppentheorie einschließt. Im zweiten Band (Oppenheimer 1964 II) wird Oppenheimers »soziologische Staatsidee« theoretisch entfaltet und historisch begründet. Der dritte Band (Oppenheimer 1964 III, 1-2) ist der Wirtschaft gewidmet. Er behandelt deduktiv-vergleichend die ökonomischen Kategorien für eine Gesellschaft *mit* Großgrundeigentum (»politische Ökonomie«) und *ohne* Großgrundeigentum (»reine Ökonomie«). Insbesondere der zweite Teilband ist beträchtlich historisch durchsetzt. Schließlich schlägt Oppenheimer im vierten Band den »Königsweg der Geschichte« ein und entwirft den »Abriß einer Sozial- und Wirtschaftsgeschichte Europas von der Völkerwanderung bis zur Gegenwart« (Oppenheimer 1964 IV, 1-3). Betrachten wir den Inhalt des letzten, historischen Bandes näher.

Oppenheimers erster Teilband setzt im Dunkel der Vorgeschichte ein, die er, wo das empirische Wissen weitgehend fehlt, begrifflich zu erfassen versucht. Zum einen mit einer »ethnologischen Grundlegung«, welche von den »niederen Jägern« über die »höheren Jäger« und die »niederen Ackerbauern« bis zu den »Viehzüchtern« reicht. Mit der Überlagerung der Ackerbauern durch Viehzüchter setzt die Entstehung des Staates und der Klassenbildung ein. Diese ethnologische Grundlegung, die sich auf die ethnologische Literatur unterschiedlicher geographischer Räume stützt, wird dann für »Ureuropa« noch einmal ausführlich exemplifiziert. Die weiteren Schwerpunkte dieses Teilbandes liegen zum einen in der Geschichte der Germanen, zum anderen in der Geschichte Spätroms.

Der zweite Teilband (»Adel und Bauernschaft«) führt die europäische Geschichte weiter ins Mittelalter. Zunächst wird die Bevölkerungsgruppierung, die Standesgliederung, die Bodenordnung, die Staatsordnung und die Wirtschaft des Frühmittelalters beschrieben. Das zweite Kapitel befaßt sich mit der Entwicklung des Feudalsystems. Die soziоökonomische Entwicklung wird dann für einzelne Staaten und Völker verfolgt: für die nordischen Germanenstaaten, für die slawischen Staaten, für das byzantinische Reich, aber auch für die arabischen Reiche und die Staaten der Reiterhirten, unter anderem Hunnen, Mongolen und Türken.

Der dritte Teilband (»Stadt und Bürgerschaft«) thematisiert vorwiegend die städtische und gewerbliche Entwicklung. Er setzt ein mit einer allgemeinen Soziologie der Stadt. Der zweite Abschnitt gilt den städtischen Verhältnissen in der Karolingerzeit. Der dritte Abschnitt beschreibt die Entwicklung zur Gewerbestadt: das Wachstum der Märkte, die Umformung der städtischen Verfassung, die Umformung der Wirtschaft und die Entstehung des bürgerlichen Geistes. Nach einer allgemeinen begrifflichen und theoretischen Betrachtung des Kapitalismus beschreibt Oppenheimer die Entwicklung des Kapitalismus in Deutschland und schließlich in Süd- und Westeuropa.

Während Sombart sich ganz, Oppenheimer weitgehend auf den europäischen Geschichtsraum beschränkt, greift Alfred Webers *Kulturgeschichte als Kultursoziologie* universalgeschichtlich aus. Gemäß der erkenntnisleitenden Kategorie des historischen Individuums untergliedert dieses Werk die Weltgeschichte in Hochkulturen. Es beginnt mit einem Kapitel über »Die Prähistorie und die Primitiven«. Anschließend erörtert Alfred Weber, wie die »primären Hochkulturen« (Ägypten, Babylonien, China, Indien) durch Überlagerungen infolge Wanderungen, ausgelöst durch Klimaverschlechterungen, entstanden sind. Als »Sekundärkulturen erster Stufe« behandelt er dann die Juden, die Perser, Griechenland, das pagane Rom und die christliche Antike. Als »Sekundärkulturen zweiter Stufe« beschreibt er Byzanz, die islamische Welt und Rußland, das er nicht als Teil Europas, sondern als eigenen Geschichtskörper begreift (A. Weber 1963, S. 240-243). Die zweite Hälfte des Buches ist dann der abendländischen Entwicklung gewidmet. Sie mündet in ein Kapitel über »die Moderne« von der Französischen Revolution bis zum Ersten Weltkrieg. Die zweite Auflage 1950 wurde durch eine Betrachtung zur aktuellen Gegenwartslage ergänzt.

Es ist, wie gesagt, nicht möglich, den Erfahrungsgehalt von Monumentalwerken auf wenigen Seiten wiederzugeben. Die vorangegangenen Ausführungen mögen aber doch die folgende These plausibel erscheinen lassen: Die »deutsche historische Soziologie« ist keineswegs unempirisch oder marginal empirisch. Vielmehr sind in ihr gewaltige Mengen an Erfahrungsstoff verarbeitet. Wir haben es dabei allerdings nicht mit Arbeiten nach Art moderner empirischer Sozialforschung zu tun. Erster Unterschied: Ihr Erfahrungsstoff ist vorwiegend ein historischer. Zweiter Unterschied: Sie sind sekundärempirisch gearbeitet. Nicht in der Art einer Sekundäranalyse in der empirischen Sozialforschung, wo ein Datensatz für ein verändertes Thema zum zweiten Mal aufbereitet wird. Sondern hier werden die Resultate geschichtswissenschaftlicher Arbeiten, aber auch anderer Disziplinen wie der (historischen) Nationalökonomie, Ethnologie, Sinologie etc., partiell auch schon der Ökologie für großangelegte historische Synthesen verwendet.

Wie ist nun die (erfahrungs)wissenschaftliche Qualität dieser Synthesen zu beurteilen? Diese Frage ist natürlich schwierig und kaum einheitlich zu beantworten. Wir wollen hier, pars pro toto, vorstellen, wie Otto Hintze über die »deutsche historische Soziologie« und ihre empirischen Forschungsleistungen dachte. Zum einen hat sich Otto Hintze wie vielleicht kein zweiter Historiker intensiv mit den Arbeiten historischer Soziologen und ihrem empirischen Gehalt befaßt.[8] Zum anderen galt und gilt er als einer der größten deutschen Geschichtswissenschaftler[9], der zudem auch quelleneditorisch als Herausgeber der »Acta Borussica« einschlägig ausgewiesen ist (vgl. Oestreich 1972, S. 194). Ihm wird man also gerade in empirischer Hinsicht kaum übertriebene Nachsicht gegenüber historischer Soziologie unterstellen können.

In einer Rezension von Max Webers *Gesammelten Aufsätzen zur Religionssoziologie* fragt Hintze (1964a, S. 127) nach der »innerliche(n) Einheit dieses weltumspannenden Werkes«. Er erblickt sie zum einen darin, »daß die Analyse der fremden Religionssysteme immer im Hinblick auf den wissenschaftlichen Zweck erfolgt, Vergleichsmaterial zu den abendländischen Erscheinungen, Zuständen und Zusammenhängen zu entwickeln« (ebd.). Neben der Eigenart der okzidentalen Entwicklung macht er zum anderen eine zentrale systematische Fragestellung aus, nämlich »ob aus einem Religionssystem ethische Impulse für die methodische Gestaltung der alltäglichen Lebensführung und damit der Wirtschaft entspringen oder nicht etwa umgekehrt Motive aus ihm hervorgehen, die einer methodischen Rationalisierung

8 Vgl. die Beiträge in: Otto Hintze, *Soziologie und Geschichte. Gesammelte Abhandlungen zur Soziologie, Politik und Theorie der Geschichte*, hg. und eingeleitet von Gerhard Oestreich, zweite, erweiterte Auflage, Göttingen 1964.
9 Der Rang Otto Hintzes wird zum Beispiel daran deutlich, daß er im Sammelband *Max Weber und seine Zeitgenossen* als einer von drei Historikern (neben Eduard Meyer und Karl Lamprecht) mit einem speziellen Beitrag berücksichtigt wird (Kocka 1988), obwohl Max Weber von diesem kaum beeinflußt wurde (vgl. Kocka 1988, S. 403).

des Wirtschaftslebens widerstreiten« (ebd., S. 127 f.). Und dann kommt Hintze darauf zu sprechen, daß mit Max Weber ein Wissenschaftler am Werke ist, der weder Indologe noch Sinologe noch Orientalist ist, aber über eine Materie schreibt, die doch gewöhnlich den »Fachmännern« dieser Sparten vorbehalten ist:

»Es wird nicht an Kritikern fehlen, die dem Unternehmen von vornherein mit einem gewissen Mißtrauen gegenübertreten, weil der Verfasser die Sprachen Chinas und Indiens nicht kennt und auch im Hebräischen nur, wie er selbst sagt, über unzulängliche Reste von Kenntnissen verfügt. Sie würden im Recht sein, wenn es sich hier in erster Linie um ein religionsgeschichtliches Werk handelte; aber es handelt sich um vergleichende soziologische Studien; und nicht die Analyse der Religionssysteme selbst ist die Hauptsache dabei, sondern die Gesichtspunkte und Fragestellungen, mit denen der Verfasser an den Stoff herantritt und die dem Ideen- und Interessenkreise der orientalistischen Fachgelehrten, wenigstens bisher, durchaus fremd geblieben sind. Was hier erstrebt wird, hat noch niemals ein Orientalist geleistet oder auch nur versucht; dem Sinologen oder Indologen fehlen begreiflicherweise die dazu nötigen Kategorien. Und doch handelt es sich hier um eine unumgängliche Aufgabe für eine wirklich wissenschaftlich fundierte Soziologie. Ich glaube, die gelehrte Welt ist dem Verfasser zum wärmsten Dank verpflichtet, daß er trotz aller Bedenken und Schwierigkeiten, die niemand peinlicher empfinden konnte als er selbst, dennoch mit unerschrockenem Forschermut und unermüdlichem Fleiß die ungeheuere Aufgabe angegriffen und bewältigt hat« (ebd., S. 128).

Hintze würdigt, wie Max Weber die komplizierten Wechselbeziehungen zwischen ökonomischen und geistig-religiösen Faktoren untersucht. Er bemängelt, daß der National- und Rassencharakter vernachlässigt worden sei. Es sei »zwar sehr richtig, daß der Rekurs auf den National- oder Rassencharakter oft nur ein Ausdruck für soziologische Ignoranz, auch wohl für bequeme Gedankenlosigkeit ist … Aber neben den religiösen und sozialen Lebensformen gehören doch zu diesen Faktoren auch die vorgeschichtlichen Völker- und Rassenmischungen …« (ebd., S. 134).

Es mag dahingestellt bleiben, ob dieses noch recht lange vor den nationalsozialistischen Verbrechen so unbefangen geäußerte Postulat stichhaltig ist. In unserem Zusammenhang ist bedeutsam, daß Hintze das sekundärempirische Vorgehen Max Webers nachdrücklich verteidigt mit dem Argument, hier werde Erkenntnis gewonnen, die mit den herkömmlichen Mitteln der Sinologen,

Indologen und Orientalisten nicht einzubringen oder jedenfalls nicht eingebracht worden sei.

Eine andere Rezension gilt der zweiten Auflage von Sombarts *Modernem Kapitalismus*. Sombart begreife »Kapitalismus« als »zugleich ein theoretisch zu konstruierendes Wirtschaftssystem und eine empirisch zu erforschende Epoche der Wirtschaftsgeschichte« (ebd., S. 379). Diese Betrachtungsweise würdigt Hintze als »eine eigentümliche und sehr fruchtbare Verbindung von Geschichte und Systematik, von Empirie und Theorie ...« Durch sie werde »der alte Methodenstreit der ›theoretischen‹ und ›historischen‹ Richtung in der Nationalökonomie endgültig geschlichtet«. Eine Vermischung der beiden Betrachtungsweisen – »eine Quelle von Unklarheiten und Irrtümern« – werde »auf das strengste vermieden« (ebd., S. 378 f.).

Hintze begrüßt also die Anlage des Sombartschen Hauptwerkes als zugleich theoretisch und empirisch, historisch und systematisch. Auch hebt er hervor, daß Sombart den modernen Kapitalismus als historisches Individuum begreift. Doch Sombarts Werk sei dabei der Versuch, die »allgemeinen Grundlinien, die das wirtschaftliche Leben aller Völker des abendländischen Kulturkreises umschreiben«, zu erfassen, nicht aber »das Wirtschaftsleben der einzelnen Völker selbst in ihrer besonderen Eigenart. Dies sei keine Entwertung historischer Arbeit, vielmehr werde damit zu »Spezialdarstellungen« ermutigt und angeregt (vgl. ebd., S. 381).

Hintze übt auch Kritik an Sombart. So habe dieser die Rolle und Bedeutung des Staates bei der kapitalistischen Entwicklung unterschätzt (ebd., S. 418 f.; vgl. auch ausführlicher Hintze 1964c). Der Vergleich zwischen kapitalistischer und vorkapitalistischer Zeit sei geboten, aber mit den Begriffen »Bedarfsdeckungswirtschaft« und »Erwerbswirtschaft« zu überspitzt geführt (Hintze 1964b, S. 384 f.). Sein Begriff des »kapitalistischen Geistes« sei substantialisiert, nicht soziologisch abgeleitet (er geht für Sombart »aus dem tiefen Grunde der europäischen Seele« hervor; Sombart 1987 I, 1, S. 327) und stärker von Romantik denn von verstehender Soziologie geprägt: insofern »nicht recht befriedigend für die Ansprüche einer wissenschaftlichen Denkweise, wie sie bisher wenigstens geherrscht hat« (vgl. Hintze 1964b, S. 387 f.).

Auf die Tatsache, daß Sombarts *Moderner Kapitalismus* sekundärempirisch gearbeitet ist, geht Hintze bezeichnenderweise nicht ein. Lediglich beiläufig bemerkt er in einer Fußnote, daß es zum Stauferkaiser Friedrich II. »heute bessere Literatur« gebe, als Sombart sie benutzt habe (vgl. Hintze 1964b, S. 420). Zustimmend gibt er Sombarts Auffassung wieder, daß sich aus seinem *Modernen Kapitalismus* neue heuristische Gesichtspunkte und ein theoretischer Bezugsrahmen ergeben. Hintzes Kritik betrifft einzelne Fälle von Begriffsbildung und Interpretation, aber keinesfalls die wissenschaftliche Vorgehensweise Sombarts grundsätzlich, insbesondere nicht in empirischer Hinsicht.

Drittes Beispiel: Otto Hintzes Rezension von Oppenheimers *Rom und die Germanen*, eines Teilbandes des »System der Soziologie«. Diese Arbeit, so erklärt Hintze einführend, dürfe

>»nicht mit dem Maßstabe eines historischen Handbuches gemessen werden, das die gesicherten Ergebnisse quellenmäßiger Spezialforschung in kritischer Synthese zusammenstellt. Es handelt sich hier nicht um eine fachwissenschaftliche, sondern um eine soziologische Synthese, die die Ergebnisse einer ganzen Reihe von Fachwissenschaften, namentlich der Erd- und Völkerkunde, der Sprachvergleichung und Vorgeschichte mit den eigentlich historischen Forschungsergebnissen in einen lebendigen Zusammenhang bringen und zu einem universalen Gesamtprozeß verbinden will, um an dem so gewonnenen Tatsachenmaterial die Richtigkeit der theoretischen Staats- und Gesellschaftslehre, die der Verfasser in den früheren Bänden seines ›Systems‹ ... idealtypisch dargestellt hat, historisch nachzuprüfen ...« (Hintze 1964e, S. 306).

Hintze äußert einige Bedenken gegenüber Oppenheimers Interpretation. Insbesondere lehnt er dessen »soziologische Staatsidee« ab, wonach der Staat nicht endogen, sondern exogen durch Gewalt und Eroberung entstanden sei (ebd., S. 307 f.; vgl. ausführlich Hintze 1964d). Seine Darstellung der »Uranfänge« in der sozialen und wirtschaftlichen Entwicklung der europäischen Völker sei zu stark theoriegeleitet und ungenügend empirisch abgestützt. Der Forschungsstand lasse hier keine klare Interpretation zu (vgl. Hintze 1964e, S. 308). Ansonsten aber verteidigt Hintze das sekundärempirische Vorgehen Oppenheimers:

>»Der Verfasser hat mit ehrlicher Entschlossenheit Abstand davon genommen, irgendwie den Schein eigener Quellenforschung vorzutäuschen, und bekennt offen, daß er durchweg nur aus zweiter Hand schöpft. Aber man wird ihm zugestehen müssen, daß er nicht nur seine Gewährsmänner im allgemeinen gut gewählt hat (allerdings mit Be-

schränkung auf die neuesten zusammenfassenden Werke), sondern auch, daß er diese Werke mit Geist und Gründlichkeit und ohne Verschleierung der seiner These widersprechenden Ansichten, die sie zuweilen enthalten, für seinen Zweck benutzt hat« (ebd., S. 306 f.).

Und Hintze gelangt abschließend zu folgendem positiven Gesamturteil:

»Das Werk Oppenheimers ist auch für den, der die Doktrin der ›soziologischen Staatsidee‹ mit ihren Konsequenzen ablehnt, durch die großzügige und geistvolle Behandlung eines riesenhaften Stoffes anregend und belehrend in hohem Maße. Wir wünschen ihm Leser namentlich auch unter den historischen Spezialforschern, die daraus viele neue Gesichtspunkte und Fragestellungen gewinnen können« (ebd., S. 312).

Was besagen nun diese Urteile Otto Hintzes? Es handelt sich gewiß nur um eine einzelne, wenn auch besonders qualifizierte und prominente Stimme über einzelne historisch-soziologische Arbeiten. Und gewiß läßt sich daraus nicht ein pauschal positives Urteil über die historisch-soziologischen Synthesen ableiten. Aber die Stimme eines Otto Hintze und die Kraft seiner Argumente ist gewichtig genug, um historische Soziologie in erfahrungswissenschaftlicher Hinsicht nicht unbesehen und pauschal zu disqualifizieren, wie es die Kennzeichnung als »Geschichts- und Sozialphilosophie« nahelegt. Sie demonstrieren vielmehr, daß sich auch für einen primärempirisch arbeitenden Wissenschaftler aus den sekundärempirisch gearbeiteten historischen Synthesen der historischen Soziologen Anregungen gewinnen lassen. Für uns soll dies Anlaß sein, der Begründung der historisch-sekundärempirischen Vorgehensweise nachzuspüren.

3. Zur wissenschaftlichen Begründung historisch-sekundärempirischer Verfahren

Wir haben festgestellt, daß bei den historischen Soziologen ein erfahrungswissenschaftliches Selbstverständnis nachweisbar ist (V.1) und daß ihre großangelegten Synthesen große Mengen an Erfahrungsstoff disparater Herkunft enthalten (V.2). Die historischen Soziologen sind Erfahrungswissenschaftler, aber in anderer Weise als Historiker oder empirische Sozialforscher. Anders als diese, die ihre Daten zumindest teilweise selbst erschließen, stützen sich die historischen Soziologen vorwiegend auf vorliegende Daten. Die Frage nach der wissenschaftlichen Legitimität historischer Soziologie, die hinter unserer Arbeit steht, stellt sich an diesem Punkt in besonders eindringlicher Weise. Zwar garantiert ein primärempirisches Vorgehen keine Objektivität, aber einen höheren Grad an Sachkenntnis und methodischer Strenge, so daß, einen bestimmten Gegenstand vorausgesetzt, ein primärempirisches Vorgehen einem sekundärempirischen ceteris paribus überlegen sein wird und deswegen vorzuziehen ist. Wie steht es unter diesem Gesichtspunkt mit der wissenschaftlichen Legitimität von historischer Soziologie? Wir werden in diesem Abschnitt zuerst untersuchen, wie die historischen Soziologen selbst ihr historisch-sekundärempirisches Vorgehen begründet haben. Danach werden wir die logischen Zwänge aufzeigen, welche bei den historischen Soziologen zu einem historisch-sekundärempirischen Vorgehen führen. Abschließend werden wir die Frage erörtern, ob man besagtes Verfahren als wissenschaftlich legitim betrachten kann.

Wie begründet Max Weber das sekundärempirische Vorgehen in seinen religionssoziologischen Aufsätzen? Sein zentrales Argument besagt, daß ihr Erkenntniszweck ein anderer sei als etwa bei sinologischen oder indologischen Arbeiten. Die behandelten Religionen interessieren nicht um ihrer selbst willen, sondern als Kontrastboden zur »okzidentalen Kulturentwicklung«. Sie haben also einen Erkenntniszweck, der mit den Mitteln anderer Fachdisziplinen nicht zu erfüllen ist. Dann verweist Max Weber darauf, daß »menschliche Arbeitskraft ihre Grenzen hat« (Max Weber 1920, S. 15). Weitere Elemente seiner Legitimationsstrategie: Über den Wert seiner Leistung denke er »sehr bescheiden«, da er »auf die Benützung von Uebersetzungen und im übrigen darauf angewiesen« sei, »über die Art der Benutzung und Bewertung der monumentalen, dokumentarischen oder literarischen Quellen sich in der häufig sehr kontroversen Fachliteratur zu orientieren«, die er nicht selbständig beurteilen könne. Was er biete, sei nichts Neues für den »Fachmann«. »Wünschenswert wäre nur: daß er nichts zur Sache *Wesentliches* findet, was er als sachlich *falsch* beurteilen muß« (ebd., S. 13). Ob dies gelungen sei, darüber könne nicht er selbst entscheiden. »Nur den Fachmännern steht ein endgültiges Urteil zu«. Seine religionssoziologischen Aufsätze seien nur geschrieben worden, »weil, begreiflicherweise (!), fachmännische Darstellungen mit diesem besonderen Ziel und unter diesen besonderen Gesichtspunkten bisher nicht vorlagen« (ebenda). Sie seien »in einem ungleich stärkeren Maß und Sinn dazu bestimmt, bald ›überholt‹ zu werden, als dies letztlich von aller wissenschaftlicher Arbeit gilt« (ebd., S. 13 f.).

Wenn man diese Rhetorik als das liest, was sie sein soll, nämlich als Versuch, die Spezialisten der betroffenen Fächer für sekundärempirische Arbeiten mit allen Angriffsflächen, die sie naturgemäß bieten, gewogen zu stimmen[10], dann bleiben letztlich zwei Argumente für das sekundärempirische Vorgehen. Zum einen, daß sie unter anderen Gesichtspunkten, mit anderem Ziel geschrieben wurden als »fachmännische Darstellungen« (ebd., S. 13). Zum anderen der etwas schamhafte Hinweis, daß »menschliche Arbeitskraft ihre Grenzen hat« (siehe oben), will heißen: Die in den religionssoziologischen Aufsätzen anvisierten Gesichtspunkte und Ziele hätten primärempirisch nicht realisiert werden können.

Auch Werner Sombart weist in der ersten Auflage seines *Modernen Kapitalismus* (1902) darauf hin, daß »freilich ein einzelner … niemals das Ideal erreichen wird, in einer Wissenschaft wie der unsrigen den gesamten Wissensstoff gleichmäßig zu beherrschen, zumal wenn er als sein Wissensgebiet eine tausendjährige Wirtschaftsperiode betrachtet« (Sombart 1902, S. XII). Er bittet die »Specialisten einzelner Zeitabschnitte oder einzelner Wissenszweige, die hoffentlich nicht allzu zahlreichen Versehen im Detail milde beurteilen zu wollen. Wenn überhaupt solcherart zusammenfassender Arbeit, wie sie hier unternommen worden ist, etwelcher Wert zukommt, so wird man, glaube ich, Verfehlungen und Unvollkommenheiten in Einzelheiten als unvermeidliches Übel in den Kauf nehmen müssen« (ebd.).[11]

10 Wie erfolgreich Max Weber auf lange Sicht darin war, zeigt die Tatsache, daß er später und bis heute häufig als Galionsfigur empirisch-einzelwissenschaftlicher Forschung angesehen wurde. Mit Recht fordert Werner Gephart (1993, S. 56), »Webers Pathos fachmäßiger Selbstbescheidung zu durchschauen, die er selbst ständig überschritten hat«.

11 Auch in der zweiten Auflage des *Modernen Kapitalismus* von 1916 gibt Sombart Kritikern, die bemängeln, daß er nur gedruckte, nicht aber handschriftliche Quellen herangezogen habe, zu bedenken, »daß dieses Werk nicht hätte geschrieben werden können, wenn ich

In der zweiten Auflage des *Modernen Kapitalismus* von 1916 begründet Sombart – wieder wie Max Weber – das sekundärempirische Vorgehen damit, daß er unter anderen Gesichtspunkten an den historischen Stoff herantrete als der Historiker. Diesen interessierten die nationalen, regionalen und lokalen Besonderheiten. Er aber wolle gerade von diesen abstrahieren und nur die »allgemein-europäischen Züge der wirtschaftlichen Entwicklung« herausarbeiten. Dabei gehe es vor allem um »die gründliche *theoretische* Durchdringung des gesamten Wissensstoffes« (Sombart 1987 I, 1, S. XX), weniger um das historische Detail.

Franz Oppenheimers *System der Soziologie* enthält einen drei Teilbände umfassenden »Abriß einer Sozial- und Wirtschaftsgeschichte Europas von der Völkerwanderung bis zur Gegenwart«. Im Vorwort erörtert Oppenheimer (1964 IV, 1, S. XV-XVII) das Verhältnis zwischen »Spezialisation« und »Synthese«. »Die Spezialisation aller Wissenschaften ... wird und soll sich immer weiter durchsetzen. Sie ist der einzige Weg zu vollkommen sicherem Wissen«. Aber sie bedürfe, »soll nicht die Einheit der Wissenschaft gänzlich verloren gehen«, als Ergänzung der »Synthese«, und die habe »für die Geisteswissenschaften die Soziologie zu leisten«. Diese müsse sich auf die Vorarbeiten der »Sonderforscher« stützen. Vor ihnen entbietet Oppenheimer seinen Kotau wie Max Weber: »Wir ... empfinden das tiefe Bedürfnis, den Männern, die diese Werke großen Zuges geschaffen haben, unseren tiefen, ehrerbietigen, schülerlichen Dank auszusprechen.« Wie Sombart verweist Oppenheimer dann darauf, daß »Irrtümer und Fehler im einzelnen« bei einer Synthese unvermeidlich seien: »Kein sterblicher Mensch ist noch imstande, alle Wissenschaften bis ins letzte zu beherrschen.«

Zwei Forderungen stellt Oppenheimer an den Synthetiker. Er müsse sich zunächst als Spezialist bewährt haben. Außerdem solle er sich nach Möglichkeit auf die »massiven Tatsachen« beschränken, die unter den Spezialisten unumstritten seien. Von den »Sonderforschern« erwartet er, daß sie bei synthetischen Arbeiten »Fehler anmerken und verbessern, ohne darüber die Geduld zu verlieren und dem unglücklichen Autor aus der unüberwindlichen Unzulänglichkeit der menschlichen Fassungskraft

mich in archivalische Studien verloren hätte« (Sombart 1987 I, 1, S. XXII). Im übrigen sei ein »klarer Gesamtüberblick ... schon heute auf Grund der gedruckten Quellen« möglich (ebd.).

den kritischen Strick zu drehen«. Im übrigen äußert Oppenheimer die Hoffnung, daß es in Zukunft möglich sein werde, durch »team-work« »die Weite der Synthese mit der Genauigkeit und Sicherheit des Spezialistentums zu versöhnen« (vgl. Oppenheimer 1964 IV, 1, S. XV-XVII).

Ernst Troeltsch räumt in der Einleitung zu seinen *Soziallehren der christlichen Kirchen und Gruppen* (1912) ein: »Meine Arbeit verfügt ... nur in sehr beschränktem Maße über eigene Quellenforschung«. Ihr etwaiges Verdienst liege überhaupt nicht in selbständiger Quellenforschung. Doch hoffe er für die Tatsachenfragen sich überall an die besten Darstellungen gehalten zu haben (vgl. Troeltsch 1965, S. 15, Anm. 9).

Alfred Webers *Kulturgeschichte als Kultursoziologie* ist universalgeschichtlich angelegt, in einer nachfolgenden »Wissenschaftlichen Bemerkung« befaßt sich der Autor mit dem methodischen Vorgehen. Seine Schrift sei, abgesehen von »den großen allgemein zugänglichen Kulturdokumenten aller Völker«, aus »zweiter Hand« gearbeitet worden. »Der sie geschrieben hat, ist nicht Historiker, sondern Soziologe.« Das heißt, es gehe weniger um das »rein Tatsächliche«, sondern um die »Deutung und das Gewicht bestimmter Tatsachen für größere Zusammenhänge«. Nicht das »rein historisch Individuelle« (will heißen: historische Singularitäten) sei sein Anliegen, sondern die »Herausarbeitung von Wesen, Charakter, Physiognomie und Ablauf größerer Kultureinheiten auf der Grundlage ihrer geschichtssoziologischen Bedingtheit und ihrer Einstellung als Glieder in den Gesamtverlauf der Geschichte« (A. Weber 1963, S. 501). Mit anderen Worten: Es geht Alfred Weber nicht um Geschichtsforschung, sondern um Geschichtsinterpretation, aber um eine solche, die sich nur auf Tatsachen stützt und Spekulationen über Sinn und Ziel der Geschichte vermeidet.

Diese Äußerungen kann man auf folgenden Nenner bringen: Das sekundärempirische Vorgehen wird als Problem empfunden, es muß gerechtfertigt werden. Die Begründung der historischen Soziologen liegt im Kern darin, daß sie Erkenntnisinteressen verfolgen, die mit den Mitteln des »Fachmanns«, also primärempirisch, nicht zu realisieren seien. Außerdem wird geltend gemacht, es gehe um »Deutung« und »selbständiges Durchdenken«. Die Defizite im empirischen Vorgehen würden durch andere Erkenntnisleistungen kompensiert. Ferner wird versichert, man habe sich – im Rahmen des sekundärempirischen Vorgehens – um die besten Informationen bemüht.

Diese Position wird aus ihren wissenschaftslogischen Hintergründen leichter verstehbar. Historische Soziologie hat sich axiomatisch für die Kategorie des historischen Individuums entschieden. Sie versucht, Gesellschaft individualisierend zu verstehen. Sie löst Gesellschaft in Makroindividuen wie Kulturkreise, Geschichtskörper, Kulturstile etc. auf (vgl. Kapitel III.3). Wissen über Gesellschaft bedeutet also Wissen über unterschiedliche Kulturen. Nur wer um die kulturellen Eigenarten weiß, kann aus Sicht der historischen Soziologie ein adäquates Verständnis von Gesellschaft gewinnen. Begriffssysteme mit universalem Anspruch auf der einen und empirische Sozialforschung auf der anderen Seite reichen dazu nicht aus. Will man ein Verständnis von Gesellschaft anstreben, das historisch-kulturelle Eigenarten einschließt, dann kann sich Soziologie nicht auf eine wie auch immer definierte »Gegenwart« beschränken, sondern sie muß einen tendenziell universalgeschichtlichen Horizont gewinnen.[12] Ein solcher ist mit primärempirischen Mitteln – etwa des Historikers oder des empirischen Sozialforschers – unmöglich zu erreichen. Also bleibt nur der Weg, die Ergebnisse der anderen Disziplinen, die sich ebenfalls mit Geschichte befassen, zu Rate zu ziehen.

Die gleiche Konsequenz wie aus dem individualisierenden Gesellschaftsverständnis ergibt sich daraus, daß ein Makroindividuum zum Gegenstand gewählt wird. Ein historisches Individuum läßt sich als solches, also in seiner Eigenart, nur mittels eines Vergleichs beschreiben. Ein historisches Makroindividuum bedarf dann eines makrohistorischen, interkulturellen Vergleichs. Um zu zeigen, was die Eigenart der okzidentalen Kultur ausmacht, muß sie mit anderen verglichen werden. Um zu zeigen, was den modernen Kapitalismus kennzeichnet, muß dieser mit vorkapitalistischen Gesellschaftsformationen verglichen werden. Auch hier gilt, daß die relevante Materialmenge unmöglich primärempirisch erschlossen werden kann. Es bleibt nur der Rückgriff auf die Forschungen der Nachbardisziplinen.

Der Gegenstand wird via Wertbeziehung konstituiert, nach Maßgabe bestimmter Wertvorstellungen (vgl. dazu das folgende

12 In diesem Sinne bemerkt Sombart (1936, S. 123): »Die Universalgeschichte ist aber die Schwester der Allgemeinen Noo-Soziologie.«

Kapitel VI). Entscheidend ist also nicht, daß sich ein Problem mit einem bestimmten, als wissenschaftlich legitim angesehenen methodischen Instrumentarium bearbeiten läßt, sondern seine »Kulturbedeutung«. Nicht immer, aber häufig gilt, daß gerade *die* Probleme als »kulturbedeutsam« empfunden werden, die umfassend und komplex sind, zum Beispiel in der Zeit Webers die Frage nach den Perspektiven des Kapitalismus oder des Sozialcharakters des modernen Menschen. Je umfassender ein Problem, desto schwerer ist es primärempirisch zu bearbeiten. Je komplexer ein Problem, desto dringender bedarf es der theoretischen Analyse. Die Kategorie der Wertbeziehung zwingt nicht, aber disponiert zum sekundärempirischen Vorgehen.

Und noch ein wichtiger Sachverhalt ist zu bedenken, will man die Entscheidung der historischen Soziologen für ein sekundärempirisches Vorgehen verstehen. Bei ihnen liegt kein (im logischen Sinne) empiristisches Wissenschaftsverständnis vor, wie es seit den fünfziger Jahren speziell in der empirischen Sozialforschung dominiert hat. Sie orientieren sich erkenntnistheoretisch überwiegend an Kant. Das bedeutet, daß die Erfahrung nicht unmittelbar sinnlich zugänglich ist, sondern mittels der denkenden Kraft des Verstandes erfaßt wird (vgl. Stegmüller 1989, S. XXVII). Dies kommt sehr prägnant in Max Webers Definition von Wissenschaft zum Ausdruck. Wissenschaft ist nicht definiert als »empirische Forschung« oder dergleichen, sondern als *»denkende Ordnung* der empirischen Wirklichkeit« (siehe oben; Hervorhebung vom Verf.). Das bedeutet eine andere Gewichtung von Theorie und Empirie als in der empirischen Sozialforschung. Bei dieser fungiert Theorie als analytischer Bezugsrahmen empirischer Forschung. Bei dem (neo)kantianischen Empirieverständnis hingegen steht die »denkende Ordnung« (also »Theorie«) im Zentrum von Wissenschaft, und der empirischen Forschung kommt eher propädeutische Funktion zu. Die Kategorie des Begriffs hat einen ganz unterschiedlichen Stellenwert. Entscheidet man sich wie König für einen erkenntnisrealistischen Standpunkt, dann ist Begriffsbildung lediglich Benennung von Dingen, die unserer Anschauung unmittelbar gegeben sind. Im neokantianischen Verständnis ist die Wirklichkeit nicht unmittelbar zugänglich. Sie stellt eine Art ungeordnetes Chaos dar, das durch Begriffe geordnet und in seiner Komplexität reduziert wird. Die eigentliche wissenschaftliche Erkenntnisleistung ist in diesem Verständnis die begriffliche, also, um nochmals Max Weber zu zitieren, die »denkende Ordnung der empirischen Wirklichkeit«.

So sahen es auch die anderen historischen Soziologen. Werner Sombart stellt im *Modernen Kapitalismus* fest: »Aber so selbstverständlich nun auch alle sociale Theorie ihren Ausgangspunkt zu nehmen hat von der Erfahrung, so erschöpft sie doch offenbar ihre Aufgabe nicht, wenn sie sich lediglich damit befaßt, den Erfahrungsstoff zu sammeln und bekannt zu geben.« Aufgabe einer »theoretischen Socialwissenschaft« sei »eine *specifische Art der Ordnung des empirischen Materials*« (vgl. Sombart 1902, S. XII f.; Hervorhebung vom Verf.).

Alfred Weber erklärt in »Kulturgeschichte als Kultursoziologie«, Geschichte biete sich dem Betrachter als eine Vielfalt »geschlossener Gesamtkulturen« dar: »Und es kann sich nur darum handeln, *deren Vielfalt* in der konkreten Anschaulichkeit *zu ordnen*« (A. Weber 1963, S. 25; Hervorhebung vom Verf.). Seine Aufgabe sei nicht die Erforschung von Tatsachen, sondern deren Interpretation, also »*die Deutung ... bestimmter Tatsachen für größere Zusammenhänge*« (ebd., S. 501; Hervorhebung vom Verf.). Es gehe um die »Herausarbeitung von Wesen, Charakter, Physiognomie und Ablauf größerer Kultureinheiten auf der Grundlage ihrer geschichtssoziologischen Bedingtheit und ihre() Einstellung als Glieder in den Gesamtverlauf der Geschichte« (ebd., S. 25).

Ernst Troeltsch bemerkt über seine *Soziallehren*: »Ihr etwaiges Verdienst liegt überhaupt nicht in selbständiger Quellenforschung, sondern im *selbständigen Durchdenken* der aus der jeweiligen Lage und Konstellation der Interessen erfolgenden Vereinheitlichung des Ganzen zu einer Theorie der Stellung des Religiösen zum Politisch-Sozialen« (Troeltsch 1965, S. 15, Anm. 9; Hervorhebung vom Verf.).

Von Martin beschreibt das Verhältnis von soziologischer Theorie und Empirie so: »Bloße Beobachtung, Feststellung und Beschreibung von Tatsachen ... sind nur als ›Kunde‹ (von sozialen ›Wirklichkeiten‹) zu bewerten, also nur als Vorstufe eigentlicher (›Wahrheits‹-)Erkenntnis ... In Soziographie aufgehen hieße, in der (natürlich höchst notwendigen) Materialsammlung stecken bleiben, auf der doch die Soziologie erst aufbauen muß ...« (von Martin 1956, S. 11 f.). Man dürfe nicht das »soziale Leben« ausspielen gegen den »denkenden ›Geist‹, der allein es ja methodisch zu erfassen und wissenschaftlich (systematisch) zu verarbeiten imstande ist« (ebenda). Und wir zitieren noch einmal Freyer: »Die Soziologie ist eine Erfahrungswissenschaft, alle ihre Erkenntnisse stammen aus der Erfahrung, und alle ihre Methoden dienen dazu, Erfahrungen zu sammeln, zu ordnen, auszuwerten *und denkerisch zu verarbeiten*« (Freyer, o.J., S. 31; Hervorhebung vom Verf.). Schon in *Soziologie als Wirklichkeitswissenschaft* stellte Freyer fest: »Wirklichkeitswissenschaft heißt selbstverständlich nicht, daß ein wirkliches Geschehen so wie es ist abgespiegelt werden sollte. Alle Wissenschaft ist denkende Umfassung des Wirklichen, Auswahl unter seinen Momenten, Herausarbeitung eines bestimmt gearteten Begriffs von ihm« (Freyer 1930, S. 206).

Alle diese Äußerungen zeigen: Die historischen Soziologen verstehen gemäß Max Weber Wissenschaft als »denkende Ordnung der empirischen Wirklichkeit«, messen also der »denkenden Ordnung« einen zentralen Stellenwert im wissenschaftlichen Erkenntnisprozeß zu. Sie sehen *ihren* spezifischen Beitrag im arbeitsteiligen Wissenschaftsprozeß nicht in der Generierung neuer Daten, sondern in deren »denkender Ordnung«, in der Interpretation, in der Theorie.

Hier liegen einige erkenntnistheoretische Prämissen verborgen, die am klarsten bei Karl Mannheim expliziert werden. »Der historische Gegenstand (der geschichtliche Gehalt etwa einer Epoche) ist in seinem Ansichsein identisch, es gehört aber zum Wesen seiner Erfahrbarkeit, daß er nur von verschiedenen historisch-geistigen Standorten, gleichsam in Aspekten, erfaßbar ist« (Mannheim 1970b, S. 272). »Denn sowohl das faktische Sein wie das Wesen einer Geschichtsepoche ist in der Tat wie ein ›Ding an sich‹ ›gegeben‹, welches die verschiedenen Interpretationen gleichsam umkreisen« (ebd., S. 357). »»Fakta‹ sind ›massiv‹, indem sie eine gewisse kontrollfähige Instanz gegenüber willkürlichen Konstruktionen bedeuten, sie sind aber nicht in dem Sinne massiv, als könnten sie außersystematisch, isoliert, sinnfremd erfaßt werden. Nur indem sie in einen Sinnzusammenhang eingestellt werden, sind sie erfaßbar, und sie zeigen ein verschiedenes Gesicht, je nachdem, in welchen Sinnzusammenhang sie eingestellt werden« (ebd., S. 359). Damit meint Mannheim: Die geschichtliche Wirklichkeit ist im Sinne Kants als »Ding an sich«

gegeben. Es gibt aber keine unmittelbare, abbildhafte Erkenntnis. Tatsachen, »Fakta« sind nicht einfach »da«. Empirische Beobachtung ist, wie es die heutige nachpositivistische Wissenschaftstheorie ausdrückt, »theoriegeladen« (vgl. Heintz 1993, S. 553). Aussagesysteme nach Art der historischen Soziologie über einen historischen Gegenstand sind somit *Konstruktionen*, und zwar *perspektivische* Konstruktionen. Sie sind aber nicht willkürlich. Die »Fakta« sind eine – »gewisse« – Kontrollinstanz gegenüber konstruktiver Willkür.[13] Sie haben, mit einem Wort Kosellecks ausgedrückt, ein »Vetorecht«. Dies alles ist modern gedacht[14], moderner jedenfalls als der schlichte objektive Realismus der »Mainstream«-Kritik der fünfziger Jahre (und auch moderner als die heutige Comparative-Historical Sociology; vgl. Kapitel VII.5).

Was bedeutet dies für ein sekundärempirisches Vorgehen? Es wird – die neokantianische Wissenschaftslogik vorausgesetzt – nicht so sehr zum Problem wie vom empiristischen Standpunkt aus. Wenn das Gewicht empirischer Forschung für wissenschaftliche Erkenntnis geringer veranschlagt wird, dann fallen auch die Defizite sekundärempirischen Vorgehens nicht so stark ins Ge-

---

13 »Deshalb sind wir auch der Ansicht, daß unsere konstruktiv definierten Begriffe nicht bloße Gedankenexperimente verkörpern, sondern die Ansätze zur Konstruktion aus der Empirie schöpfen, daß es sich also bei diesen Begriffen um Konstruktionen cum fundamento in re handelt. In der Tat sind diese konstruktiven Begriffe nicht zum spekulativen Gebrauch da, sondern sie wollen uns nur dazu verhelfen, die in der Wirklichkeit selbst vorhandenen struktiven Momente – die nur nicht immer augenfällig sind – zu rekonstruieren. Konstruktion ist nämlich nicht Spekulation, wo der Begriff und die Überlegung nur bei sich bleibt, sondern Konstruktion ist Vorbedingung der Empirie, die, wenn sie die im Begriff angelegten Erwartungsintentionen erfüllt, einfacher, wenn sie ›Belege‹ für die Richtigkeit der Konstruktion liefert, – dieser die Dignität einer Rekonstruktion verleiht« (Mannheim 1969, S. 176).

14 Einschränkend ist zu sagen, daß heutige Wissenschaftstheorie Mannheims Begriff der »Fakta« problematisieren würde. Die »Fakta« sind durch Quellen überliefert. Bei Quellenaussagen, zum Beispiel Chroniken, handelt es sich nicht einfach um »Fakta«, sondern um Beobachtungen des Chronisten. Der aus den Quellen schöpfende Historiker ist dann Beobachter zweiter Ordnung. die sekundärempirisch arbeitende historische Soziologie ist Beobachter dritter Ordnung.

wicht. Wobei natürlich immer primärempirische Forschung vorausgesetzt wird, denn andernfalls geriete sekundärempirisches Vorgehen unvermeidlich zur Spekulation.

Wir fassen zusammen: Sekundärempirisches Vorgehen in der »deutschen historischen Soziologie« bedeutet nicht, hier seien spekulative Dilettanten am Werk gewesen, die zum harten Alltagsgeschäft primärempirischer Forschung (etwa nach Art des Historikers oder empirischen Sozialforschers) nicht willens oder in der Lage waren. Es kommt vielmehr dadurch zustande, daß Erkenntnisinteressen verfolgt werden, die auf primärempirischem Wege nicht erreichbar sind. Die Erkenntnisinteressen sind legitim, denn sie sind nicht metaphysischer Natur. Sie können und müssen vielmehr auf erfahrungswissenschaftlichem Wege realisiert werden. Aber eben nicht unmittelbar primärempirisch, sondern nur durch Rückgriff auf die Vorarbeiten primärempirisch arbeitender Einzelwissenschaftler. Diese historische Soziologie operierte auf dem Hintergrund einer wissenschaftstheoretischen Lage, bei der im Zentrum wissenschaftlicher Erkenntnis nicht die Generierung von Daten, sondern deren »denkende Ordnung« stand.

Wie steht es um die Legitimität dieses Vorgehens? Natürlich kann die *scientific community* sich darauf verständigen, daß sekundärempirisches Vorgehen grundsätzlich illegitim ist. Das bedeutet freilich auch den Verzicht auf Erkenntnisinteressen, die nur auf sekundärempirischem Wege zu realisieren sind. Dies ist allerdings wissenschaftstheoretisch anfechtbar, wenn man davon ausgeht, daß die Priorität in der Wissenschaft dem Problem, nicht der Methode zukommt, daß sich also die Methoden nach den Problemen richten sollten und nicht umgekehrt.[15] Ein Verzicht

15 »Soweit man überhaupt davon sprechen kann, daß die Wissenschaft oder die Erkenntnis irgendwo beginnt, so gilt folgendes: Die Erkenntnis beginnt nicht mit Wahrnehmungen oder Beobachtungen oder der Sammlung von Daten oder von Tatsachen, sondern sie beginnt mit *Problemen* ... Ebenso wie alle anderen Wissenschaften, so sind auch die Sozialwissenschaften erfolgreich oder erfolglos, interessant oder schal, fruchtbar oder unfruchtbar, in genauem Verhältnis zu der Bedeutung oder dem Interesse der Probleme, um die es sich handelt; und natürlich auch in genauem Verhältnis zur Ehrlichkeit, Gradlinigkeit und Einfachheit, mit der diese Probleme angegriffen werden ... In allen Fällen, ohne Ausnahme, ist es der Charakter und

auf historisch-sekundärempirische Verfahren würde weiterhin bedeuten, daß die Soziologie auf geschichtliche Erfahrung verzichtet. Das stünde einer Erfahrungswissenschaft nicht gut zu Gesicht, zumal wenn sie auf universal gültige Aussagen abzielt. Ein verkürztes Gesellschaftsverständnis, das die Erscheinungen der Moderne unzulässigerweise generalisiert, ist die unvermeidliche Folge. Die Kosten eines Verzichts auf historisch-sekundärempirisches Vorgehen sind also hoch.

Andererseits relativieren sich die Unzulänglichkeiten sekundärempirischen Vorgehens, wenn man historisch-soziologische Arbeiten nicht isoliert für sich genommen sieht, sondern als Teil des wissenschaftlichen Kommunikationsprozesses begreift. Sekundärempirisch generierte Forschungsergebnisse geraten unter »fachmännische« Kritik, wie man etwa anhand von Max Webers Protestantismusbeitrag oder Sombarts *Modernem Kapitalismus* sehen kann. Gerade diese Reibungsflächen zwischen »Fachmännern« und »Synthetikern« sind aber für den Wissenschaftsprozeß produktiv. Zum einen wirken sie als Korrektiv der Synthetiker. Zum anderen sind sie heuristisch für die »Fachmänner« wertvoll. Aus der Reibung von primärempirischen und sekundärempirischen Verfahren erwächst Wissenschaft, die im Sinne Max Webers und René Königs zugleich lebensbedeutsam *und* wissenschaftlich solide ist.

4. Gegenwart und Erfahrungswissenschaft

Es gibt neben dem sekundärempirischen Vorgehen noch ein weiteres erfahrungswissenschaftliches Problem, welches die wissenschaftliche Legitimität deutscher historischer Soziologie berührt. Und zwar hat sie es als zeitdiagnostische Disziplin mit Gegenwart zu tun: Gegenwart ist, im Gegensatz zu Vergangenheit, ein Geschehen, das nicht abgeschlossen, sondern zur Zukunft hin offen ist. In den Worten Freyers ausgedrückt: Gegenwart ist ein »Geschehen, das zwar nicht aller, aber vieler Möglichkeiten voll

die Qualität des Problems – zusammen natürlich mit der Kühnheit und Eigenart der vorgeschlagenen Lösung –, die den Wert oder Unwert der wissenschaftlichen Leistung bestimmt. Der Ausgangspunkt ist also immer das Problem ...« (Popper 1974, S. 104 f.). In gleichem Sinne vgl. König 1984, S. 201.

ist« (Freyer 1955, S. 12). Das Problem liegt auf der Hand: Wie sind Urteile über einen Gegenstand, der noch im Fluß ist, mit einem erfahrungswissenschaftlichen Selbstverständnis zu vereinbaren?

Wir wollen diese Frage hier nicht grundsätzlich diskutieren oder gar entscheiden, sondern untersuchen, wie die deutschen historischen Soziologen mit diesem Problem methodisch umgehen, und zwar exemplarisch anhand von Zeitdiagnosen Mannheims, Freyers und Oppenheimers. Jede steht dabei paradigmatisch für einen bestimmten methodischen Zugriff.

Karl Mannheim stellt in seinem Beitrag »Das utopische Bewußtsein« vier »Gestalten« des neuzeitlichen utopischen Bewußtseins vor[16]: den »orgiastische(n) Chiliasmus der Wiedertäufer« (Mannheim 1969, S. 184-191), die »liberal-humanitäre Idee« (ebd., S. 191-199), die »konservative Idee« (ebd., S. 199-207) sowie die »sozialistisch-kommunistische Utopie« (ebd., 207 bis 213).[17] Die historische Analyse mündet – typisch für die deutschen historischen Soziologen – in eine Betrachtung zur Gegenwartslage ein (»Die gegenwärtige Konstellation«; ebd., S. 213 bis 225). Es geht um das utopische Bewußtsein im »gegenwärtigen Augenblick«.

Die neuzeitlichen Utopien – jedenfalls des Liberalismus, des Konservativismus, des Sozialismus – sind alle noch vorhanden, aber insgesamt registriert Mannheim »die allmähliche Senkung der utopischen Intensität«. Dafür sieht Mannheim verschiedene Anzeichen. Der »radikale Anarchismus«, also »die relativ reinste Form modernen chiliastischen Bewußtseins«, sei dabei, vom politischen Plan völlig zu verschwinden, »wodurch für die übrigen Gestalten der politischen Utopie ein Spannungsfaktor erlischt« (ebd., S. 214). Jede Gestalt des utopischen Bewußtseins markiere

---

16 »Für uns gelten als Utopien alle jene seinstranszendenten Vorstellungen (also nicht nur Wunschprojektionen), die irgendwann transformierend auf das historisch-gesellschaftliche Sein wirkten« (Mannheim 1969, S. 179). »Von einem utopischen Bewußtsein kann man mit Recht nur sprechen, wenn die jeweilige Gestalt der Utopie nicht nur ein lebendiger ›Inhalt‹ des betreffenden Bewußtseins ist, sondern zumindest der Tendenz nach in der gesamten Breite das Bewußtsein erfaßt« (Mannheim 1969, S. 182).

17 Zu den »Gestalten« des utopischen Bewußtseins vgl. Neusüss 1968, S. 147-182.

eine abnehmende Differenz zwischen Utopie und Sein. Die vorhandenen Utopien destruierten sich gegenseitig durch das wechselseitige Aufweisen ihrer historischen und sozialen Bedingtheit (ebd., S. 215). In der Politik »zerbröckelt die utopische Zielstrebigkeit und die damit eng zusammenhängende Fähigkeit zur Totalsicht in parlamentarischen Beratungskommissionen und in der Gewerkschaftsbewegung in bloße leitende Richtlinien für Bewältigung und Stellungnahme bei der Beherrschung der Mannigfaltigkeit« (ebd., S. 216). In der abnehmenden Tendenz zur Totalsicht und in der Formalisierung sozialwissenschaftlicher Forschung[18] manifestiert sich in der Wissenschaft die abnehmende utopische Spannung (vgl. ebd., S. 216 f.). In der Kunst drückt sich diese Tendenz im »neuen Realismus« aus.

Die Ursache der abnehmenden utopischen Intensität sieht Mannheim in einer »eigentümlichen Strukturbedingtheit«: »Je breitere Schichten in die konkrete Seinsbeherrschung hineinwachsen und je größer die Chance für einen in Evolution erringbaren Sieg ist, um so mehr gehen diese Schichten den vom Konservativismus vorgezeichneten Weg« (ebd., S. 214), das heißt der »Spannungslosigkeit« (ebd., S. 213) zwischen Idee und Wirklichkeit. Dies bedeutet die »Aufsaugung der Utopie«. So gilt zum Beispiel für die Politik: »Je mehr eine aufstrebende Partei in das parlamentarische Mitregieren hineinwächst, desto mehr gibt sie ihre aus der ursprünglich treibenden Utopie strahlende Totalsicht auf ...« (ebd., S. 216).

Der Fluchtpunkt der Tendenz abnehmender utopischer Spannung ist das »amerikanische Bewußtsein«. Damit meint Mannheim »ein Bewußtsein, das mit der »kapitalistischen Wirklichkeit« in »völlige(r) Deckung« steht. Sein Paradigma ist das einer »orgnisatorisch-technischen Wirklichkeitsbeherrschung« (vgl. ebd., S. 218 f.).

Aber es gibt noch Gegenkräfte zur Tendenz der abnehmenden utopischen Intensität. Diese sieht Mannheim zum einen in den dem Sozialismus und Kommunismus zuneigenden »noch nicht arrivierten Schichten. Für diese ist das ungetrennte Bündnis zwischen Utopie, Sicht und Aktion so lange unproblematisch, als sie Outsider in der gewordenen Welt sind. Ihre Präsenz im sozialen

18 »(D)as jeweilige Geschehen wird in ewiggleiche Gesetzmäßigkeiten bzw. Typen, Formen eingefangen, die sich nur jeweils anders kombinieren« (Mannheim 1969, S. 218).

Raume bedeutet das ungebrochene Vorhandensein zumindest einer Gestalt der Utopie, und die wird bis zu einem gewissen Grade immer wieder auch die Gegenutopien erzwingen, entzünden und aufflackern lassen, so oft zumindest, als dieser extremste linke Pol in Aktion tritt« (ebd., S. 221). Sollte es zu einer sozialen Revolution kommen, so »flackern auf allen Polen die utopischen und ideologischen Elemente von neuem auf« (ebd.). Die andere Gruppe sind die »Geistigen«, also die Gruppe derjenigen Intellektuellen, »denen es bewußt oder unbewußt stets auch auf etwas anderes ankam, als auf das Hineinarrivieren in die nächste Stufe des sozialen Seins … (D)iese Dünnschicht gab es bisher immer« (ebd., S. 221 f.). Diese »freischwebende Geistigkeit« »lebt bei weitem nicht mit dem Gewordenen in aproblematischer Seinskongruenz« (ebd., S. 222).

Und nun kommen wir an den Punkt, der uns in diesem Zusammenhang interessiert: »Es ist unvermeidlich, daß man sich nach einer solchen Konstellationsanalyse fragt, was nunmehr in der Zukunft geschieht« (ebd., S. 223). Aber gleich im nächsten Satz gesteht Mannheim die »Unbeantwortbarkeit dieser Frage« ein:

»Etwas vorauszusagen, wäre Prophetie … Denn die Form, in der Zukunft allein sich gibt, ist die der Möglichkeit, das Soll aber die adäquate Zuwendung zu ihr … Ob in unserer Situation, in der die verschiedenen Tendenzen zur Utopie mit der Tendenz zur Spannungslosigkeit im Kampfe stehen, diese oder jene Tendenz siegen wird, ist nicht erkennbar, denn das ist noch keine abgelaufene Möglichkeit, es steht noch aus. Was die Zukunft betrifft, so hängt potentiell alles (weil wir Menschen und nicht Dinge sind), der Wahrscheinlichkeit nach vieles von unserem Wollen ab. Wofür man hierbei optiert, liegt letzten Endes bei jedem einzelnen. Das bisher Dargestellte kann ihm nur dazu verhelfen, die Bedeutung seiner Option zu sehen« (ebd., S. 223 f.).

Also: Es ist nicht möglich, die Zukunft vorherzusagen, denn das wäre Prophetie. Aber ausgehend von der Konstellationsanalyse der Gegenwart ist es möglich, »nach gegenwärtigen Möglichkeiten (zu) fragen« (ebd., S. 223). Das heißt, die zur Zukunft hin offene Gegenwart wird in Möglichkeitsurteilen gedacht, nicht in Tatsachenurteilen, aber auch nicht in Werturteilen. Der soziologische Zeitdiagnostiker hat mittels einer Konstellationsanalyse idealtypisch mögliche Entwicklungsalternativen zu erschließen. Für welche dieser Möglichkeiten optiert wird, bleibt dem Leser, seinem Willen und seinen persönlichen Werthaltungen überlassen. Der soziologische Zeitdiagnostiker kann und darf also nicht sagen, was in der Zukunft sein wird oder sein soll, sondern nur, was sein *kann*.

Der erste und wichtigste methodische Griff der historischen Soziologen in bezug auf die Zukunftsoffenheit von Gegenwart ist also der, daß sie dazu keine Tatsachenurteile, sondern Möglichkeitsurteile abgeben. Doch das Möglichkeitsspektrum ist nicht unbegrenzt.

»(F)ür uns gibt es in einem jeden Augenblick ein Gewordenes mit einem zu ihm gehörigen Möglichkeitshorizont, aber dieser Horizont der Möglichkeiten ist nicht das abstrakt überhaupt Mögliche, auch nicht das für einen Kulturkreis überhaupt Mögliche, sondern nur das in einer besonderen Situation und Konstellation Mögliche, als solches aber nur Ansatzpunkte zum weiteren Werden, zu dem aber immer das schöpferisch Neue des Augenblickes wie auch der Situation hinzukommt« (Mannheim 1970b, S. 348).

Eine Aufgabe historisch-soziologischer Zeitdiagnostik besteht darin, festzustellen, was *nicht* mehr möglich bzw. was unabänderlich ist. Als »unentrinnbar«, nicht rückgängig zu machen gelten meist die Industrialisierung, die »gesellschaftlichen« Strukturen (im Sinne von Tönnies) und die Rationalisierung, die Rückkehr zum mythischen Denken ausschließt.

Die Zukunftsmöglichkeiten werden in der Regel binär codiert gedacht. Bei Mannheim zum Beispiel rivalisieren das »amerikanische Bewußtsein« und das »utopische Bewußtsein« (siehe oben). Heimann meint, der historische Fluchtpunkt der modernen Sozialpolitik könne in einem (selbstverwalteten) Sozialismus liegen, aber auch in einem aufgeklärten Betriebskapitalismus (siehe unten, Kapitel VI.2). Oppenheimer sieht die Perspektiven der Gegenwartskrise entweder im »liberalen Sozialismus« oder in Weltkrieg und sozialen Revolutionen (vgl. Kruse 1990, S. 163 bis 175). Aus der Sicht Alfred Webers kann sich als Sozialcharakter der Zukunft der »dritte Mensch« oder der »vierte Mensch« durchsetzen (vgl. Kapitel VI.4). Was die Dynamik der industriellen Gesellschaft anbetrifft, so kann sie nach Auffassung von Freyer in eine neue Ruhephase oder in eine ökologische und technische Katastrophe münden (vgl. Kruse 1994, S. 178-181).

Um das Möglichkeitsspektrum von Gegenwart besser auszuleuchten, operieren die historischen Soziologen mit dem historischen Vergleich. Diese methodische Variante soll im folgenden exemplarisch anhand der Theorie des antiken Seestaats von *Franz Oppenheimer* näher ausgeführt werden.

Oppenheimer begreift den Seestaat als geographisch bedingte Sonderform historischer Staatenbildung.[19] Die Normalform, der »feudale Landstaat«, entsteht durch Eroberung von Bauernvölkern durch Hirtennomadenstämme, die sich zum bevorrechtigten Stand aufschwingen und die unterworfenen Bauern zur Abtretung von Tributen zwingen. Der Seestaat in Gestalt von Stadtstaaten dagegen erwächst, so Oppenheimer, »entweder als Seeräuberburgen unmittelbar durch feindliche Festsetzung an einer fremden Küste oder als ›Kaufmannskolonien‹, die auf Grund friedlichen Vertrages in Häfen fremder primitiver oder entfalteter Feudalstaaten zugelassen waren« (Oppenheimer 1954, S. 66). Die ökonomische Existenz des Seestaats basiert auf Seeraub und Handel. Aufgrund des entfalteten Handels gelangt der Seestaat relativ schnell zur Geldwirtschaft, wogegen der Landstaat lange Zeit im Stadium der Naturalwirtschaft verbleibt (vgl. Oppenheimer 1964 II, S. 401).

Der Seestaat bringt zwei universalgeschichtlich hochbedeutsame soziologische Merkmale hervor. Hier entsteht erstmals Bürgerfreiheit samt der Herausbildung einer demokratischen Verfassung. Das zweite Merkmal liegt in der Entstehung und Entfaltung der kapitalistischen Sklavenwirtschaft. Bei ihr handelt es sich um »eine gesellschaftliche Einrichtung, die in jedem, auf Seeraub und Seehandel begründeten, geldwirtschaftlich entfalteten Stadtstaat unvermeidbar eintreten muß« (Oppenheimer 1954, S. 80). Kaperei und Krieg bewirken die beständige Zufuhr von Sklaven, und die Verwertung von Sklavenarbeit gestaltet sich rentabel und profitabel, jedenfalls solange kaufkräftige Märkte vorhanden sind. Der Nährboden für die Ausbreitung der mit Sklaven betriebenen Latifundienwirtschaft ist damit gegeben. Die Sklaverei erhält nunmehr einen neuen Charakter. Ursprünglich ein ökonomisch zweitrangiges, sporadisch vorhandenes Institut im Rahmen der Naturalwirtschaft (»patriarchalische Sklaverei«), transformiert sie mit der systematischen, massenhaften Ausbeutung der Sklavenarbeit für einen geldwirtschaftlich entfalteten Markt zur kapitalistischen Sklavenwirtschaft, welche die Ökonomie und Sozialstruktur ihrer Epoche prägt.

19 Vgl. zu Oppenheimers Theorie des Seestaates Oppenheimer 1954, S. 56-82, Oppenheimer 1964 II, S. 367-505.

Mit der Entfaltung der (für den Markt produzierenden) kapitalistischen Sklavenwirtschaft gerät die antike Gesellschaft in einen unentrinnbaren »Hexenkreis«. Dieser besteht im Kern darin, daß die kapitalistische Sklavenwirtschaft die Märkte, deren sie zum Absatz ihrer Güter bedarf, selbst zerstört. Da die sich ausbreitende Latifundienwirtschaft das freie Bauerntum verproletarisiert und die rentablere gewerbliche Sklavenproduktion den städtischen Mittelstand niederkonkurriert, reduziert sich der Binnenmarkt auf die Luxusbedürfnisse einer dünnen, sehr reichen Oberschicht. Die Kriege, die im Zeitalter der entfalteten kapitalistischen Sklavenwirtschaft häufig in regelrechte Sklavenjagden ausarten, vernichten nicht nur den äußeren Gegner, sondern auch den Exportmarkt. »Nachdem einmal der Erdkreis, der dieser Raubwirtschaft zugänglich war, geleert war, mußte die antike Gesellschaft in die Naturalwirtschaft zurücksinken« (Oppenheimer 1964 II, S. 481). Die Vernichtung des Mittelstandes, insbesondere des freien Bauerntums durch das Latifundienwesen, die Polarisierung der Gesellschaft höhlt die Widerstandskraft aus. Damit ist auch der politische Untergang der antiken Seestaaten notwendig vorprogrammiert, sie werden zur Beute äußerer Feinde. Nur das Römische Reich hat, so Oppenheimer, durch wiederholte innere Kolonisation eine um Jahrhunderte längere Lebensdauer erreicht als die anderen antiken Seestaaten wie Athen, Korinth, Karthago (vgl. ebd., S. 495 f.).

Im antiken Seestaat – und damit wird dieser in eine zeitdiagnostische Betrachtungsweise gerückt – sieht Oppenheimer Analogien zur bürgerlich-kapitalistischen Gesellschaft der Gegenwart. Vor allem hat er eine nach Oppenheimers Definition kapitalistische Gesellschaftsordnung hervorgebracht.[20] (Allerdings wirtschaftete der antike Kapitalismus mit unfreien Arbeitern, mit Sklaven, nur sekundär mit freien Lohnarbeitern). Die pathologischen Erscheinungen der modernen industriekapitalistischen Gesellschaft: extrem ungleiche Verteilung der erzeugten Güter, Pauperismus, ungesunde Zusammenballung in Großstädten, Verbrechen, Prostitution, kultureller Niedergang waren auch den antiken Gesellschaften zu eigen.

Und nun geht es um die Zukunft des modernen okzidentalen

---

20 »Der Kapitalismus ist eine Gesellschaftsordnung, in der das Erzeugnis ausgebeuteter Arbeiter auf einem geldwirtschaftlich entfalteten Markte ›verwertet‹ wird« (Oppenheimer 1962, S. 15).

Kapitalismus: Muß er in die gleiche Katastrophe münden wie der antike Kapitalismus? Oppenheimer verneint dies, und zwar mit folgender Argumentation. Der moderne industrielle Kapitalismus, der ohne die radikalste Form des »politischen Mittels«[21], die Sklaverei auskommt, ist weniger destruktiv. Indiz dafür ist die Bevölkerungsentwicklung: »Derjenige Zug, der den antiken am schärfsten vom neuzeitlichen Kapitalismus scheidet, ist die ungeheure Tatsache, daß die modernen Völker ... ein gewaltiges, in keiner Periode der Vorzeit je erhörtes Wachstum zeigen, während die Völker des Altertums ... bis zur fast völligen Vernichtung an Zahl zusammenschmelzen« (vgl. ebd., S. 484). Der antike Sklavenkapitalismus zerstört seine Märkte, wogegen der moderne, Lohnarbeit verwertende Kapitalismus neue äußere und innere Märkte erschließt.[22] Die Chancen zur Überwindung der Krise sind für die moderne Gesellschaft größer. Die einzige Möglichkeit, einer Katastrophe zu entrinnen, wäre für die antiken Gesellschaften die Abschaffung der Sklaverei gewesen. Doch Sklaverei galt in der Antike fast durchweg als natürliche, mithin unbestrittene Institution, wogegen der moderne Kapitalismus in Gestalt der sozialistischen Theorie immerhin »im Kopf« aufgehoben ist. Auch ist mit der sozialistischen Arbeiterschaft eine starke soziale Basis zur Überwindung des Kapitalismus gegeben. Voraussetzung für einen Erfolg ist allerdings eine politische Strategie, wel-

21 Zum Begriff des »politischen Mittels« vgl. Kapitel IV.3.
22 Allerdings birgt nach Oppenheimers Auffassung die Rivalität der nationalen Bourgeoisien im Kampf um den Weltmarkt das ständige Risiko eines zerstörerischen Weltkriegs, was Oppenheimer unterkonsumptionstheoretisch begründet: »Folgendes ist der Hexenkreis: die kapitalistische Verteilung läuft ... darauf hinaus, daß sämtliche an der Gütererzeugung beteiligten Arbeitenden ... mit ihren Löhnen ihr Produkt nicht zurückkaufen können. Ein gewaltiger, stets wachsender Teil bleibt zur Verfügung ... der Kapitalisten. Diese sind ... nicht imstande, den ungeheuren gesellschaftlichen Mehrwert in Gestalt von Gütern und Luxusdiensten zu verbrauchen ... Die Not des feindlichen Wettkampfes zwingt sie kategorisch, einen beträchtlichen Teil des ihren Konsums überschreitenden Einkommens zu kapitalisieren, das heißt in immer wirksameren, immer produktiveren Werkgütern anzulegen, dadurch die disponible Gütermasse immer mehr zu steigern; und den anderen Teil, der aus dem soeben dargelegten Grunde immer mehr anschwillt, auf fremde Märkte zu exportieren« (Oppenheimer 1964 II, S. 789).

che ein dauerhaftes Bündnis mit den Mittelschichten, insbesondere mit der Bauernschaft einschließt.

Die moderne Gesellschaft hat also im Gegensatz zum antiken Kapitalismus die Chance, ihre Krise durch Reformen zu überwinden, und zwar durch eine Bodenreform, welche das Großgrundeigentum beseitigt und freien Boden schafft. Gelingt die soziale Reform nicht, »so wird das Schicksal der Antike auch das der europäischen Moderne sein: der Völkertod« (ebd., S. 690).

Gewiß hat Oppenheimer in seiner Diagnose der Gegenwartskrise die Sozialpolitik als Weg der Reform systematisch unterschätzt (vgl. Kapitel VI.5). In unserem Kontext geht es aber nur darum, zu sehen, wie Oppenheimer versucht, den historischen Vergleich zur Analyse der Gegenwartslage zu nutzen. Oppenheimer arbeitet heraus, daß der Untergang des antiken Seestaates Ergebnis einer spezifischen historischen Konstellation ist, nicht aber zwangsläufige Folge eherner geschichtlicher Gesetze, die alle Kulturen notwendig treffen muß. Der historische Vergleich versetzt ihn in die Lage, Oswald Spenglers Diktum vom »Untergang des Abendlandes« überzeugend zurückzuweisen (vgl. Oppenheimer 1921).

Eine dritte Variante, die Zukunftsoffenheit von Gegenwart methodisch zu handhaben, repräsentiert *Hans Freyer* mit seiner Diagnose der industriellen Gesellschaft aus der Nachkriegszeit. Wie geht Freyer mit diesem Kardinalproblem historisch-soziologischer Zeitdiagnostik um?

Zunächst einmal verzichtet der späte Freyer auf jegliche historische Teleologie. Er charakterisiert ausdrücklich Geschichte, und damit auch die industriegesellschaftliche Gegenwart, als offenen Prozeß: »Geschichtlichkeit des Menschen (bedeutet) immer auch dies, daß eine überdeterminierte Vielheit von Möglichkeiten aufgesammelt in ihm bereitliegt« (Freyer 1965, S. 328). »Die Geschichte verharrt immer im Un-Endgültigen« (Freyer 1955, S. 216). Aber Freyer begnügt sich nicht mit derart grundsätzlichen Bekenntnissen. Er reduziert die Komplexität industriegesellschaftlicher Wirklichkeit idealtypisch auf vier »Trends«, die sich in der industriegesellschaftlichen Entwicklung zunehmend durchsetzen: die »Machbarkeit der Sachen«, die »Organisierbarkeit der Arbeit«, die »Zivilisierbarkeit des Menschen« und die »Vollendbarkeit der Geschichte«.[23]

23 Diese »Trends« verstehen sich nicht als Abbild der Wirklichkeit, son-

Mit »Machbarkeit der Sachen« ist gemeint: Der Umgang des Menschen in der vorindustriellen Gesellschaft ist durch die Kategorie des »Wartens« bestimmt, das heißt, er hat sich in seinem wirtschaftlichen Handeln nach den Wachstumskreisläufen und -zeiten der Natur zu richten. Dies gilt insbesondere für den Bauern. In der industriellen Gesellschaft wird die Kategorie des »Wartens« durch die Kategorie des »Machens« (nicht vollständig, aber weitgehend) abgelöst. »Machen« ist die Herstellung einer Sache aus Stoff nach Zweckmäßigkeitsgesichtspunkten. Es erfolgt nicht unter »Wachstumsgesetze(n), deren Wirkung man geduldig abwarten muß«, sondern unter »Sachgesetze(n), denen man ungeduldig nachspüren kann« (ebd., S. 20). »Das einzige Gebot, das sein Tempo bestimmt, ist die Sorgfalt« (ebd., S. 22).

Ähnlich tiefgreifend wie in der Produktion ist der Wandel in der Arbeitsorganisation. Arbeitsteilung an sich ist kein modernes Phänomen, aber eine notwendige Vorbedingung der industriellen Produktionsweise, indem sie die Produktivität erhöht und die Märkte stimuliert, und – vor allem – den Arbeitsprozeß maschinengerecht gestaltet. Erst wenn der Arbeitsprozeß in seine »letzten Elemente«, das heißt in einfachste Bewegungen, zerlegt ist, »werden Mechanismen als Ersatz der menschlichen Arbeit erfindbar« (ebd., S. 35). Mit der Maschine tritt die Organisation der Arbeit auf eine neue Stufe. »Ihr Prinzip ist, daß nicht die Maschine als ein höher entwickeltes Werkzeug in den menschlichen Arbeitsgang, sondern daß die menschliche Arbeit, entsprechend reduziert und umgeformt, in den Maschinengang eingefügt wird« (ebd., S. 38). Der arbeitende Mensch füllt die Lücken, die das maschinenmäßig organisierte System gelassen hat.

Der dritte Trend, der laut Freyer die gegenwärtige Industriegesellschaft prägt, ist die »Zivilisierbarkeit des Menschen«. Damit ist folgendes gemeint: »Die Menschen werden stärker auf einen Nenner gebracht, der Typus eines Normalverhaltens breitet sich aus, das von allen erwartet und in einem immer größeren Prozentsatz der Fälle tatsächlich eingehalten wird« (ebd., S. 48). Der

dern als idealtypische Reduktion, die keine Vollständigkeit beanspruchen: »Die vier Trends, die wir gezeichnet haben, *und eine Reihe anderer, die wir hätten hinzufügen können*, konvergieren« (Freyer 1955, S. 79; Hervorhebung vom Verf.).

ursprüngliche soziale Ort der Zivilisierung ist, so Freyer unter Berufung auf Norbert Elias, die höfische Gesellschaft. In der modernen Gesellschaft ist es die industrielle Arbeitswelt.[24]

Der Ursprung des vierten Trends, der Idee der »Vollendbarkeit der Geschichte«, liegt in der Utopie. Seit dem neunzehnten Jahrhundert arbeiten soziologische und politische Theorien verschiedener Couleur mit der Vision, »die Wissenschaft vom gesellschaftlichen Leben werde dessen zweckmäßige Ordnung konstruieren, etwa so wie die Technik auf Grund der physikalischen Erkenntnisse eine Maschine baut« (ebd., S. 70). Realität ist der Gedanke der Vollendbarkeit der Geschichte in dem Sinne, »daß der Raum des Planbaren und tatsächlich bereits Geplanten immerzu wächst, desgleichen die Zahl und die Macht der Kräfte, die in diesem Sinne tätig sind« (ebd., S. 78).

Diese »Trends« zu Ende gedacht, ergibt sich eine Gesellschaft der »sekundären Systeme« (vgl. dazu ebd., vor allem S. 79-116). Das ist eine soziale Welt, die nicht geschichtlich gewachsen, sondern von Funktionssystemen her konstruiert ist. Sie hat sich vom geschichtlichen Erbe und den natürlichen Grundlagen gleichermaßen gelöst und bildet insofern eine Art »zweite Natur«. Diese »sekundären Systeme« nehmen den Menschen nicht als Ganzheit, sondern »betreffen« ihn in einer bestimmten Hinsicht. Die den sekundären Systemen adäquate Verhaltensweise ist die Anpassung. Sie bringen einen Sozialcharakter hervor, den Freyer in Anlehnung an Musil als »Mann ohne Eigenschaften« bezeichnet (vgl. Freyer 1960, besonders S. 308). Motivsetzend für die Akteure sind die Imperative der institutionellen Strukturen und Prozesse, in die sie eingebunden sind.

24 »(D)as gesamte Arbeitswesen unter industriellen Bedingungen ... übt einen beständigen Zeitdruck und Sachlichkeitszwang aus. Es zwingt zum ›Zurechtkommen‹ in einem dreifachen Sinn: zum Einhalten der abgemessenen Zeiteinheiten, zum Fertigwerden mit der Sache, ohne daß man sich im geringsten versieht und vergreift, und zum Zurechtkommen mit den vielen Händen und Köpfen, die mit einem selbst Kette bilden« (Freyer 1955, S. 59). – Auch außerhalb der Arbeitswelt fördert die moderne Gesellschaft die Zivilisierung des Menschen: »Gegen eine großstädtische Verkehrsregelung mit Brachialgewalt vorzugehen, ist ebenso evident untunlich, wie wenn die Parteien im modernen Zivilprozeß bewaffnet erscheinen wollen« (Freyer 1955, S. 59).

Es geht hier nicht um den Inhalt, sondern um einen Versuch, mit der Zukunftsoffenheit von Gegenwart methodisch umzugehen. Das Modell der »sekundären Systeme« ist keine willkürliche Prophetie. Es beschreibt eine Gesellschaft nicht, wie sie sein wird, sondern wie sie sein *kann*, *wenn* sich diese vier Trends vollkommen durchsetzen. In diesem Sinne gibt Freyer

»zu bedenken, daß Modelle, wie wir sie suchen, zwar dazu da sind, die Wirklichkeit zu erhellen, sogar zu ihrer Beschreibung zu dienen, daß sie aber in der Wirklichkeit nie rein begegnen, und daß alles, was in dieser begegnet, in ihrem Sinne nicht rein ist. Ihr logischer Sinn ist, daß sie das, was sich in der Wirklichkeit anspinnt, weiterdenken, zu Ende denken, beim Wort nehmen und sogar übertreiben … Man darf solch ein Modell weder zur bloßen Denkmöglichkeit verflüchtigen noch es als pure Realität ausgeben« (Freyer 1955, S. 80).

Die dritte Möglichkeit der historischen Soziologen, Zukunft methodisch zu erfassen, ist also, empirisch faßbare langfristige Trends gedanklich in die Zukunft zu verlängern und ein Modell zu konstruieren, in dem sich diese Trends in idealtypischer Reinheit vollendet haben.

Wie auch immer man grundsätzlich die wissenschaftliche Zulässigkeit soziologischer Zeitdiagnostik beurteilen mag: den historischen Soziologen kann kaum abgesprochen werden, daß sie dieses schwierige, erfahrungswissenschaftlich problematische Terrain der zukunftsoffenen Gegenwart methodologisch reflektiert bearbeitet haben, mit Hilfe von Möglichkeitsurteilen, historischen Vergleichen und qualitativer Extrapolation säkularer Trends. Sie bewegen sich dabei im Rahmen von Max Webers Wirklichkeitswissenschaft. Denn dieser hat die »Abschätzung möglicher Zukunftskonstellationen« als eine (neben anderen) »denkbare vierte Aufgabe« historisch-soziologischer Konstellationsanalyse ausdrücklich akzeptiert (vgl. Max Weber 1973b, S. 175).

VI. »Wertideen« im historisch-soziologischen Erkenntnisprozeß

Wir haben für die Kategorien Erkenntnisgegenstand, Erklärung und Erfahrung festgestellt, daß die Kriterien der Geschichts- und Sozialphilosophie, von bezeichneten individuellen Ausnahmen abgesehen, nicht zutreffen. Im vorangegangenen Kapitel haben wir auf die reichen und vielfältigen Materialmengen hingewiesen, die in den historisch-soziologischen Synthesen verarbeitet werden. Nichtsdestotrotz wäre historische Soziologie *dann* als Geschichts- und Sozialphilosophie zu betrachten, wenn die Intention eine nichtkognitive wäre und unreflektiert Wertungen und Analyse miteinander vermischt würden. Wie also verhält es sich mit Werten im historisch-soziologischen Erkenntnisprozeß?

Vergegenwärtigen wir uns noch einmal die Positionen Königs und Max Webers. Königs Auffassung ist schnell dargelegt. Als erkenntnistheoretischer Realist fordert er eine wertfreie Wissenschaft, weil nur Wertfreiheit garantiert, daß Wirklichkeit unverzerrt und objektiv, »wie sie ist«, wahrgenommen wird. Werte verzerren die Objektivität des wissenschaftlichen Erkenntnisprozesses (vgl. Kapitel I.2). Kennzeichnend für »Geschichts- und Sozialphilosophie« ist hingegen, daß Werte, Weltanschauungen, Politik einerseits und Erfahrungsbestandteile andererseits beständig miteinander vermischt werden, wobei derartigen Denksystemen letztlich eine nichtkognitive Intention unterliegt.

Anders und komplizierter stellt sich die Wertlehre bei Max Weber dar. Wirklichkeit, so deren erkenntnistheoretischer Ausgangspunkt, ist im Formmodus des Erkennens nicht unmittelbar gegeben, sondern durch Begriffe vermittelt. Was aus der unendlichen Wirklichkeit (im Formmodus des Erlebens bzw. der vorbegrifflichen Anschauung) thematisiert wird, entscheiden unsere Wertideen (vgl. Barrelmeyer 1997, S. 187-208). Werte sind also, zumindest wo es um die Erfassung historischer Individuen geht, für den Erkenntnisprozeß konstitutiv und unentbehrlich. Doch die Funktion der Werte in der Wirklichkeitswissenschaft hat sich auf *Wertbeziehung* zu beschränken. (Subjektive) Werturteile hingegen lehnt Max Weber bekanntlich ab. Warum?

Max Webers Postulat der Werturteilsfreiheit hat eine doppelte Begründung. Erstens eine erkenntniskritische: *Werturteile* – also Urteile über das Seinsollende – *sind erfahrungswissenschaftlich nicht begründbar*.[1] Sie sind letztlich eine persönliche Entscheidung. Zweitens eine pädagogische: Der Hochschullehrer soll die ihm in der Vorlesung widerspruchslos ausgelieferten Studenten nicht mit Werturteilen traktieren.[2]

Dennoch sollte man – auch abgesehen von der Wertbeziehung – Webers Wertfreiheitspostulat nicht zu restriktiv interpretieren. Werturteile sind nicht per se unzulässig.[3] Doch sie müssen als solche expliziert und dürfen nicht mit der »Erörterung von Tatsachen« vermischt werden.[4] Werturteile sind dann unzulässig, wenn sie nicht als solche expliziert werden. Doch auch unzulässige, nichtexplizierte Werturteile kommen, so Weber, faktisch vor, und niemand kann für sich in Anspruch nehmen, er sei dagegen gefeit. Sie trüben die Argumentation und mindern den wissenschaftlichen Wert, aber sie disqualifizieren eine wissenschaftliche

1 »(W)ir sind der Meinung, daß es niemals Aufgabe einer Erfahrungswissenschaft sein kann, bindende Normen und Ideale zu ermitteln …« (Max Weber 1973b, S. 149). Vgl. auch S. 150, 151 f., 153 und 154.

2 »Es ist doch ein beispielloser Zustand, wenn zahlreiche staatlich beglaubigte Propheten, welche nicht auf den Gassen oder in den Kirchen oder sonst in der Oeffentlichkeit, oder, wenn privatim, dann in persönlich ausgelesenen Glaubenskonventikeln, die sich als solche bekennen, predigen, sondern in der angeblich objektiven, unkontrollierbaren, diskussionslosen und also vor allem Widerspruch sorgsam geschützten Stille des vom Staat privilegierten Hörsals ›im Namen der Wissenschaft‹ maßgebende Kathederentscheidungen über Weltanschauungsfragen zum besten zu geben sich herausnehmen« (Max Weber 1973d, S. 492). Dieser zweite Gesichtspunkt tritt erst in den Aufsätzen »Der Sinn der ›Wertfreiheit‹ der soziologischen und ökonomischen Wissenschaften« und »Wissenschaft als Beruf« hervor.

3 »Freilich können die Herausgeber weder für sich selbst noch ihren Mitarbeitern ein- für allemal verbieten, die Ideale, die sie beseelen, auch in Werturteilen zum Ausdruck zu bringen« (Max Weber 1973b, S. 156).

4 »Die stete Vermischung wissenschaftlicher Erörterung der Tatsachen und wertender Raissonnements ist eine der zwar noch immer verbreitetsten, aber auch schädlichsten Eigenarten von Arbeiten unseres Fachs. Gegen diese *Vermischung, nicht* etwa gegen das Eintreten für die eigenen Ideale richten sich die vorstehenden Ausführungen« (Max Weber 1973, S. 157).

Arbeit nicht pauschal.[5] Max Weber (1973a, S. 125) räumt sogar ein, daß »scharf präzisierte ›Wertungen‹ ... eminent leistungsfähige Geburtshelfer kausaler Erkenntnis sein *können*«.

Erfahrungswissenschaft kann über die Gültigkeit von Werten nicht entscheiden. Dennoch ist sie wichtig für die Wertediskussion. »Eine empirische Wissenschaft vermag niemanden zu lehren, was er *soll*, sondern nur, was er *kann* ...« (Max Weber 1973b, S. 151). Werturteilsfreiheit bedeutet keineswegs weltanschaulichpolitische Enthaltsamkeit: »*Gesinnungslosigkeit* und *wissenschaftliche* ›Objektivität‹ haben keinerlei innere Verwandschaft« (ebd., S. 157).

In diesem Kapitel werden wir zunächst das methodologische Selbstverständnis der historischen Soziologen in bezug auf Werte im historisch-soziologischen Erkenntnisprozeß untersuchen (VI.1). Wie Werte als theoretisch reflektierte Wertbeziehung konkret wirken, wird dann exemplarisch anhand von Beiträgen Alfred Webers und Eduard Heimanns zum Themenkreis Arbeiterbewegung/Sozialpolitik gezeigt (VI.2). Danach wird zu prüfen sein, ob und inwieweit gemäß »Geschichts- und Sozialphilosophie« eine unreflektierte Vermengung von Erfahrungswissen und Werten mit nichtkognitiver Intention stattfindet. Diese Frage werden wir anhand von Alfred Webers Diagnose der modernen Kulturkrise diskutieren (VI.3). Wir werden uns danach einigen Fehldiagnosen der historischen Soziologen zuwenden und fragen, ob diese auf Erkenntnisverzerrung durch Werte im Sinne Königs zurückzuführen sind (VI.4). Schließlich werden die Befunde dieser Arbeit zum Thema »Werte im historisch-soziologischen Erkenntnisprozeß« zusammengefaßt und diskutiert (VI.5).

---

5 »Richtig ist, daß die persönlichen Weltanschauungen auf dem Gebiet unserer Wissenschaften unausgesetzt hineinzuspielen pflegen auch in die wissenschaftliche Argumentation, sie immer wieder trüben ... Auch die Herausgeber und Mitarbeiter unserer Zeitschrift werden in dieser Hinsicht sicherlich ›nichts Menschliches von sich fern glauben‹. Aber von diesem Bekenntnis menschlicher Schwäche ist es ein weiter Weg bis zu dem Glauben an eine ›ethische‹ Wissenschaft der Nationalökonomie, welche aus ihrem Stoff Ideale oder durch Anwendung allgemeiner ethischer Imperative auf ihren Stoff konkrete Normen zu produzieren hätte« (Max Weber 1973b, S. 151 f.).

1. Zur Methodologie der Werte

Die historischen Soziologen verstehen sich im Sinne von Ringers Mandarinbegriff als Intelligenzler mit Anspruch auf geistige Führung in der Gesellschaft (vgl. Kapitel II). »Geistige Führung« beinhaltet zum einen: soziologische Zeitdiagnostik, zum anderen aber auch: Kreation, Auslegung, Schutz und gesellschaftliche Durchsetzung von Werten.[6] Es sind aufgrund des gesellschaftlichen Selbstverständnisses bei den historischen Soziologen also auf jeden Fall Werte im Spiel. Die Frage ist: wo und wie? Wir wollen nun betrachten, wie es die historischen Soziologen, methodologisch gesehen, mit Werten im wissenschaftlichen Erkenntnisprozeß halten.

Eine verbreitete Auffassung besagt, daß die Trennung von (wertfreier) empirischer Sozialforschung und (werthaltiger) Geschichts- und Sozialphilosophie in Deutschland eine Errungenschaft der fünfziger Jahre war, die von Max Webers Wertfreiheitspostulat frühzeitig, aber einsam antizipiert wurde. Demgegenüber hat Otthein Rammstedt in *Wertfreiheit und die Konstitution der Soziologie in Deutschland* (1988) herausgearbeitet, daß »(s)eit der Ära Stumm die Wertfreiheit als Prinzip in der deutschen Soziologie geläufig (war)« (Rammstedt 1988, S. 270), was mit zahlreichen Belegen insbesondere von Simmel, Tönnies und Sombart untermauert wird.[7] Daher habe sich die deutsche Soziologie in der DGS auch leicht auf Wertfreiheit als konstitutives Prinzip einigen können. Wir haben zunächst zu untersuchen, ob die Rammstedt-These auch für die historischen Soziologen gilt.

Werner Sombart hatte das Wertfreiheitspostulat bereits vor Max Webers Objektivitätsaufsatz formuliert.[8] So ist es konse-

---

6 Aus diesem Anspruch auf »geistige Führung« erwächst »Gelehrtenpolitik«. Es gibt folglich bei den Mandarinen wissenschaftliche und gelehrtenpolitische Schriften. Eine immer wiederkehrende Fehlerquelle in der Kritik an der Weimarer Soziologie ist, daß *gelehrtenpolitische* Arbeiten, die als solche natürlich Werte vertreten, als *wissenschaftliche* Arbeiten gelesen und beurteilt werden. Vgl. dazu auch Kapitel VI.5.

7 Rammstedt (1988, S. 264) interpretiert das Prinzip der Werturteilsfreiheit als »Resultat der generationsspezifischen gemeinsamen Erfahrung der Gründungsmitglieder der DGS«.

8 In seinem Aufsatz »Ideale der Sozialpolitik« (1897) erklärt Sombart, daß er »der wissenschaftlichen Kritik dem politischen Ideal gegen-

quent, daß er die Aufgabe der Soziologie bestimmte als die »Feststellung dessen, was war, ist oder sein wird, also Ausschließung der Betrachtung dessen, was sein soll, somit aller Politik« (Sombart 1923, S. 6). Schon im *Morgen* (1907a, S. 43) hatte Sombart »das politische Interesse«, das darauf gerichtet ist, »ein bestimmtes politisches Ideal zu verwirklichen«, unterschieden vom Anliegen »des Soziologen, der die gesellschaftlichen Zusammenhänge nur erkennen will«. Des weiteren hatte er im gleichen Organ festgestellt: »Postulate lassen sich bekanntlich niemals als richtig oder falsch nachweisen. Richtig oder falsch sind immer nur Erkenntnisse kausaler Zusammenhänge« (Sombart 1907c, S. 418). Während des Dritten Reiches setzte sich Sombart wiederholt dafür ein, Wissenschaft und Politik zu trennen, das heißt, den nationalsozialistischen Einfluß aus der Sozialwissenschaft herauszuhalten (vgl. Lenger 1994, S. 377-385).

Franz Oppenheimer stellt der Definition seines Soziologiebegriffs die Bemerkung voran, daß das, »was *historisch* als ›Soziologie‹ bezeichnet wird«, »meistens ein sehr unmethodisches Gemenge von theoretischer Soziologie und Sozialphilosophie«

über nicht die Rolle des wegweisenden Führers zuerteile ... Alles politische Streben hat seine letzten Gründe in der gesamten Welt- und Lebensauffassung der einzelnen, diese aber reicht mit ihrem letzten Ende in das metaphysische Gebiet des Glaubens hinüber, in das ihr die Erkenntnis nicht zu folgen vermag ... Was eine kritische Lehre vom politischen Ideal zu leisten vermag, ist hauptsächlich dieses: zunächst und vor allem gerade im Kantischen Sinne ›Kritik‹ zu üben, das heißt die Grenze des Beweisbaren zu ziehen; sodann aber innerhalb der Sphäre des Beweisbaren, das heißt des der wissenschaftlichen Erkenntnis zugänglichen Gebietes ordnend und klärend zu wirken. Da giebt es vielerlei zu thun: Irrtümer, Widersprüche, Halbheiten in der Gestaltung des Ideals sind aufzudecken. Dieses selbst ist in formal einheitlichem Aufbau zu konstruieren und darzustellen. Dann sind die Beziehungen des Ideals auf einzelnem Gebiete – zum Beispiel dem sozialpolitischen – zu anderen Idealen – zum Beispiel dem ethischen – nachzuweisen, ist die Frage zu prüfen nach der Abhängigkeit des Einzelideals von letzten Zielen u. s. w. Betreffen diese Untersuchungen mehr die formale Gestaltung eines Ideals, so ist auch sein Inhalt kritisch zu prüfen: es ist zu zeigen, daß ein bestimmtes Ideal utopisch ist, weil im Widerspruch befindlich mit objektiv zwingenden Tatsachen, daß ein anderes notwendig erheischt wird, will anders man bestimmte andere Zwecke erreichen oder weil eine Reihe von Umständen unabänderlich feststeht u. s. w. u. s. w.« (Sombart 1897, S. 12-14).

gewesen sei (Oppenheimer 1964 I, 1, S. 153). Dagegen postuliert er »die Notwendigkeit einer sauberen Unterscheidung zwischen Soziologie und Sozialphilosophie« (ebd., S. 154). Er unterscheidet »›Seinswissenschaft‹« und »›Sollwissenschaft‹«, »jene eine rationalistische, theoretische, kausal erklärende, diese eine an Werten orientierte, wertende Wissenschaft« (ebd., S. 153). Er kommt zu dem Schluß, daß »die Soziologie … in ihrem eigenen Betriebe mit der Welt der Werte und dem Sinn der Geschichte nichts zu tun« hat (ebd., S. 164).

Ernst Troeltsch erklärt in *Die Soziallehren der christlichen Kirchen und Gruppen* (1912), daß »die Gesellschaftslehre in der Tat rein aus sich die letzten Werte und Normen nicht zu erzeugen vermag« (Troeltsch 1965, S. 2). Er wendet sich dabei auch explizit gegen Max Webers Antipoden im Werturteilsstreit, Gustav Schmoller (vgl. ebd.). In *Der Historismus und seine Probleme* differenziert er zwischen »historischen Seinswissenschaften« und »normativen Wertwissenschaften« (Troeltsch 1922, S. 418). Am ausführlichsten hat Troeltsch sein methodologisches Verständnis von Werten im Aufsatz »Zum Begriff und zur Methode der Soziologie« (1916) dargelegt:

»(I)ch unterscheide eine naturwissenschaftliche und eine historische Methode wie Dilthey, Windelband und Rickert; ich unterscheide von beiden Methoden der Erforschung der Seinswirklichkeit wieder die ethische Region der Bildung momentan-spontan erzeugter Bewertungsmaßstäbe, die aus der jeweiligen Situation nachfühlbar und verständlich erwachsen, aber nicht als ihr kausal notwendiges Produkt bezeichnet und wissenschaftlich überhaupt nicht erklärt werden können und sollen« (Troeltsch 1916, S. 273).

In diesem Sinn differenziert er zwischen »Soziologie« (als »historischer Seinswissenschaft«) und »Sozialökonomik« (als »normativer Wertwissenschaft«):

»Die Soziologie wäre vielmehr auch der völlig selbständigen und eigene Problemstellungen besitzenden Sozialökonomik gegenüber lediglich eine Hilfswissenschaft und Voraussetzung. Sie ermöglichte der historischen Erforschung sozialökonomischer Lebenssysteme die Erklärung und das Verständnis aus einem die verschiedendsten Kausalitäten in sich vereinigenden soziologischen Gesamtzustand, und sie gäbe jeder normativen Theorie eines für die Gegenwart zu erbauenden oder abzuändernden ökonomischen Systems die Unterlage in der Kenntnis der Grundbedingungen der die Gegenwart beherrschenden soziologischen Struktur …« (ebd., S. 275).

Troeltsch betont auch, daß aus einer zeitdiagnostischen Analyse keine Kulturideale abgeleitet werden können. Die »Periode des Wirtschaftslebens, in der sich die europäisch-amerikanische Welt gegenwärtig befindet«, müsse »wissenschaftlich zum Verständnis gebracht« werden. »Freilich für die Entwerfung von Richtlinien und Idealen der Zukunft … kann eine solche Analyse des Gegebenen nicht ausreichen, sondern nur die Unterlage bilden« (ebd., S. 275 f.).

Alfred Weber grenzt seine »Kultursoziologie« von »Geschichtsphilosophie« ab: »Ihre Aufgabe ist das empirisch Feststellbare … Ihre Aufgabe ist aber nicht, nach dem *Sinn* des geschichtlichen Gesamtverlaufs zu fragen, wie das jede Geschichtsphilosophie tut« (A. Weber 1931, S. 291).[9] Er setzt sich mit Seitenblick auf Ottmar Spann ab von »Verirrungen, die irgendwelche, angeblich universalistisch geschauten Entitäten in heilloser Konfusion unaufhörlich vermengen mit vom Herzen gesetzten Lebenspostulaten und sich dadurch jede klare Analyse, jede leidlich objektive historische Gesamtdeutung verlegen« (A. Weber 1927, S. 11). 1955 sieht er als »unverlierbare(n) Ertrag« der Wertlehre Max Webers »das nun nicht mehr zu überspringende klare Bewußtsein über die Heteronomie des Wertens und der objektiven wissenschaftlichen Analyse« (A. Weber 1955, S. 165).

Ganz im Sinne Max Webers, entgegen dem marxistischen Postulat eines »wissenschaftlichen Sozialismus«, stellt *Eduard Heimann* klar, daß Sozialismus nicht wissenschaftlich begründet werden kann: »Daß und warum Sozialismus gewollt werden soll, ist unabhängig von aller Wissenschaft zu entscheiden … Wissenschaftlich kann und muß der Sozialismus aber da vorgehen, wo er die rationale Frage nach den Mitteln zur Verwirklichung des Zieles stellt« (vgl. Heimann 1922, S. 29 f.).

Alfred von Martin gibt zu bedenken: »Wissenschaftliche (und das heißt immer: einzelwissenschaftliche) Aspekte können unendlich fruchtbar sein – solange die Wissenschaft nicht, die ihrem eigenen Wesen gegebenen Grenzen überschreitend, Weltanschauung sein will … Denn Wissenschaft hat als solche nicht die

9 Eine ähnliche Differenzierung findet sich bei Mannheim: zwischen metaphysischer »Geschichtsphilosophie« und einer »dynamischen Soziologie«, in der »Metaphysik … ausgeschaltet« und die »nicht wertend ist« (Mannheim 1980, S. 131).

Fähigkeit, aus sich heraus geistige Totalität zu erzeugen« (von Martin 1930, S. 21). In seiner späteren *Soziologie* betont von Martin, »die normativen Fragestellungen (und Feststellungen) gehören nicht in die Soziologie« (von Martin 1956, S. 13; vgl. ähnlich von Martin 1956c, S. 7, S. 108).

Karl Mannheim zieht – in *Ideologie und Utopie* – die Grenze zwischen Wissenschaft und Politik, zwischen politischer Wissenschaft und politischer Entscheidung so:

»Was du zu wollen hast, hast du als politischer Mensch zu wollen, wenn du aber dies und jenes willst, mußt du dies und jenes tun, und dies ist dein Ort im Gesamtprozeß. Die Willensentscheidung wird als nicht lehrbar betrachtet, aber den Strukturzusammenhang zwischen Entscheidungen und Sicht, zwischen Sozialprozeß und Willensprozeß zum Thema der Mitteilung und Forschung zu machen, ist doch eine der Forschung zugängliche Aufgabe« (Mannheim 1969, S. 142).

In *Mensch und Gesellschaft* postuliert Mannheim eine soziologische Synthese, die sich vom reinen »Sammeln und Beschreiben von Fakten« einerseits, aber auch von Synthesen politischer Dogmatiker und Philosophen andererseits absetzt:

»Der politische Dogmatiker interessiert sich für soziologische Fragen nicht aus zweckfreier Liebe zur Wissenschaft, sondern weil er seine Partei rechtfertigen will. Der Publizist versucht, zu einer Art eigenen Synthese zu kommen, deren Grund oft nicht in der Beweiskraft wissenschaftlicher Unterlagen, sondern in der jeweiligen Lebensgeschichte des einzelnen Schreibers zu finden ist. Der Philosoph wiederum, der leicht zu einer spekulativen Beurteilung des politischen Lebens neigt, hat durch seinen Abstand von den tatsächlichen Gegebenheiten keinen Zugang zur empirischen Soziologie und begnügt sich gewöhnlich damit, einige metaphysische Dogmen seiner eigenen Gedankenrichtung zu untermauern« (Mannheim 1958, S. 37).

Hier wird also eine wissenschaftliche, auf empirischer Forschung beruhende Synthese mit kognitiver Intention unterschieden von nichtwissenschaftlichen, nicht empirisch gestützten Synthesen mit nichtkognitiver Intention.

Auch der späte *Hans Freyer* ist zur Einsicht gelangt, daß sich Soziologie auf das zu beschränken hat, was »ist«:

»Diese Wissenschaft (»Soziologie«, V. K.) beschränkt sich, wie wir sie heute betreiben, mit vollem Bewußtsein auf die strukturelle Charakteristik dessen, was ist, und sie hält diese Beschränkung auch aufrecht unserer eigenen gesellschaftlichen Wirklichkeit gegenüber. Die Frage, was zu tun sei, wird damit selbstverständlich nicht abgeleugnet, sie wird als Frage herausgearbeitet, wenn auch die Antwort darauf nicht mehr in die Kompetenz der Soziologie fällt« (Freyer 1956, S. 219).

Aus alledem ist zu entnehmen, daß sich die historischen Soziologen gemäß Max Weber des Unterschiedes zwischen Sein und Seinsollendem, Wissenschaft und Weltanschauung, Analyse und Wertung bewußt sind.

Daß diese Dinge unreflektiert miteinander vermengt würden, wie »Geschichts- und Sozialphilosophie« besagt, trifft jedenfalls im Bereich methodologischer Reflexion nicht zu. Richtig ist vielmehr, daß das Bewußtsein für die Unterscheidung von Erfahrungswissen und Weltanschauung keineswegs eine neue Errungenschaft der fünfziger Jahre war, auch nicht allein Max Weber zuzuschreiben ist, sondern bereits in den neunziger Jahren des neunzehnten Jahrhunderts mehrfach auftaucht und in der Soziologie der zwanziger Jahre weite Verbreitung gefunden hat.[10]

Nun erschöpft sich Max Webers Wertelehre nicht im Postulat der Werturteilsfreiheit. Vielmehr sind Werte für ihn konstitutiv für den sozialwissenschaftlichen Erkenntnisprozeß, sie bestimmen als theoretisch reflektierte Wertbeziehung maßgeblich die Thematik und Begrifflichkeit einer wirklichkeitswissenschaftlichen Arbeit. Diese Auffassung findet sich auch bei anderen historischen Soziologen.

In diesem Sinne grenzt Troeltsch sein Projekt einer »Kultursynthese« von der Geschichtsphilosophie des neunzehnten Jahrhunderts ab: »an Stelle der auf Natur-, Geistes- oder Weltgesetze begründeten *objektiven* Teleologie und Kontemplation des Gesamtverlaufes der Menschheit tritt die *vom Subjekt her zu schaffende* gegenwärtige Kultursynthese des Europäismus« (Troeltsch 1922, S. VII f.; Hervorhebung vom Verf.). Troeltsch hat in bezug auf Ranke als vermeintlicher Inkarnation wertfreier Wissenschaft herausgearbeitet, daß und wie für scheinbar rein kontemplative historische Erkenntnis »gegenwartsbedingte Wertung« konstitutiv ist (vgl. ebd., S. 113-116).

Auch Mannheim stellt klar, daß

»ein inniger *Zirkel zwischen Wollen und Erkennen* besteht, wie sie gleichsam Teile derselben Totalität sind: denn, indem der Gegenwarts-

10 Auch im methodologischen Denken um die Jahrhundertwende tritt die Differenzierung zwischen Sein und Seinsollendem bereits klar zutage (vgl. Kapitel I.4).

mensch nur erkennen will, um seine überrationalen Wollungen zu klären, gestaltet er durch seine scheinbar reine Kontemplativität bereits die
Gegenwart, wodurch die Kontemplativität zugleich Aktivität ist; andererseits ist dieses konkrete Zukunftwollen Quell, *aber auch Grenze zugleich dafür, was aus der Vergangenheit und in welcher Form für eine
Epoche überhaupt sichtbar wird*« (Mannheim 1970, S. 269 f.; letzte Hervorhebung vom Verf.).

In diesem Sinne ist auch der Satz zu verstehen, »daß aber Weltanschauung nicht unbedingt eine Fehlerquelle, sondern umgekehrt
geradezu eine Chance ist, zu bestimmten Wissensgebieten den
Zugang zu gewinnen« (Mannheim 1969, S. 147).
    Dieser letztgenannte Standpunkt Mannheims findet sich bei
Freyer noch stärker »historisch-existenzialistisch«, wie König
sagen würde, pointiert: »(N)ur wer gesellschaftlich etwas will,
sieht etwas« (Freyer 1930, S. 305). Dies läßt sich noch gerade als
im Rahmen von Max Webers Wertbeziehung liegend interpretieren. Freyer geht dann aber noch einen Schritt weiter mit dem
berühmten Satz: »Wahres Wollen fundiert wahre Erkenntnis«
(ebd., S. 307). Damit werden die Grenzen zwischen Wissenschaft
und Politik eingeebnet, folglich das Webersche Konzept einer
Wirklichkeitswissenschaft gesprengt.
    Doch mit diesem Vorstoß stand Freyer unter den historischen
Soziologen (jedenfalls den von uns behandelten) allein da. Mannheim, selbst ein kühner und experimentierender Denker, distan-
zierte sich umgehend davon:

»So interessant der Versuch der Weiterführung unserer Gedankengänge
bezüglich der Seinsverbundenheit des Denkens bei manchen Richtungen sein mag, die diese Lehre dazu brauchen, um ihre sonst problematisch gewordenen Fundamente zu legitimieren, so gefährlich scheinen
uns bestimmte Konsequenzen, die aus ihr gezogen worden sind, zu sein.
Mündet diese Theorie gar in den überpointierten Satz: ›Wahres Wollen
fundiert wahre Erkenntnis‹, so öffnen wir in der Theorie jeder Beliebig-
keit Tor und Tür. Denn wer wird wohl in der Arena der Gedanken nicht
in der Überzeugung oder in der Maske des ›wahren Wollens‹ auftreten,
und wer wird sich in dieser Situation nicht freuen, daß er sich von nun an
nicht mehr als sachhaltig ausweisen muß, sondern daß es erlaubt sein
wird, sich im Erkennen auf Eingebung und ›wahre Gesinnung‹ zu berufen. Damit ist jene Aufgabe, die mit der Einsicht in die Faktizität der
Seinsverbundenheit des Denkens gestellt worden ist, falsch gelenkt,
denn sie stellt sich nicht mehr, wie ursprünglich gewollt, in den Dienst
der Selbstkritik und der Distanzierung der Seinsgebundenheit, son-

dern sie dient zur Legitimierung jeder Parteilichkeit« (Mannheim 1932, S. 40).

Ganz auf der Linie Max Webers bewegt sich dann wieder Alfred von Martins methodologische Reflexion über Werte in seiner *Soziologie*. Gewiß habe es die Kultursoziologie empirisch mit Werten zu tun, aber »ohne daß die Soziologie es als ihres Amtes ansähe, über den Wesens- und Sinngehalt der dabei in Betracht kommenden geistigen Werte zu urteilen ...« (von Martin 1956, S. 7). Denn:

»Die Soziologie ist – auch wo sie die soziale Bedeutung von »Normen« und die soziale Bedingtheit ihres Soseins untersucht – keine ›normative‹ Wissenschaft ... Die Soziologie überschreitet die Grenzen ihrer Möglichkeiten, wenn sie es unternimmt, den Wahrheitsgehalt von (wirklichen oder vorgeblichen) Erkenntnissen oder den Sinn- und Wertgehalt von Weltanschauungen zu ermitteln« (ebd., S. 108).

Dies entspricht Max Webers These, daß Werte nicht erfahrungswissenschaftlich begründbar sind. Andererseits lehnt von Martin eine Wertfreiheit im Sinne Königs ab: »Eine ›Wertfreiheit‹ der Wissenschaft im allgemeinen kann es darum nicht geben, weil ohne den Begriff (und den Maßstab) des ›Wissenswerten‹ jede Wissenschaft in Uferlosigkeiten ohne Sinn sich verlieren muß« (ebd., S. 13 f.). Dies entspricht Webers Sicht, daß Werte konstitutiv für die Bildung des Erkenntnisobjektes in der Wirklichkeitswissenschaft sind.

Abschließend seien noch zwei mit Mißverständlichkeiten und Mißverständnissen behaftete Fälle vorgestellt. Alfred Weber plädiert in seiner späten *Einführung in die Soziologie* – gegen seinen Bruder Max – für eine »wertungsgefüllte Soziologie« (1955, S. 38). Warum? Die Soziologie brauche, »will sie nicht in einem ledernen Institutionalismus und Instrumentalismus verdorren ..., das Werten wie das liebe Brot«. (ebd., S. 165). Für eine weltzugewandte Soziologie sind, so Alfred Weber, Werte nicht zu entbehren, »kein wissenschaftliches Fragen und Antworten erhält Lebensbezogenheit ohne ihren Hintergrund« (ebd., S. 165). »Wertfreiheit« könne nur heißen, daß man mit »möglichster Objektivität und Härte gegen eigene Wertungen und Wünsche *feststellt*, wie es mit den Bedingungen für das Entstehen oder die Erhaltung des für wertvoll Gehaltenen steht. Daß also die Analyse selbst von möglichst großer Objektivität gefüllt ist ...«

Alfred Weber grenzt sich dabei von seinem Bruder ab; in Wirklichkeit bewegt er sich, was der verunglückte Ausdruck »wertungsgefüllte Soziologie« verdeckt, durchaus noch auf dessen Linie. Denn auch dieser forderte als Konsequenz wertfreier Wissenschaft die Anerkennung unbequemer Tatsachen und betonte die Notwendigkeit der Werte für den kulturwissenschaftlichen Erkenntnisprozeß im Sinne einer Wertbeziehung. Alfred trennt sich erst darin von seinem Bruder, daß er Werte nicht als etwas Subjektives, sondern als Ausfluß absoluter transzendenter Mächte begreift.[11]

Müller-Armack polemisiert gegen das »Ideal einer werturteilsfreien Wissenschaft«, »da schon die wissenschaftliche Fragestellung ein Auswählen nach wichtig und unwichtig ist«. Ohne Werte verliere die Wissenschaft die Fähigkeit, »auf wesentliche Probleme zu antworten« (Müller-Armack 1981d, S. 12). Diese Sätze werden zwar gegen Max Weber gerichtet, aber hier liegt ein offenkundiges Mißverständnis vor, weil Max Webers Wertlehre auf Werturteilsfreiheit reduziert wird. Eigentlich thematisieren sie das, was Max Weber als »Wertbeziehung« bezeichnet hat.

Fazit: Die deutschen historischen Soziologen plädieren für eine Scheidung von Wissenschaft und Politik, von Werten und Erfahrungswissen. Sie sind sich der Notwendigkeit von Wertideen zur Konstruktion eines Erkenntnisobjekts bewußt. Was die erkenntnistheoretische Reflexion von Werten im Wissenschaftsprozeß anbetrifft, bewegten sie sich auf der gleichen methodologischen Linie wie Max Weber. Die Ausnahme ist Hans Freyer, der mit der Formel »Wahres Wollen fundiert wahre Erkenntnis« sich außerhalb von Max Webers Wirklichkeitswissenschaft begibt.

Die Wertideen, welche die historischen Soziologen vertreten, sind weitgehend einheitlich: Freiheit, Persönlichkeitsentfaltung und Humanität.[12] Weniger bildungsaristokratisch geprägt zeigt

11 »So gewiß alles Werten auch subjektive Elemente in sich trägt, nicht bloß je nach der persönlichen Anlagegliederung, sondern auch nach dem historischen Ort, an dem man steht, so bleiben unsere grundlegenden menschlichen Wertungen doch Etiketten auf zwar in gewissen Grenzen variationsfähigen aber in ihrem Wesen *absoluten* Mächten, die als objektive Daseinsphänomene *da* sind, auch wenn sie logisch nicht auflösbar und logisch nicht umgreifbar sind« (A. Weber 1955, S. 165).

12 Max Webers Wertideen kommen vielleicht am deutlichsten in »Zur

sich Oppenheimer, der sich zu »Freiheit, Gleichheit und Brüderlichkeit«, den Grundwerten der Französischen Revolution, bekennt (vgl. Oppenheimer 1964a, S. 44). Die große Ausnahme bildet wieder Freyer in den zwanziger und dreißiger Jahren. Der Leipziger Soziologe optiert für »Volksgemeinschaft« und »Führerschaft« und bricht damit aus der bürgerlich-liberalen Wertewelt aus.

2. Wertbeziehung und »soziale Frage«

Wir möchten im folgenden detaillierter verfolgen, wie die Werte der Freiheit, der Persönlichkeit und Menschenwürde via Wertbeziehung das Forschungsinteresse und den Inhalt historisch-so-

Lage der bürgerlichen Demokratie in Rußland« (1906) zum Ausdruck. Weber bezeichnet sich darin als »›Individualisten‹« und »Parteigänger ›demokratischer‹ Institutionen«. Und hier wird auch deutlich, warum Weber sich so intensiv der russischen Revolution von 1905/06, die aus heutiger Sicht eher als Episode erscheint, zuwendet (und dafür auch Russisch lernt), warum er aus der unendlichen Wirklichkeit ausgerechnet das historische Individuum »bürgerliche Demokratie in Rußland« bildet: »(E)s sind, in gewissem Sinn, in der Tat vielleicht ›letzte‹ Gelegenheiten für den Aufbau ›freier‹ Kulturen ›von Grund aus‹... Und deshalb vermögen wir, über alle Unterschiede der nationalen Eigenart und, – verschweigen wir es uns nicht, – wahrscheinlich auch vieler nationaler Interessen hinweg, unmöglich anders als mit tiefer innerer Bewegung und Anteilnahme auf den russischen Befreiungskampf und seine Träger, – gleichviel welcher ›Richtung‹ und ›Klasse‹, – zu blicken« (Max Weber 1906, S. 350). – »Die sein Forschungsinteresse wie auch seine politische und gesellschaftliche Haltung letztendlich maßgeblich bestimmende Kernfrage war: ›Wie ist es angesichts dieser Übermacht der Tendenz zur Bureaukratisierung überhaupt noch möglich irgend welche Reste einer in irgendeinem Sinn ›individualistischen‹ Bewegungsfreiheit zu retten?« (Mommsen 1993, S. 44). Ähnlich beschreibt Lenger (1994, S. 142) die Werthaltung Sombarts als »Sorge um die Bewahrung von Individualität und Persönlichkeit in der modernen kapitalistischen Massengesellschaft«. Mannheim (1958, S. 5) bezeichnete »die Freiheit und die eigene Verantwortung als oberstes Ziel«. Über die Werte der Freiheit, Persönlichkeitsentfaltung und Menschenwürde bei Troeltsch, Alfred Weber und Heimann vgl. die folgenden Kapitel VI.2-3. Über von Martin vgl. Kruse 1994, S. 100 f.

ziologischer Zeitdiagnostik prägen, und zwar beispielhaft anhand der »sozialen Frage«. Sie wurde im neunzehnten Jahrhundert sozialpolitisch überwiegend als »Arbeiterernährungsfrage« (Friedrich Albert Lange), wirtschaftswissenschaftlich als Verteilungsfrage verstanden. Zu einer anderen Sichtweise gelangten Alfred Weber und Eduard Heimann. Wir wollen anhand ihrer Beiträge zur sozialen Frage die Wertbeziehung transparent machen und zugleich überprüfen, ob eine unreflektierte Vermischung von Werten und Erfahrungswissen vorliegt.

Alfred Weber definiert am Vorabend des Ersten Weltkriegs »die *heutige* soziale Frage« als »die Frage der Rettung der Persönlichkeit vor Absorption im Apparat« (A. Weber 1913a, S. 10). Seine Begründung dafür hat er im Verein für Sozialpolitik wie folgt zusammengefaßt:

»Die Formen der *materiellen* Eingliederung der Arbeiterklasse, ihre Eingliederung zum mindesten in die gegenwärtige Wirtschaft sind nun heute – das kann man sagen – prinzipiell gefunden. Es sind *Minimal*bedingungen der Existenz, deren Verwirklichung keineswegs, ja längst noch nicht vollständig geworden ist und deren dauernde Vertretung weiter eine gemeinsame Aufgabe aller noch so verschieden gefärbter Sozialpolitiker sein muß. Ihr Grundbestand und Wesen aber in Arbeiterschutz, Versicherung, Gewerkschaftswesen und Genossenschaften ist heute grundsätzlich nicht mehr angefochten ... Was nicht nur tatsächlich, sondern auch *prinzipiell* unfertig dasteht, weil es von der abgelaufenen Periode vernachlässigt wurde, sind die Probleme der zweiten, der geistigen Linie, die Fragen der psychischen und kulturellen Emanzipation der Arbeiterklasse bei ihrer Arbeit« (ebd.).

Aus diesen Ausführungen (»Rettung der Persönlichkeit vor dem Apparat«, »psychische und kulturelle Emanzipation der Arbeiterklasse«) werden die bürgerlich-humanistischen Werte bereits recht deutlich. Wichtig ist aber auch, daß Webers Thematik sich keineswegs *allein* aus bestimmten Kulturwerten ableitet, sondern daß dabei auch Urteile über die objektive Lage, wenn auch verdeckt, hineinspielen. Hintergrund ist die Prosperitätsphase, die das Deutsche Reich seit etwa 1895 durchläuft. Die Industrieproduktion wächst, die Reallöhne steigen, der Reformismus gewinnt in der Arbeiterbewegung mehr und mehr an Boden, die sozialpolitischen Institutionen sind, wie es Weber ausdrückt, »prinzipiell gefunden«. Die Dringlichkeit der sozialen Frage im materiellen Sinne läßt also nach. Gleichzeitig beobachtet Weber, wie sich die

Konzentration des Kapitals zu Großunternehmungen in unterschiedlichen Rechtsformen vollzieht. Die Großunternehmungen erhöhen die Produktivität, aber sie verändern zugleich die Arbeitsexistenz.

Also: Die Kulturwerte der Freiheit und Persönlichkeitsentfaltung prägen die Thematik. In die Konstitution der Thematik gehen aber auch Urteile über die objektive Lage ein. Man kann nicht sagen, daß hier Werte von der adäquaten Wahrnehmung der Wirklichkeit ablenken. Denn wenn auch Weber die »psychische und kulturelle Emanzipation der Arbeiterklasse bei ihrer Arbeit« fokussiert, so ist er sich der weiterhin unbefriedigenden materiellen Lage der Arbeiterschaft durchaus bewußt und fordert entsprechend weitere Anstrengungen zu deren Verbesserung. Verfolgen wir jetzt aber weiter, was es mit Alfred Webers »neuer sozialer Frage« auf sich hat.

Den unmittelbaren Erfahrungshintergrund bilden die Erhebungen über »Auslese und Anpassung (Berufswahl und Berufsschicksal) der Arbeiter in den verschiedenen Zweigen der Großindustrie« im Auftrag des Vereins für Sozialpolitik, die von ihm 1907 angeregt und gemeinsam mit Heinrich Herkner und Gustav Schmoller geleitet wurden. Die Ergebnisse verarbeitet Alfred Weber in seinem Vortrag vor dem Verein für Sozialpolitik »Das Berufsschicksal der Industriearbeiter« (A. Weber 1912), der die empirisch-analytische Grundlage für die Theorie der »neuen sozialen Frage« darstellt. Das Berufsschicksal der Industriearbeiter wird vom Leben im kapitalistischen Großbetrieb geprägt, den Weber als »kapitalistischen Apparat« bezeichnet:

»Da ist der kapitalistische Apparat mit seiner Zerlegung der alten Komplexe gelernter Arbeit in eine unübersehbare Masse differenzierter Teilfunktionen zu einem undurchsichtigen Gewebe, das in verschiedenem Maße um einen Kern mechanisierter Produktionsvorgänge herumgruppiert ist, eine Hierarchie der Arbeitsakte und Funktionen, die dem Arbeiter als ein Ganzes gegenübersteht, in das er irgendwo einen Platz finden muß, um zu leben. Und da ist auf der anderen Seite der lebendige Strom von Menschen, den diese Arbeitshierarchie in sich hineinsaugt, jung und unverbraucht, um ihn ausgenutzt und alt als bloße Arbeitskraftmasse, wie er hineingesogen ward, einmal wieder auszustoßen« (ebd., S. 379).

Dieser »kapitalistische Apparat« ist ein differenziertes, vielgliedriges System von Arbeitsakten und von verschiedenen Höhenlagen der sozialen Positionen. Er ermöglicht innerbetrieblichen Aufstieg, doch ist dieser, wie Weber anhand von Lohnkurven, gestaffelt nach Lebensalter, aufzeigt, nicht von Dauer. Die Durchschnittslöhne steigen tendenziell bis etwa zum 40. Lebensjahr, um danach rapide abzufallen. Weber deutet die Daten, bezogen auf die innerbetriebliche Karriere des Arbeiters, so, »daß sein Verbleiben in den zentralen, hohe Leistungen und qualifizierte Anspannungen verlangenden Teilen des Apparates im großen und ganzen nur ein vorübergehendes ist, und daß das 40. Jahr im ganzen dabei den entscheidenen Knick seines Berufsschicksals darstellt« (ebd., S. 383). Nach dem 40. Lebensjahr fallen die Arbeiter, die eine höhere Position erreicht haben, wieder in periphere Stellen (zum Beispiel als Packer oder Kehrer) zurück oder werden aus dem Betrieb ausgestoßen.

Die Kernfrage Alfred Webers lautet jedoch: Was bedeutet die Arbeitstätigkeit im ›kapitalistischen Apparat‹ für das Lebensschicksal des einzelnen Arbeitermenschen, die den größten Teil seiner ›wachen Zeit‹ ausfüllt und den größten Teil seiner Erlebnisse enthält? Weber unterscheidet für das Erleben des Arbeiters »zwei große Kategorien von Schicksals- und Daseinsmöglichkeiten«: die Sphäre der *ungelernten* Arbeitsakte« sowie die *angelernte* Arbeitssphäre (ebd., S. 390).

Charakteristisch für das Schicksal der ungelernten Arbeiter ist eine unstete berufliche Existenz; sie werden »hier aufgesogen, dort wieder abgestoßen, von Ort zu Ort bewegt« (ebd., S. 391). Diese unstete berufliche Existenz verschafft ihnen eine gewisse Vielfalt von Erlebnismöglichkeiten, aber ihr Lebenslauf basiert nicht auf aktiver, selbstbestimmter Gestaltung. Vielmehr ist

»ihre Existenz tatsächlich beinahe gänzlich *passiv* …, ihr Schicksal ein Hingetriebenwerden oder Hingenommenwerden von dieser und jener Gelegenheit, ein Mitgehen an jeder Straßenecke …, kein Versuch irgendwelcher Zusammenfassung der Lebenselemente von irgend einem Zentrum, ein absolut unorganisches Hingleiten durch bestimmte Tatsachen, Möglichkeiten, Richtungen und Plätze, ohne daß daraus mehr als der langsame Verbrauch der eigenen Kraft und des eigenen Lebens folgt … (so ist) das Berufsschicksal dieser gänzlich ungelernten Masse … höchstens als die Karikatur eines wirklich reichen Daseins (anzusehen)« (ebd., S. 392).

Noch trostloser, gemessen an dem Ideal eines »wirklich reichen Daseins«, fällt das Schicksal der Angelernten aus. Zwar nehmen sie eine höhere Position im kapitalistischen Apparat ein als die erste Kategorie, sie sind qualifizierter, sie verdienen mehr, aber ihr Lebensschicksal ist noch einförmiger als das der Ungelernten. Sie wandern nicht, weil sie mit ihren speziellen Fähigkeiten kaum eine andere Stelle ausfüllen können. Sie wechseln den Beruf nicht, weil dies neues Anlernen und zeitweisen Verdienstausfall bedeuten würde. So sind sie »die rechten promethischen Sklaven, die der kapitalistische Apparat an diese Stelle angekettet hat, aus denen er an jedem Tag das gleiche Stück von Lebenskraft mit den eintönigen Schlägen seiner Maschinerie an diesem jämmerlichen Fleck herausholt, und die auf keine Weise dem Verbrauch ihres Lebens, der sich so vollzieht, entrinnen können« (ebd., S. 393 f.).

Es sind noch zwei Arbeiterkategorien, die nicht in das für den kapitalistischen Apparat typische fremdbestimmte, einförmige Dasein hinabfallen, die jedoch laut Alfred Weber nur eine geringfügige Minderheit unter den Arbeitern umfassen. Da ist zum einen die Gruppe der Fabrikhandwerker, die Weber als »Außenglieder des kapitalistischen Apparats« charakterisiert (ebd., S. 389). Ihr Lebensschicksal verläuft in vieler Hinsicht in den traditionellen Bahnen des selbständigen Handwerkers, besonders hinsichtlich der Arbeitsweise und der Wanderzeit. Sie wechseln ihren Arbeitsplatz aus freien Stücken relativ leicht und können ihren Arbeitsrhythmus weitgehend selbst bestimmen (ebd., S. 390). Die zweite begünstigte Gruppe enthält die Arbeiter, die komplizierte Handarbeit zu verrichten haben oder technische Leitungsfunktionen erfüllen (zum Beispiel Feinmechaniker und Monteure in der Elektrotechnik und Optik, höherstehende Arbeiter in der Maschinenindustrie, Maschinenleiter, besonders qualifizierte Spinner und Weber). Sie zeichnen sich durch häufigeren Stellen- und Ortswechsel aus, ihr Arbeitsinhalt ist vielfältiger und variantenreicher als bei den Ungelernten und Angelernten. Doch auch dieser Kategorie droht durch die besondere Intensität und Anspannung bei der Arbeit das »Herabgestoßenwerden, wenn die Leistungsfähigkeit erschöpft ist« (ebd., S. 395).

Wie kann das Berufsschicksal der Industriearbeiter erleichtert und verbessert werden? Alfred Weber entwickelt kein geschlossenes Konzept, sondern nur programmatische Grundrisse, die mit einigen konkreten sozialpolitischen Vorschlägen angereichert sind. Als Kriterien einer alternativen Sozialpolitik nennt er »das größte Maß von psychischer Lebendigkeit« und »das größte

Maß von Selbstbestimmung jedes einzelnen« (A. Weber 1913, S. 11). Staatsbetriebe (und auch staatssozialistische Wirtschafts- und Gesellschaftssysteme) sind geeignet zur materiellen Sicherung der Arbeiter und als Einnahmequellen des Staates, aber unter den genannten Kriterien sind sie ein untaugliches Instrument alternativer Sozialpolitik, da sie die Tendenz zur Bürokratisierung verstärken. Unter den gegebenen Voraussetzungen der gesellschaftlichen Entwicklung plädiert Weber für ein Konkurrenzsystem, das Privatunternehmen, Staatsbetriebe und Genossenschaften einschließt, in der Hoffnung, daß sich die am wenigsten bürokratischen Organisationsformen durchsetzen und der Konkurrenzkampf zum »Rekurrieren auf die spontane Mitarbeit, die psychische Opferfähigkeit und Anpassungsfähigkeit der Eingegliederten« zwingt, was »noch das größte Maß von allgemeiner Mitbestimmung und Lebendigkeit der Menschen auslösen« würde (ebd., S. 11 f.).

Eine alternative Sozialpolitik, für deren politische Durchsetzung Alfred Weber ein Bündnis von Linksliberalen und SPD anvisiert, hätte vor allem einen häufigeren Arbeitsplatzwechsel zu ermöglichen, um die Angelernten von der Bindung an einen einzelnen Arbeitsakt zu befreien. Dazu unterbreitet Weber folgende Vorschläge:

- Untersuchungen über die Konsequenzen häufigeren Arbeitswechsels für die Produktivität, wobei Weber die Vermutung äußert, ein solcher würde sich produktivitätsfördernd auswirken;
- verbesserte und erweiterte Aus- und Fortbildung, die den Arbeiter in mehreren Arbeitsarten anlernt;
- Abbau der materiellen und psychischen Barrieren des Arbeiters für einen Arbeits- und Berufswechsel (materielle Unterstützung für Berufswechsel durch Gewerkschaften; Propagierung des Berufswechsels als »selbstverständliches Ideal« durch die Arbeiterorganisationen).
- Gewährung einer Rente für erwerbsunfähige Arbeiter, und zwar, soweit möglich, durch »freie Selbstversicherung ...«, weil eine Vermehrung der Staatsabhängigkeit und die Einschläferungswirkung aller Zwangsgestaltungen dabei aus dem Spiel bleiben« (A. Weber 1912, S. 399).

Wie drückt sich in alledem die Wertbeziehung aus? Erstens in der Fragestellung nach dem Lebensschicksal, wie dieses, gemessen am Ideal eines »wirklich reichen Daseins« (also eines aktiven, selbstbestimmten, selbstgestalteten Lebens mit vielfältigen Erlebnisvariationen) ausfällt. Zweitens in der Begrifflichkeit, die auf die Arbeits- und Freizeitexistenz zugeschnitten ist (»zwei große Kategorien von Schicksals- und Daseinsmöglichkeiten«). Drittens in der Semantik, die nicht wertfrei ist, aber dadurch die leitenden Werte deutlich werden läßt. Viertens im Maßstab der programmatischen Alternativvorschläge, als deren Kriterien er »das größte Maß von psychischer Lebendigkeit« und »das größte Maß von Selbstbestimmung jedes Einzelnen« (A. Weber 1913, S. 11) nennt.

Werden hier gemäß »Geschichts- und Sozialphilosophie« Wertungen und Analyse heillos miteinander vermischt? Wir meinen: nein. Man kann logisch deutlich drei Komponenten auseinanderhalten. Erstens die Fragestellung und die Begriffsbestimmung, welche durch Werte im Sinne von Webers Wertbeziehung mitgeprägt sind. Davon läßt sich deutlich unterscheiden die objektive Analyse des Berufsschicksals der Industriearbeiter, die rein empirisch (auf Arbeiterbiographien und -befragungen) gestützt ist und von Werten unbelastet ist. Es geht dabei rein um die objektive Lage und nicht um Weltanschauungen, Politik oder dergleichen. Dann schließlich, als dritte Komponente, gibt es programmatische Vorschläge, die sich zum einen an – explizierten – Werten orientieren, zum anderen an den objektiven Gegebenheiten und deren Veränderungsmöglichkeiten. Eine Konfusion von Wertungen und Analyse findet nicht statt.

Auf die soziale Frage bezieht sich auch Eduard Heimanns *Soziale Theorie des Kapitalismus*. Die soziale Frage ist für Heimann weniger ein Problem materieller Verelendung denn sozialer Unfreiheit und menschlicher Entwürdigung.[13] Die Arbeiterexistenz stellt sich für ihn ähnlich dar wie für Alfred Weber: »Von aller geistigen Leistung, aller Gestaltung ausgeschlossen, als Rädchen in die Maschinerie, als Gegenstand der Machtausübung in die Unternehmung eingefügt, in den wenigen und müden Abendstunden nochmals durch die Armut jeder Gestaltungsmöglichkeit beraubt zu sein, das ist der Inhalt der Erniedrigung, die das

---

13 »Aber die soziale Frage ist in ihrem inneren Sinn nach keine bloße Lohnfrage; sie ist die Frage, die der arbeitende Mensch an das Leben stellt«, die »Frage nach der Gestaltung des Arbeitslebens« (Heimann 1980, S. 317).

kapitalistische Schicksal dem arbeitenden Menschen bereitet« (Heimann 1980, S. 310 f.). Fokus seiner Analyse ist die »soziale Freiheit«, das heißt »die Freiheit des arbeitenden Menschen« (ebd., S. 313).

Heimann (ebd., S. 28-35) legt zunächst dar, daß der Liberalismus ursprünglich auf die Freiheit aller Menschen, auch der Arbeitenden, abzielte. Der freie Kleinbetrieb würde sich, so die liberale Erwartung, der staatlich privilegierten Manufaktur mit ihren unmotivierten Arbeitern überlegen erweisen (ebd., S. 39). Doch die Freiheit führte nicht zur kleinbetrieblichen Demokratie, sondern durch die »technische Revolution« zum kapitalistischen Großbetrieb« (ebd., S. 41). Kapitalismus interessiert Heimann als »großbetriebliche Herrschaftsorganisation« (ebd.), als deren »soziales Merkmal« er die »Unfreiheit« sieht (ebd., S. 121).

Als »Gegenkraft« gegen die »Entwürdigung der Arbeit in der modernen Arbeitswelt« entsteht die »Arbeiterbewegung«, die »soziale Bewegung« (ebd., S. 140). »Die soziale Bewegung nimmt ihren Ausgang von der Erkenntnis, daß es in der Wirtschaft für die darin tätigen Menschen um mehr geht als um bloß Wirtschaftliches, daß es um die freiheitliche und würdige Gestaltung des Arbeitslebens geht« (ebd., S. 318). Dabei machen die Arbeiter von der rechtlichen Freiheit, die ihnen der Liberalismus geschenkt hat, Gebrauch, um die soziale Freiheit zurückzugewinnen, »um dem Kapitalismus Stück um Stück des ihnen vorenthaltenen Anspruchs auf lebendige Freiheit und Würde abzutrotzen« (ebd., S. 309).

Die »Kraft der Arbeiterbewegung« ist »der Wille zur Freiheit und Würde der Arbeit in der großbetrieblichen Arbeitsorganisation. Dieser Wille ist notwendig da …; er ist elementar und existentiell, vormoralisch und vorrational; er ist der Lebensdrang in den geknechteten Menschen der kapitalistischen Arbeitswelt« (ebd., S. 140). Die Triebkraft der Arbeiterbewegung sieht Heimann also weniger im Trachten nach Verbesserung der materiellen Lage als im Streben nach »Freiheit und Würde der Arbeit in der großbetrieblichen Arbeitswelt« (ebd., S. 144).

Ihren »institutionellen Niederschlag« findet die soziale Bewegung in der »Sozialpolitik«. Sozialpolitik ist mehr als »Wohlfahrtspflege«, von der jene bezeichnenderweise begrifflich abgegrenzt wird. Sozialpolitik sind die institutionellen Konsequenzen, die von der Arbeiterbewegung erzwungen und von der

Regierung realisiert werden. Eigentliches sozialpolitisches Subjekt ist also nicht der Staat, sondern die soziale Bewegung.

»(D)ie Sozialpolitik erhöht die Löhne, aber sie ringt auch um mannigfache Freiheiten und Verantwortungen unabhängig von der Einkommensfrage und nicht selten auf ihre Kosten. Nach ihrem Ursprung und Wesen ist die Sozialpolitik klar und einheitlich auf die soziale Freiheitsordnung gerichtet und kann nur so verstanden und beschrieben werden … Wenn sich Sozialpolitik aber zu einer bloßen Lohnfrage verengt und um der Lohnstrategie halber auf die geistige Spannkraft der arbeitenden Menschen verzichtet, so entsteht … herrschaftliche Fürsorge statt freiheitlicher Gestaltung des Arbeitslebens« (ebd., S. 319).

Unter dem Gesichtspunkt von Freiheit und Selbstbestimmung grenzt Heimann Sozialpolitik auch von »herrschaftlicher Sozialisierung« ab: »Die herrschaftliche Sozialisierung von oben her kann die soziale Freiheit nicht erreichen, weil sie die Kraft des arbeitenden Menschen nur zu dem einmaligen Umsturzkampf aufruft, statt sie zur Leistung in der Freiheit zu entfalten« (ebd.).

Wie manifestiert sich in Heimanns Theorie der Sozialpolitik die Wertbeziehung? Zunächst einmal: Liegt hier überhaupt eine Wertbeziehung vor? Für Heimann selbst offenkundig nicht. Er versteht sich ebenso wie Marx – und anders als Max Weber – erkenntnistheoretisch als Realist.[14] Mit anderen Worten: Er beschreibt nur das, was ist. Daß die Arbeiterbewegung einen kollektiven und individuellen Emanzipationsprozeß darstellt, hält er für eine objektive Tatsache. Von seinem Selbstverständnis her liegt hier keine Wertbeziehung im besonderen und Wirklichkeitswissenschaft im allgemeinen vor.

Nun gehört Heimann zu den wissenschaftsphilosophisch weniger beschlagenen Vertretern der historischen Soziologie. Sein methodologisches Selbstverständnis muß daher nicht das letzte Wort der Werkinterpretation sein. Man kann seine Theorie der Sozialpolitik auch, und zwar logisch schlüssiger, als Wirklichkeitswissenschaft im Sinne Max Webers interpretieren.

Eine Wertbeziehung manifestiert sich weniger im Gegenstand »Sozialpolitik« als solchem. Hier beschritt die Weimarer Repu-

---

14 Dies wird deutlich an Heimanns Postulat, daß »wir eine historische Wesenheit, in unserem Fall die soziale Bewegung, nur mit den ihr gemäßen also realistisch, nicht nominalistisch gebildeten Begriffen fassen können und daher nach solchen Begriffen suchen müssen« (Heimann 1980, S. 145).

blik Neuland. Sozialpolitik war, weil neu und strukturrelevant
(wie Heimanns Analyse der Funktion von Sozialpolitik am besten zeigt), ein objektiv fälliges Thema. Daß es von Heimann
aufgegriffen wurde, kann man auch ohne Webers Kategorie der
Wertbeziehung deuten. Aber, objektiv betrachtet, hätte es nahe-
gelegen, Sozialpolitik als institutionellen Inhalt und als ökonomische Funktion zu analysieren. Das tut Heimann auch, und es
gelingt ihm vorzüglich.[15] Aber das ist nicht sein eigentliches Anliegen. Sein Anliegen ist die Freiheit und Würde des arbeitenden
Menschen, die, kaum allen Menschen vom klassischen Liberalismus verheißen, im säkularen Strukturprozeß der industriellen
Revolution untergeht und dann von der Arbeiterbewegung
Stück für Stück wiedererkämpft wird. Dies zu konstatieren ist
gewiß nicht abwegig, denn die Arbeiterbewegung war mehr als
nur die Vertretung ökonomisch-sozialer Interessen. Aber daß
genau dieses Mehr durch den Heimannschen Begriff der Sozialpolitik fokussiert und das institutionelle und materielle Substrat
von Sozialpolitik als »Wohlfahrts- und Armenpflege« ausgegrenzt wird, läßt sich meines Erachtens kaum anders denn mittels
Wertbeziehung im Sinne Max Webers interpretieren.

Die Wertbeziehung in Heimanns Theorie der Sozialpolitik manifestiert sich, zusammenfassend gesehen, also:
– in der Definition der sozialen Frage, die weniger als materiel-
les denn als psychisch-existentielles Problem gesehen wird, als
ein Defizit von Freiheit und Würde und Selbstbestimmung im
Arbeitsleben;
– im Begriff der »sozialen Bewegung«, die nicht als ökonomisch-
materielle, sondern als soziale Freiheitsbewegung verstanden
wird[16];

15 Bernhard Badura (1980, S. V) sieht bezeichnenderweise in Heimanns
Sozialer Theorie des Kapitalismus den »vorläufig letzten Versuch, die
Analyse sozialpolitischer Maßnahmen und Programme einzubetten
in eine umfassende Deutung des modernen Kapitalismus, seiner Ursprünge und Entwicklungsmöglichkeiten«.
16 »Faßt man also die Aufgabe der Arbeiterbewegung als eine ›wirtschaftliche‹ ›Interessen‹-Aufgabe auf und die Gewerkschaften als die
wirtschaftliche Interessenorganisation der Arbeiterschaft, so verzichtet man auf die Spontaneität, den unmittelbaren Freiheitsdrang
der arbeitenden Menschen. Man verzichtet aber damit auf die soziale
Freiheit überhaupt; denn der Freiheitsdrang des arbeitenden Menschen ist die Kraftquelle der sozialen Bewegung ... (D)ie Kraft zur

- im Begriff der »Sozialpolitik«, die von bürgerlich-bürokratischer »Wohlfahrtspflege« einerseits und »herrschaftlicher Sozialisierung« andererseits abgesetzt wird. Es geht bei Sozialpolitik wiederum nicht um materielle Interessen, sondern letztlich um Freiheit und Emanzipation des Arbeitermenschen;
- in der nicht immer wertfreien Sprache;
- im Maßstab der Alternativvorschläge. Heimann zieht »Sozialpolitik« der »herrschaftlichen Sozialisierung« vor. Zwar läßt sich der Kapitalismus als Gesellschaftsordnung leichter und schneller auf dem Wege »herrschaftlicher Sozialisierung« überwinden, aber nur um den Preis der Unfreiheit: »Es gibt keinen anderen Weg zur sozialen Freiheit als den der Sozialpolitik« (ebd., S. 314).

Wir haben in diesem Abschnitt versucht zu zeigen, wie sich Werte als Wertbeziehung niederschlagen bei einem Themenkreis, der nicht unbedingt im Zentrum bürgerlich-humanistischer Wertewelt liegt. Die Fragestellung und die Begrifflichkeit bei den deutschen historischen Soziologen beziehen sich weniger auf Kategorien wie Verteilung und Produktion, sondern sie richten sich auf Freiheit und Selbstverantwortung des Arbeitermenschen.[17] Diese Werte sind auch maßgeblich für programmatische Alternativvorschläge zur Gestaltung der Arbeitswelt, der Sozialpolitik und der Arbeitnehmer-Institutionen. Der Verdacht, hier würden Erfahrungswissenschaften und Wertungen konfundiert, konnte dabei nicht bestätigt werden. Gewiß sind Werte im Spiel, und dies kann laut Webers Wissenschaftslogik auch nicht anders sein. Wir wollen uns im folgenden ganz der Frage zuwenden, ob bei der »deutschen historischen Soziologie« nicht doch eine Vermischung von Werten und Erfahrungswissen in nichtkognitiver Absicht vorliegt.

Freiheit muß entfaltet und geübt werden, damit man als Ziel die volle Freiheit will« (Heimann 1980, S. 318).
17 Gleiches ließe sich auch für von Martin demonstrieren. Vgl. von Martin 1956b, S. 51-66, 125-134.

3. Ist historisch-soziologische Zeitdiagnostik »Geschichts- und Sozialphilosophie«? Alfred Webers Diagnose der modernen Kulturkrise

Charakteristisch für die »deutsche historische Soziologie« sind breit angelegte und historisch weitausgreifende Zeitdiagnosen. Findet hier eine Konfusion von Werten und Erfahrungswissen statt? Handelt es sich dabei nicht, wie König über die Soziologie der zwanziger Jahre urteilte, um »Bewertungssysteme« (vgl. Kapitel I.5)? Wir wollen diese Frage exemplarisch anhand von Alfred Webers Diagnose der modernen Kulturkrise untersuchen. Sie darf – daher die Auswahl – als besonders geschichts- und sozialphilosophieverdächtig gelten. Denn zum einem wird Alfred Weber von König explizit der Geschichts- und Sozialphilosophie zugerechnet (König 1971, S. 160), zum anderen legt das Thema »Kulturkrise« die Assoziation »Kulturkritik« besonders nahe.

Für Alfred Weber (1924, S. 12) steht es in den zwanziger Jahren außer Zweifel, daß »Europa ... ganz ohne Frage zurzeit die schwerste Krise nicht nur des materiellen, sondern auch des geistigen Bestandes seit seiner Existenz als germano-romanisches Abendland durchmacht«. Weber qualifiziert sie als »Kulturkrise«. Was ist eine »Kulturkrise«? Um dies zu verstehen, müssen wir uns mit dem kultursoziologischen Instrumentarium Webers vertraut machen, das sich um die Begriffe »Zivilisation«, »Gesellschaft«, »Kultur«, »Mensch« und »Dasein« rankt.[18]

Worum geht es, systematisch gesehen, in Webers Kultursoziologie? Nicht, oder jedenfalls weniger, um gesellschaftliche Bedingtheit von Kultur. Es geht vielmehr um die Dialektik von handelndem Menschen und den Strukturen, die er schafft und die auf ihn bzw. seinen Sozialcharakter zurückwirken. Die Umwelt des Menschen nennt Weber »Dasein«. Das »Dasein« gliedert er

18 Ausgeführt findet sich die kultursoziologische Konzeption vor allem in A.Weber 1920, A.Weber 1927, A.Weber 1931. Als Sekundärliteratur vgl. besonders Eckert 1970; auch Willi 1953, Luoma 1959, Wald 1964, Kruse 1990. Schematisiert und sehr schön kommunikationstheoretisch aktualisiert finden sich die kultursoziologischen Kategorien Alfred Webers bei Reimann (1994, S. 136) – ein Beispiel, wie man mit dieser Soziologie auch konstruktiv umgehen kann.

in drei Sphären: (a) »Zivilisation«, den Bereich intellektueller Welterfassung, der Wissenschaft und Technik; (b) »Gesellschaft«, den Bereich gesellschaftlicher Organisationsformen einschließlich des Staates und der Wirtschaft, der demographischen Verteilung, räumlichen Ordnung, sozialen Schichtung und der Klassenkämpfe und (c) »Kultur«, den Bereich religiöser, philosophischer und ästhetischer Werte, seelischen Ausdruckstrebens und der Sinndeutung der Welt. Kultur objektiviert sich vor allem in Religion, Philosophie und Kunst, aber auch im Recht. Diese Mensch-Dasein-Dialektik läßt sich in drei das kultursoziologische Erkenntnisinteresse Webers bestimmenden Fragen explizieren: Wie formen und verändern zivilisatorische und gesellschaftliche Prozesse das »Wesen« (das heißt den Sozialcharakter) des Menschen? Wie wird das Dasein vom Menschen sinnhaft gedeutet und werthaft gestaltet? Welche Chance hat der Mensch hier und jetzt, sein Dasein als sinnhaft zu erfahren und werthaft zu gestalten? Denn die Gestaltungsmöglichkeiten des Menschen sind begrenzt; es gibt Prozesse, die unumkehrbar sind, zum Beispiel Rationalisierung und Bürokratisierung; gesellschaftliche Formen, in denen der Mensch lebt, haben ihre soziologische Eigenlogik, die nicht ohne weiteres durch gutgemeintes werthaftes Gestaltungsstreben »über den Haufen zu werfen« ist. Andererseits ist der Mensch nicht notwendigerweise ein Produkt seiner Umwelt, sondern – im Weberschen Verständnis – ein spontanes Wesen.[19]

Wenn die zivilisatorischen und gesellschaftlichen Daseinsbedingungen kulturell durchdrungen und geprägt werden, liegt eine Phase der Kulturhöhe vor. Kommt es nicht zu einer kulturellen Durchdringung des Daseins, befindet sich der Mensch in einer Kulturkrise (vgl. Willi 1953, besonders S. 94).

Noch einmal: Es geht bei Webers Kultursoziologie also zum einen um das Dasein, das der Mensch schafft, insbesondere darum, ob, inwieweit und in welcher Weise die Daseinsbereiche Zivilisation und Gesellschaft sinnhaft gedeutet und werthaft gestaltet werden. Es geht zum anderen um den Menschen, also darum, wie das sich wandelnde zivilisatorische und gesellschaftliche Dasein den Freiheitsraum und den Sozialcharakter des Menschen verändert. Wir wollen nun sehen, wie sich die Gegenwart Alfred Webers aus Sicht dieser Kategorien darstellt.

19 Vgl. zu Webers Begriff des Menschen: Eckert 1970, S. 25-40.

Alfred Webers Diagnose der modernen Kulturkrise setzt an mit einer historischen Psychologie des europäischen Menschen. Den europäischen Menschen als Schöpfer der modernen Welt sieht Weber durch zwei kulturelle Traditionen geprägt: (a) durch die Antike, die ihm die Eigenschaften »geistesaristokratischer Heroismus, Beweglichkeit, Weiträumigkeitsbedürfnis, Expansionsdrang« (A. Weber 1932, S. 761) verliehen hat; (b) vom Christentum: Demut, Leidensbereitschaft, Askese. Damit ist der europäische Mensch zwei kulturellen Traditionsquellen ausgesetzt, die in ihrer Widersprüchlichkeit eine personale Dynamik in Gang bringen:

»Es läßt sich behaupten, daß die dynamische Explosivkraft des Abendlandes sich aus den Spannungen ergeben hat, die eine antiherrenmäßige Demutsreligion, erlebt und rezipiert von aristokratischen Herrenseelen, stets von Neuem in diesen auslösen mußte. So wurde der Abendländer seelischer Vertiefer, bohrender Wissenschaftler, Techniker, kapitalistischer Unternehmer, Welteroberer – der dynamische Mensch!« (ebd., S. 761).

Dieser »Dynamismus« ist etwas spezifisch Europäisches, das sich in anderen Kulturen so nicht findet.

Wir wollen uns im folgenden dem soziologischen Gegenpol des Menschen, dem *Dasein* zuwenden, und dabei die gesellschaftlichen und zivilisatorischen Strukturen betrachten, welche der abendländische dynamische Mensch handelnd hervorbringt: den modernen Staat, den modernen Kapitalismus, die wissenschaftlich-technische Entwicklung und die Bürokratisierung der Gesellschaft. Von besonderer Bedeutung für die zivilisatorische und gesellschaftliche Entwicklung des europäisch-abendländischen Geschichtskörpers ist der »*moderne Staat*« (vgl. zu diesem Komplex A. Weber 1925). Denn erst seine gezielte Förderung setzt die wirtschaftliche und wissenschaftlich-technische Dynamik frei, sein Aufbau eines rational durchorganisierten Verwaltungs- und Militärapparats bildet die Keimzelle der Bürokratisierung der modernen Gesellschaft.

Der moderne Staat ist ein spezifisches Phänomen des europäisch-abendländischen Geschichtskörpers, der in den italienischen Stadtrepubliken der Renaissance erstmals Gestalt annimmt, von Niccolo Machiavelli sein theoretisches Gerüst erhält und sich im Zeitalter des Absolutismus (im siebzehnten und achtzehnten Jahrhundert) in ganz Europa politisch durchsetzt.

Sein wesentliches äußeres Strukturmerkmal liegt darin, daß er die vormals ständisch und territorial aufgesplitterte Macht in der Hand des absoluten Monarchen mit Hilfe eines Verwaltungsapparates und des stehenden Heeres institutionell konzentriert. Bestimmend für sein Handeln ist, daß er sich im Rahmen eines Systems rivalisierender Machtstaaten entwickelt. Damit steht er unter dem Imperativ, seine Macht nach innen und nach außen mit allen Mitteln zu mehren. Dies wiederum veranlaßt ihn, zum eigenen Nutzen und zur eigenen Stärkung Wirtschaft und Wissenschaft gezielt zu fördern. Kultursoziologisch gesehen zeichnet sich der moderne europäische Staat gegenüber seinen Vorgängern dadurch aus, »daß er nämlich für sein Verhalten alle kultischen und religiösen Bindungen abgestreift hat. Er ist ganz und bloß in Rechtsform gebrachte reine und *unbeschränkte* Machtzusammenfassung« (A. Weber 1982, S. 64).

Kultursoziologisch gesehen tritt der moderne Staat seit dem achtzehnten Jahrhundert in eine neue Phase, die geprägt ist durch Aufklärungsphilosophie, konstitutionelle Monarchie, Rechtsstaat, Verpflichtung auf die Menschenrechte, europäisches Gleichgewicht, Völkerrecht und Sozialstaat. Dies alles bedeutet eine zunehmende kulturelle Einbindung des Staates. Diese Tendenz wird jedoch seit etwa 1880 zumindest für den außenpolitischen Bereich konterkariert, vor allem aufgrund der Entwicklung des Kapitalismus. Dieser tritt nach seiner merkantilen und freihändlerischen Phase in das imperialistisch-monopolistische Stadium ein. Die Epoche ab 1880 sieht Weber vor allem dadurch geprägt, daß die kapitalistischen Wirtschaftskräfte den Staat dominieren und ihn für ihre ökonomischen Interessen instrumentalisieren. Zum »Einfallstor für alle kapitalistischen Interessen« (vgl. A. Weber 1925, S. 83) wird dabei das Geldbedürfnis der modernen Parteien, die finanzieller Zuwendungen für ihre bürokratischen Apparate, ihre Presse und zum Zweck der politischen Agitation bedürfen (es gibt allerdings auch Gegentendenzen; vgl. ebd., S. 84-87).

Die Vereinnahmung des Staates durch wirtschaftliche Interessengruppen wird von Wandlungen im kulturellen Bereich begünstigt. Da ist erstens der Funktionsverlust der Intellektuellen. Die Intelligenzschicht ist für Weber von besonderer kultursoziologischer Bedeutung: Sie ist primäre Trägerin kultureller Werte, ihr Denken und Handeln hat Vorbildfunktion für andere Schichten, sie ist werttragende Gegenspielerin der Wirtschafts- und Macht-interessen. Nun ist, so Weber, die geistige Führung der Intellek-tuellenschicht seit Ende des neunzehnten Jahrhunderts erheblich geschmälert. Die Gesellschaft ist in eine bürgerliche und eine proletarische Welt zerfallen (vgl. A. Weber 1946, S. 110-114). Über die Arbeiterschaft hat der Marxismus die geistige Hegemo-nie gewonnen; die unabhängige Intelligenz hat auf sie kaum noch Einfluß. Im Bürgertum sieht Weber, was die Unternehmerschaft anbetrifft, die Tendenz zum reinen *homo oeconomicus*, der sich auf seine materiellen Interessen fixiert, sich im Alltagsleben und Beruf immer weniger von Werten und Normen leiten läßt und überhaupt der geistigen Dimension des Lebens verlustig geht (A. Weber 1927, S. 76-78). Umgekehrt büßen die Intellektuellen den Bezug zu den realen ökonomischen und sozialen Problemen des Lebens ein und laufen Gefahr, sich zu einer selbstgenüg-samen Schicht zu entwickeln, die den Kontakt zu den anderen gesellschaftlichen Schichten und auch zu den politischen Ent-scheidungszentren verliert (A. Weber 1946, S. 145, S. 213-215). Die wachsende geistige Kluft zwischen Intellektuellen und den übrigen gesellschaftlichen Schichten ist ein bedeutsamer Aspekt der modernen Kulturkrise.

Als weiterer Aspekt kommt hinzu, daß in der Intelligenz-schicht selbst die Werte des Christentums, der Aufklärung und des Humanismus an Boden verlieren. Als treibende geistige Kräfte dieser Entwicklung sieht Weber Historismus, Marxismus und Nietzsche. Die Staatsauffassung des Historismus hat den Staat »bewußt außerhalb der allgemeinen Moral, das heißt außer-halb irgend einer wirksamen ideellen Kontrolle seines Handelns gestellt« (ebd., S. 20). Der Marxismus begünstigt ebenfalls eine relativierende Auflösung der Werte, indem er Ideen als »ökono-mische Interessen verhüllende Scheingebilde« (ebd., S. 114) dis-kreditiert. Den entscheidenden Stoß erhält die Wertewelt der Aufklärung durch Nietzsche und seine Popularisierung, wobei ein geistiges Klima entsteht, in dem antiaufklärerische Tenden-zen, antidemokratische Attitüden, kritiklose Verherrlichung der Macht und die Rassentheorie gedeihen. Dieses geistige Klima erschwert den Ausgleich rivalisierender Imperialinteressen und ist damit für Weber neben der Instrumentalisierung des Staates durch Kapitalinteressen die zweite wesentliche Ursache für den Ersten Weltkrieg. Was für die Intelligenzschicht gilt, daß also die Werte der Aufklärung, Humanität und Freiheit seit dem neunzehnten Jahrhundert entscheidend an Anziehungskraft eingebüßt haben, trifft erst recht für die Politik zu: »Das Handeln der Mächtigen wurde durch sie nicht mehr bestimmt« (A. Weber 1963, S. 425). Die Intelligenz fällt also als geistiges Gegengewicht gegen die ökonomische Macht des Kapitals und des von ihr instrumentalisierten Staates aus. Der europäische Staat verfällt seit etwa 1880 wieder mehr und mehr dem Expansionismus in Gestalt zunehmender Imperialkonflikte (vor 1914). Der Erste Weltkrieg führt zum Zusammenbruch des »geistigen Europa«, das heißt des Bewußtseins, einer gemeinsamen Kultur, einer gemeinsamen Wertewelt anzugehören. Alfred Weber ist allerdings seit Mitte der zwanziger Jahre wieder zuversichtlich, daß das »geistige Europa« früher oder später wieder neu erwachsen wird (vgl. A. Weber 1924, S. 9 f.).

Der *Kapitalismus* als zweiter großer Strukturprozeß entfaltet sich in einer symbiotischen Beziehung mit dem modernen Staat. Dieser fördert den frühen Kapitalismus durch Ordnung des Geld- und Kreditwesens, durch Verleihung von Monopolen und Privilegien, durch Schaffung großer, einheitlicher, gesicherter Territorien, durch den Aufbau eines Verkehrssystems von Landstraßen, Kanälen und Postkutschen und durch Eroberung von Kolonien als Absatz- und Ausbeutungsreservate. Der Kapitalismus entfaltet aufgrund seiner immanenten Bewegungsgesetze mehr und mehr eine ökonomische Eigendynamik: »Indem der Staat den Kapitalismus nährt und ihm die Wege ebnet, bringt er ein Wesen zur Entfaltung, das, einmal großgezogen, aus sich selbst rollend daseins- und welterobernd werden mußte, da es nach dem Prinzip der Kapitalakkumulation durch unaufhörliche Markt-, Absatz-, Umsatz- und Gewinnerweiterung und -anhäufung lebte und daher eigenevolutive, an sich grenzenlose Kräfte in sich trug« (A. Weber 1963, S. 375).

Für Weber ist das Problem beim Kapitalismus nicht wirtschaftlicher oder sozialer Natur. Die kapitalistische Ökonomie ist ökonomisch erfolgreich. Sie befindet sich, so Weber, im Vierteljahrhundert vor dem Ersten Weltkrieg in einer Entwicklung, die gekennzeichnet ist durch wachsende Kaufkraft der Massen, von zunehmendem internationalen Handel, zunehmender Erschließung und Wohlstandssteigerung der Kolonien und nachlassender Krisenanfälligkeit (A. Weber 1924, S. 17 f.; A. Weber 1963,

S. 420). Es sind Institutionen etabliert worden, die noch keineswegs im notwendigen Maße ausgebaut sind, aber grundsätzlich einen sozialen Ausgleich gewährleisten, nämlich Arbeiterschutz, Sozialversicherung, Gewerkschaften, Genossenschaftswesen (vgl. bereits A. Weber 1913; vgl. hier Kapitel VI.2). Auf keinen Fall rechnet Weber zu irgendeinem Zeitpunkt mit einem Zusammenbruch des Kapitalismus aufgrund immanenter Gesetzmäßigkeiten (Konzentration des Kapitals, tendenzieller Fall der Profitrate oder dergleichen). Der Sieg des bolschewistischen Sozialismus ist für ihn historischer Zufall, nicht das Signal einer neuen Weltordnung. Selbst die Weltwirtschaftskrise ist aus seiner Sicht letztlich nicht ökonomisch, sondern politisch verursacht – durch Zerschlagung gewachsener wirtschaftlicher Kreisläufe als Konsequenz der politischen Zersplitterung Europas nach 1918, durch Störung der internationalen Kapitalverteilung infolge von Kriegsanleihen und Reparationen und durch unzeitgemäße wirtschaftspolitische Abstinenz des Staates (vgl. A. Weber 1931a, S. 14). Das eigentlich Problematische am Kapitalismus ist seine kulturelle Destruktivität. Im »organisierten Kapitalismus« wird der Staat zum Spielball ökonomischer Interessengruppen und gestaltet Politik immer weniger nach ideellen, werthaften Gesichtspunkten. Und die gewaltige evolutive Dynamik des Kapitalismus verändert, indem sie die sozialen Strukturen und Lebensbedingungen umwälzt, auch den Sozialcharakter des Menschen (siehe unten).

Als dritten großen Strukturprozeß qualifiziert Alfred Weber neben der Herausbildung des modernen Staates und des modernen Kapitalismus den *wissenschaftlich-technischen Fortschritt*. Auch die Wissenschaft als Institution in Gestalt der Universitäten ist ein Kind des modernen Staates. Aus der kontinuierlichen staatlichen Förderung erwächst – basierend auf wechselseitiger Rezeption, Kontrolle und Konkurrenz der Akteure – ein durch Wachstum, Differenzierung und Spezialisierung gekennzeichnetes System, das unabhängig vom Willen des einzelnen Wissenschaftlers die sukzessive Akkumulation von Wissen vorantreibt – ein Prozeß, der über die technische Anwendung in letzter Konsequenz die Existenz der Menschheit bedroht. Darüber hinaus wälzt die wissenschaftlich-technische Revolution die Lebensverhältnisse des Menschen um. Der Mensch wird aus seiner Einbettung in die Natur herausgelöst, die mehr und mehr zur bloßen

Ressource gerät. Die modernen Verkehrs- und Kommunikationstechniken verwandeln die Erde, so Weber, in einen neuen, geschrumpften Stern (vgl. dazu A. Weber 1963, S. 376 f.; A. Weber 1946, S. 10; A. Weber 1955, S. 343-355).

Noch wichtiger für die Bildung des modernen Sozialcharakters ist die *Bürokratisierung der Gesellschaft*, also die Formierung der Gesellschaft in Gestalt von Großorganisationen mit separaten, überproportional wachsenden Führungsstäben und einer funktional differenzierten und graduierten Arbeitsteilung. Im frühneuzeitlichen Europa war Bürokratie auf die Institutionen Kirche, Staat und Militär beschränkt. Ansonsten blieb das gesellschaftliche Leben eigenwüchsig und von Bürokratie und Rationalisierung des Daseins überhaupt noch weitgehend unberührt (vgl. A. Weber 1910, S. 1322 f.). Im neunzehnten Jahrhundert erfaßt die Rationalisierung in Gestalt des kapitalistischen Betriebs auch die Arbeitswelt, jedenfalls was die unteren Schichten betrifft. Ab etwa 1880 sieht Weber eine »zweite Phase« rationaler Organisationsgestaltung in der Wirtschaft angebrochen. Es bilden sich nunmehr großorganisatorische Unternehmensformen: Kartelle, Syndikate, Trusts, Aktiengesellschaften. An die Stelle des leitenden Unternehmers tritt ein Führungsstab, der mittels eines Verwaltungsapparates die Geschicke des Großbetriebs lenkt. Im Zuge des Aufstiegs von Großunternehmen findet eine gesellschaftliche Umschichtung statt von den ehemals freien Mittel- und Oberschichten zu Angestellten und Beamten (für Weber das soziologisch charakteristische Moment der Gegenwartsgesellschaft). Auch außerhalb der Wirtschaft dehnt sich die Bürokratie aus: in den Feldern der Gesundheitspflege, Sozialpolitik, Sozialversicherungen, Interessenverbände und Parteien (ebd., S. 1323-1325).

Was nun Weber an der Bürokratisierung besonders interessiert, ist, wie sie den Sozialcharakter des Menschen umformt. Als erste derartige Umwandlung beobachtet Weber im Jahre 1910,

»wie die Psyche der Bevölkerung sich diesem ›Apparate‹ anpaßt, wie sie in seine Kammern, Fächer und Unterfächer einkriecht, sich dort als in bequemen warmen Plätzchen häuslich festsetzt, wie sie die Leitern aufkriecht, die von einem zum andern warmen Plätzchen führen, wie sie mit anderen Worten einschrumpft zu der Sehnsucht nach Versorgtsein aus dem und zum Streben nach Karrieremachen in dem Apparat« (ebd., S. 1321 f.).

Was hier gesagt wurde, betrifft den bürgerlichen Menschen. Die Bürokratisierung transformiert die vormals freien Mittel- und Oberschichten in Angestellte und Beamte. Mit diesem Strukturwandel korrespondiert, so Weber, ein Mentalitätswandel: vom freiheitsbewußten, selbstverantwortlichen, sich selbst versorgenden Bürger zum »Beamten«. So nennt Weber den neuen bürgerlichen Typus, dessen Lebensziel die Karriere innerhalb der Großorganisation und die Pensionsberechtigung ist und der dabei als Persönlichkeit »einschrumpft« (vgl. dazu ebd.).

Zur gleichen Zeit, etwa 1913, beobachtet Weber eine analoge Entwicklung in der Arbeiterschaft. Auslöser seiner Überlegungen ist der rasche Aufstieg der sogenannten »gelben« Arbeiterbewegung unternehmertreuer Gewerkvereine (vgl. dazu Mattheier 1973), der sich fast durchweg in Großbetrieben vollzieht. Weber erklärt dieses Phänomen zum einen ökonomisch, nämlich daß nur die Großunternehmen wirschaftlich in der Lage sind, die Mittel zur Finanzierung der »gelben« Vereine aufzubringen. Zugleich gilt aber auch für die Arbeiterschaft: »Die bürokratische Umformung kann über den großen formalen Beherrschungsapparat, den sie schafft, hinausgehen, sie kann eine innere Verfassung und eine Gesamt-Stimmung erzeugen, die ihre Schatten durch das ganze Leben hindurchwirft; sie kann dadurch ein geistiges Umformungsprinzip der Gesellschaft werden, das diese in ihrem letzten Wesen und ihrer inneren Haltung nach mitbestimmt« (A. Weber 1913a, S. 374 f.). Weber sieht in den gelben Gewerkschaften möglicherweise »den Beginn einer inneren Umwandlung der Massen aus freien auf sich selbst stehenden Männern, die versuchen, ihr eigenes Los mit eigener Kraft zu gestalten, in andere, die in ihrer Abhängigkeit den gekrümmten Buckel gegenüber ihren Herren nicht mehr gerade recken dürfen« (ebd., S. 379), also eine mögliche bürokratisierungsbedingte Tendenz vom »roten« zum »gelben« Arbeiter.

Relativ harmlos nehmen sich die Sozialcharaktere des »Beamten« und des »gelben Arbeiters« im Vergleich zur Schreckensvision des »vierten Menschen« aus, die Alfred Weber nach dem Zweiten Weltkrieg unter dem Eindruck des Dritten Reichs entwirft und die den (vorläufigen) Gipfelpunkt der modernen Kulturkrise aus Weberscher Sicht manifestiert. Den »vierten Menschen« stilisiert Weber zum Gegenspieler des abendländischen »dritten Menschen«. Das »Wesen« des abendländischen dritten

Menschen zeichnet sich neben seinem »Dynamismus« durch »Menschlichkeit, Menschenwürde und Verantwortlichkeit gegenüber den Mitmenschen« (A. Weber 1963, S. 449) aus, die aus den kulturellen Quellen des Christentums, des Humanismus und der Aufklärung hervorgegangen sind. Dieser dritte Mensch, wie er sich besonders seit dem achtzehnten Jahrhundert herausgebildet hat, ist laut Weber »eine Einheit …, die in aller Vielfalt und Vielgestaltigkeit sich doch in allen Dingen allmenschlich verantwortlich fühlt«. Der »vierte Mensch« ist ein neuer Sozialcharakter, den die Bürokratisierung hervorbringt: »eine ganz andere Erscheinung, die in unheimlicher Weise außer-, ja unmenschliches Handeln in voller Aufgehelltheit mit der Noch-Zugehörigkeit zum Menschentum jenes dritten Menschen verbindet« (ebd., S. 448), »ein fragmentarisiertes, pluralistisches Wesen ohne regulierende und integrierende Menschlichkeitsmitte« (ebd., S. 458). Als Prototypen des vierten, persönlichkeitsgespaltenen Menschen zeichnet Weber den Naturwissenschaftler, der – ansonsten ein ehrenwerter Mensch – als Glied des Wissenschaftsapparates Erfindungen mit höchst inhumanen Konsequenzen hervorbringt, oder den Parteifunktionär, der – am Wochenende treusorgender Familienvater und braver Kirchgänger – wochentags vom Schreibtisch aus Tausende von Menschen in den Tod schickt.

Die Arbeiterschaft, so der späte Weber, bleibt davon unberührt. Trotz ihres »seelenlos gewordenen Berufsschicksals« verändert die mechanisierte industrielle Arbeitswelt das Menschentum des Arbeiters nicht. Er distanziert sich innerlich von seiner Tätigkeit und versucht, Arbeitszeitverkürzung zu erreichen. Gerade in der Arbeiterschaft sieht Weber den Hort des dritten Menschen, der Werte der Freiheit und Menschlichkeit (vgl. A. Weber 1963a, S. 54).

Ganz anders verhält es sich mit Angestellten und Beamten, die im »bürokratischen Apparat« tätig sind. Sie sind einem Widerspruch ausgesetzt, der in letzter Konsequenz zur »Persönlichkeitsspaltung« führen kann. Zum einen sind sie, wie der europäische Mensch im allgemeinen, vermittelt über Erziehung und Sozialisation, Träger der Werte des um Freiheit und Humanität integrierten Menschentums. Als »Funktionäre« ihrer Organisation sind sie jedoch dem Organisationsziel verpflichtet, das oft den Prinzipien des dritten Menschen mehr oder weniger widerspricht. Dieser Widerspruch zwischen Organisationsziel und den Werten des dritten Menschentums kann zu einer »Persönlichkeitsspaltung« führen, besonders im Fall von ehrgeizigen, aufstiegsorientierten Charakteren. Als Funktionäre handeln sie im Sinne ihrer Organisation, in der Privatsphäre leben sie nach wie vor nach den Prinzipien des dritten Menschen. Damit entsteht der Sozialcharakter der gespaltenen Persönlichkeit, des »vierten Menschen«. Er tritt besonders auffällig dort in Erscheinung, wo das Organisationsziel kraß dem dritten Menschentum widerspricht: in totalitären Diktaturen wie im Dritten Reich.[20]

Wir fassen die Komponenten der modernen Kulturkrise gemäß der Diagnose Alfred Webers zusammen: (a) Im *kulturellen Bereich* verliert die Intellektuellenschicht an geistigem Einfluß auf die anderen Schichten; die aufklärerisch-humanistischen Werte verlieren an Boden zugunsten des Rassismus und Nihilismus; der Erste Weltkrieg zerbricht das »geistige Europa«. (b) Der *gesellschaftliche und zivilisatorische Bereich* verzeichnet (als Folge des Kulturverlustes) den ungezügelten Expansionsdrang des modernen Staates, die Eigendynamik des Kapitalismus, die ungesteuerte Eigenevolution von Wissenschaft und Technik. (c) Bedingt durch die Bürokratisierung wandelt sich der *Sozialcharakter* – vom freien, unabhängigen, selbständigen Bürger zum »Beamten«, vom »roten« zum »gelben« Arbeiter und – so die Diagnose Webers unter der Erfahrung des Dritten Reiches – vom »dritten« zum »vierten Menschen«.

Ist dies alles »Geschichts- und Sozialphilosophie«, also die Vermischung von Erfahrungswissen und Wertungen? Gewiß sind in dieser Zeitdiagnose Werte im Spiel. Das beginnt schon bei den kultursoziologischen Fragestellungen: Wie formen und verändern zivilisatorische und gesellschaftliche Prozesse den Sozialcharakter, die Mentalität des Menschen? Wie wird das Dasein sinnhaft gedeutet und werthaft gestaltet? Welche Chancen hat der Mensch hier und jetzt, sein Dasein als sinnhaft zu erfahren und werthaft zu gestalten? Dann, zeitdiagnostisch gewendet, in der Fragestellung nach dem sich wandelnden Sozialcharakter (vom Bürger zum »Beamten«, vom »roten« zum »gelben« Arbei-

---

20 Ein anschauliches Beispiel für den »vierten Menschen« im Sinne Alfred Webers bietet Robert Jay Lifton, *Ärzte im Dritten Reich*, Stuttgart 1988. Lifton arbeitet dabei mit einer Alfred Weber ähnlichen, allerdings rein psychologisch gehaltenen Theorie der »Dopplung«.

ter, vom »dritten« zum »vierten Menschen«). Und schließlich, wiederum zeitdiagnostisch, in der Frage nach der Bedeutung von Werten in der zivilisatorisch-gesellschaftlichen Wirklichkeit moderner Gesellschaft.

Der Mentalitätswandel wird soziologisch erklärt (durch Bürokratisierung, Technisierung). Es geht darum, Wandlungen des Sozialcharakters zivilisatorisch-gesellschaftlichen Prozessen oder geistigen Wandlungen *kausal zuzurechnen*. Es geht aber nicht darum, Werte zu propagieren oder gar erfahrungswissenschaftlich zu begründen. Eine unreflektierte Vermischung von Erfahrungswissen und Werten vermögen wir nicht zu erkennen. Vielmehr läßt sich klar zwischen Wertbeziehung und historisch-soziologischer Kausalanalyse unterscheiden.

Viel eher scheint hier »wissenschaftliche Analyse in kognitiver Absicht« vorzuliegen, wie König (1962, S. 9) legitime Erfahrungswissenschaft definierte. Um *objektive* Analyse insofern, als die Aussagen prinzipiell erfahrungswissenschaftlich begründet oder widerlegt werden können. Um objektive *Analyse* insofern, als es um begriffliche Ordnung komplexer Stoffmassen geht. Eine *kognitive* Absicht besteht, weil hier Wissenschaft nicht politisch-weltanschaulichen Zielen untergeordnet wird.

Gleiches gilt für die Zeitdiagnosen, die von uns in anderen Zusammenhängen rekonstruiert wurden (Kruse 1990, Kruse 1994). Auch hier wird versucht, Mentalitätswandlungen aus dem Strukturwandel moderner Gesellschaften heraus zu verstehen.[21] In allen Fällen war es unproblematisch, Zeitdiagnosen als in sich konsistente Aussagensysteme zu rekonstruieren. Es gab nur eine bezeichnende Ausnahme: Alfred von Martins Diagnose des Faschismus/Nationalsozialismus, und dies, obwohl von Martin etliche Schriften zu diesem Thema verfaßt hat. Von Martin sah seine Aufgabe nicht in einer zeitdiagnostischen Analyse, sondern in einer wertephilosophischen Auseinandersetzung mit den geistigen Grundlagen des Nationalsozialismus. Aus den betreffenden Schriften lassen sich zwar einzelne zeitdiagnostische Elemente herausfiltern, ein kohärenter zeitdiagnostischer Entwurf ergibt sich aber daraus nicht (vgl. Kruse 1994, S. 100-108).

21 So beschreibt von Martin die Transformation vom bürgerlichen zum nachbürgerlichen Menschen, Freyer zum »Mann ohne Eigenschaften«, Heimann vom christlich zum »vernunftreligiös« geprägten Menschen. Vgl. Kruse 1994.

Als Resultat der Konfusion von Erfahrungswissen und Wertungen entsteht, so König, ein »spekulativ spielerische(s) Gespinst«, dem »schon längst auch der letzte Rest eines Gegenstandes verlorengegangen ist. Alles, was bleibt, sind Bewertungen verschiedenster Art« (vgl. Kapitel I.2).

Wenn sich historisch-soziologische Zeitdiagnosen systematisch als erfahrungsgesättigte, logisch in sich konsistente Aussagensysteme rekonstruieren lassen, dann können sie schwerlich pauschal als Geschichts- und Sozialphilosophie in diesem Sinne abqualifiziert werden. Eine historisch-soziologische Zeitdiagnose, dies sollte das Beispiel von Alfred Weber und der modernen Kulturkrise exemplarisch gezeigt haben, ist kein »Bewertungssystem«. Sie ist, mit Max Weber ausgedrückt, »denkende Ordnung der empirischen Wirklichkeit«.

Die Unterscheidung von Werten als erkenntnisleitender Wertbeziehung einerseits und objektiver Analyse andererseits ist aber nicht einfach das Ergebnis nachträglicher ordnender Rekonstruktion. Sie bietet sich, recht betrachtet, auch in den historisch-zeitdiagnostischen Arbeiten selbst dar. Es liegt, idealtypisch gesehen, darin folgendes Schema vor: Am Anfang steht eine Einleitung, die sich mit methodischen Fragen und Forschungsinteressen befaßt, und in diesem Zusammenhang werden des öfteren Wertungen geäußert. Dann folgt die Darstellung der Sache, die man als objektive Kausalanalyse auffassen kann. Und schießlich gegen Ende finden sich Passagen, in denen sich die zuvor gebändigte persönliche Weltanschauung Bahn bricht. Wir kennen dies aus Max Webers Protestantismus-Beitrag, und auch in »Zur Lage der bürgerlichen Demokratie im Rußland« finden sich am Ende ähnlich emphatische Ausführungen (sie wurden in Abschnitt VI.1 zitiert). Ebenso verhält es sich bei den anderen historischen Soziologen. Als ein Beispiel sei Troeltschs *Die Bedeutung des Protestantismus für die Entstehung der modernen Welt* angeführt. Am Ende dieser Untersuchung bemerkt der Autor:

»Ihr kam es nur auf die Darlegung des Kausalzusammenhanges zwischen Protestantismus und moderner Welt an, soweit ein solcher überhaupt besteht. Sie wollte kein Werturteil begründen weder über die moderne Kultur noch über den Protestantismus ... Ich möchte ein solches Urteil auch nicht jetzt am Schlusse nachholen« (Troeltsch 1911, S. 101 f.).

Aber es folgt dann doch noch, und zwar prompt:

»Die moderne Kultur ist jedenfalls durch eine ungeheure Ausbreitung und Intensität des Freiheits- und Persönlichkeitsgedankens charakterisiert, und wir erblicken darin ihren besten Gehalt. Dieser Gedanke ist von allen Lebensgebieten her unter der besondern Konstellation der Umstände spontan entwickelt worden und hat vom Protestantismus nur ein überaus mächtiges, übrigens für sich selbst unabhängiges religiös-metaphysisches Fundament erhalten. Es ist die Frage, ob jene Konstellation der Umstände und damit der von ihnen gegebene fruchtbare Boden des Freiheitsgedankens dauernd sich behaupten wird. Das ist schwerlich der Fall. Unsere wirtschaftliche Entwicklung steuert eher einer neuen Hörigkeit zu, und unsere großen Miltär- und Verwaltungsstaaten sind trotz aller Parlamente dem Geist der Freiheit nicht lediglich günstig. Ob unsere dem Spezialistentum verfallende Wissenschaft, unsere von einer fieberhaften Durchprobung aller Standpunkte erschöpfte Philosophie und unsere die Überempfindlichkeit züchtende Kunst dem günstiger sind, darf man billig bezweifeln. Es bleibt in kommenden Zeiten des Druckes und des Rückganges der Freiheit vor allem dasjenige, was dem ganzen Bau von sich aus einen guten Teil seiner Kraft gegeben hat, die religiöse Metaphysik der Freiheit und der persönlichen Glaubensüberzeugung, die die Freiheit aufbaut auf das was keine allzu menschliche Menschlichkeit verderben kann, auf den Glauben an Gott als die Kraft, von der uns Freiheit und Persönlichkeit zukommt: der Protestantismus. Ich darf daher – wenigstens nach meiner persönlichen Auffassung der Lage – mit dem Ergebnis schließen: Bewahren wir uns das religiös-metaphysische Prinzip der Freiheit, sonst möchte es um Freiheit und Persönlichkeit in dem Augenblick geschehen sein, wo wir uns ihrer und des Fortschritts zu ihr am lautesten rühmen« (ebd., S. 102 f.).

Das ist gewiß eine Ansammlung von Werturteilen. Man mag dies »Kulturkritik« nennen. Aber sie umfaßt eine von hundert Seiten und kann keinesfalls pars pro toto für das Werk gesetzt werden. Auch Max Webers Protestantismus-Aufsätze werden ja wegen Sätzen wie »Fachmenschen ohne Geist, Genußmenschen ohne Herz« nicht pauschal als Kulturkritik ausgegrenzt. Auch die anderen historisch-soziologischen Arbeiten schließen meist mit werturteilshaltigen persönlichen weltanschaulichen Stellungnahmen.[22] Darin manifestiert sich, daß die deutschen histo-

---

22 Als ein Beispiel sei noch Mannheims Abschluß seines von uns in Kapitel V.4 wiedergegebenen Beitrags »Das utopische Bewußtsein« zitiert: »Für die Zukunft ergibt sich ..., daß eine absolute Ideologie- und Utopielosigkeit prinzipiell zwar möglich ist in einer Welt, die gleichsam mit sich fertig geworden ist und sich stets nur reproduziert, daß aber die völlige Destruktion der Seinstranszendenz in un-

rischen Soziologen Mandarine sind, Intellektuelle mit Anspruch auf geistige Führung – geistige Führung nicht nur in kognitiv-zeitdiagnostischer, sondern auch in weltanschaulicher Hinsicht. Eine Unterscheidung von Analyse und Weltanschauung liegt aber durchaus vor, und einige Seiten Weltanschauung am Schluß machen aus einer wissenschaftlichen Arbeit noch keine Kulturkritik. Es geht zwar auch im analytischen Hauptteil von historisch-soziologischen Zeitdiagnosen häufig um die Werte der Freiheit und Persönlichkeitsentfaltung, *aber nicht im Sinne von Werturteilen*.

Gefragt wird vielmehr nach der *Chance* ihrer Realisierung unter den historisch gegebenen gesellschaftlichen Verhältnissen. Dies jedoch liegt im Rahmen von Max Webers Wirklichkeitswissenschaft: »Eine Wissenschaft vermag niemanden zu lehren, was er *soll*, sondern nur, was er *kann* (!) und – unter Umständen – was er *will*« (Max Weber 1973b, S. 151).

4. Erkenntnisverzerrung durch Werte?
Die logischen Ursachen historisch-soziologischer Fehldiagnosen

Wir wollen dem »Geschichts- und Sozialphilosophie«-Verdacht auf der Spur bleiben. Es finden sich in der »deutschen historischen Soziologie« ja auch massive Fehldiagnosen. Diesen wollen wir uns nun gezielt zuwenden und fragen, ob sie darauf zurück-

serer Welt zu einer Sachlichkeit führt, an der der menschliche Wille zugrunde geht ... Das Verschwinden der Utopie bringt eine statische Sachlichkeit zustande, in der der Mensch selbst zur Sache wird. Es entstünde die größte Paradoxie, die denkbar ist, daß nämlich der Mensch der rationalsten Sachbeherrschung zum Menschen der Triebe wird, daß der Mensch, der nach einer so langen opfervollen und heroischen Entwicklung die höchste Stufe der Bewußtheit erreicht hat – in der bereits Geschichte nicht blindes Schicksal, sondern eigene Schöpfung wird –, mit dem Aufgehen der verschiedenen Gestalten der Utopie den Willen zur Geschichte und damit den Blick in die Geschichte verliert.« Vgl. als weitere Beispiele abschließender weltanschaulicher Stellungnahmen zum Beispiel A. Weber 1910, S. 1334 bis 1339; Sombart 1987 III, 2, S. 1016 f.; Oppenheimer 1964 II, S. 807-811; Freyer 1965, S. 332 f.; Heimann 1980, S. 319-321.

zuführen sind, daß die Werthaltungen und Weltanschauungen der historischen Soziologen erkenntnisverzerrend gewirkt haben.

Unser erstes Beispiel ist Sombarts Diagnose über die Zukunft der kapitalistischen Entwicklung. Sombart rechnete mit einer deutlich nachlassenden Dynamik – angesichts der Nachkriegsprosperität der fünfziger und sechziger Jahre ein offenkundiger Irrtum. Ist diese Fehleinschätzung auf Sombarts Antimodernismus zurückzuführen? Wir wollen das Schlußkapitel des *Modernen Kapitalismus* (»Das Wirtschaftsleben der Zukunft«; Sombart 1987 III, 2, S. 1008-1022) genauer betrachten, um die Ursache der Fehlprognose zu lokalisieren.

Sombart betont darin zunächst, daß er einer historischen Prognose vorsichtig und skeptisch gegenübersteht: »Die Zukunft vorauszusagen, ist immer eine mißliche Sache« (ebd., S. 1008). Daß auch »die Klügsten« irren können, demonstriert er anhand von Tocqueville, Schmoller und Marx. Als möglichen Grund derartiger Fehlprognosen vermutet Sombart, ganz im Sinne von König, daß

»es so leidenschaftliche Politiker sind, die so durchdrungen von ihren praktischen Ideen waren, daß sie keinen Unterschied zu machen wußten zwischen dem, was sie wollten, daß es sein *sollte*, und dem, was Aussicht hat, zu werden. Dazwischen zu unterscheiden, ist natürlich die allererste Bedingung, die erfüllt sein muß, wenn man die wahrscheinliche Entwicklung der Zukunft voraussagen will. Und dann muß man sich damit begnügen, in ganz vagen Umrissen die aller-allgemeinsten Züge zu zeichnen. Insbesondere aber gilt es, die verschiedenen Möglichkeiten aufzuweisen, die sich aus sicher gegebenen Tatbeständen ergeben und zwischen denen dann die Zukunft wählen kann; vor allem auch – und das läßt sich mit ziemlicher Bestimmtheit tun – festzustellen, welche Möglichkeiten der zukünftigen Gestaltung *ausgeschlossen* sind« (ebd., S. 1008 f.).

Sombart fragt zunächst, wo die Grenze kapitalistischer Entwicklung liegen könnte. Max Weber habe, so Sombart, in einem Gespräch angegeben: »Wenn die letzte Tonne Erz mit der letzten Tonne Kohle verhüttet sein wird« (ebd., S. 1010). Diese These vom Ende des Wachstums durch Erschöpfung der natürlichen Ressourcen teilt Sombart angesichts des zeitgenössischen Diskussionsstandes nicht. Die Kohlevorräte reichten noch für hunderte Jahre aus. Als Ersatzenergien stünden das allerdings schnell erschöpfbare Erdöl, die Wasserenergie, die Gezeitenenergie und vor allem die unbegrenzte Sonnenenergie zur Verfügung. Auch die Rohstoffe seien auf absehbare Zeit unerschöpflich, Sombart verweist auf die Verwendung von Altmaterialien, die Aluminiumvorräte und die Stickstoffmengen der Luft.

Es spricht für Sombarts analytisches Vermögen, daß er die Frage nach den ökologischen Grenzen des kapitalistischen Wachstums stellt. Daß er sie schließlich verneint, liegt darin begründet, daß er sich in seinem Urteil an die einschlägigen naturwissenschaftlich-technischen Experten hält.[23] Es ist etwas anderes, was Sombart als Grenze kapitalistischer Dynamik ausmacht: die Wirtschaftsgesinnung des kapitalistischen Unternehmers.

Als eigentlich treibende Kraft des Kapitalismus hatte Sombart den kapitalistischen Unternehmer mit der ihm eigenen Wirtschaftsgesinnung ausgemacht (»kapitalistischer Geist«). Diese dynamische Wirtschaftsgesinnung werde, so Sombart, abnehmen, und damit auch die Dynamik des Kapitalismus: »(D)ie Triebkräfte werden an Spannung verlieren; die Wirtschaftssubjekte werden ›verfetten‹; der ›faustische Drang‹ wird verschwinden« (ebd., S. 1013). Diese Prognose qualifiziert Sombart als »Annahme«, die sich »allerdings nur auf einem Induktionsbeweis« gründe:

»(W)ir beobachten, wie ich in meinem ›Bourgeois‹ gezeigt habe, daß bisher alle Nationen Europas, die einmal die Führung im Wirtschaftsleben gehabt haben, denselben Weg der Verfettung, sei es in der Form der Feudalisierung, sei es in der Form der Verrentung, gegangen sind: die Italiener, die Spanier, die Holländer, zuletzt die Engländer ... Sollten der Deutsche und der Amerikaner oder vielleicht der Jude eine Ausnahme bilden und ihren ›faustischen Drang‹ bis ans Ende der Tage bewahren? Es ist nicht sehr wahrscheinlich« (ebd., S. 1013).

Mit dem Verschwinden des dynamischen Unternehmers würde auch, so die Erwartung Sombarts, die Dynamik des Kapitalismus zurückgehen. Sombart gelangt also zu einer falschen Prognose. Sie kommt aber nicht dadurch zustande, daß Werte in unzulässi-

---

23 Sombarts Vertrauen in die technischen Möglichkeiten zur Überwindung einer möglichen ökologischen Krise sind groß. Die Unzulänglichkeiten der Sonnenenergie seiner Zeit kommentiert er mit den Worten: »Aber was wäre der modernen Technik unmöglich! Sie wird auch diese Schwierigkeiten überwinden ...« (Sombart 1987 III, 2, S. 1012).

ger Weise im Spiel sind und die Erkenntnis verzerren. Das Prognosekapitel enthält sich jedes prophetischen Gestus und ist sich der Problematik von Zukunftsaussagen bewußt. Die Prognose nachlassender kapitalistischer Dynamik ergibt sich unmittelbar aus einem historischen Induktionsschluß: die italienischen, spanischen, holländischen, englischen Bourgeois sind »verfettet«, also ist anzunehmen, daß es den deutschen, amerikanischen, jüdischen ebenso ergehen wird. Die Prämisse ist, daß kapitalistische Dynamik letztlich an der dynamischen Wirtschaftsgesinnung des Unternehmers hängt. Wandelt sich die Wirtschaftsgesinnung grundlegend, dann ist es mit der kapitalistischen Dynamik nicht mehr weit her. Diese handlungsorientierte Sichtweise verkennt die strukturimmanente Dynamik des Kapitalismus. Daß auch und gerade unter monopolistischen Bedingungen Dynamik bestehen kann, ja zunimmt, hat Schumpeter erst nach Sombarts *Modernem Kapitalismus* herausgearbeitet (vgl. Schumpeter 1980, S. 137-148). Sombarts Fehlprognose liegt also in der Unterschätzung strukturimmanenter Dynamik im Kapitalismus begründet. Sie ist aber kein, jedenfalls kein unmittelbarer Ausfluß antimodernistischer Affekte. Es liegt also keine Erkenntnisverzerrung durch Werte, sondern durch einen – genau lokalisierbaren – analytischen Fehler vor.

Verfolgen wir nun einen anderen zeitdiagnostischen Irrtum. Er betrifft die Funktion von Sozialpolitik für den kapitalistischen Entwicklungsprozeß im allgemeinen und die Lösung der sozialen Frage im besonderen.

Oppenheimer hatte die »soziale Frage«, wie sie sich in Europa im neunzehnten Jahrhundert manifestiert hatte, agrozentrisch erklärt. Ursache sei die »Bodensperre« durch das Großgrundeigentum. Die niedrigen Löhne, die unzumutbaren Arbeits- und Lebensbedingungen trieben die Landbevölkerung in die Städte. Hier bilde sich eine industrielle Reservearmee mit der Folge, daß durch ein Überangebot an Arbeitskräften im gewerblich-industriellen Sektor die Löhne sinken. Würde hingegen die Landbevölkerung durch Bodenreformen von der massenhaften Abwanderung abgehalten – als bestes Mittel dazu empfahl Oppenheimer die Siedlungsgenossenschaft –, würden die Löhne auch im gewerblich-industriellen Bereich steigen, und die höheren Löhne würden ein beschleunigtes Wachstum zum Wohle aller induzieren.

Diese Diagnose erscheint für die Jahrhundertwende schlüssig, das Programm plausibel. Doch die Geschichte ging einen anderen Weg. In Deutschland zum Beispiel blieben in der Weimarer Republik durchgreifende Bodenreformen aus. Statt dessen erfolgten Reformen auf sozialpolitischem Gebiet, insbesondere die Einführung des Tarifvertragssystems.

Diese Reformen hätte Oppenheimer eigentlich diagnostisch zur Kenntnis nehmen müssen, denn sie veränderten den Fokus seiner Analyse, den Arbeitsmarkt, grundlegend. Doch nichts dergleichen geschah. »Sozialpolitik«, »Arbeiterversicherung«, »Armenpflege« seien zwar zeitweilig notwendig (»wo Schwären aufbrechen, muß man Pflaster auflegen«), aber nur als »Palliativmittel der kranken Gesellschaft« (vgl. Oppenheimer 1964 III, 2, S. 955). Vergleicht man diese Sichtweise mit Lederer/Marschaks Bestandsaufnahme der industriellen Beziehungen (Lederer/ Marschak 1927) oder mit Heimanns Theorie der Sozialpolitik (Heimann 1980), so werden die diagnostischen Defizite bei Oppenheimer offenkundig, um so mehr, wenn man bedenkt, daß Heimann Oppenheimers Schüler war. Oppenheimer war so stark auf sein Bodenreformkonzept fixiert, daß er die diagnostisch relevante Entwicklung zum Sozialstaat ignorierte oder unterschätzte. Hier läßt sich wohl von Erkenntnisverzerrung durch Werte reden.

Die bekannteste und schwerwiegendste Fehlprognose der historischen Soziologen betrifft Freyers Einschätzung des Nationalsozialismus Anfang der dreißiger Jahre. Für den Rechtsintellektuellen Hans Freyer sind Volksgemeinschaft und Führerstaat die Werte, die politischen Ziele, für die er eintritt. Sie werden aber zugleich zum dialektischen Fluchtpunkt des geschichtlichen Prozesses erklärt (vgl. Kapitel IV.3). Sombarts so dringend angemahnte Unterscheidung zwischen dem, was sein *soll* und dem, was »Aussicht hat zu werden« (Sombart 1987 III, 2, S. 1008), ist bei Freyer nicht auszumachen. Hier werden politisches Wunschdenken und zeitdiagnostische Ziele miteinander vermischt. Damit ist in diesem Fall der Tatbestand »Geschichts- und Sozialphilosophie« voll erfüllt. Aber die Konfusion von politischem Wunschdenken und zeitdiagnostischer Analyse geht noch weiter. Die NS-Bewegung wird in hegelianisierender Manier zum Katalysator teleologisch gerichteter Geschichtsentwicklung stilisiert. Sie wird damit quasi mit den Weihen des Weltgeistes versehen.

Mit der Prognose einer Führerschaft wird die Steuerungsfähigkeit sozialen Wandels überschätzt. Daß Macht auch mißbraucht werden kann, erkennt Freyer zu spät (vgl. dazu Muller 1987). Freyers Diagnose des Nationalsozialismus ist der klassische Fall einer unentwirrbaren Vermischung von wissenschaftlicher Analyse (Zeitdiagnostik) und politischem Wunschdenken in der deutschen historischen Soziologie. Doch verallgemeinern läßt sich dieser Fall gewiß nicht.

Soweit historisch-soziologische Fehldiagnosen stattfinden, können wir also grundsätzlich zwei Fehlerquellen unterscheiden. (1) Wertgeleitete politische Wunschbilder werden, wie bei Oppenheimer und Freyer, auf die gesellschaftliche Wirklichkeit projiziert. Dieser Fehler wird durch geschichtsteleologisches Denken – soweit noch vorhanden (vgl. Kapitel IV.3) – begünstigt, wenn nicht hervorgerufen. (2) Analytische Fehler führen, wie bei Sombart, zu falschen Diagnosen. Anders als im erstgenannten Fall liegt hier keine Erkenntnisverzerrung durch Werte vor. Historisch-soziologische Fehldiagnosen können, aber müssen nicht auf Erkenntnisverzerrung durch Werte zurückgehen.

5. Konfusion von Erfahrungswissen und Wertideen? Eine zusammenfassende Betrachtung

Ob historische Soziologie als Geschichts- und Sozialphilosophie im Sinne Königs zu qualifizieren ist, hängt entscheidend vom Status der Werte in ihrem Erkenntnisprozeß ab. Werden Erfahrungswissen einerseits und Werte, Weltanschauung, Politik andererseits unter nichtkognitiver Intention unreflektiert miteinander vermengt, so liegt Geschichts- und Sozialphilosophie vor. Werden Erfahrungswissen und Politik hingegen geschieden, so ist Webers Postulat, Wirklichkeitswissenschaft zu betreiben, Genüge getan. Dieser für unser Arbeitsthema so wichtige Gesichtspunkt wurde des öfteren in unserer Untersuchung angeschnitten, und wir wollen an dieser Stelle die verstreuten Resultate zusammenfassen.

Es wurde zunächst herausgearbeitet, daß bei den historischen Soziologen aufgrund ihres gesellschaftlichen Selbstverständnisses in jedem Fall Werte im Spiel sind. Sie betrachten sich nicht als reine Fachwissenschaftler, sondern als Intellektuelle, die auch gesellschaftliche Verantwortung tragen. Vor allem verstehen sie sich als Hüter der Werte, die als werthaftes Gegengewicht gegen partikulare Gruppeninteressen, gegen ökonomische und politische Macht und gegen technische Sachzwänge zu fungieren haben (vgl. Kapitel II.1), mit einem Wort Gangolf Hübingers (1993a) ausgedrückt: als »Überpartei der Bildung«.

Als Zeitdiagnostiker intendieren die historischen Soziologen nicht »Kulturkritik«, also Kritik moderner gesellschaftlicher Zustände vom Standpunkt reaktionärer Wertvorstellungen aus. Vielmehr geht es ursprünglich (bei Sombart und Troeltsch) darum, die Diskussion um »Kulturideale« zu versachlichen (nicht: normativ zu entscheiden), sie auf die gesellschaftliche Wirklichkeit zu beziehen und zu prüfen, ob und inwieweit sie in dieser überhaupt realisierbar sind (vgl. Kapitel II.2).[24]

In der Geschichtstheorie findet, von meist unerheblichen Ausnahmen abgesehen, keine Vermischung von Wissenschaft und Werten statt (vgl. Kapitel IV.3). Die Vorstellung, Weltgeschichte sei »Heilsgeschehen« (Karl Löwith), wird abgelehnt. Es herrscht eindeutig ein kontingentes Geschichtsverständnis vor, und das kann angesichts der Kategorien der historischen Individualität und der historischen Konstellation auch kaum anders sein.

Methodologisch ist den historischen Soziologen die Unterscheidung von Erfahrungswissen und Werten, von Soziologie und Sozialphilosophie klar bewußt. Werturteilsfreiheit ist, wie Rammstedt (1988) gezeigt hat, ein Prinzip, das sich seit den neunziger Jahren des neunzehnten Jahrhunderts durchgesetzt hat und bei der DGS-Gründung 1909 bereits weitgehend Allgemeingut geworden ist.

Wie Max Weber vertraten die meisten historischen Soziologen die Auffassung, daß Werte im Sinne von Wertbeziehung als unentbehrlicher Bestandteil des sozialwissenschaftlichen Prozesses anzusehen sind. Anhand der Diagnosen zur sozialen Frage bei Alfred Weber und Eduard Heimann wurde gezeigt, wie Werte als Wertbeziehung in ihre Wissenschaft eingehen und dabei die Fragestellung und die Begriffe prägen (Kapitel VI.2). Es verhielt sich aber nicht so, daß sie diese Thematik scheuklappenartig ausschließlich unter ihren Wertgesichtspunkten – Freiheit, Persön-

24 König visierte in seinen späten Jahren ein ganz ähnliches Projekt an. Vgl. Kapitel II.2.

lichkeit und Selbstverantwortung des Arbeiters – behandelten. Auch andere sachlich relevante Gesichtspunkte wurden einbezogen.

Wir haben dann exemplarisch anhand von Alfred Webers Diagnose der modernen Kulturkrise demonstriert, daß historisch-soziologische Zeitdiagnosen unproblematisch als sachhaltige, logisch in sich konsistente Aussagensysteme rekonstruierbar sind. Das bedeutet, daß sich historisch-soziologische Zeitdiagnosen nicht als »Bewertungssysteme« im Sinne Königs abqualifizieren lassen. Vielmehr liegt »wissenschaftliche Analyse in kognitiver Absicht« vor. Weiter wurde darauf hingewiesen, daß sich bei historisch-soziologischen Zeitdiagnosen drei Dimensionen unterscheiden lassen, welche eine Scheidung von Wertung und Analyse anzeigen: (a) die Konstituierung des Themas, der Fragestellungen und der erkenntnisleitenden Begriffe via Wertbeziehung, (b) die objektive Kausalanalyse und (c) der Schlußteil, in dem Werte propagiert, nach Wertgesichtspunkten programmatische Vorschläge unterbreitet werden oder eine kontingente Entwicklungsperspektive favorisiert wird.

Werte haben, insgesamt gesehen, in der »deutschen historischen Soziologie« eine vielfältige Bedeutung. Sie prägen via Wertbeziehung Themenwahl, Fragestellungen, Begriffe und Duktus. Sie gehen als Erkenntnisobjekt in historisch-soziologische Arbeiten ein unter dem Gesichtspunkt: Welche Chancen bestehen, diese Werte unter den gegenwärtigen und den zukünftig sich abzeichnenden gesellschaftlichen Verhältnissen zu erhalten bzw. zu verwirklichen? Werte bestimmen, welche von den zeitdiagnostisch herausgearbeiteten kontingenten Entwicklungsalternativen favorisiert wird. Und schließlich prägen Werte die programmatische Ausrichtung, soweit sich an Zeitdiagnosen Programme anschließen.

Gelegentlich trifft allerdings zu, was König in den fünfziger Jahren der deutschen soziologischen Tradition verallgemeinernd unterstellt hat: daß »Wertideen« die Analyse trüben, wie Fehldiagnosen Oppenheimers und Freyers lehren. Fehldiagnosen können jedoch auch, wie zum Beispiel bei Sombarts Fehlprognose zur Zukunft des Kapitalismus, auf analytische Fehler zurückgehen (vgl. Kapitel VI.4).

Insgesamt gesehen scheint uns für das Verständnis von Wissenschaft und Politik in der »deutschen historischen Soziologie«

folgende Bemerkung Mannheims über politische Soziologie typisch zu sein:

»Je klarer sich die Notwendigkeit einer politischen Soziologie in diesem Zusammenhang zeigt, um so energischer muß man bestrebt sein, gerade diese Lehrgehalte dem Schüler möglichst wertfrei, unagitatorisch zu präsentieren. Denn es wäre der Tod der Soziologie, wenn sie nur zum agitatorischen Instrument einer oder mehrerer Parteien werden müßte. Genau so verderbenbringend aber wäre es für sie, wenn sie aus Ängstlichkeit, eventuell anstoßen zu müssen, die politischen und sozialen Themen des Lebens und unseres aktuellen Daseins geflissentlich mit größter Peinlichkeit meiden wollte, und sich aus reiner Vorsicht in abstrakte Höhenlagen zurückziehen würde, in der ihr zumindest in dieser Hinsicht nichts Schlimmes zustoßen könnte. Die Kunst des Soziologen besteht eben darin, über die Themen größter Aktualität und Dringlichkeit so zu reden, daß man alles Wißbare, das zur richtigen Beurteilung der Materien nötig ist, mitteilt, auch die Entscheidungsmöglichkeiten in ihrem ursprünglichen Zusammenhang vorträgt, aber so, daß man auch die eigene Meinung als Lehrer zur Diskussion stellt« (Mannheim 1932, S. 39).

Im Lichte der Befunde dieser Arbeit bleibt wenig, was für eine unreflektierte Vermischung von Werten und Erfahrungswissen in der »deutschen historischen Soziologie« spricht. Daß dennoch ein derartiger Eindruck entstanden ist, liegt in drei Fehlerquellen begründet.

1. Es wird nicht zwischen wissenschaftlichen und gelehrtenpolitischen Schriften unterschieden. Ein beträchtlicher Teil des publizierten Schriftums der deutschen historischen Soziologen ist gelehrtenpolitischer Natur, war nicht als wissenschaftlicher Beitrag gedacht, wird aber fälschlicherweise nicht selten als solcher interpretiert.[25]
2. Spezielle Irrwege einzelner werden unzulässigerweise für die »deutsche historische Soziologie« insgesamt verallgemeinert. So werden zwar in Freyers Konzept einer wirklichkeitswissenschaftlichen Soziologie mit dem Prinzip »Wahres Wollen fundiert wahre Erkenntnis« die Grenzen zwischen Wissenschaft und Politik systematisch eingeebnet. Aber es handelt

25 Auch der umgekehrte Fehler tritt auf: aus wissenschaftlichen Beiträgen, den Soziologentagen, werden Urteile über die Soziologen als politische Intellektuelle abgeleitet. Dann erscheinen die Soziologen als unpolitische Elfenbeinturm-Gelehrte, die sich um die großen gesellschaftlichen Zeitfragen nicht gekümmert haben.

sich, wie schon die Distanzierung Mannheims zeigt (siehe
oben), um einen Einzelfall, der nicht verallgemeinert werden
kann.[26]

König ist erkenntnistheoretischer Realist; in seiner abbildtheore-
tischen Vorstellungsweise haben Werte in der Wissenschaft keinen Platz. Sie verzerren nur die Objektivität des wissenschaftlichen Erkenntnisprozesses. In der für die Weimarer Soziologie
zum erheblichen Teil maßgeblichen neokantianischen Wissenschaftslogik sind Werte jedoch unentbehrlich, um aus der unendlichen Wirklichkeit ein individuelles Erkenntnisobjekt zu
konstituieren. In diesem Sinne sind Werte in der historischen
Soziologie Ausdruck der »logisch notwendigen Verankerung aller historischen Individuen an ›Wertideen‹« (Max Weber 1973,
S. 184). Keinesfalls aber wird die These vertreten, gegen die sich
Webers Wertfreiheitspostulat hauptsächlich richtet: daß über die
Gültigkeit von Werten erfahrungswissenschaftlich entschieden
werden kann.

26 Vgl. dagegen König (1958, S. 11) über die »zwanziger Jahre«: »Es
war dies die Zeit, in der die deutsche Soziologie ihre sachliche Aufgabe vollkommen (!) aus den Augen verloren hatte und sich an der
Alternative Hegel oder Marx aufrieb, statt zu erkennen, daß eine
wirklich soziologische Theorie einzig jenseits beider aufgebaut werden konnte. Unabhängig von dieser mörderischen Alternative plätscherte einzig (!) die sog. ›formale Soziologie‹ mit ihren nichtssagenden Allgemeinheiten, die sich zwar fernhielten von dem Rechtfertigungsdenken und den Polemiken der Rechts- und Linkssoziologen,
dafür aber der Soziologie den Lebensnerv ausgerissen hatte.«

VII. »Deutsche historische Soziologie« – »Geschichts- und Sozialphilosophie« oder »Wirklichkeitswissenschaft«?

Thema dieser Arbeit ist in theoriesystematischer Absicht die wissenschaftslogische Identität der »deutschen historischen Soziologie«. Sie bezieht sich auf einschlägige Arbeiten von Werner Sombart, Max Weber, Franz Oppenheimer, Ernst Troeltsch, Alfred Weber, Alfred von Martin, Hans Freyer, Eduard Heimann, Karl Mannheim und Alfred Müller-Armack. Wir haben zu heuristischen und analytischen Zwecken zwei Hypothesen angeboten: historische Soziologie als Wirklichkeitswissenschaft und historische Soziologie als Geschichts- und Sozialphilosophie. Das Konzept der Wirklichkeitswissenschaft stand repräsentativ für die Bemühungen um eine nichtnaturalistische, historische Wissenschaftslogik. »Geschichts- und Sozialphilosophie« repräsentierte die Sichtweise der späten fünfziger Jahre im Zeichen der »positivistischen Revolution«, eine Sichtweise, die bis heute vorherrschend geblieben ist.

In diesem abschließenden Kapitel werden wir zunächst den Befund der Arbeit darlegen (VII.1). Dieser fällt recht eindeutig aus: »deutsche historische Soziologie« ist nicht adäquat als »Geschichts- und Sozialphilosophie« zu beschreiben. Sie ist vielmehr als Wirklichkeitswissenschaft aufzufassen. Der Befund wird im weiteren Verlauf des Kapitels zu interpretieren sein. Zunächst werden wir fragen, warum der Begriff der »Geschichts- und Sozialphilosophie« in bezug auf die »deutsche historische Soziologie« fehlgeht (VII.2). Sodann werden wir zu klären haben, was es mit der Nähe zu Max Weber, die unser Befund signalisiert, auf sich hat (VII.3). Abschließend werden wir im Kontext neuerer Entwicklungen erörtern, welche Konsequenzen sich aus dem Befund dieser Arbeit für die heutige Soziologie ergeben (VII.4, VII.5).

1. Der Befund

Die Resultate der Arbeitskapitel (I-VI) lassen sich wie folgt zusammenfassen:

In *Kapitel I* (»Wirklichkeitswissenschaft« und »Geschichts- und Sozialphilosophie« – Zur Wissenschaftslehre Max Webers und René Königs) haben wir die Topoi von Max Webers »Wirklichkeitswissenschaft« und René Königs »Geschichts- und Sozialphilosophie« samt ihrem zeitspezifischen wissenschaftslogischen Hintergrund herausgearbeitet. (Sie dienten, als Idealtypen verstanden, als analytisches Instrument der weiteren Analyse). Als Komponenten von Webers Wirklichkeitswissenschaft nach Maßgabe des Objektivitätsaufsatzes stellten wir fest: Historisches Individuum als Erkenntnisgegenstand, Werte als unentbehrlicher Bestandteil zu dessen Konstituierung bei gleichzeitiger Ablehnung von Werturteilen, historische Konstellation (statt »Gesetzen«) als Erklärungsprinzip, Gesetze als (unabdingbares) Hilfsmittel kausaler Zurechnung, nominalistisches Begriffsverständnis, Idealtypen als zentrales Instrument zur »denkenden Ordnung der empirischen Wirklichkeit« und »ewige Jugend« der Kulturwissenschaft aufgrund wechselnder Wertideen (I.1). Die begriffsbestimmenden Merkmale einer Geschichts- und Sozialphilosophie sieht König in nichtkognitiver (politischer, sozialpolitischer, ideologischer, religiöser) Intention, totalitätsbezogenen Aussagen über Gesellschaft, unmethodischer Generierung von Erfahrungswissen, unreflektiertem Vermischen von Erfahrungswissen und in einem teleologischen Geschichtsverständnis (I.2). Ein anschließender Vergleich förderte tiefgreifende wissenschaftslogische Differenzen zwischen Max Weber und König zutage. Sie betreffen die Frage einer einheitlichen oder dualistischen Wissenschaftsmethode, die erkenntnistheoretische Grundhaltung (Realismus vs. Nominalismus), den Status der Begriffe, die Funktion der Werte im wissenschaftlichen Erkenntnisprozeß, die Art der Erklärung und den Empiriebegriff. Einig sind sich Max Weber und König aber darin, daß sie beide eine methodisch solide *und* lebensbedeutsame Wissenschaft jenseits von Ideologiebildung und selbstgenügsamen Szientifizismus anstreben (I.3). Die grundlegenden Differenzen wurden auf den jeweils sehr unterschiedlichen wissenschaftstheoretischen Hintergrund zurückgeführt. Max Webers Programm einer Wirklichkeitswissenschaft ist Teil der Anstrengungen um eine (nichtnaturalistische) historische Wissenschaftslogik, die sich mit den Namen Droysen, Dilthey, Simmel, Windelband, Rickert, Troeltsch, Mannheim und von Schelting verbindet. Es repräsentiert eine Phase, in der sich der Historismus von weltanschaulichen Ingredenzen und methodologischen Unzulänglichkeiten befreite. Königs Wissenschaftslehre der späten fünfziger und frühen sechziger Jahre fällt hingegen in die Zeit der »positivistischen Revolution«, welche den Höhepunkt positivistischer Selbstgewißheit markierte. Insofern ist Königs Wissenschaftslehre in vieler Hinsicht als ein eher zeitspezifisches denn als personenspezifisches Phänomen aufzufassen.

In *Kapitel II* wurden die »historischen Soziologen als Erkenntnissubjekte« beschrieben. Historische Soziologen begreifen wir im Sinne Fritz Ringers als »Mandarine«, das heißt als Intelligenzler mit eigenem Gruppenbewußtsein (auch gegenüber dem Wirtschaftsbürgertum) und elitärem Selbstverständnis. Diese Komponenten von Ringers Mandarinbegriff finden sich in der kollektiven Selbstbeschreibung als »die Geistigen«, »die Gebildeten«, »Intellektuelle«, »Masse/Geist«, »kulturtragende Intelligenz« und »freischwebende Intelligenz« wieder. Aus dem bildungsaristokratischen Selbstverständnis folgt ein Anspruch auf geistige Führung (II.1). Dieser Anspruch bezieht sich sowohl auf sinn- und werthafte Identitätsstiftung wie auf soziologische Zeitdiagnostik. Die Projektierung einer soziologischen Zeitdiagnostik beschrieben wir insbesondere anhand von Sombart, Troeltsch und Mannheim (II.2). Als einen weiteren Impuls soziologischer Zeitdiagnostik machten wir die Krise des Fortschrittsbewußtseins Anfang des zwanzigsten Jahrhunderts sowie die mannigfachen Krisenerscheinungen der Weltkriege und der Zwischenkriegszeit aus. Der These von der Gesellschaftsferne der frühen deutschen Soziologie hielten wir die außerwissenschaftlichen Aktivitäten der historischen Soziologen entgegen (unter anderem oft jahrelange Berufspraxis, Verein für Sozialpolitik, politische Mandate und Ämter etc.; II.3).

Kapitel III war dem Erkenntnisobjekt historischer Soziologie gewidmet. Der Gegenstand von Max Webers Wirklichkeitswissenschaft ist das historische Individuum, wogegen laut König Geschichts- und Sozialphilosophie »Totalität« zu ihrem Gegenstand wählt. Die älteren der von uns ausgewählten historischen

Soziologen definieren Soziologie in Abgrenzung zur individualisierenden Geschichtswissenschaft als systematische Disziplin (Max Weber, Sombart, Oppenheimer, Troeltsch; nicht Alfred Weber). Die jüngeren Vertreter bestimmen seit den zwanziger Jahren Soziologie als historische Soziologie (Mannheim, Freyer, Landshut, Heimann; außerdem Alfred Weber) (III.1). Anschließend wurde gezeigt, daß der Gegenstand in den materialen historisch-soziologischen Arbeiten, namentlich der Zeitdiagnosen, mit Ausnahme von Oppenheimer unter die Kategorie »historische Individualität« fällt (III.2). Danach wurde die analytische Bedeutung der Kategorie des historischen Individuums für die historische Soziologie erörtert. Sie ermöglicht erstens eine Neukonzeption sozialen Wandels jenseits geschichtsteleologischer Konzepte. Sie eröffnet zweitens logisch soziologische Zeitdiagnostik, der es ja um Gegenwartswirklichkeit *in ihrer Eigenart* (nicht in ihren allgemeinen, zeitunabhängigen Bezügen) geht (III.3).

Es findet sich in der »deutschen historischen Soziologie« auch verbreitet der Begriff der »Totalität«. Dies allerdings nicht im metaphysisch-ontologischen Sinne, wie »Geschichts- und Sozialphilosophie« postuliert. »Totalität« meint in der Regel entweder ein komplexes historisches Makroindividuum (»*individuelle* Totalität«) oder den großen Gesamtzusammenhang eines historischen Individuums, vergleichbar mit dem Begriff der Umwelt eines sozialen Systems in der Systemtheorie (III.4).

In *Kapitel IV* ging es um historisch-soziologische Erklärung. Max Webers Wirklichkeitswissenschaft propagiert eine historische Kausalerklärung mittels (individueller) »historischer Konstellationen«, welche nomologische Erkenntnis als unentbehrliches heuristisches Hilfsmittel einbezieht. »Geschichts- und Sozialphilosophie« unterstellt hingegen eine geschichtsteleologische Erklärung, bei der geschichtliche Prozesse aus angenommenen Endzielen heraus »erklärt« werden. Unsere Untersuchung ergab folgenden Befund: Konzeptionell gesehen propagieren die historischen Soziologen wie Max Weber eine historisch-konstellative Erklärung und lassen dabei auch nomologisches Wissen zu (IV.1). Dieses Prinzip wird, wie wir demonstrierten, in der Forschungspraxis auch in die Tat umgesetzt (IV.2). Was den Geschichtsbegriff anbetrifft, so waren es maßgeblich auch die historischen Soziologen, welche die seit Augustin dominierende teleologische Geschichtsauffassung überwanden und zu einem kontingenten Geschichtsverständnis gelangten (IV.3). Eine Ausnahme ist Hans Freyer in den zwanziger und dreißiger Jahren, doch auch er schwenkte in den fünfziger Jahren auf ein kontingentes Geschichtsverständnis ein.

Die Kategorie Erfahrung in der »deutschen historischen Soziologie« wurde in *Kapitel V* erörtert. Max Weber postulierte Wirklichkeitswissenschaft als Erfahrungswissenschaft, König wollte einer Geschichts- und Sozialphilosophie lediglich methodisch unkontrolliert gewonnene Erfahrungsbestandteile, zudem vermischt mit Utopien, Weltanschauungen und Werten, zubilligen. Auch hier konnten die Kriterien der »Geschichts- und Sozialphilosophie« für die deutsche historische Soziologie nicht bestätigt werden. Diese erwuchs aus der historischen Schule der Nationalökonomie und war schon insofern dezidiert erfahrungswissenschaftlich orientiert, wie zahlreiche diesbezügliche Bekenntnisse bestätigen (V.1). Die Abkehr von der historischen Nationalökonomie nach der Art Schmollers bedeutete den Versuch, die Kluft zwischen theorieloser Geschichte und geschichtsloser Theorie zu überwinden, um im Zeichen der Nietzsche-Kritik an einer lebensfremden »Historie« Erfahrungswissenschaft auf die »großen Kulturprobleme« (Max Weber) zu beziehen. Aus diesem Bestreben erwuchsen großangelegte, zeitdiagnostisch orientierte historische Synthesen wie Sombarts *Moderner Kapitalismus*, Oppenheimers *System der Soziologie*, Alfred Webers *Kulturgeschichte als Kultursoziologie*, Freyers *Weltgeschichte Europas* oder Rüstows *Ortsbestimmung der Gegenwart*. Diese großen Synthesen sind nun keineswegs unempirisch oder marginal empirisch, sondern es sind gewaltige Mengen an Erfahrungsstoff darin verarbeitet. Insofern ist historische Soziologie durchaus empirisch, aber weniger im Sinne moderner empirischer Sozialforschung der kontrollierten Erhebung und Verarbeitung von Daten, sondern historisch-empirisch und sekundärempirisch. Dies implizierte keine Ablehnung empirischer Sozialforschung, die ja auch von historischen Soziologen initiiert und betrieben wurde. Allerdings wurde ihr Stellenwert nicht so hoch veranschlagt wie zum Beispiel in Königs Konzept einer empirischen Soziologie. Vielmehr gebot das Axiom des Historismus, gemäß dem sich soziale Phänomene nur durch ihr historisches Gewordensein verstehen lassen, den Rekurs in die Geschichte. Außerdem zwingt die Kategorie der historischen Konstellation logisch zu einem erfahrungswissenschaftlichen Vorgehen.

Die historischen Soziologen begründeten ihr sekundärempirisches Vorgehen zum einen mit ihren spezifischen Erkenntnisinteressen, die sich primärempirisch nicht realisieren ließen, zum anderen mit einer spezifischen Erkenntnisleistung, die man als »denkende Ordnung« (Max Weber) großer Stoffmassen und komplexer Erkenntnisgegenstände charakterisieren kann. Dies verweist auf den Einfluß von Kant, der besonders in den methodologischen Reflexionen von Karl Mannheim zum Ausdruck kommt (V.3).

Das eigentliche erfahrungswissenschaftliche Problem »deutscher historischer Soziologie« liegt darin, daß sie es als zeitdiagnostisch ausgerichtete Disziplin mit Gegenwart zu tun hat, also mit einem Gegenstand, der noch im Fluß, nicht abgeschlossen ist. Zu den Wegen, mit denen die historischen Soziologen methodisch mit diesem Problem umgehen, gehören, wie wir exemplarisch anhand von Mannheim, Freyer und Oppenheimer zeigten, Möglichkeitsurteile, die idealtypische Extrapolation aktueller Tendenzen und der historische Vergleich (IV.4).

Kapitel VI thematisierte den logischen Status der Werte im historisch-soziologischen Erkenntnisprozeß. König plädierte, erkenntnistheoretisch ausgehend vom objektiven Realismus, für eine wertfreie Wissenschaft, weil Wertfreiheit unabdingbare Voraussetzung objektiver, unverzerrter Erkenntnis sei. In »Geschichts- und Sozialphilosophie« würden hingegen Werte und Erfahrungswissen bis zur Ununterscheidbarkeit miteinander vermischt. Max Webers »Wirklichkeitswissenschaft« tritt für Werturteilsfreiheit ein, befindet aber Werte im Sinne einer Wertbeziehung für unentbehrlich. Ausgehend von der Rammstedt-These, daß bereits seit den neunziger Jahren des neunzehnten Jahrhunderts Werturteilsfreiheit in der deutschen Soziologie ein gängiges Prinzip gewesen sei, zeigten wir zunächst, daß auch bei den historischen Soziologen methodologisch Sein und Sollen, Wissenschaft und Politik klar voneinander geschieden werden. Daß Werte im Sinne einer Wertbeziehung im sozialwissenschaftlichen Erkenntnisprozeß unentbehrlich sind, um eine lebensbedeutsame Wissenschaft zu ermöglichen, wird gleichfalls anerkannt. Die für die historisch-soziologischen Arbeiten konstitutiven Werte sind recht einheitlich Freiheit, Persönlichkeitsentfaltung und Humanität (Kapitel VI.1). Wie diese Werte im historisch-soziologischen Erkenntnisprozeß als Wertbeziehung wirken, zeigten wir exemplarisch anhand von Beiträgen Alfred Webers und Eduard Heimanns zum Bereich Sozialpolitik/soziale Frage (Kapitel VI.2). Ob in historisch-soziologischen Zeitdiagnosen eine Vermischung von Werten und Erfahrungswissen stattfindet, untersuchten wir exemplarisch anhand von Alfred Webers Diagnose der modernen Kulturkrise. Bei einer derartigen Rekonstruktion lassen sich Werte im Sinne einer Wertbeziehung einerseits und »objektive Analyse in kognitiver Absicht« andererseits klar unterscheiden. Solange dies der Fall ist, kann nicht von »Geschichts- und Sozialphilosophie« die Rede sein (Kapitel VI.4). Anschließend gingen wir der Frage nach, ob die Fehldiagnosen der historischen Soziologen auf Erkenntnisverzerrung durch Werte im Sinne Königs zurückzuführen sind. Für Oppenheimers Ignorierung der Sozialpolitik und für Freyers historisch-dialektische »Verortung« der nationalsozialistischen Bewegung Anfang der dreißiger Jahre ließ sich zeigen, daß politisches Wunschdenken die Klarheit der Analyse trübte. Sombarts Fehlprognose einer schwindenden kapitalistischen Dynamik ist hingegen nicht auf Erkenntnisverzerrung durch Werte, sondern auf einen analytischen Fehler zurückzuführen. Er machte die kapitalistische Dynamik einseitig an der Wirtschaftsgesinnung des Unternehmers fest und unterschätzte die strukturimmanente Dynamik kapitalistischer Ökonomie (Kapitel VI.5).

Wenn man die historischen Soziologen vergleichend analysiert, dann ergibt sich als gemeinsame methodologische Schnittmenge die Kategorie der Wirklichkeitswissenschaft. Dieser kategorialen Einheit liegt, so unsere These, die historische Wissenschaftslogik zugrunde, wie sie sich von Droysen und Dilthey über Simmel, Windelband, Rickert, Max Weber, Troeltsch und Mannheim bis Alexander von Schelting in Deutschland entfaltet hatte. Es gibt auch Abweichungen vom wirklichkeitswissenschaftlichen Konzept zu verzeichnen, die in den Bereich der »Geschichts- und Sozialphilosophie« hineinreichen. Dies ist in geringerem Maße bei Heimann der Fall, in dessen Theorie der Sozialpolitik in den zwanziger Jahren die historisch-materialistische Geschichtsauffassung hineinspielt (vgl. Kapitel IV.3). Oppenheimer geht als gelernter Mediziner und langjähriger Arzt von einem positivistischen Wissenschaftsverständnis aus. Aber es wird historistisch aufgeweicht, indem Oppenheimer Geschichtsforschung und historische Erklärung gleichwertig neben axiomatisch-deduktive Theoriebildung und nomologische Erklärung stellt. In seinen geschichtlichen Arbeiten treten die Kategorien des historischen Individuums und der historischen Konstellation in Erscheinung. Allerdings hat er den modernen Kapitalismus *nicht* als historisches Individuum definiert, sondern als Entwicklungsstadium eines universalen Prozesses (vgl. Kapitel III.2). Die stärksten Abweichungen von Max Webers Wirklichkeitswissenschaft sind bei Hans Freyer zu registrieren. In formaler Anlehnung an Hegel interpretiert Freyer Geschichte als einen dialektischen Dreischritt mit Gemeinschaft als These, Gesellschaft als Antithese und Volk als Synthese. In diese Geschichtsteleologie ordnet er die »Revolution von Rechts« ein (vgl. Kapitel IV.3). Mit »Wahres Wollen fundiert wahre Erkenntnis« werden die Grenzen zwischen Wissenschaft und Politik aufgehoben (vgl. Kapitel VI.1). Bei diesen Konzepten Freyers aus der Zeit um 1930 liegt also in der Tat »Geschichts- und Sozialphilosophie« vor.[1]

Die Abweichungen kommen also erstens zustande durch – außerhalb des Historismus liegende – geistige Einflüsse, die mit dem Konzept einer Wirklichkeitswissenschaft unvereinbar sind. Zweitens ist historisch-soziologische Zeitdiagnostik insofern prinzipiell geschichts- und sozialphilosophiegefährdet, als die Trennlinie zwischen Wissenschaft und Politik oft »haarfein« ist (vgl. Max Weber 1973b, S. 212).

Insgesamt ist jedoch festzuhalten, daß »Geschichts- und Sozialphilosophie« für das methodologische Verständnis der deutschen historischen Soziologie ungeeignet und irreführend ist:
– Es besteht sehr wohl eine kognitive Intention, die insbesondere auf soziologische Zeitdiagnostik gerichtet ist;
– das formale Erkenntnisobjekt der historischen Soziologie, das »historische Individuum«, wird mit dem Konzept »Geschichts- und Sozialphilosophie« nicht manifest;
– »Geschichts- und Sozialphilosophie« unterstellt eine teleologische Geschichtstheorie. In Wirklichkeit zählt es zu den

1 Es ist allerdings zugleich zu betonen, daß sich etwa Freyers *Soziologie als Wirklichkeitswissenschaft* (Freyer 1930) über weite Strecken im Rahmen von Max Webers Wirklichkeitswissenschaft hält. In den fünfziger und sechziger Jahren bewegt sich Freyer dann im wesentlichen gemäß dem Weberschen Programm.

Leistungen der deutschen historischen Soziologie, das teleologische Geschichtsverständnis des neunzehnten Jahrhunderts überwunden zu haben;

– die Kategorie der historischen Konstellation, die historische Kausalität signalisiert, wird durch »Geschichts- und Sozialphilosophie« ebenfalls unterschlagen. Erst recht geht dabei unter, daß diese Kategorie logisch zu einem empirischen Vorgehen zwingt, denn nur auf diesem Wege lassen sich historische Konstellationen erforschen und begründen;

– die empirische Marginalität, die »Geschichts- und Sozialphilosophie« unterstellt, wird dem gewaltigen und disparaten Erfahrungsstoff, der in den historisch-soziologischen Synthesen verarbeitet ist, nicht gerecht;

– der logische Ort der Werte in der deutschen historischen Soziologie, nämlich Wertbeziehung im Sinne Rickerts und Webers, kommt im Konzept »Geschichts- und Sozialphilosophie« ebenfalls nicht zum Tragen.

Zwar sind gewiß Interpretationsspielräume in Rechnung zu stellen, und es ist möglich, daß geschichts- und sozialphilosophieverdächtige historische Soziologen in dieser Arbeit nicht genügend berücksichtigt sind. Aber es läßt sich wohl kaum bestreiten, daß es in den deutschen Sozialwissenschaften vor 1933 und ihren Ausläufern im Exil und in Westdeutschland nach 1945 auf breiter Front eine historische Soziologie als Wirklichkeitswissenschaft gegeben hat. Dies wird unterschlagen, wenn »deutsche historische Soziologie« mit »Geschichts- und Sozialphilosophie« gleichgesetzt wird. Mehr noch: Die binäre Codierung »empirische Soziologie«/»Geschichts- und Sozialphilosophie« ist »blind« gegenüber dem spezifischen methodologischen Profil der »deutschen historischen Soziologie«. Einen gewissen heuristischen Wert behält »Geschichts- und Sozialphilosophie« immerhin dadurch, daß sich damit Abweichungen vom wirklichkeitswissenschaftlichen Konzept leichter profilieren lassen.

2. »Deutsche historische Soziologie« als »Geschichts- und Sozialphilosophie«. Die Fehlerquellen dieser Betrachtungsweise

Der Befund unserer Arbeit ist also, daß »Geschichts- und Sozial-philosophie« für das methodologische Verständnis der deutschen historischen Soziologie ungeeignet, ja irreführend ist. Es drängt sich naturgemäß die Frage auf, warum dieser Zentralbegriff der Wissenschaftslehre Königs hier nicht greift. Wollen wir diese wichtige Frage aufgreifen, so müssen wir untersuchen, wo die Fehlerquellen der Sichtweise »deutsche historische Soziologie = Geschichts- und Sozialphilosophie« liegen.

»Geschichts- und Sozialphilosophie« ist nicht empirisch-in-duktiv herausgearbeitet worden, erst recht nicht aus der deut-schen historischen Soziologie. Es handelt sich vielmehr um ein gedankliches Konstrukt ohne transparenten empirischen Bezug, wenn man so will, um ein Artefakt. Soweit gesehen, ist noch nicht ausgeschlossen, daß es für die »deutsche historische Sozio-logie« gelten *kann*. Diese Geltung wäre dann aber empirisch zu belegen. Dies ist nicht geschehen.

Doch zunächst einmal wäre die Eignung des Konzepts »Ge-schichts- und Sozialphilosophie« zur methodologischen Analyse plausibel zu machen. Die Codierung »Empirische Soziologie/ Geschichts- und Sozialphilosophie« ist logisch vergleichbar mit »Marxismus/bürgerliche Wissenschaft«, »Kritische Theorie/tra-ditionelle Theorie«, »Systemtheorie/alteuropäische Wissen-schaft«. Das Vorgehen ist immer das gleiche: Ein bestimmtes Paradigma wird begrifflich herausgehoben, der Rest der Wissen-schaft wird in einen Residualbegriff verpackt. Solche Codierun-gen mögen nützlich sein, um die Identität des hervorgehobenen Paradigmas schärfer herauszustellen. Zum methodologischen Verständnis der in der Residualkategorie enthaltenden Ansätze taugen sie wenig, denn hier wird zusammengeworfen, was nicht zusammengehört. In »Geschichts- und Sozialphilosophie« fin-den sich Denker so unterschiedlicher geistiger Herkunft wieder wie Hegel, Marx, Spengler, A. Weber, Spann und Horkheimer. Die Kategorie »Geschichts- und Sozialphilosophie« ist zu weit gespannt, zu unscharf und zu unspezifisch, um als brauchbares Instrument methodologischer Analyse herhalten zu können.

Eine andere Fehlerquelle liegt in der unzulässigen Generalisierung begründet. Königs Sichtweise der fünfziger Jahre ist diese: Die deutsche Soziologie der zwanziger Jahre hat sich zwischen links und rechts, zwischen Hegel und Marx aufgerieben (vgl. Kapitel I.5). Dabei hat König die in seiner Habilitationsschrift kritisierten Freyer und Landshut im Auge. Aber abgesehen davon, daß sich auch hinter Königs Interpretation dieser beiden Vertreter der »historisch-existenzialistischen Soziologie« das eine oder andere Fragezeichen setzen ließe: Sind denn derartige Befunde verallgemeinerungsfähig? Gewiß hat die kritische Auseinandersetzung mit Marx die deutsche Soziologie der zwanziger Jahre entscheidend geprägt und in Abgrenzung zum Basis-Überbau-Modell insbesondere die Sensibilität für das Kulturelle gesteigert. Das Verständnis für die ökonomischen Realitäten des modernen Kapitalismus wurde geschärft. Aber nicht nur Max Weber, sondern auch Alfred Weber, Troeltsch, Mannheim, von Martin, Müller-Armack, Elias und andere kommen doch ohne ideologische Anleihen bei Marx aus. Und wo eine breitere Anknüpfung sichtbar ist wie bei Oppenheimer und Heimann, findet sie in kritischer Weise statt. Nicht umsonst haben die Nationalsozialisten die deutsche Soziologie als liberalistische Wissenschaft aufgefaßt (vgl. Rammstedt 1986). Dies gilt überwiegend nicht nur für die Vertreter der historischen, sondern auch der systematischen Soziologie wie von Wiese, Vierkandt und Tönnies. Also: Die »historisch-existenzialistische Soziologie« ist eine zeitbedingte Ausnahme und keineswegs repräsentativ für die historische Soziologie insgesamt.

Der wichtigste Grund, daß der Begriff der Geschichts- und Sozialphilosophie und die Königsche Wissenschaftslehre überhaupt bei der »deutschen historischen Soziologie« nicht greifen, scheint uns folgender zu sein: Historische Soziologie ist ein nominalistischer Ansatz. Ihre Zeitdiagnosen sind gedankliche Gebilde, »denkende Ordnung der empirischen Wirklichkeit« (Max Weber). König hingegen ist erkenntnistheoretisch Realist. Er kennt, wie schon E. G. Jacoby (1968, S. 458) feststellte, nur »empirische‹ Begriffsbildung«; das Prinzip der »konstruktiven Begriffsbildung« ist ihm fremd. Da seine Wissenschaftslehre auf dem erkenntnistheoretischen Realismus fundiert ist, kommt sie ohne Werte aus. Mehr noch: Werte verzerren die Objektivität des – abbildhaft verstandenen – wissenschaftlichen Erkenntnisprozesses. Für die historische Soziologie, soweit sie neokantianisch fundiert ist, sind Werte hingegen eine unabdingbare Voraussetzung des kulturwissenschaftlichen Erkenntnisprozesses. Werte in der historischen Soziologie sind zunächst einmal Ausdruck der »logisch notwendigen Verankerung aller historischen Individuen an ›Wertideen‹« (Max Weber 1973b, S. 180). In ihrer realistischen erkenntnistheoretischen Fundierung bleibt Königs Wissenschaftslehre der nominalistischen historischen Soziologie gegenüber »blind«. Mißverständnisse sind angesichts der unterschiedlichen erkenntnistheoretischen Ausgangspositionen vorprogrammiert.

König erscheint aber auch von seinem Erkenntnisinteresse her für eine methodologische Analyse der deutschen historischen Soziologie nicht gut gerüstet. Sein soziologisches Anliegen ist ein systematisches, kein historisches. Sein Verständnis für die spezifischen methodologischen Probleme historischer Erkenntnis bleibt daher begrenzt. Hinzu kommt, daß König von methodologischen Reflexionen wenig hält. Er attackiert die Weimarer Soziologie auch dahingehend, daß sie übermäßig in wissenschaftsphilosophischen Fragestellungen befangen gewesen sei (vgl. Kapitel I.5). König plädiert dafür, die realen gesellschaftlichen Probleme forschungspraktisch anzugehen, ohne sich in methodologischen und metatheoretischen Reflexionen zu verlieren. Mit dieser Einstellung hat König die empirische Forschung in Deutschland vorangebracht, und das ist zu begrüßen. Problematisch wird sie aber dann, wenn es darum geht, methodologische Urteile abzugeben.

Schließlich ist darauf zu verweisen, daß König, der sich an Durkheim, dem logischen Empirismus und der systematischen Soziologie orientierte, mit der Diskussion um eine historische Wissenschaftslogik, insbesondere ihrer neokantianischen Variante, nicht sehr vertraut wirkt. Insbesondere entgeht ihm die fundamentale Bedeutung historischer Wissenschaftslogik als methodologischer Grundlage historischer Soziologie. Dies wird deutlich, wenn König einen Dualismus zwischen Webers Methodologie und seinen empirischen Forschungsleistungen konstruiert:

»Max Webers wichtigste methodologische Leistung ... ist nicht der Band, der den Titel trägt ›Gesammelte Aufsätze zur Wissenschaftslehre‹, sondern ›Wirtschaft und Gesellschaft‹ sowie seine ›Gesammelten Aufsätze zur Religionssoziologie‹. Die Aufgabe ist noch kaum erst in Angriff genommen worden, die in der Forschung implizite Methode Max Webers herauszuarbeiten; dieser Aufgabe gegenüber würden mit nur ganz wenigen Ausnahmen sämtliche Darstellungen seiner ›Wissenschaftslehre‹ zur Bedeutungslosigkeit verblassen« (König 1962, S. 8).

Daß die in der Wissenschaftslehre entwickelten Kategorien für Webers historisch-empirische Forschung erkenntnisleitend sind (vgl. Kapitel III.2), ist König entgangen. Offen bleibt dann die Frage, wie der Vertreter einer »völlig unzulänglichen Wissenschaftslogik«[2] zum Klassiker empirischer Soziologie avancieren kann.

Daß Königs Begriff der »Geschichts- und Sozialphilosophie« typisch dafür ist, wie die Nachkriegssoziologie die Soziologie der zwanziger Jahre mit ihren Begriffen verfehlt, mag ein Blick auf Hans Alberts Konzept der »Geisteswissenschaften« andeuten: Im repräsentativen *Handbuch der empirischen Sozialforschung* übernimmt Hans Albert den wissenschaftstheoretischen Artikel. Er begnügt sich nicht damit, in gewohnt klarer und kompetenter Manier die Position der analytischen Philosophie (»moderne Wissenschaftslehre«) darzulegen, sondern schickt sich zunächst an, den »methodologischen Autonomieanspruch der Geisteswissenschaften« (Albert 1962, S. 38) zu destruieren. »Geisteswissenschaften« versteht Albert als Inbegriff nichtnaturalistischer bzw. antinaturalistischer Wissenschaftslogik. Die geisteswissenschaftliche Position sieht er durch einen methodologischen Autonomieanspruch und dessen ontologische Begründung, »Intuitionismus«, »Holismus«, »Essentialismus«, »Anti-Mathematismus«, »Historismus« und »Normativismus« gekennzeichnet. Was aber ist konkret mit »geisteswissenschaftlicher Methodologie« gemeint? Auf welche Konzepte konkret bezieht sich Alberts Kritik der Geisteswissenschaften?

Aus den Literaturangaben des geisteswissenschaftlichen Abschnitts, der ein Drittel des Beitrags umfaßt, ist kein Aufschluß zu gewinnen; es werden fast ausschließlich Vertreter der analytischen Position zitiert. Man wendet sich daher an das Literaturverzeichnis und stellt fest, daß von 111 Titeln ganze zwei als »geisteswissenschaftlich« qualifiziert werden können: Erich Rothackers *Einleitung in die Geisteswissenschaften* und Max

2 So König (1957, S. 414) über den Neokantianismus Heinrich Rickerts.

Webers *Gesammelte Aufsätze zur Wissenschaftslehre* (wobei Weber – als Vertreter des Wertfreiheitspostulats – wohl eher als Vorläufer der analytischen Position betrachtet wird). Die wichtigsten originären Autoren einer nichtnaturalistischen Wissenschaftslogik wie Wilhelm Dilthey, Heinrich Rickert und Edmund Husserl sind im Literaturverzeichnis nicht vertreten.

So kann es nicht verwundern, daß Alberts Begriff der Geisteswissenschaften mit der Diskussion um eine nichtnaturalistische Wissenschaftslogik seit dem Ende des neunzehnten Jahrhunderts wenig zu tun hat. Schon der Gestus des Befreiungsschlages zugunsten des naturalistischen Wissenschaftsbegriffs in den Sozialwissenschaften geht an der Sache vorbei, denn dessen Anwendbarkeit wurde weder von Dilthey noch von den Neokantianern bestritten.[3] Naturwissenschaftliche Methoden wurden nicht aus ontologischen Gründen abgelehnt. Vielmehr wurden sie *allein* als ungenügend angesehen, um das, was als wissenswert erscheint, zu erforschen, weil das Allgemeine nicht mit dem Erkenntniswerten identisch ist. – Albert kritisiert den geisteswissenschaftlichen »Normativismus«, der fordere, »daß der Sozialwissenschaftler Werturteile abgeben müsse« (Albert 1962, S. 44). Richtig ist, daß die geisteswissenschaftliche Soziologie Werte für unerläßlich hielt, um Wissenswertes von Nichtwissenswertem zu scheiden und ein historisches Individuum zu bilden. Alberts Begriff der Geisteswissenschaften entsteht ohne empirischen Bezug und muß daher als Artefakt gelten.

Wenn schon bei Hans Albert, dem wohl wissenschaftstheoretisch versiertesten Soziologen der Nachkriegszeit und glänzenden Kenner der analytischen Philosophie, in puncto Geisteswissenschaften Defizite unübersehbar sind, dann verwundert es nicht mehr, daß sich Scheuch/Rüschemeyer (1956, S. 276) der Kategorie des historischen Individuums mit dem Argument entledigen, gewiß weise jeder Heringsschwanz Unterschiede zu an-

---

3 Schon bei Dilthey (1957, S. 261) heißt es unmißverständlich: »Methoden, die in den Naturwissenschaften sich ausgebildet haben, können auch in den Geisteswissenschaften zur Anwendung gelangen.« Dies sei etwas »ganz Selbstverständliches«. Ebenso Rickert (1902, S. 288): »Das geistige Leben ist eben nirgends prinzipiell der naturwissenschaftlichen Behandlung entzogen, und Niemand kann also der Naturwissenschaft eine Untersuchung der Objekte wehren, mit denen es die Geschichte im üblichen Sinne des Wortes zu thun hat.«

deren auf, aber ab einem bestimmten Abstraktionsniveau seien alle Heringsschwänze gleich, um dann anschließend das Prinzip historisch-konstellativer Erklärung auf das gründlichste mißzuverstehen, indem sie historische und nomologische Erklärung in ein wechselseitiges Ausschließungsverhältnis bringen (ebd., S. 276 f.).[4]

Was immer dazu geführt haben mag, daß die historischen Wissenschaftstraditionen in den späten fünfziger Jahren ins Hintertreffen gerieten, die Kraft der Argumente war es jedenfalls nicht.[5] Was in dieser Zeit als »Geschichts- und Sozialphilosophie«, »Geisteswissenschaft« oder »Neukantianismus« widerlegt wird, sind selbstfabrizierte Artefakte, die mit der wissenschaftlichen Wirklichkeit des ersten Jahrhundertdrittels wenig bis nichts zu tun haben.

Daß die Konzepte der »Geschichts- und Sozialphilosophie« und der »Geisteswissenschaft« so ungeeignet für ein methodologisches Verständnis früher deutscher Soziologie sind, kann nicht überraschen. Der Traditionsbruch der späten fünfziger Jahre wurde in der Absicht vollzogen, das Konzept einer »ideologiefreien« naturalistischen, nomologischen, empirischen, quantifizierenden Wissenschaft als einzig legitimes Modell in der Soziologie durchzusetzen.[6] »Geschichts- und Sozialphilosophie« und

4 Max Weber hat aufgezeigt, daß Gesetze für historische Erklärung unentbehrlich sind (vgl. Kapitel I.1), und Popper betrachtet (historische) »Randbedingungen« als ebenso unentbehrlichen Bestandteil historischer Erklärung (vgl. Popper 1966, S. 31 f.). Schon Wilhelm Windelband erkannte 1894 klar: »Andererseits bedürfen nun aber die idiographischen Wissenschaften auf Schritt und Tritt der allgemeinen Sätze, welche sie in völlig korrekter Begründung nur den nomothetischen Disziplinen entlehnen können. Jede Kausalerklärung irgend eines geschichtlichen Vorganges setzt allgemeine Vorstellungen vom Verlauf der Dinge überhaupt voraus« (Windelband 1904, S. 23; vgl. auch Kapitel I.4).

5 Insofern sind gerade die fünfziger Jahre ein dringliches Objekt wissens- oder wissenschaftssoziologischer Analyse, um so mehr, als auch in anderen Wissenschaften wie Pädagogik, Psychologie und insbesondere der Nationalökonomie vergleichbare Traditionsbrüche stattgefunden haben.

6 »Die ideologiefreie Soziologie, die sich Ideologiekritik und Sozialtechnologie zum Ziele setzt, wird sich aus einer *Entmythologisierung* des bisherigen sozialwissenschaftlichen Denkens ergeben müssen …«

»Geisteswissenschaften« fungierten in diesem Kontext dazu, andere Ansätze als unwissenschaftlich zu diskriminieren. Intention war also nicht Verständnis, sondern Ausgrenzung.[7]

Damit aber verschwanden wissenschaftliche Ressourcen in der Versenkung, die für eine lebenszugewandte Sozialwissenschaft kaum zu entbehren sind. Denn: Wie kann man wertfrei, ohne die Kategorie der Wertbeziehung, Wissenswertes von Nichtwissenswertem unterscheiden? Wie können wir ohne sozialphilosophische Bezüge eine Wissenschaft mit »Kulturbedeutung« (Max Weber) betreiben? Wie läßt sich ohne die Kategorie des »historischen Individuums« soziologische Zeitdiagnostik veranstalten, der es doch um Gegenwart in ihrer individuellen Eigenheit geht? Wie ist es möglich, ohne Geschichte, nur auf empirische Sozialforschung gestützt, Gegenwart zu verstehen bzw. kausal zu er-

(Albert 1956, S. 262). Hier schwingt sich »Wissenschaftstheorie … als oberste Zensurbehörde für gute Wissenschaft« (Weingart 1984, S. 62) auf. Die dieser Zielsetzung zugrunde liegende Sichtweise von der einen wahren Wissenschaft wird in der neueren Wissenschaftstheorie als »Gottesgesichtspunkt« abgelehnt (vgl. Putnam 1990, S. 76). Man kann mit Wolfgang Stegmüller die »Mainstream«-Position der fünfziger Jahre als »metaphysischen Realismus« charakterisieren in dem Sinn, »daß der metaphysische Realist die Welt als etwas zu begreifen versucht, was sprach- und theorieunabhängig existiert« (Stegmüller 1989a, S. 447).

7 Man fragt sich, was König und Albert zu ihren Attacken gegen »Geschichts- und Sozialphilosophie« und »Geisteswissenschaften« trieb. König hatte ja noch 1952 eine pluralistische Position eingenommen (vgl. Kapitel I.5). Empirische Sozialforschung hätte sich auch ohne eine Kampagne gegen die deutsche soziologische Tradition begründen, konzipieren und durchführen lassen. Und Albert hätte es halten können wie Peter F. Strawson (1994, S. 9), der sich als Vertreter der analytischen Philosophie vorstellt und hinzufügt: »Selbstverständlich gibt es andere berechtigte Auffassungen.« Statt dessen nimmt die Kampagne Königs und Alberts bisweilen inquisitorische Züge an. Da wird von König (1971, S. 8) ein empirisches Wissenschaftskonzept vorgestellt, aus dem alle Geschichts- und Sozialphilosophie »ausgemerzt« ist. Da erklärt König (1965a, S. 10) es zu seinem Ziel, »diese Kulturkritik, wo immer sie sich eingenistet hat, auszuräuchern«. Und Albert (1956, S. 256 f.) zieht gegen den »Neo-Obskurantismus« zu Felde und fordert die »Säuberung« der Sozialwissenschaften von »ideologisch-metaphysischen Bestandteilen«. Das ist nicht die Sprache eines wissenschaftlichen Diskurses.

klären? Wie kann eine empirische Disziplin ohne umfassendes geschichtliches Wissen Aussagen mit universalem Geltungsanspruch anstellen? Wie lassen sich ohne die Kategorie des Verstehens fremde Kulturen begreifen? Läßt sich Gesellschaft ohne das Kulturelle angemessen erfassen? Es waren ja derartige Fragen, welche Sozialwissenschaftler wie Max Weber, Simmel, Alfred Weber, Sombart oder Mannheim veranlaßt hatten, den Weg einer historisch-verstehenden Sozialwissenschaft zu beschreiten.

Und so möchte man nachträglich die »Mainstream«-Kritiker der fünfziger Jahre mit Mannheim fragen: »Ist es nicht angebrachter, bevor man eine faktisch vorhandene, durch lebendige Geisteskräfte getragene (also nicht ausgeklügelte) Wissenschaft, nur weil sie unserer Konzeption von Wissenschaft nicht entspricht, verwirft, erst zu prüfen, ob denn nicht vielleicht unsere Wissenschaftskonzeption falsch oder (weil ausschließlich an den Naturwissenschaften orientiert) einseitig ist?« (Mannheim 1970a, S. 298)[8]

8 Diese Frage stellt sich nicht zuletzt angesichts späterer Schriften der »Mainstream«-Kritiker selbst. König würdigte schon 1963 die Bedeutung von Alexander von Scheltings (nichtmonistischer) Untersuchung über *Max Webers Wissenschaftslehre*, die letzte große methodologische Arbeit der deutschen historischen Soziologie (vgl. Kapitel I.5). In seinen späten Jahren hob König (1979, S. 361) die »Alarmfunktion« der alten Soziologie hervor, skizzierte selbst ein Projekt soziologischer Zeitdiagnostik nach Art der historischen Soziologen (vgl. Kapitel II.2), wandte sich nun sehr engagiert gegen die Schelsky-These, daß die deutsche Soziologie 1933 »am Ende« gewesen sei, und stellte sich in die Tradition der deutschen Soziologie der zwanziger Jahre (vgl. Kapitel I.5). – Rüschemeyer (1981) erklärt die Nichtrezeption Karl Mannheims in den USA nicht mit dessen wissenschaftlicher Unzulänglichkeit, sondern damit, daß dessen »Historismus« den USA-Soziologen fremd und unverständlich gewesen sei. Bemerkenswert ist, daß Rüschemeyer trotz gravierender Mißverständnisse über den Historismus (den er partiell mit Poppers »Historizismus« verwechselt) zu dem Schluß gelangt, »daß ich Karl Mannheim, dem ich nie begegnet bin, dessen Gedanken ich scharf kritisierte, als ich Soziologie zu treiben begann, von dessen Werk ich dennoch viel lernte, das von großem persönlichem und intellektuellem Wert für mich ist, großen Dank schulde« (Rüschemeyer 1981, S. 423). – Albert wendet sich in *Methodologischer Individualismus und historische Analyse* zwar gegen den »methodologischen Historismus« nach Art von Droysen, stellt aber unter Bezug auf Max Webers Objektivitätsaufsatz zugleich

3. Max Weber und die
»deutsche historische Soziologie«

Unser Befund von »deutscher historischer Soziologie« als Wirklichkeitswissenschaft, der eine Nähe zu Max Weber anzeigt, ist
angesichts der Literaturlage erklärungsbedürftig. Oft wird behauptet, Max Weber sei in seiner Zeit ein wenig beachteter und
unverstandener Außenseiter geblieben.[9] Demnach, so kann man
diese Position zugespitzt charakterisieren, war Max Weber in
seiner Zeit eine einsame Geistesgröße, von seinen Zeitgenossen

klar: »Das vom Historismus betonte Interesse am Individuellen – an
konkreten Konstellationen und konkreten Entwicklungen – braucht
also nicht bestritten zu werden« (Albert 1990, S. 223). Dies bedeutet eine Abwendung vom methodologischen Monismus der fünfziger
Jahre (Scheuch hat jedoch die »Mainstream«-Position der fünfziger
Jahre konserviert; vgl. Scheuch 1990). – So gesehen ist die »Mainstream«-Kritik eigentlich eine Episode der Nachkriegszeit, die man
auf sich beruhen lassen könnte und sollte. Da sie sich aber in besonders exponierten, bis heute einflußreichen Texten wie dem Fischer-
Lexikon *Soziologie* oder dem *Handbuch der empirischen Sozialforschung* niedergeschlagen hat, kann sie nicht als überwunden gelten.
Sie behindert, weil historische Soziologie leicht mit »Geschichts- und
Sozialphilosophie« oder »Kulturkritik« gleichgesetzt wird – dies zeigen schon Ausdrücke wie »feuilletonistische Kulturkritik«, »spekulative geschichtsphilosophische Soziologie« oder »mit soziologischer
Begrifflichkeit garnierte, verstehende Geistes- und Kulturgeschichte
alter Art« an –, bis heute die Entwicklung historischer Soziologie in
Deutschland, obwohl gerade hier auf eine einzigartig reiche Tradition
zurückgegriffen werden könnte.

9 So dachte auch König (1958a, S. 792): »... Weber is perhaps the most
Anglosaxon German sociologist. On the other side, it is to be regret-
ted that there is nothing comparable in Germany to the influence of
Weber on Talcott Parsons in the United States. On the contrary, it
could easily be shown that the specific German tradition in sociology
explicitly rejects the Weberian concept of sociology ... Weber is mis-
interpreted as a partisan of the method of understanding in sociology
even though he only conceived a rational understanding as an ad-
equate method for sociology, and this is practically identical with
causal explanation.« Hingegen heißt es bei Max Weber: »Aber die
Soziologie sucht auch irrationale (mystische, prophetische, pneuma-
tische, affektuelle) Erscheinungen in theoretischen und zwar *sinn-*
adäquaten (!) Begriffen zu erfassen« (Max Weber 1972, S. 10). Über
andere Vertreter der Außenseiter-These vgl. Fogt 1981.

unverstanden, die andere Wege gingen. Erst wir Heutigen vermögen sein wahres Genie zu erfassen und die Botschaft und den Sinn seines wissenschaftlichen Werkes zu verstehen. Zu dieser Außenseiterthese wollen die kategorialen Konvergenzen, die in unserer Arbeit aufgezeigt wurden, nicht recht passen.

War Max Weber vor 1933 ein Außenseiter? Es gibt eine reich belegte Studie von Helmut Fogt, die das Gegenteil demonstriert. Fogt führt mehrere Indikatoren an, welche die herausragende Bedeutung Max Webers auch in den zwanziger Jahren anzeigen. Zuerst nennt er die Häufigkeit der Zitation. Er weist in diesem Zusammenhang darauf hin, daß Max Weber im repräsentativen *Handwörterbuch der Soziologie* der am häufigsten zitierte Autor ist. Fogt weist sodann darauf hin, daß in den einzelnen Forschungsfeldern die entsprechenden Weberschen Schriften erheblich Aufmerksamkeit erfuhren und Anstöße vermittelten: so in der empirischen Sozialforschung, der Religionssoziologie, der Rechtssoziologie, der Parteisoziologie und auch der Musiksoziologie. Des weiteren zeigt Fogt auf, »daß Max Webers soziologisches Werk in den für die frühe deutsche Soziologie maßgeblichen Zeitschriften immer gegenwärtig war und manche außerordentlich intensive Behandlung erfuhr« (Fogt 1981, S. 252). Für die Bedeutung Max Webers in den zwanziger Jahren spricht auch, daß schon in dieser Zeit Max Webers Werk eine eigene Sekundärliteratur angeregt hat (vgl. ebd., S. 252 f.). Als weiteren Indikator führt Fogt die Rezensionen an, die Max Webers Arbeiten zuteil wurden (ebd., S. 254 f.). Schließlich spricht auch die Tatsache, daß Weber auf den fünf deutschen Soziologentagen 1922 bis 1930 die »deutlich« meistgenannte Person war, gegen eine Außenseiterstellung in der frühen deutschen Soziologie (ebd., S. 255). Fogts Schlußfolgerung, daß »die bis heute verbreitete Auffassung, wonach sich die frühe deutsche Soziologie zu ihrem großen Nachteil nicht um eine Auseinandersetzung mit dem Werk Max Webers bemüht habe, ernsthaft nicht länger aufrechterhalten werden (kann)« (ebd., S. 253 f.), erscheint plausibel.

Auch für die historischen Soziologen ist zu unterstreichen, daß Max Weber größte Wertschätzung erfuhr. Schon die Eubank-Papers sprechen in dieser Hinsicht eine eindeutige Sprache. Zu den von Eubank interviewten 24 europäischen Soziologen zählten Karl Mannheim, Franz Oppenheimer, Werner Sombart, Hans

Freyer und Alfred Weber, und eine Frage war die nach den bedeutendsten deutschen Soziologen. Für Oppenheimer war Max Weber »ohne Zweifel der Größte« seiner Generation (vor Simmel, Troeltsch, Oppenheimer selbst, Vierkandt und Tönnies; vgl. Käsler 1985, S. 66). Für Sombart, der seine eigenen Arbeiten für die wichtigsten hielt, war »Max Weber ... selbstverständlich einer unserer Größten« (zitiert ebd., S. 100). Freyer bemerkte über Max Weber: »Er *muß* als erster genannt werden, da er uns die erste Soziologie gegeben hat, die Deutschland exportieren kann« (zitiert ebd., S. 106). Ebenso eindeutig fällt Alfred Webers Urteil über seinen Bruder aus: »Meiner Einschätzung nach ist er der Größte aller deutschen Soziologen« (zitiert ebd., S. 122). Von Mannheim überliefert Eubank keine Einschätzung, aber an anderer Stelle hat sich Mannheim dezidiert geäußert. Daß sich die Soziologie in Deutschland durchgesetzt habe, verdanke sie »ihren Leistungen, und zwar in erster Linie dem Lebenswerk von Max Weber, dem man im Auslande kaum etwas Gleichwertiges zur Seite stellen kann« (Mannheim 1932, S. 1). Freyer (1930, S. 158) würdigt Webers Werk »als das größte und unter den modernen akademischen Systemen als das einzige Beispiel einer Soziologie«, die gleichermaßen auf systematische und historisch-zeitdiagnostische Erkenntnis gerichtet sei. Landshut forderte in seiner *Kritik der Soziologie* (1929) ein Zurück zu Weber, womit er insbesondere dessen wirklichkeitswissenschaftliche Position meinte. Heimann (1950a) hielt Max Weber für den »Magier, der alles wußte«, und verlieh seiner Wertschätzung dadurch Ausdruck, daß er dessen Werke in seinem Arbeitszimmer in einem speziellen Regal mit den für ihn entscheidenden Schriften lagerte.[10] Von Martin (1932, S. V) stuft Max Weber als den »bis heute größten deutschen Soziologen« ein.

Als Zwischenfazit läßt sich festhalten, daß Max Weber für die frühe deutsche Soziologie nicht als »Außenseiter«, sondern als »Gründervater« anzusehen ist. Insbesondere bei den historischen Soziologen war er hoch angesehen, und sein Werk wurde viel rezipiert. Aber ist damit unser Befund, daß »deutsche histo-

10 Dies berichtet Heimanns Schüler Heinz Dietrich Ortlieb in einem Interview mit Birgit Ladwig, abgedruckt in: Birgit Ladwig, »Eduard Heimann, Nationalökonom und religiöser Sozialist. Ursprünge seines theoretischen Denkens und wirtschaftspolitische Vorstellungen«, Diplomarbeit, Hamburg 1991, S. 130.

rische Soziologie«, methodologisch gesehen, Wirklichkeitswissenschaft im Sinne Webers darstellt, erklärt? Das ist nicht der Fall, wie ein Vergleich mit der heutigen Lage leicht erweist. Auch heute gilt Max Weber als ein Gründervater des Fachs. Auch heute genießt sein Werk hohes Ansehen und breite Aufmerksamkeit. Insofern liegt eine vergleichbare Situation mit den zwanziger Jahren vor. Aber kann man sagen, daß die heutige Soziologie den Weg von Max Webers Wirklichkeitswissenschaft eingeschlagen hat? Wohl kaum. Welcher heutige Soziologe definiert den Gegenstand seines Faches oder seiner wissenschaftlichen Arbeit als historisches Individuum? Und wer von denen, die es in ihrer Forschung faktisch mit historischen Individuen zu tun haben, ist sich dessen methodologisch bewußt? Nicht einmal in die soziologischen Fachlexika ist diese für Weber so zentrale Kategorie eingegangen.

Soziologie betrachtet Max Weber als einen ihrer wichtigsten Klassiker, aber sie ist seit den fünfziger Jahren ganz andere Wege gegangen. Das vorherrschende Wissenschaftsverständnis wurde ein naturalistisches oder, um es in der Begrifflichkeit Max Webers auszudrücken, ein gesetzeswissenschaftliches. Und auch die wichtigsten nichtnaturalistischen Richtungen in der deutschen Soziologie, die sich nicht einem gesetzeswissenschaftlichen Wissenschaftsverständnis verschrieben, haben an andere Traditionslinien angeknüpft: die kritische Theorie an Hegel und Marx, die phänomenologische Soziologie an Husserl und Schütz. Weber gilt als hochangesehener Klassiker, aber die deutsche Soziologie steht nicht eigentlich in einem genealogischen Verhältnis zu ihm.

Wir sehen also, daß Ansehen und hoher Rezeptionsgrad allein nicht unbedingt methodologische Nachfolge konstituieren. Insofern können Ansehen und Rezeption, die Weber in den zwanziger Jahren in der Soziologie zweifellos genoß, keine hinreichende Erklärung für die methodologischen Konvergenzen zwischen Max Weber und den deutschen historischen Soziologen darstellen. Es müssen anderen Faktoren im Spiel gewesen sein. Da es sich um *methodologische* Konvergenzen handelt, liegt es nahe, die Ursachen (zunächst einmal) im methodologischen Bereich zu suchen.

An dieser Stelle sei an die unterschiedlichen methodologischen »Großwetterlagen« erinnert (vgl. Kapitel I.4-5). Die späten fünfziger Jahre, die Konstitutionsphase der deutschen Nachkriegssoziologie, welche bis heute das methodologische Selbstverständnis unseres Faches nachhaltig geprägt hat, stehen im Zeichen der »positivistischen Revolution« (Hans Albert). Sie markieren den Höhepunkt positivistischer Selbstgewißheit, nachdem seit den dreißiger Jahren die analytische Philosophie ihren Siegeszug in den angelsächsischen Sozialwissenschaften angetreten hatte. Um die Jahrhundertwende, als Max Webers Objektivitätsaufsatz entstand, dominiert hingegen in den deutschen Geistes- und Sozialwissenschaften der Historismus.[11] Seine Axiomatik betont die Individualität des Wirklichen und die Eigenart geschichtlicher Entwicklungen. Die Bedeutung des Historismus erweist sich nicht zuletzt darin, daß er auch in der Soziologie, der stärksten naturalistischen Bastion in den deutschen Geistes- und Sozialwissenschaften, maßgeblichen Einfluß gewinnt (es sei hier an die eindrucksvollen einleitenden Passagen in Mannheims Historismus-Aufsatz erinnert; vgl. Kapitel I.4). So weit der Einfluß des Historismus reichte, wurde deutsche Soziologie historische Soziologie. Mit anderen Worten: Max Weber war ein »Kind des Historismus« (Wagner/Zipprian)[12], und die anderen historischen Soziologen waren es auch.[13] Die methodologischen Konvergenzen zwischen Max Weber und den anderen deutschen historischen Soziologen erklären, so unsere These, sich also daraus, daß der Historismus als gemeinsame methodologische Grundströmung im deutschen Wissenschaftsraum die erkenntnisleitenden Kategorien prägte.

Die Positionen, die im Objektivitätsaufsatz entwickelt werden, erscheinen aus heutiger weberfixierter Sichtweise als Positionen Max Webers. Aber anders als die etwa gleichzeitig erschienenen Protestantismus-Aufsätze entwickelt der Objektivitätsaufsatz keine eigene, persönliche Wissenschaft Max Webers, sondern er artikuliert, was der neueste, für die Sozialwissenschaften bedeut-

11 »Historismus« verstehen wir im methodologischen Sinn als Inbegriff der Bemühungen um eine nichtnaturalistische Wissenschaftslogik historischer Erkenntnis und ihrer forschungspraktischen Umsetzung in den Geistes- und Sozialwissenschaften (vgl. Kapitel I.4).

12 Max Weber (1973, S. 208) spricht von der »historischen Schule, zu deren Kindern wir ja selbst gehören«.

13 Die »Geschichts- und Kultursoziologie« als »Produkt des Historismus« erkennen Reimann (1994, S. 121) und bereits Mühlmann (1965, S. 409).

same methodologische Stand ist. Max Weber (1973b, S. 146) hat daran in einer einleitenden Fußnote keinen Zweifel gelassen. Mit anderen Worten: Im Objektivitätsaufsatz legt er in der ihm eigenen unübertrefflichen Prägnanz und Klarheit etwas dar, was andere vor ihm gedacht und viele mit und nach ihm geteilt haben. Wenn die historischen Soziologen Wirklichkeitswissenschaft im Sinne Max Webers betrieben, so heißt das nicht, daß sie als »Weberianer« anzusehen sind, sondern daß Max Weber und die historischen Soziologen Bestandteile einer gemeinsamen – nichtnaturalistischen – Wissenschaftskultur waren, an der sie partizipierten und zu der sie beitrugen.

Diese – spezifisch deutsche – Wissenschaftskultur haben wir (nicht erschöpfend, sondern typisierend zugespitzt) mit dem Begriff des Historismus charakterisiert. Sie ist nichtnaturalistisch fundiert, stellt aber kein einheitliches Ganzes dar. Es müssen vor allem zwei Hauptströmungen differenziert werden: der Neokantianismus (»Kulturwissenschaft«) und der Diltheyanismus (»Geisteswissenschaft«). Beide bestimmten die Methodologie nichtnaturalistisch verfahrender Sozialwissenschaft in Deutschland vor 1933.[14] Aber ihre Positionen wurden als unterschiedlich, ja gegensätzlich empfunden. Webers Objektivitätsaufsatz ist nun nicht von Dilthey inspiriert, gegen den er sich vielmehr wiederholt wendet, sondern steht ganz im Zeichen des Neokantianismus. Doch sind nicht alle historischen Soziologen neokantianisch geprägt. Bei anderen, namentlich bei Sombart, Alfred Weber und Freyer, ist der Einfluß Diltheys größer. Warum kommen dennoch die methodologischen Konvergenzen zu Max Webers neokantianisch geprägtem Programm einer Wirklichkeitswissenschaft zustande?

Beide Richtungen sind sich darin einig, daß sie eine (nichtmetaphysische) nichtnaturalistische Wissenschaftslogik entwickeln wollen, aber die Begründungen fallen sehr unterschiedlich aus. Dilthey argumentiert ontologisch. Geschichte sei, anders als Natur, das Werk von intentionalen, sinnhaften Akteuren. Der Neokantianismus stellt hingegen auf das individualisierende Erkenntnisinteresse ab, das sich im Begriff des historischen Indivi-

14 Als eine dritte relevante nichtnaturalistische Strömung ist die Phänomenologie Husserls zu erwähnen. Ihr Einfluß auf die historische Soziologie ist aber relativ gering; daher bleibt sie in unserem thematischen Zusammenhang unberücksichtigt.

duums kristallisiert. Aber auch Dilthey hat das historische Individuum zum Gegenstand der Geisteswissenschaften erklärt: »Das Verstehen hat immer ein Einzelnes zum Gegenstand« (Dilthey 1981, S. 261). Verstehen setzt aber auch begriffliches Erkennen des Allgemeinen voraus. Denn ohne das Wissen um das Allgemeine ist, so Dilthey, das Wissen um das Individuelle nicht möglich (vgl. ebd., S. 172 f., 176). So differiert zwar die logische Begründung, aber der formale Gegenstand, das historische Individuum, ist der gleiche. Und auch darin, daß begriffliche Erkenntnis des Allgemeinen notwendiger Bestandteil historischer Erklärung ist, sind sich die Neukantianer (einschließlich Max Weber) mit Dilthey einig. Forschungspraktisch weisen Diltheys »Geisteswissenschaft« und Webers »Wirklichkeitswissenschaft« in die gleiche Richtung. Eine Differenz liegt im Verstehensbegriff, weil Webers Verstehenskonzept vom Handeln einzelner ausgeht, Dilthey hingegen eher von den »Objektivationen des Lebens« (vgl. ebd., S. 177-196). Doch dies betrifft die Verstehende Soziologie, nicht die Wirklichkeitswissenschaft, in der nicht das Verstehen, sondern die historische Erklärung historischer Individuen thematisiert wird. Also: Weil Dilthey in puncto historisches Individuum mit Rickert und Weber konvergiert, fügen sich auch diejenigen historischen Soziologen in das Konzept der Wirklichkeitswissenschaft ein, die stärker an Dilthey denn an Rickert und Max Weber orientiert sind.

Nach der nationalsozialistischen Machtergreifung versiegte die interdisziplinär geführte Debatte um eine nichtnaturalistische historische Wissenschaftslogik. Historismus galt später als Inbegriff eines spezifisch deutschen geistigen Irrwegs, der in die deutsche Katastrophe 1933 bis 1945 gemündet sei (vgl. exemplarisch Iggers 1971). Historische Soziologie wurde seit den späten fünfziger Jahren als wissenschaftlich illegitime Geschichts- und Sozialphilosophie ausgegrenzt. Und Max Weber? Dieser vielleicht deutscheste aller deutschen Soziologen seiner Zeit, der Durkheim und die Sozialwissenschaft außerhalb des deutschen Kulturraums souverän ignoriert (vgl. Giddens 1988, S. 223), der die »glaubensfrohe Stimmung des naturalistischen Monismus« verspottet (Max Weber 1973b, S. 186), den Gesellschaftsbegriff verschmäht (vgl. Tyrell 1994) und eine historisch-verstehende Sozialwissenschaft konzipiert hatte, avancierte nun zum Ahnherrn und Wegbereiter einer naturalistisch geprägten empirischen

Soziologie, die mehr oder weniger ahistorisch nach universalen Gesetzen des Sozialen suchte.

Max Weber wurde, wider elementare soziologische Einsichten, faktisch zum »homo clausus« seiner Zeit erklärt, ein zu seiner Zeit unverstandener Geistesriese, der genial moderne Fachlichkeit antizipierte: War es nicht Max Weber, der wie kein Zweiter für die Wertfreiheit in der Wissenschaft gekämpft hatte? Hatte nicht er in »Wissenschaft als Beruf« auf strenger fachwissenschaftlicher Beschränkung bestanden? Hatte nicht er einen methodologischen Individualismus vertreten? War es nicht Weber, der in *Wirtschaft und Gesellschaft* grundlegende systematische Begriffe geprägt hatte? Gewiß. Aber übersehen wurde dabei, daß Weber Werte im kulturwissenschaftlichen Erkenntnisprozeß für unentbehrlich erachtete, daß seine Mahnungen an fachliche Beschränkung, vor einem studentischen Publikum ausgegeben, eine Selbstverständlichkeit waren und sind, daß Weber sich in weite universalgeschichtliche Analysen vorwagte, daß er Soziologie als Wissenschaft von der Geschichte verstand und seinen methodologischen Individualismus an die verstehende Methode koppelte.

Wie auch immer: War Max Weber erst einmal aus der illegitimen Traditionslinie deutscher Soziologie gelöst und, nun endlich doch noch quasi Arm in Arm mit Durkheim, zum legitimen Klassiker und Wegbereiter moderner Soziologie erklärt, mußte er in einen denkbar großen Gegensatz zur historischen Soziologie seiner und der nachfolgenden Generation geraten, die pauschal als »Geschichts- und Sozialphilosophie« oder »Kulturkritik« abgestempelt wurde. Dies läßt das Ergebnis unserer Arbeit, »deutsche historische Soziologie« sei methodologisch als Wirklichkeitswissenschaft im Sinne Max Webers aufzufassen, so paradox erscheinen. Machen wir uns hingegen klar, daß Max Weber und die anderen deutschen historischen Soziologen untrennbarer Bestandteil historistisch geprägter deutscher Wissenschaftskultur sind, daß außerdem Wissenschaftler als kommunizierende Akteure zu gelten haben, so ist der Befund dieser Arbeit geradezu selbstverständlich.[15]

15 Spiegelbildlich dazu steht das Urteil von David Zaret (1994, S. 332) über die Wirkung Max Webers auf die soziologischen Theorie in Amerika: »Obwohl die Theoretiker der Disziplin sich häufig auf ihn, als einen der Gründer des Fachs, beziehen, läßt diese übliche Referenz keineswegs darauf schließen, daß Webers Soziologie auch tat-

Dies gilt a forteriori, wenn man die von uns herausgearbeiteten gemeinsamen Kategorien der »deutschen historischen Soziologie« in ihrem logischen Zusammenhang betrachtet. Schlüsselkategorie ist das historische Individuum. Wer sich für das historische Individuum als formalen Erkenntnisgegenstand entscheidet, was in der Soziologie trotz Max Weber ungewöhnlich ist, bekommt es fast zwangsläufig auch mit anderen Kategorien zu tun. Ein historisches Individuum läßt sich nur durch Beziehung auf Werte konstruieren. Soll ein historisches Individuum als solches, das heißt in seinem »So-und-nicht-anders-Gewordensein« (Max Weber) erklärt werden, so geht das nur historisch-konstellativ. Denn würde man es – nur – mittels Gesetzen erklären, so wäre es kein historisches Individuum mehr, sondern Exemplar einer Gattung. Eine historisch-konstellative Erklärung wiederum führt notwendigerweise zu einem erfahrungswissenschaftlichen Rekurs auf die Geschichte, denn wie läßt sich eine historische Konstellation erforschen, wenn nicht historisch-empirisch? Eine Wissenschaft, die für das historische Individuum als formalen Erkenntnisgegenstand optiert, wird somit denknotwendigerweise zu einer wertbeziehenden, konstellativ erklärenden historischen Erfahrungswissenschaft.

Mit diesen Kategorien korrelieren drei Methoden, die man nicht zufällig in der deutschen historischen Soziologie stets und immer wieder findet. Historisch-konstellative Erklärung wird bewerkstelligt durch die *genetische Methode.* Um die Eigenart eines historischen Individuums herauszuarbeiten, um festzustellen, was individuell und was universal ist, bedarf es der *vergleichenden Methode.* (Wenn es zum Beispiel darum geht, die Eigenart des modernen Kapitalismus herauszuarbeiten, so geht das nur über einen Vergleich mit vormodernen und/oder außereuropäischen Wirtschaftsformen.) Die vergleichende Methode ist aber auch für den Zweck einer historisch-konstellativen Erklärung, für die kausale Zurechnung erforderlich. Soll zum Beispiel die Eigenart europäischer Entwicklung erklärt werden, so muß auf Faktoren Bezug genommen werden, die *nur* im okzidentalen Geschichtsraum aufgetreten sind. Dafür ist die für die »deutsche

sächlich einen nennenswerten Einfluß auf die amerikanische Theorieentwicklung hatte. Im Gegenteil, die übergreifenden, generellen Strömungen der US amerikanischen Theorie waren und sind mit Webers Vorstellung von Soziologie kaum vereinbar.«

historische Soziologie« so typische komparative Betrachtungsweise unabdingbar. Handelt es sich schließlich bei dem historischen Individuum um eine komplexe Makroindividualität, dann läßt sich diese begrifflich nur mittels *Idealtypen* erfassen, welche die Komplexität von Makroindividualitäten begrifflich reduzieren. Also: Ist erst einmal das historische Individuum, erst recht in Gestalt einer komplexen Makroindividualität zum Erkenntnisobjekt gewählt, so folgen Wertbeziehung, historisch-konstellative Erklärung, (historische) Erfahrungswissenschaft sowie genetische, vergleichende und idealtypische Methode quasi auf dem Fuße. Das ist ein logischer Tatbestand, der trotz aller personalen Differenzen den Begriff einer »deutschen historischen Soziologie« voll legitimiert. Stellt man den starken Einfluß des Historismus im deutschen Kulturraum in Rechnung, so kommt man am Begriff einer »deutschen historischen Soziologie« kaum vorbei.

4. Konsequenzen der Arbeitsergebnisse für die heutige Soziologie

Die vorherrschende Auffassung über die Geschichte unseres Fachs in diesem Jahrhundert besagt, daß Soziologie in Deutschland vor 1933, von vereinzelten Ausnahmen abgesehen, Geschichts- und Sozialphilosophie gewesen sei. Erst in den fünfziger Jahren habe die deutsche Soziologie, indem sie sich in Anlehnung an die US-Soziologie als empirisch-einzelwissenschaftliche Disziplin konstituierte, einen wissenschaftlichen Status erreicht. Der Bruch mit der deutschen Tradition erscheint dann als notwendiger, fälliger Vollzug wissenschaftlichen Fortschritts (vgl. exemplarisch Scheuch 1990).

Legen wir den Befund unserer Arbeit zugrunde, daß »deutsche historische Soziologie« unbegründetermaßen pauschal als »Geschichts- und Sozialphilosophie« diskriminiert wurde, ergibt sich eine andere Interpretation. Der Bruch mit der deutschen soziologischen Tradition erscheint dann nicht als Akt wissenschaftlichen Fortschritts, sondern eher als eine Verengung soziologischen Denkens und Forschens. Dies wird deutlich, wenn man Königs Konzept einer empirischen Soziologie mit dem Theodor Geigers im *Handwörterbuch der Soziologie* (1931) vergleicht:

König (1971, S. 8) konzipierte eine »Soziologie im Sinne einer empirischen Einzelwissenschaft«, Geiger (1931, S. 571) konzipierte eine »einzelwissenschaftliche empirische Soziologie«. König postulierte eine »Soziologie, ... die nichts als Soziologie ist« (ebenda), Geiger postulierte eine Soziologie, die »Empirie und nichts als Empirie« ist (ebenda). So weit befinden sich beide im Einklang, dann kommen aber zwei charakteristische Unterschiede. Erstens: Historische Soziologie ist für Geiger nicht »Geschichts- und Sozialphilosophie« oder (wie er es nennt) »Soziosophie«, sondern eine Hauptrichtung der einzelwissenschaftlich-empirischen Soziologie (vgl. ebd., S. 573). Zweitens: Geiger bezieht, anders als König, ausdrücklich »geisteswissenschaftliche Methoden« in die empirische Soziologie ein. Er sieht »soziologischen Naturalismus« und »geisteswissenschaftliche Soziologie« »mehr im Verhältnis nachbarschaftlicher Ergänzung als einer konkurrierenden Richtung« (ebd., S. 572 f.).

Wenn der Kontinuitätsbruch zu einer Verengung des Erfahrungsobjekts und des Methodenspektrums deutscher Soziologie geführt hat, dann sollte Sinn und Zweck einer wissenschaftsgeschichtlichen Forschung über die frühe deutsche Soziologie vor allem sein, die Basis einer empirischen Soziologie wieder entsprechend dem Geigerschen Verständnis zu verbreitern. Voraussetzung für eine in diesem Sinne ertragreiche Forschung ist, (a) daß wir uns von Begriffen der fünfziger Jahre wie »Geschichts- und Sozialphilosophie« lösen; (b) daß wir die frühe deutsche Soziologie unbefangen aus ihrem eigenen methodologischen und historischen Kontext heraus zu verstehen versuchen; (c) daß anerkannt wird, daß es keine Letztbegründung von Wissenschaft gibt, daß folglich verschiedene soziologische Paradigmen möglich (und wohl auch nötig) sind; (d) daß davon abgesehen wird, real existierende wissenschaftliche Prozesse a priori als »wissenschaftlichen Fortschritt« zu überhöhen.

Bei dieser Sichtweise wird die »deutsche historische Soziologie« zu einer ungenutzten Ressource, die das bestehende Theorieangebot in der Soziologie ergänzen und bereichern kann.[16] In

16 Für diese Perspektive muß man nicht unbedingt postmoderne »radikale Pluralität« (vgl. Welsch 1991, S. 4-7) bemühen. Sie verträgt sich auch durchaus mit späteren Aussagen der »Mainstream«-Kritiker der fünfziger Jahre (vgl. Kapitel VII.2, Anm. 10). Ihre späteren differenzierten Zugriffe haben allerdings nicht so auf das Fachbewußt-

einer seit Comte stets mehr oder minder positivistisch dominierten Disziplin war es allein sie, die vom Historismus, einer der großen geistigen Grundströmungen der modernen Welt, maßgeblich geprägt wurde. In der historischen Erkenntnislogik, die auf den Axiomen des Historismus fußte, fand sie die ihr adäquaten logischen Formen. Als historische Disziplin eröffnet sie ungenutzte Erfahrungsräume, deren eine erfahrungswissenschaftliche Soziologie doch nicht entraten kann: Denn es geht nicht an, Soziologie, die »Wissenschaft von der Gesellschaft«, als *Erfahrungs*wissenschaft mit dem Anspruch auf universal gültige Aussagen zu konzipieren und zugleich Geschichte als Erfahrungsressource zu marginalisieren. Mit der Kategorie des historischen Individuums offeriert sie einen alternativen Modus, gesellschaftliche Wirklichkeit begrifflich zu erschließen. Insbesondere ermöglicht sie logisch soziologische Zeitdiagnostik, der es ja um die Gegenwart »in ihrer Eigenart« und ihrem »So-und-nicht-anders-Gewordensein« (Max Weber) geht. Wer aber meinen sollte, das »historische Individuum« gehöre nicht in die Wissenschaft, dem ist noch heute mit Simmel entgegenzuhalten:

»Nun steht es allerdings jedem frei, den Begriff der Wissenschaft so zu definieren, daß er ausschließlich auf die Erkenntnis von Gesetzen anwendbar ist, und daraufhin zu behaupten, daß Geschichte solange keine Wissenschaft ist, bis sie zu Gesetzen des historischen Geschehens vorgedrungen sei. Dies ist eine bloße Angelegenheit der Terminologie, auf die ein unbilliger Wert gelegt worden ist. Das Entscheidende für den Wert einer an sich wahren Erkenntnis ist doch nur das Interesse, das sich an sie knüpft. Sie mag einem vorangestellten Begriff von Wissenschaft noch so sehr genügen, so wird man ihr nicht nachgehen, wenn sie nicht an sich wertvoll erscheint; thut sie dies aber, so ist wiederum sehr gleichgültig, in welche formale Begriffskategorie sie gehört« (Simmel 1989, S. 349).

5. Deutsche historische Soziologie und angloamerikanische »Comparative-Historical Sociology«

Die Befunde dieser Arbeit lassen nur den Schluß zu, daß die »Mainstream«-Kritik der fünfziger Jahre unhaltbar ist. Sie mißverstand historische Soziologie, weil sie deren erkenntnistheore-

sein durchgeschlagen wie die griffigen, schlagwortartigen Denkmuster der fünfziger Jahre.

tische wie methodologische Grundlagen ignorierte und mit ihrem objektiven Realismus und naturalistischen Dogmatismus keinen adäquaten Zugang zur historisch-soziologischen Forschungspraxis finden konnte. Das historisch-soziologische Paradigma wird durch die »Mainstream«-Kritik also nicht in Frage gestellt und behält seine Gültigkeit. Es kann auch nicht durch andere sozialwissenschaftliche Paradigmen ersetzt werden (vgl. Kruse 1993; Kruse 1994, S. 187-210). Nicht zuletzt daraus speist sich die Renaissance historischer Soziologie, wie sie seit den siebziger Jahren insbesondere im angloamerikanischen Raum zu beobachten ist.

Daraus ergeben sich Fragen zur heutigen Bedeutung der deutschen historisch-soziologischen Tradition. Seit den siebziger Jahren hat sich bekanntlich insbesondere in den USA und in Großbritannien eine neue »Comparative-Historical Sociology« etabliert, die sich unter anderem mit den Namen Reinhard Bendix, Barrington Moore, Immanuel Wallerstein, Theda Skocpol, Charles Tilly, Michael Mann und John Hall verbindet.[17] Ist es nicht so, daß *heute* die angloamerikanische Soziologie das historisch-soziologische Paradigma gültig repräsentiert? Dies würde bedeuten, daß die »klassische« deutsche historische Soziologie als eine wissenschaftsgeschichtliche Epoche einzustufen ist, die inzwischen zwar nicht durch andere Paradigmen, wohl aber durch die heutige historische Soziologie überholt ist (so zum Beispiel die Sichtweise bei Vester 1995).

Die eben aufgeworfene Frage setzt eine andere voraus. Besteht überhaupt eine logische Identität zwischen der »klassischen« deutschen historischen Soziologie und der »neuen« Comparative-Historical Sociology? Oder verbergen sich hinter semantisch ähnlichen *labels* logisch unterschiedliche Ansätze?

Wir haben die deutsche historische Soziologie vor allem mit den Kategorien »historisches Individuum« und »historische Konstellation« charakterisiert und vertreten die These, daß sich diese Kategorien in der angloamerikanischen historischen Soziologie ebenfalls finden lassen. Dies sei anhand einiger prominenter Beispiele angedeutet.

Bei *Fernand Braudel* – er wird, obwohl »von Haus aus« Historiker, heute meist zu den Hauptvertretern historischer Soziologie

17 Vgl. als Überblicke Skocpol (Hg.) 1984, Smith 1991, Mikl-Horke 1994, Vester 1995, Spohn 1996.

gezählt – sind die deutschen Klassiker noch lebendig. Sombart und Max Weber zählen zu seinen meistzitierten Autoren. Hingegen distanziert er sich von der neueren Soziologie: »Uns heutigen Historikern will freilich scheinen, sie schmecke nur allzusehr nach allgemeinen Ideen und lasse vor allem den Sinn fürs Historische vermissen« (Braudel 1986, S. 505 f.) – »trotz älterer und neuerer Versuche wie Alfred Weber, *Kulturgeschichte als Kultursoziologie*, 1935, oder Alfred von Martin, *Soziologie der Renaissance* ... 1932; oder auch der kraftvollen Synthese von Alexander Rüstow, *Ortsbestimmung der Gegenwart* ...« (ebd., S. 702). So verwundert es nicht, daß wir bei Braudel die gleichen Kategorien wie in der deutschen historischen Soziologie vorfinden.

Auch Braudel differenziert die Weltgesellschaft in Kulturkreise (»historisches Individuum«). So versucht er zum Beispiel vergleichend »die Eigenart der abendländischen Städte« herauszuarbeiten (vgl. Braudel 1971, S. 595-616).[18] Ähnlich verfährt Braudel, wenn er die Voraussetzungen des Kapitalismus in Europa, Indien, China, Japan und der islamischen Welt untersucht (vgl. Braudel 1986, S. 614-666). Ein individualisierendes Geschichtsverständnis nach Art der deutschen historischen Soziologen ist dabei unverkennbar.

Reinhard Bendix ist ebenfalls noch von der deutschen Tradition, insbesondere Max Weber, geprägt. In der Einleitung zu *Könige und Volk* bemerkt Bendix: »Ich habe aus den Werken Max Webers, Otto Hintzes und anderer mehr gelernt, als meine spärlichen Nachweise verraten« (Bendix 1980 I, S. 13). Dies schlägt sich auch im kategorialen Zugriff auf den Gegenstand nieder: »Die vorliegende Untersuchung verbindet die Einsicht in die historische Besonderheit eines Landes mit dem Verständnis seiner Teilhabe an einer allgemeinen Bewegung der Geschichte.« »Ich möchte zeigen, daß die Probleme, vor denen die einzelnen in der Modernisierung begriffenen Länder standen, größtenteils

---

18 Zusammenfassend notiert Braudel: »Die Eigenart der europäischen Städte besteht in einer relativ großen Freiheit, in einer Entwicklung der Städte zu autonomen Welten auf Kosten des Territorialstaats, der sich erst langsam herausbildet und später in ständigem Wettkampf mit ihnen liegt, in einer großen Unterlegenheit der ländlichen Gebiete ... sowie schließlich in der Ausbildung einer eigenen Wirtschaftspolitik der Städte aufgrund ihrer weitreichenden Handelsbeziehungen« (Braudel 1971, S. 595).

unvergleichbar und einzigartig waren« (ebd., S. 15, 17). Auch bei Bendix ist somit die Kategorie des historischen Individuums erkenntnisleitend.

Michael Mann analysiert in seinem mehrbändigen Werk *The Sources of Social Power* historische Machtgeflechte. Sein Ansatz beinhaltet ebenfalls ein individualisierendes Geschichtsverständnis nach Art der deutschen historischen Soziologen: »Gesellschaften sind nicht einheitlich ... Gesellschaften bestehen aus vielfältigen, sich überlagernden und überschneidenden sozialräumlichen Machtgeflechten« (Mann 1990, S. 14, vgl. auch Mann 1991, S. 407, 431). Mann analysiert verschiedene historische Machtgeflechte in ihrer spezifischen Eigenart, also als historische Individuen.

Mann unterscheidet vier Quellen der Macht: ideologische, ökonomische, militärische und politische Macht. »Ein klares, formelartiges, generelles Muster für die Wechselbeziehungen zwischen Machtquellen gibt es nicht« (ebd., S. 433). Es gibt immer nur, mit Weber ausgedrückt, spezifische historische Konstellationen, welche Mann herauszuarbeiten versucht. Ein individualisierendes Geschichtsverständnis tritt auch klar zutage, wenn Mann sich den Ursachen des »europäischen Wunders« zuwendet. Er sieht hier eine »komplexe Kette von Koinzidenzien« am Werk (ebd., S. 406), die wir in unserem Kontext nicht weiter zu erörtern haben. Aber festzuhalten bleibt, daß hier logisch eine historisch-konstellative Erklärung im Sinne Webers vorliegt, die sich zudem explizit vom evolutionistischen Denken abgrenzt (vgl. Mann 1990, S. 65-75). In gleicher Weise verfährt Mann auch hinsichtlich der Entstehung der Hochkulturen oder der griechischen Dynamik.

Die Theorie des kapitalistischen Weltsystems von *Immanuel Wallerstein* steht ursprünglich eher in marxistischer Tradition. Noch Ende der siebziger Jahre äußert Wallerstein die Erwartung, daß eine »sozialistische Weltregierung« das kapitalistische Weltsystem überwinden werde (Wallerstein 1982, S. 63). Hier manifestiert sich noch ein geschichtsteleologisches Verständnis unter marxistischen Vorzeichen. Wallersteins methodologische Überlegungen der neunziger Jahre enthalten stärker historistische Kategorien. Er definiert in *Unthinking Social Science* nunmehr Weltsysteme als »historische Systeme«. Historische Systeme sind durch drei Charakteristika gekennzeichnet: sie sind relativ autonom, das heißt, sie funktionieren in erster Linie aufgrund der Konsequenzen ihrer inneren Prozesse. Sie haben zeitliche Grenzen, das heißt, sie haben einen Anfang und ein Ende. Und sie haben räumliche Grenzen, die sich jedoch im Laufe ihrer Lebensgeschichte ändern können (Wallerstein 1991). In Weberscher Terminologie ausgedrückt, sind historische Systeme, mithin auch Weltsysteme, historische Individuen.

Willfried Spohn (1996, S. 364) sieht den »Ausgangspunkt« der »neuen historischen Soziologie« darin, »daß die gegenwärtige soziale Wirklichkeit ein historisch konstituierter, sich in Zeit und Raum bewegender Gegenstand ist«. Die »Leitidee der historischen Soziologie der Raum- und Zeitgebundenheit sozialer Prozesse« führe wissenschaftspraktisch »insgesamt zu einer zunehmenden Kontextualisierung historisch-soziologischer Ansätze«. In der Annahme der »Historizität und Kontextualität der sozialen Wirklichkeit« sieht Spohn den gemeinsamen Nenner innerhalb der sachlichen und methodischen Vielfalt historischer Soziologie. Alle diese Aussagen entsprechen den Weberschen Kategorien des »historischen Individuums« und der »historischen Konstellation«.

An diesem Punkt stellt sich wieder die bereits aufgeworfene Frage: Ist es nicht so, daß die »klassische« deutsche historische Soziologie durch die »neue« angloamerikanische historische Soziologie überholt ist? Dies mag auf den ersten Blick plausibel erscheinen, weil es unserer Vorstellung von wissenschaftlichem Fortschritt entspricht (vgl. dazu Tenbruck 1994). Aber die Dinge liegen komplizierter und bedürfen einer differenzierten Betrachtung. Wir möchten hier die These entfalten, daß die deutsche Tradition unter bestimmten Aspekten, insbesondere den hier behandelten im methodologischen Bereich, die bessere und entwickeltere Variante darstellt und damit auch angesichts der heutigen angloamerikanischen Soziologie aktuelle Bedeutung behält. Dies sei schlaglichtartig an drei Beispielen demonstriert.

In einem Beitrag für den *Newsletter of the Comparative & Historical Sociology* 1993 setzt sich *John Hall*, selbst einer ihrer führenden Vertreter, mit dem methodologischen Selbstverständnis heutiger angloamerikanischer historischer Soziologie auseinander: »Historical sociology itself«, so Hall (1993, S. 2), »has been broadly founded on a modernist epistemology of objectivism and a logical method forged in the practices of the natural science«. Hall fordert eine »less naively objectivist/realist historical sociology«, welche sich der postmodernen und konstruktivistischen Herausforderung nicht verschließt (allerdings »without capitulating to textual solipsism«), und »the embracing of a more modest nominalism« mit der Begründung: »Every concept, every description, we must admit, is value formed and perspectively generated ... value interests shape how objects of inquiry are constructed in ways that bring to the surface different objective patterned aspects of the same sociohistorical world« (ebd., S. 3).

Was Hall hier ausführt und postuliert, ist, wie oben dargestellt, von der deutschen historischen Soziologie längst eingelöst und von der ihr zugrunde liegenden historischen Wissenschaftslogik reflektiert worden (»Wertbeziehung«). Gleiches gilt, wenn Hall bemerkt: »Precisely because historical sociology takes seriously both the potential of theory and the historicity of the social, it is well positioned to mediate the dispute between the scientists and the historicists« (ebd., S. 2). Auf die gleiche Weise verorteten sich auch die deutschen historischen Soziologen (vgl. Kruse 1990a).

Ähnlich wie John Hall attestiert auch *Stephen Kalberg* der heutigen »Comparative-Historical Sociology« methodologische Defizite: »These schools leave unsolved a number of dilemmas and problems (Kalberg 1994, S. 9). Insbesondere bemängelt Kalberg das Fehlen einer »broadly multicausal methodology«, welche historisch-soziologische Darstellungen auf eine komplexe Theorie historischer Erklärung gründe. In diesem Zusammenhang verweist Kalberg auf Max Weber: »... it becomes evident that his practiced mode of causal analysis diverges sharply from the world systems, interpretive historical, and causal analytic schools« (ebd., S. 151). Allerdings habe Weber keine explizite Theorie historischer Erklärung entwickelt: »Unfortunately, Weber's entire comparative-historical sociology, is never articulated« (ebd., S. 13). Kalberg versucht sie daher aus den späteren historisch-empirischen Arbeiten Webers zu rekonstruieren.

Doch hat Max Weber sehr wohl eine Theorie historischer Erklärung formuliert. Mehr noch, sie ist, laut Paul Ricœur, einem der führenden heutigen Geschichtstheoretiker, die beste ihrer Art: »Die präziseste Darstellung der Logik der einzelnen Kausalzurechnung findet sich in der kritischen Studie, die Max Weber dem Buch von Eduard Meyer, *Zur Theorie und Methodik der Geschichte* (Halle 1901), gewidmet hat« (Ricœur 1983, S. 274).

Auch in dem für historische Soziologie so zentralen Bereich der Theorie historischer Erklärung gibt es also in der deutschen Tradition unausgeschöpfte Ressourcen.

In *Unthinking Social Science. The Limits of Nineteenth Century Paradigms* setzt sich *Immanuel Wallerstein* kritisch mit Denkmustern des neunzehnten Jahrhunderts auseinander, die, obwohl höchst problematisch, das sozialwissenschaftliche Denken bis heute beherrschten. Seine Absicht ist dabei erklärtermaßen eine destruktive, in der Hoffnung »to encourage the search for a new paradigm which will take considerable time and effort by many to construct« (Wallerstein 1991, S. 1). Als die verhängnisvollen Erbschaften des neunzehnten Jahrhunderts nennt Wallerstein »the false nomothetic-idiographic antinomy«, den Entwicklungsbegriff, die Elimination der Dimensionen von Raum und Zeit zugunsten einer raumzeitlich invarianten allgemeinen Theorie sowie die analytische Differenzierung von Gesellschaft in die ökonomische, politische und soziokulturelle Ebene (ebd., S. 1 bis 4).

Wallerstein ist gewiß recht zu geben, wenn er diese Denkmuster kritisch hinterfragt und im neunzehnten Jahrhundert verortet. Aber zumindest die zuerst genannten drei Punkte wurden in der deutschen geistes- und sozialwissenschaftlichen Szene um die Jahrhundertwende problematisiert und tiefschürfend reflektiert. (Es sei an dieser Stelle nochmals an Rickerts »Grenzen der naturwissenschaftlichen Begriffsbildung« und an Max Webers kulturwissenschaftliche Aufsätze erinnert.) Mehr noch: es entstanden seit Jahrhundertbeginn auch konzeptionelle Alternativen, welche die Antinomie von Nomothetik und Idiographik überwanden und zu einem komplexitäts- und kontingenzgerechten Verständnis geschichtlicher Bewegung gelangten (vgl. Kruse 1990a). Mit anderen Worten: Die Fragen, die Wallerstein aufwirft und diskutiert, wurden im deutschen Wissenschaftskontext des frühen zwanzigsten Jahrhunderts bereits durchdacht und gelöst (»gelöst« jedenfalls in dem Sinn, daß konzeptionelle Alternativen praktiziert wurden). Ist es nicht sinnvoller, diese Potentiale in die heutige Diskussion einzubeziehen, anstatt wieder am Nullpunkt zu beginnen?

Wallerstein definiert den Gegenstand historischer Soziologie als »historische Systeme«. Dem ist beizupflichten, doch was unter »historische Systeme« logisch zu verstehen ist, das erfährt

man nicht bei Wallerstein, auch nicht bei anderen angloamerikanischen Soziologen, sondern nur durch einen Rekurs auf den
wissenschaftslogischen Kontext deutscher historischer Soziologie. Denn für ein »historisches System« sind immer noch die
Reflexionen fundamental, die Rickert, Max Weber und andere
zum »historischen Individuum« entwickelt haben.

Fazit: Wenn wir mit Uwe Barrelmeyer (1997, S. 17, 248) eine
erkenntnistheoretische, eine methodologische, eine methodische
und eine gegenständliche Argumentationsebene unterscheiden,
so ist die deutsche Tradition zumindest für die beiden zuerst
genannten Ebenen nach wie vor unverzichtbar. Und wenn der
Erfolg der »Mainstream«-Kritik der fünfziger Jahre eines lehrt,
dann dies: Historische Soziologie muß, um sich in der sozialwissenschaftlichen Theorienkonkurrenz behaupten zu können,
auch auf der erkenntnistheoretischen und methodologischen
Ebene präsent sein. Je höher das erkenntnistheoretisch-methodologische Reflexionsniveau, desto weitergespannter der Blick
für heuristische Optionen und desto ausgeprägter der Grad der
analytischen Durchdringung.[19]

Historische Soziologie ist mehr als eine »Bindestrichsoziolo-
gie«. Sie repräsentiert eine bestimmte »Erkenntnisweise« (Mikl-
Horke 1994), und als solche verkörpert sie eine eigene Theorie-
perspektive innerhalb der Allgemeinen Soziologie. Indem sie die
Historizität und Kontextualität der sozialen Wirklichkeit betont,
bringt sie kategoriale Alternativen zu raumzeitlich indifferenten
Theorieansätzen ins Spiel. Sie sollte sich in Deutschland nicht
nur als Ableger der heutigen angloamerikanischen historischen
Soziologie verstehen, sondern gleichermaßen in der deutschen
Tradition verankern.

19 Das schließt nicht aus, daß erkenntnistheoretisch-methodologische
Reflexionen ab einem bestimmten Punkt einen abnehmenden Grenz-
nutzen haben können.

Literatur

Acham, Karl (1974), *Analytische Geschichtsphilosophie. Eine kritische Einführung*, Freiburg/München: Alber.

– (1983), *Philosophie der Sozialwissenschaften*, Freiburg/München: Alber.

– (1990), »Teil und Ganzes, Differenzierung und Homogenität. Überlegungen zu Gegenstand und Methode der Soziologie und der historischen Sozialwissenschaften«, in: Karl Acham und Winfried Schulze (Hg.), *Teil und Ganzes* (Theorie der Geschichte. Beiträge zur Historik, Bd. 6), München: dtv, S. 72-107.

– (1992), »Das Verstehen und die Wissenschaft von der Gesellschaft bei Wilhelm Dilthey«, in: *Annali di Sociologia – Soziologisches Jahrbuch* 8, S. 85-111.

– (1995), *Geschichte und Sozialtheorie. Zur Komplementarität kulturwissenschaftlicher Erkenntnisorientierungen*, Freiburg/München: Alber.

Acham, Karl, und Winfried Schulze (1990) (Hg.), *Teil und Ganzes. Zum Verhältnis von Einzel- und Gesamtanalyse in Geschichts- und Sozialwissenschaften*, München: dtv.

Achelis, Thomas (1899), *Soziologie*, Leipzig: Göschen.

– (1912), *Soziologie*, zweite, überarbeitete Auflage, Berlin: Göschen.

Albert, Hans (1956), »Entmythologisierung der Sozialwissenschaften. Die Bedeutung der analytischen Philosophie für die soziologische Erkenntnis«, in: *Kölner Zeitschrift für Soziologie und Sozialpsychologie* 8, S. 234-270.

– (1962), »Probleme der Wissenschaftslehre in der Sozialforschung«, in: René König (Hg.), *Handbuch der empirischen Sozialforschung*, Stuttgart: Enke, S. 38-63.

– (1990), »Methodologischer Individualismus und historische Analyse«, in: Karl Acham und Winfried Schulze (Hg.), *Teil und Ganzes*, München: dtv, S. 219-239.

Appel, Michael (1992), *Werner Sombart. Theoretiker und Historiker des modernen Kapitalismus*, Marburg: Metropolis.

Aron, Raymond (1953), *Die deutsche Soziologie der Gegenwart* (1935), Stuttgart: Kröner.

Badura, Bernhard (1980), »Heimanns demokratischer Sozialismus, eine Provokation moderner Sozialpolitik«, in: Heimann (1980), S. I-XXII.

Barrelmeyer, Uwe (1997), *Geschichtliche Wirklichkeit als Problem. Untersuchungen zu geschichtstheoretischen Begründungen historischen Wissens bei Johann Gustav Droysen, Georg Simmel und Max Weber*, Münster: Lit.

- (1997a), »Fiktionales Wissen in der Geschichtswissenschaft. Eine Analyse am Beispiel der mikrohistorischen Zeitgeschichtsforschung«, in: Daniel Fulda und Thomas Prüfer (Hg.), *Faktenglaube und fiktionales Wissen. Zum Verhältnis von Wissenschaft und Kunst in der Moderne*, Frankfurt am Main: Lang, S. 289-303.
- (1997b), »›Wissenschaftskrisis‹? Max Webers Programm einer historischen Sozialwissenschaft und die sozialökonomische Analyse der Kulturkrise um 1900«, in: Jörn Stückrath und Jürg Zbinden (Hg.), *Metageschichte. Hayden White und Paul Ricœur. Dargestellte Wirklichkeit in der europäischen Kultur im Kontext von Husserl, Weber, Auerbach und Gombrich* (ZiF Interdisziplinäre Studien, Band 2), Baden-Baden: Nomos, S. 277-302.

Bendix, Reinhard (1980 I), *Könige oder Volk. Machtausübung und Herrschaftsmandat.* Erster Teil (1978). Frankfurt am Main: Suhrkamp.
- (1980 II), *Könige oder Volk. Machtausübung und Herrschaftsmandat.* Zweiter Teil (1978), Frankfurt am Main: Suhrkamp.

Berking, Helmut (1984), *Masse und Geist. Studien zur Soziologie der Weimarer Republik*, Berlin.

Bernheim, Ernst (1908), *Lehrbuch der historischen Methode und der Geschichtsphilosophie*, 5. Auflage, Leipzig: Verlag Duncker & Humblot.

Blanke, Horst Walter (1991), *Historiographiegeschichte als Historik*, Stuttgart: Frommann-Holzboog.
- (1991a), »Historismus als Wissenschaftsparadigma. Einheit und Mannigfaltigkeit«, in: Jürgen Fohrmann und Wilhelm Voßkamp (Hg.), *Wissenschaft und Nation. Studien zur Entstehungsgeschichte der deutschen Literaturwissenschaft*, München: Fink, S. 217-231.

Bock, Michael (1984), *Kriminologie als Wirklichkeitswissenschaft*, Berlin: Duncker & Humblot.
- (1992), »Gustav Schmoller. Ein Sozialwissenschaftler für unsere Zeit?«, in: *Geschichte und Gegenwart* 11, S. 3-18.
- (1994), »Die Entwicklung der Soziologie und die Krise der Geisteswissenschaften in den zwanziger Jahren«, in: Nörr/Schefold/Tenbruck (Hg.) (1994), S. 159-185.

Braudel, Fernand (1971), *Die Geschichte der Zivilisation* (1967), München: Kindler.
- (1986), *Sozialgeschichte des 15. bis 18. Jahrhunderts. Der Handel* (1979), München: Kindler.

Breuer, Stefan (1992), *Max Webers Herrschaftssoziologie*, Frankfurt am Main: Campus.

Burger, Thomas (1987), *Max Weber's Theory of Concept Formation*, Durham: Duke University Press.
- (1994), »Deutsche Geschichtstheorie und Webersche Soziologie«, in: Wagner/Zipprian (Hg.) (1994), S. 29-104.

Collins, Randall (1980), »Weber's last Theory of Capitalism. A Systematisation«, in: *American Sociological Review* 45, S. 925-942.

Daheim, Hansjürgen (1989), »Weimarer historische Soziologie – Zeitdiagnosen nach 1945«, Ms., Bielefeld. Veröffentlicht in koreanischer Sprache in: Jae-Hyeon Choe (Hg.), *Die Strömungen der gegenwärtigen deutschen Soziologie*, Seoul 1991, S. 99-130.

– (1992), »Institute ›an‹ der Universität: Deutung, Erinnerung, Geschichte«, in: Heine von Alemann und Gerhard Kunz (Hg.), *René König*, Opladen: Westdeutscher Verlag, S. 206-210.

Dahme, Heinz-Jürgen (1988), »Der Verlust des Fortschrittsglaubens und die Verwissenschaftlichung der Soziologie. Ein Vergleich von Georg Simmel, Ferdinand Tönnies und Max Weber«, in: Otthein Rammstedt (Hg.), *Simmel und die frühen Soziologen. Nähe und Distanz zu Durkheim, Tönnies und Max Weber*, Frankfurt am Main: Suhrkamp, S. 222-274.

Dahrendorf, Ralf (1959), »Betrachtungen zu einigen Aspekten der gegenwärtigen deutschen Soziologie«, in: *Kölner Zeitschrift für Soziologie und Sozialpsychologie* 11, S. 132-153.

Demm, Eberhard (1983), »Alfred Weber und sein Bruder Max. Zum 25. Todestag Alfred Webers am 2. Mai 1983«, in: *Kölner Zeitschrift für Soziologie und Sozialpsychologie* 35, S. 1-28.

– (1986), »Einleitung« zu: E. Demm (Hg.), *Alfred Weber als Politiker und Gelehrter*, Stuttgart: Steiner, S. 7 f.

– (1988), »Max und Alfred Weber im Verein für Sozialpolitik«, in: Mommsen/Schwentker (Hg.) (1988), S. 119-136.

– (1990), *Ein Liberaler in Kaiserreich und Republik. Der politische Weg Alfred Webers bis 1920*, Boppard: Boldt.

Dilthey, Wilhelm (1957), »Beiträge zum Studium der Individualität« (1895/96), in: ders., *Gesammelte Schriften*, Stuttgart: Teubner, Bd. V, S. 241-316.

– (1966), *Einleitung in die Geisteswissenschaften. Versuch einer Grundlegung für das Studium der Gesellschaft und der Geschichte* (1883), in: ders., *Gesammelte Schriften*, Bd. I, Stuttgart: Teubner.

– (1981), *Der Aufbau der geschichtlichen Welt in den Geisteswissenschaften*, Frankfurt am Main: Suhrkamp.

Dray, William (1957), *Laws and Explanation in History*, Oxford: Clarendon Press.

Drescher, Hans Georg (1991), *Ernst Troeltsch. Leben und Werk*, Göttingen: Vandenhoeck & Ruprecht.

Eckert, Roland (1970), *Kultur, Zivilisation und Gesellschaft. Die Geschichtstheorie Alfred Webers*, Tübingen: J.C.B. Mohr (Paul Siebeck).

Fogt, Helmut (1981), »Max Weber und die deutsche Soziologie der Weimarer Republik: Außenseiter oder Gründervater?«, in: M. Rainer

Lepsius (Hg.), *Soziologie in Deutschland und Österreich 1918-1945*, Opladen: Westdeutscher Verlag, S. 245-272.

Freyer (1923), *Theorie des objektiven Geistes. Eine Einleitung in die Kulturphilosophie.* Leipzig/Berlin: B.G. Teubner.

– (1930), *Soziologie als Wirklichkeitswissenschaft,* Leipzig: Teubner.

– (1931), *Revolution von Rechts,* Jena: Eugen Diederichs.

– (1955), *Theorie des gegenwärtigen Zeitalters,* Stuttgart: Deutsche Verlags-Anstalt.

– (1956), »Der Mensch unserer Zeit«, in: *Der öffentliche Gesundheitsdienst* 18, S. 210-220.

– (1960), »Soziologische Aspekte zur Situation der Menschen in der Gegenwart«, in: *Die Therapiewoche* 10, S. 306-311.

– (1965), *Schwelle der Zeiten,* Stuttgart: Deutsche Verlags-Anstalt.

– (1965a), »Der Ernst des Fortschritts «, in: ders., Jindrich Filipec und Lothar Bossle (Hg.), *Technik im technischen Zeitalter. Stellungnahmen zur geschichtlichen Situation,* Düsseldorf: Schilling, S. 80-100.

– (1966), »Landschaft und Geschichte«, in: Bayerische Akademie der schönen Künste (Hg.), *Mensch und Landschaft im technischen Zeitalter,* München: Oldenbourg, S. 39-70.

– (o.J.), »Einführung in die Soziologie«. Manuskript im Nachlaß Hans Freyer, Universitätsbibliothek Münster. Veröffentlicht in japanischer Übersetzung 1955 und in türkischer Übersetzung 1957.

Gábor, Eva (1975), »Karl Mannheim's Letters to Lukács 1910-1916. Introduction«, in: *The New Hungarian Quarterly* 57, S. 93 f.

Gardiner, Patrick (1952), *The Nature of Historical Explanation,* Oxford.

Geiger, Theodor (1931), »Soziologie. Hauptrichtungen, Aufgaben, Verfahren«, in: Alfred Vierkandt (Hg.), *Handwörterbuch der Soziologie,* Stuttgart: Enke, S. 568-578.

– (1931a), »Gesellschaft«, in: Alfred Vierkandt (Hg.), *Handwörterbuch der Soziologie,* Stuttgart: Enke, S. 201-210.

Gephart, Werner (1993), »Max Weber als Philosoph? Philosophische Grundlagen und Bezüge Max Webers im Spiegel neuer Studien und Materialien«, in: *Philosophische Rundschau* 40, S. 34-56.

Gerhard, Wilfried (1975), »Ernst Troeltsch als Soziologe«, Dissertation, Köln.

Gide, Charles, und Charles Rist (1913), *Geschichte der volkswirtschaftlichen Lehrmeinungen.* Nach der zweiten durchgesehenen und verbesserten Ausgabe hg. von Franz Oppenheimer, Jena: Gustav Fischer.

Giddens, Anthony (1988), »Max Weber und Emile Durkheim: Divergierende Zeitgenossen«, in: Mommsen/Schwentker (Hg.) (1988), S. 273-282.

Graf, Friedrich Wilhelm (1988), »Fachmenschenfreundschaft. Bemerkungen zu ›Max Weber und Ernst Troeltsch‹«, in: Mommsen/Schwentker (Hg.) (1988), S. 313-336.

Habermas, Jürgen (1962), *Strukturwandel der Öffentlichkeit*, Darmstadt/Neuwied: Luchterhand.

Hall, John (1993), »Events, Processes and Inquiry«, in: *Newsletter of the Comparative & Historical Sociology* 5, Beilage.

Häuser, Karl (1994), »Das Ende der historischen Schule und die Ambiguität der deutschen Nationalökonomie in den zwanziger Jahren«, in: Nörr/Schefold/Tenbruck (Hg.) (1994), S. 47-74.

Heimann, Eduard (1922), »Die ökonomische Problemstellung für die Gemeinwirtschaft«, in: *Kölner Vierteljahreshefte für Sozialwissenschaft* 1, Heft 4, S. 27-42.

– (1931), »Kapitalismus, Organwirtschaft, Sozialpolitik und ihre theoretische Erfassung«, in: *Weltwirtschaftliches Archiv* 34, S. 250-264.

– (1932), *Sozialwissenschaft und Wirklichkeit. Zwei soziologische Vorträge*, Tübingen: J. C. B. Mohr (Paul Siebeck).

– (1938), *Communism, Fascism or Democracy?*, New York: Norton.

– (1948), *Sozialistische Wirtschafts- und Arbeitsordnung* (1932), Offenbach: Bollwerk-Verlag Karl Drott.

– (1950), *Freiheit und Ordnung. Lehren aus dem Kriege* (1947), Berlin: Ariani.

– (1950a), »Der Magier, der alles wußte (Zu Max Webers 30. Todestag)«, in: *Hamburger Echo*, 14. Juni 1950.

– (1963), *Soziale Theorie der Wirtschaftssysteme*, Tübingen: J. C. B. Mohr (Paul Siebeck).

– (1980), *Soziale Theorie des Kapitalismus. Theorie der Sozialpolitik* (1929), Frankfurt am Main: Suhrkamp.

Heintz, Bettina (1993), »Wissenschaft im Kontext. Neuere Entwicklungstendenzen der Wissenschaftssoziologie«, in: *Kölner Zeitschrift für Soziologie und Sozialpsychologie* 45, S. 528-552.

Hempel, Carl G. (1942), »The Function of General Laws in History«, in: *The Journal of Philosophy* 39, S. 35-48.

Hennis, Wilhelm (1987), *Max Webers Fragestellung. Studien zur Biographie des Werks*, Tübingen: J. C. B. Mohr (Paul Siebeck).

– (1994), »›Die volle Nüchternheit des Urteils‹. Max Weber zwischen Carl Menger und Gustav von Schmoller. Zum hochschulpolitischen Hintergrund des Wertfreiheitspostulats«, in: Wagner/Zipprian (Hg.) (1994), S. 105-145.

Henrich, Dieter (1952), *Die Einheit der Wissenschaftslehre Max Webers*, Tübingen: J. C. B. Mohr (Paul Siebeck).

Hintze, Otto (1964), *Soziologie und Geschichte. Gesammelte Abhandlungen zur Soziologie, Politik und Theorie der Geschichte*, hg. und eingeleitet von Gerhard Oestreich. 2., erweiterte Auflage, Göttingen: Vandenhoeck & Ruprecht.

– (1964a), »Max Webers Religionssoziologie« (1922), in: Hintze (1964), S. 126-134.

- (1964b), »Der moderne Kapitalismus als historisches Individuum. Ein kritischer Bericht über Sombarts Werk« (1929), in: Hintze (1964), S. 374-426.
- (1964c), »Wirtschaft und Politik im Zeitalter des modernen Kapitalismus« (1929), in: Hintze (1964), S. 427-452.
- (1964d), »Soziologische und geschichtliche Staatsauffassung. Zu Franz Oppenheimers System der Soziologie« (1929), in: Hintze (1964), S. 239-305.
- (1964e), »Probleme einer europäischen Sozial- und Wirtschaftsgeschichte (Oppenheimers System der Soziologie IV, 1)« (1930), S. 306 bis 312.

Homann, Harald (1989), »Gesetz und Wirklichkeit in den Sozialwissenschaften. Vom Methodenstreit zum Positivismusstreit«, Dissertation, Tübingen.

Hübinger, Gangolf (1993), »Die Intellektuellen im wilhelminischen Deutschland. Zum Forschungsstand«, in: Mommsen/Hübinger (Hg.) (1993), S. 198-210.

- (1993a), »›Journalist‹ und ›Literat‹. Vom Bildungsbürger zum Intellektuellen«, in: Mommsen/Hübinger (Hg.) (1993), S. 95-110.
- und Wolfgang J. Mommsen (Hg.) (1993), *Intellektuelle im Deutschen Kaiserreich*, Frankfurt am Main: Fischer.

Hughes, H. Stuart (1958), *Consciousness and Society. The Reorientation of European Social Thought, 1890-1930*, New York: Random.

Iggers, Georg G. (1971), *Deutsche Geschichtswissenschaft* (1968), München: dtv.

Jacoby, E. G. (1968), »Zur reinen Soziologie«, in: *Kölner Zeitschrift für Soziologie und Sozialpsychologie* 20, S. 448-470.

Jäger, Friedrich, und Jörn Rüsen (1992), *Geschichte des Historismus. Eine Einführung*. München: C. H. Beck.

Jaffé, Else (1986), »Biographische Daten Alfred Webers (1868-1919)«, in: Eberhard Demm (Hg.), *Alfred Weber als Politiker und Gelehrter*, Stuttgart: Franz Steiner, S. 178-198.

Käsler, Dirk (1978), »Max Weber«, in: ders. (Hg.), *Klassiker des soziologischen Denkens*, München: C. H. Beck, S. 40-177.

- (1984), *Die frühe deutsche Soziologie 1909 bis 1934 und ihre Entstehungs-Milieus. Eine wissenschaftssoziologische Untersuchung*, Opladen: Westdeutscher Verlag.
- (1985), *Soziologische Abenteuer. Earle Edward Eubank besucht europäische Soziologen im Sommer 1934*, Opladen: Westdeutscher Verlag.

Kalberg, Stephen (1994), *Max Weber's Comparativ-Historical Sociology*, Cambridge/Oxford: Polity Press.

Karády, Eva (1993), »Macht und Ohnmacht des Geistes. Mitteleuropäische Intellektuelle im Budapester ›Sonntagskreis‹«, in: Mommsen/Hübinger (Hg.) (1993), S 124-140.

Kettler, David, Volker Meja und Nico Stehr (1989), *Politisches Wissen. Studien zu Karl Mannheim* (1984), Frankfurt am Main: Suhrkamp.
– (1990), »Karl Mannheim und die Entmutigung der Intelligenz«, in: *Zeitschrift für Soziologie* 19, S. 117-130.

Knorr-Cetina, Karin (1988), »Das naturwissenschaftliche Labor als Ort der ›Verdichtung‹ von Gesellschaft«. Unter Mitwirkung von K. Amann, S. Hirschauer, K.-H. Schmidt, in: *Zeitschrift für Soziologie* 17, S. 85-101.
– (1991), *Die Fabrikation von Erkenntnis. Zur Anthropologie der Naturwissenschaft* (1984), Frankfurt am Main: Suhrkamp.

Kocka, Jürgen (1988), »Otto Hintze und Max Weber. Ansätze zum Vergleich«, in: Mommsen/Schwentker (Hg.) (1988), S. 403-416.

König, René (1952), »Praktische Sozialforschung«, in: ders. (Hg.), *Das Interview. Formen, Technik, Auswertung*, Dortmund und Zürich: Ardey Verlag und Regio Verlag, S. 15-36.
– (1955), »Vorbemerkung des Herausgebers zum Jahrgang VII«, in: *Kölner Zeitschrift für Soziologie und Sozialpsychologie* 7, S. 1-5.
– (1955a), »Die Begriffe Gemeinschaft und Gesellschaft bei Ferdinand Tönnies«, in: *Kölner Zeitschrift für Soziologie und Sozialpsychologie* 7, S. 348-419.
– (1956), »Die deutsche Soziologie im Jahre 1955«, in: *Kölner Zeitschrift für Soziologie und Sozialpsychologie* 8, S. 1-11.
– (1956a), »Rezension zu: Alfred Weber et al.: Einführung in die Soziologie«, in: *Kölner Zeitschrift für Soziologie und Sozialpsychologie* 8, S. 1951-1956.
– (1956b), »Beobachtung und Experiment in der Sozialforschung«, in: *Praktische Sozialforschung II*, hg. von R. König unter Mitarbeit von Peter R. Heintz und Erwin K. Scheuch, Köln: Verlag für Politik und Wirtschaft, S. 17-47.
– (1957), »Max Weber«, in: Hermann Heimpel, Theodor Heuss und Benno Reifenberg (Hg.), *Die großen Deutschen. Deutsche Biographien*, Bd. 4, Berlin: Propyläen-Verlag, S. 408-420.
– (Hg.) (1958), *Soziologie*, Frankfurt am Main: Fischer.
– (1958a), »Germany«, in: Joseph S. Roucek (Hg.), *Contemporary Sociology*, New York: Greenwood Press, S. 779-806.
– (1960), »Neue deutsche Lehr- und Handbücher der Soziologie und ein Neudruck«, in: *Kölner Zeitschrift für Soziologie und Sozialpsychologie* 12, S. 134-143.
– (1960a), »Rezension zu: Reinhard Bendix, Max Weber. An Intellectual Portrait«, in: *Kölner Zeitschrift für Soziologie und Sozialpsychologie* 12, S. 534-540.
– (1961), »Zur Soziologie der zwanziger Jahre«, in: Leonhard Reinisch (Hg.), *Die Zeit ohne Eigenschaften. Eine Bilanz der zwanziger Jahre*, Stuttgart: Kohlhammer, S. 82-118.

- (1962), »Einleitung« zu: *Handbuch der empirischen Sozialforschung*, Bd. I, Stuttgart: Enke, S. 3-17.
- (1963), »Alexander v. Schelting 14. 3. 1894 – 4. 11. 1963«, in: *Kölner Zeitschrift für Soziologie und Sozialpsychologie* 15, S. 788 ff.
- (1965), *Soziologische Orientierungen. Vorträge und Aufsätze*, Köln/Berlin: Kiepenheuer & Witsch.
- (1965a), »Einleitung«, in: König (1965), S. 9-13.
- (1965b), »Masse und Vermassung«, in: König (1965), S. 479-493.
- (1965c), »Private Daseinsgestaltung zwischen Konformismus und Autonomie«, in: König (1965), S. 557-562.
- (1967), »Vorwort zur ersten Auflage, leicht verändert«, in: *Handbuch der empirischen Sozialforschung*, Bd. I, 2. Auflage. Stuttgart: Enke.
- (Hg.) (1971), *Soziologie*, umgearbeitete und erweiterte Neuausgabe, Frankfurt am Main: Fischer.
- (1975), *Kritik der historisch-existenzialistischen Soziologie. Ein Beitrag zur Begründung einer objektiven Soziologie* (Habilitatitionsschrift, ca. 1938), München: Piper.
- (1979), »Gesellschaftliches Bewußtsein und Soziologie. Eine spekulative Überlegung«, in: Günter Lüschen (Hg.), *Deutsche Soziologie nach 1945*, Opladen: Westdeutscher Verlag, S. 358-370.
- (1984), *Leben im Widerspruch. Versuch einer intellektuellen Autobiographie* (1980), Frankfurt/Berlin/Wien: Ullstein.
- (1984a), »Über das vermeintliche Ende der deutschen Soziologie vor der Machtergreifung des Nationalsozialismus«, in: *Kölner Zeitschrift für Soziologie und Sozialpsychologie* 36, S. 1-42.
- (1987), *Soziologie in Deutschland. Begründer, Verfechter, Verächter*, München/Wien: Hanser.

Krech, Volkhard, und Gerhard Wagner (1994), »Wissenschaft als Dämon im Pantheon der Moderne. Eine Notiz zu Max Webers zeitdiagnostischer Verhältnisbestimmung von Wissenschaft und Religion«, in: Wagner/Zipprian (Hg.) (1994), S. 755-779.

Kruse, Volker (1990), *Soziologie und ›Gegenwartskrise‹. Die Zeitdiagnosen Franz Oppenheimers und Alfred Webers*, Wiesbaden: Deutscher Universitäts-Verlag.
- (1990a), »Von der historischen Nationalökonomie zur historischen Soziologie. Ein Paradigmenwechsel in den deutschen Sozialwissenschaften um 1900«, in: *Zeitschrift für Soziologie* 19, S. 149-165.
- (1993), »Weimarer historische Soziologie als sozialwissenschaftliches Theoriemodell und seine heutige Bedeutung«, in: *Geschichte und Gegenwart* 12, S. 77-93.
- (1994), *Historisch-soziologische Zeitdiagnosen in Westdeutschland nach 1945. Eduard Heimann, Alfred v. Martin, Hans Freyer*, Frankfurt am Main: Suhrkamp.
- (1994a), »Historisch-soziologische Zeitdiagnostik der zwanziger Jah-

re«, in: Knut Wolfgang Nörr, Bertram Schefold und Friedrich Ten-bruck (Hg.), *Geisteswissenschaften zwischen Kaiserreich und Repu-blik. Zur Entwicklung von Nationalökonomie, Rechtswissenschaft und Sozialwissenschaft im 20. Jahrhundert*, Stuttgart: Steiner, S. 375 bis 401.

Landshut, Siegfried (1929), *Kritik der Soziologie. Freiheit und Gleich-heit als Ursprungsproblem der Soziologie*, München: Duncker & Humblot.

Lenger, Friedrich (1993), »Die Abkehr der Gebildeten von der Politik. Werner Sombart und der ›Morgen‹«, in: Hübinger/Mommsen (Hg.) (1993), S. 62-77.

– (1994), *Werner Sombart. Eine Biographie*, München: C. H. Beck.

Lenk, Kurt (1972), *Marx in der Wissenssoziologie. Studien zur Rezeption der Marxschen Ideologiekritik*, Neuwied: Luchterhand.

Lepsius, M. Rainer (1979), »Die Entwicklung der Soziologie nach dem Zweiten Weltkrieg 1945 bis 1967«, in: G. Lüschen (Hg.), *Deutsche Soziologie seit 1945*, Opladen: Westdeutscher Verlag, S. 25-70.

– (1992), »Frische Luft durch geöffnete Fenster. René König 1951 und später«, in: Heine von Alemann und Gerhard Kunz (Hg.), *René Kö-nig*, Opladen: Westdeutscher Verlag, S. 238-241.

Lichtblau, Klaus (1992), »Auf der Suche nach einer neuen Kultursyn-these. Zur Genealogie der Wissenssoziologie Max Schelers und Karl Mannheims«, in: *Sociologia Internationalis* 30, S. 1-33.

– (1996), *Kulturkrise und Soziologie um die Jahrhundertwende. Zur Genealogie der Kultursoziologie in Deutschland*, Frankfurt am Main: Suhrkamp.

Löwith, Karl (1990), *Weltgeschichte und Heilsgeschehen. Die theolo-gischen Voraussetzungen der Geschichtsphilosophie* (1949), Stuttgart: Kohlhammer.

Lübcke, Pia (1993), »Geschichte als Problem«, in: Anton Hügli und Paul Lübcke (Hg.), *Philosophie im 20. Jahrhundert*, Bd. 2: *Wissenschafts-theorie und Analytische Philosophie* (1982), Reinbek: Rowohlt.

Luhmann, Niklas (1984), *Soziale Systeme. Grundriß einer allgemeinen Theorie*, Frankfurt am Main: Suhrkamp.

Lukács, Georg (1984), *Die Zerstörung der Vernunft*, Bd. 3: *Irrationalis-mus und Soziologie* (1954), Neuwied/Darmstadt: Luchterhand.

Luoma, Matti (1959), *Die drei Sphären der Geschichte. Systematische Darstellung und Versuch einer kritischen Analyse der kultursoziologi-schen inneren Strukturlehre der Geschichte von Alfred Weber*, Helsin-ki: Societas Scientiarum Fennica.

Lutz, Burkhart (1984), *Der kurze Traum immerwährender Prosperität. Eine Neuinterpretation der industriell-kapitalistischen Entwicklung im Europa des 20. Jahrhunderts*, Frankfurt am Main/New York: Cam-pus.

Makkreel, Rudolf A. (1991), *Dilthey. Philosoph der Geisteswissenschaften*, Frankfurt am Main: Suhrkamp.

Mann, Michael (1990), *Geschichte der Macht. Von den Anfängen bis zur Griechischen Antike* (1986), Frankfurt am Main/New York: Campus.

– (1991), *Geschichte der Macht. Vom Römischen Reich bis zum Vorabend der Industrialisierung* (1986), Frankfurt am Main/New York: Campus.

Mannheim, Karl (1932), *Die Gegenwartsaufgaben der Soziologie. Ihre Lehrgestalt*, Tübingen: J. C. B. Mohr (Paul Siebeck).

– (1958), *Mensch und Gesellschaft im Zeitalter des Umbaus* (1935/40), Darmstadt: Wissenschaftliche Buchgesellschaft.

– (1969), *Ideologie und Utopie* (1929), Frankfurt am Main: Verlag G. Schulte-Bulmke.

– (1969a), »Wissenssoziologie« (1931), in: Mannheim (1969), S. 227 bis 267.

– (1970), *Wissenssoziologie. Auswahl aus dem Werk*, eingeleitet und hg. von Kurt H. Wolff (1964), Neuwied/Berlin: Luchterhand.

– (1970a), »Historismus« (1924), in: Mannheim (1970), S. 246-307.

– (1970b), »Das Problem einer Soziologie des Wissens« (1925), in: Mannheim (1970), S. 308-387.

– (1970c), »Ideologische und soziologische Interpretation der geistigen Gebilde«, in: Mannheim (1970), S. 388-407.

– (1970d), »Das Problem der Generationen«, in: Mannheim (1970), S. 509-565.

– (1970f), »Die Bedeutung der Konkurrenz im Gebiete des Geistigen«, in: Mannheim (1970), S. 566-613.

– (1970g), »Über das Wesen und die Bedeutung des wirtschaftlichen Erfolgsstrebens. Ein Beitrag zur Wirtschaftssoziologie«, in: Mannheim (1970), S. 614-687.

– (1980), *Strukturen des Denkens*, hg. von David Kettler, Volker Meja und Nico Stehr (Manuskripte von ca. 1922), Frankfurt am Main: Suhrkamp.

– (1984), *Konservativismus. Ein Beitrag zur Soziologie des Wissens*. Unveröffentlichte, 1925 eingereichte Habilitationsschrift, hg. von David Kettler, Volker Meja und Nico Stehr. Frankfurt am Main: Suhrkamp.

Martin, Alfred von (1930), »Soziologie als Resignation und Mission«, in: *Neue schweizerische Rundschau* 23, S. 20-25.

– (1932), *Soziologie der Renaissance. Zur Physiognomik und Rhythmik bürgerlicher Kultur*, Stuttgart: Enke.

– (1946), »Humanismus und Demokratie. Eine kleine Diskussion mit Amerika«, in: *Deutsche Beiträge* 1, S. 66-74.

– (1946a), »Geistige Wegbereiter des deutschen Zusammenbruchs: Hegel«, in: *Hochland* 39, S. 117-134.

- (1946b), »Geistige Wegbereiter des deutschen Zusammenbruchs: Nietzsche und Spengler«, in: *Hochland* 39, S. 230-244.
- (1948), *Geist und Gesellschaft*, Frankfurt am Main: Josef Knecht.
- (1948a), *Der heroische Nihilismus und seine Überwindung. Ernst Jüngers Weg durch die Krise*, Krefeld: Scherpe.
- (1956), *Soziologie. Die Hauptgebiete im Überblick*, Berlin: Duncker & Humblot.
- (1956a), »Gesellschaft und Staat«, in: von Martin 1956, Teil A.
- (1956b), »Gesellschaft und Wirtschaft«, in: von Martin 1956, Teil B.
- (1956c), »Gesellschaft und Kultur«, in: von Martin 1956, Teil C.
- (1956d), *Ordnung und Freiheit. Materialien und Reflexionen zu Grundfragen des Zusammenlebens*, Frankfurt am Main: Josef Knecht.
- (1962), »Die Krisis des bürgerlichen Menschen«, in: *Kölner Zeitschrift für Soziologie und Sozialpsychologie* 14, S. 417-448.
- (1965), *Mensch und Gesellschaft heute*, Frankfurt am Main: Josef Knecht.
- (1974), *Im Zeichen der Humanität. Soziologische Streifzüge*, Frankfurt am Main: Josef Knecht.
Mattheier, Klaus (1973), *Die Gelben. Nationale Arbeiter zwischen Wirtschaftsfrieden und Streik*, Düsseldorf: Schwann.
Mehlis, Georg (1915), *Lehrbuch der Geschichtsphilosophie*, Berlin: Julius Springer.
Meier-Rust, Kathrin (1993), *Alexander Rüstow. Geschichtsdeutung und liberales Engagement*, Stuttgart: Klett-Cotta.
Meinecke, Friedrich (1965), *Die Entstehung des Historismus* (1936), München: Oldenbourg.
Merz, Ulrich (1990), *Max Weber und Heinrich Rickert. Die erkenntniskritischen Grundlagen der verstehenden Soziologie*, Würzburg: Königshausen & Neumann.
Mestrovic, Stjepan G. (1991), *The Coming Fin De Siècle. An Application of Durkheim's Sociology to Modernity and Postmodernism*, London/New York: Routledge.
Mikl-Horke, Gertraude (1994), »Die Wiederkehr der Geschichte. Zur historischen Soziologie der Gegenwart«, in: *Österreichische Zeitschrift für Soziologie* 19, S. 3-33.
Mommsen, Wolfgang J. (1974), *Max Weber und die deutsche Politik* (1959), Tübingen: J. B. C. Mohr (Paul Siebeck).
- (1974a), *Max Weber. Gesellschaft, Politik und Geschichte*, Frankfurt am Main: Suhrkamp.
- (1993), »Max Weber. Ein politischer Intellektueller im Deutschen Kaiserreich«, in: Hübinger/Mommsen (Hg.) (1993), S. 33-61.
- und Wolfgang Schwentker (Hg.) (1988), *Max Weber und seine Zeitgenossen*, Göttingen/Zürich: Vandenhoeck & Ruprecht.
Mühlmann, Wilhelm E. (1965), »Geschichts- und Kultursoziologie«, in:

Handwörterbuch der Sozialwissenschaften, Bd. 4, Stuttgart: Gustav Fischer/Tübingen: J.C.B. Mohr/Göttingen: Vandenhoeck & Ruprecht, S. 408-425.

Müller-Armack, Alfred (1932), *Entwicklungsgesetze des Kapitalismus*, Berlin: Junker & Dünnhaupt.

– (1981), *Religion und Wirtschaft. Geistesgeschichtliche Hintergründe unserer europäischen Lebensform* (1959), Bern/Stuttgart: Paul Haupt.

– (1981a), »Vorwort« zu Müller-Armack (1981), S. IX-XV.

– (1981b), »Genealogie der Wirtschaftsstile« (1940), in: Müller-Armack (1981), S. 46-244.

– (1981c), »Das Jahrhundert ohne Gott« (1948), in: Müller-Armack (1981), S. 371-512.

– (1981d), »Die Bedeutung der Religionssoziologie in der Gegenwart«, in: Müller-Armack (1981), S. 1-14.

Muller, Jerry Z. (1986), »Enttäuschung und Zweideutigkeit. Zur Geschichte rechter Sozialwissenschaftler im ›Dritten Reich‹«, in: *Geschichte und Gesellschaft* 12, S. 289-316.

– (1987), *The Other God That Failed. Hans Freyer and the Deradicalization of German Conservativism*, Princeton, N.J.

Neusüss, Arnhelm (1968), *Utopisches Bewußtsein und freischwebende Intelligenz. Zur Wissenssoziologie Karl Mannheims*, Meisenheim: Anton Hain.

Nörr, Knut Wolfgang, Bertram Schefold und Friedrich Tenbruck (Hg.) (1994), *Geisteswissenschaften zwischen Kaiserreich und Republik. Zur Entwicklung von Nationalökonomie, Rechtswissenschaft und Sozialwissenschaft im 20. Jahrhundert*, Stuttgart: Franz Steiner.

Nusser, Karl Heinz (1986), *Kausale Prozesse und sinnerfassende Vernunft. Max Webers philosophische Fundierung der Soziologie und der Kulturwissenschaften*, Freiburg/München: Alber.

Oakes, Guy (1988), »Max·Weber und die Südwestdeutsche Schule: Der Begriff des historischen Individuums und seine Entstehung«, in: Wolfgang J. Mommsen und Wolfgang Schwentker (Hg.), *Max Weber und seine Zeitgenossen*, Göttingen: Vandenhoeck & Ruprecht, S. 595 bis 612.

– (1990), *Die Grenzen kulturwissenschaftlicher Begriffsbildung. Heidelberger Max Weber-Vorlesungen 1982*, Frankfurt am Main: Suhrkamp.

– (1994), »Rickerts Wert/Wertungs-Dichotomie und die Grenzen von Webers Wertbeziehungslehre«, in: Wagner/Zipprian (Hg.) (1994), S. 146-166.

Oestreich, Gerhard (1972), »Otto Hintze«, in: *Neue Deutsche Biographie*, hg. von der historischen Kommission bei der bayerischen Adademie der Wissenschaften, Bd. 9, Berlin: Duncker & Humblot, S. 194-196.

Oexle, Otto Gerhard (1984), »Die Geschichtswissenschaft im Zeichen des Historismus. Bemerkungen zum Standort der Geschichtsforschung«, in: *Historische Zeitschrift* 238, S. 17-55.

– (1986), »›Historismus‹. Überlegungen zur Geschichte des Phänomens und des Begriffs«, in: *Braunschweigische Wissenschaftliche Gesellschaft, Jahrbuch 1986*, Göttingen: Verlag Erich Goltze, S. 119-155.

– (1990), »Von Nietzsche zu Max Weber: Wertproblem und Objektivitätsforderung der Wissenschaft im Zeichen des Historismus«, in: C. Peterson (Hg.), *Rechtsgeschichte und theoretische Dimension*, Lund.

– (1990a), »›Der Teil und das Ganze‹ als Problem geschichtswissenschaftlicher Erkenntnis. Ein historisch-typologischer Versuch«, in: Karl Acham und Winfried Schulze (Hg.), *Teil und Ganzes*, München: dtv, S. 348-384.

Oppenheimer, Franz (1919), *Kapitalismus, Kommunismus, Wissenschaftlicher Sozialismus*. Berlin: de Gruyter.

– (1921), *Die psychologische Wurzel von Sittlichkeit und Recht*, Jena: Gustav Fischer.

– (1922), *Großgrundeigentum und soziale Frage. Versuch einer neuen Grundlegung der Gesellschaftswissenschaft* (1898). Jena: Gustav Fischer.

– (1922a), *Die Siedlungsgenossenschaft. Versuch einer positiven Überwindung des Kommunismus durch Lösung des Genossenschaftsproblems und der Agrarfrage* (1896). Jena: Gustav Fischer.

– (1924), *Wege zur Gemeinschaft. Gesammelte Reden und Aufsätze*, Bd. 1, München: Hueber.

– (1928), *Richtungen der neueren deutschen Soziologie. Drei Vorträge*, gehalten am 1. bis 3. Mai 1928 an der University of London, School of Economics, Jena: Gustav Fischer.

– (1929), *Mein wissenschaftlicher Weg*, Leipzig: Felix Meiner.

– (1954), *Der Staat* (1909), Stuttgart: Gustav Fischer.

– (1962), *Weder Kapitalismus noch Kommunismus* (1931), Stuttgart: Gustav Fischer.

– (1964), *System der Soziologie*. 8 Teilbände (1922-1935), Stuttgart: Gustav Fischer.

– (1964 I, 1), *Allgemeine Soziologie*, 1. Teil: *Grundlegung* (1922).

– (1964 I, 2), *Allgemeine Soziologie*, 2. Teil: *Der soziale Prozeß* (1923).

– (1964 II), *Der Staat* (1926).

– (1964 III, 1), *Theorie der reinen und politischen Ökonomie*, Erster Teil: *Grundlegung* (1923).

– (1964 III, 2), *Theorie der reinen und politischen Ökonomie*, Zweiter Teil: *Die Gesellschaftswirtschaft* (1924).

– (1964 IV, 1), *Abriß einer Sozial- und Wirtschaftsgeschichte Europas von der Völkerwanderung bis zur Gegenwart*, Bd. 1: *Rom und die Germanen* (1929).

- (1964 IV, 2), *Abriß einer Sozial- und Wirtschaftsgeschichte Europas von der Völkerwanderung bis zur Gegenwart*, Bd. 2: *Adel und Bauernschaft. Das Mittelalter* (1933).
- (1964 IV, 3), *Abriß einer Sozial- und Wirtschaftsgeschichte Europas von der Völkerwanderung bis zur Gegenwart*, Bd. 3: *Stadt und Bürgerschaft. Die Neuzeit* (1935).
- (1964a), *Erlebtes, Erstrebtes, Erreichtes. Lebenserinnerungen* (1931), Düsseldorf: Joseph Melzer.
Ortlieb, Heinz-Dietrich (1975), »Biographische Daten und Bibliographie Eduard Heimanns«, in: Eduard Heimann, *Sozialismus im Wandel der modernen Gesellschaft. Aufsätze zur Theorie und Praxis des Sozialismus. Ein Erinnerungsband*, J. H. W. Dietz Nachf., S. 182-186.
Papcke, Sven (1991), *Gesellschaftsdiagnosen. Klassische Texte der deutschen Soziologie im 20. Jahrhundert*. Frankfurt am Main/New York: Campus.
- (1993), *Deutsche Soziologie im Exil. Gegenwartsdiagnose und Epochenkritik 1933-1945*, Frankfurt am Main/New York: Campus.
Plessner, Helmut (1924), *Grenzen der Gemeinschaft. Eine Kritik des sozialen Radikalismus*, Bonn: Cohen.
Polányi, Karl (1978), *The Great Transformation. Politische und ökonomische Ursprünge von Gesellschaften und Wirtschaftssystemen* (1944), Frankfurt am Main: Suhrkamp.
Popper, Karl R. (1966), *Logik der Forschung* (1934), Tübingen: J.C.B. Mohr (Paul Siebeck).
- (1974), »Die Logik der Sozialwissenschaften«, in: Theodor W. Adorno u. a. (Hg.), *Der Positivismusstreit in der deutschen Soziologie* (1969), Neuwied: Luchterhand, S. 103-124.
Prewo, Rainer (1979), *Max Webers Wissenschaftsprogramm. Versuch einer methodischen Neuerschließung*, Frankfurt am Main: Suhrkamp.
Putnam, Hilary (1990), *Vernunft, Wahrheit und Geschichte*, Frankfurt am Main: Suhrkamp.
Rammstedt, Otthein (1985), »Zweifel am Fortschritt und Hoffen aufs Individuum. Zur Konstitution der modernen Soziologie im ausgehenden 19. Jahrhundert«, in: *Soziale Welt* 36, S. 483-502.
- (1986), *Deutsche Soziologie 1933-1945. Die Normalität einer Anpassung*, Frankfurt am Main: Suhrkamp.
- (1988), »Wertfreiheit und die Konstitution der Soziologie in Deutschland«, in: *Zeitschrift für Soziologie* 17, S. 264-271.
Reimann, Horst (1994), »Alfred Weber und die heutige Kultursoziologie«, in: Hans G. Nutzinger (Hg.), *Zwischen Nationalökonomie und Universalgeschichte*, Marburg: Metropolis, S. 113-136.
Rickert, Heinrich (1902), *Die Grenzen der naturwissenschaftlichen Begriffsbildung. Eine logische Einleitung in die historischen Wissenschaften*, Tübingen/Leipzig.

- (1929), *Die Grenzen der naturwissenschaftlichen Begriffsbildung. Eine logische Einleitung in die historischen Wissenschaften*, 5. Auflage, Tübingen: J. C. B. Mohr (Paul Siebeck).

Ricœur, Paul (1988), *Zeit und Erzählung*, Bd. 1: München: Wilhelm Fink.

Ringer, Fritz K. (1983), *Die Gelehrten. Der Niedergang der deutschen Mandarine 1890-1933* (1969), Stuttgart: Klett-Cotta.

Ross, Dorothy (1991), *The Origins of American Social Science*, Cambridge: Cambridge University Press.

Rossi, Pietro (1987), *Vom Historismus zur historischen Sozialwissenschaft. Heidelberger Max Weber-Vorlesungen 1985*, Frankfurt am Main: Suhrkamp.

- (1994), »Weber, Dilthey und Husserls Logische Untersuchungen«, in: Wagner/Zipprian (Hg.) (1994), S. 199-223.

Roth, Günther (1987), *Politische Herrschaft und persönliche Freiheit. Heidelberger Max Weber-Vorlesungen 1983*. Frankfurt am Main: Suhrkamp.

Ruddies, Hartmut (1984), »Soziale Demokratie und freier Protestantismus. Ernst Troeltsch in den Anfängen der Weimarer Republik«, in: Horst Renz und Friedrich Wilhelm Graf (Hg.), *Troeltsch-Studien*, Bd. 3, Gütersloh: Gütersloher Verlagshaus Mohn, S. 145-174.

Rüschemeyer, Dietrich (1981), »Die Nichtrezeption von Karl Mannheims Wissenssoziologie in der amerikanischen Soziologie«, in: M. Rainer Lepsius (Hg.), *Soziologie in Deutschland und Österreich 1918 bis 1945*, Opladen: Westdeutscher Verlag, S. 414-426.

Rüsen, Jörn (1993), *Konfigurationen des Historismus. Studien zur deutschen Wissenschaftskultur*, Frankfurt am Main: Suhrkamp.

Rüstow, Alexander (1957), *Ortsbestimmung der Gegenwart. Eine universalgeschichtliche Kulturkritik*, Bd. 3, Erlenbach/Zürich/Stuttgart: Eugen Rentsch.

Sahner, Heinz (1982), *Theorie und Forschung. Zur paradigmatischen Struktur der westdeutschen Soziologie und zu ihrem Einfluß auf die Forschung*. Opladen: Westdeutscher Verlag.

Schefold, Bertram (1993), »Die Macht der Sittlichkeit«, in: *Die Zeit*, Nr. 13 (26. März 1993).

- (1994), »Nationalökonomie und Kulturwissenschaften. Das Konzept des Wirtschaftsstils«, in: Nörr/Schefold/Tenbruck (Hg.) (1994), S. 215-242.

Scheler, Max (1923), »Ernst Troeltsch als Soziologe«, in: *Kölner Vierteljahreshefte für Soziologie* 3, S. 7-21.

- (1968), *Philosophische Weltanschauung* (1929), Bern: Francke.

Schelsky, Helmut (1959), *Ortsbestimmung der deutschen Soziologie*, Düsseldorf: Diederichs.

- (1959a), »Geleitwort« zu: Alfred Vierkandt (Hg.), *Handwörterbuch der Soziologie* (1931), unveränderter Neudruck, Stuttgart: Enke, S. III-IV.

– (1980) »Zur Entstehungsgeschichte der bundesdeutschen Soziologie. Ein Brief an Rainer Lepsius«, in: *Kölner Zeitschrift für Soziologie und Sozialpsychologie* 32, S. 417-436.

Schelting, Alexander von (1922), »Die logische Theorie der historischen Kulturwissenschaft von Max Weber und im besonderen sein Begriff des Idealtypus«, in: *Archiv für Sozialwissenschaft und Sozialpolitik* 49, S. 623-752.

– (1934), *Max Webers Wissenschaftslehre. Das logische Problem der historischen Kulturerkenntnis. Die Grenzen der Soziologie des Wissens,* Tübingen: J. C. B. Mohr (Paul Siebeck).

Scheuch, Erwin (1990), »Von der deutschen Soziologie zur Soziologie in der Bundesrepublik Deutschland«, in: *Österreichische Zeitschrift für Soziologie* 15, S. 30-50.

– und Dietrich Rüschemeyer (1956), »Soziologie und Statistik«, in: *Kölner Zeitschrift für Soziologie und Sozialpsychologie* 8, S. 272-291.

Schluchter (1991 I), *Religion und Lebensführung,* Bd. 1: *Studien zu Max Webers Kultur- und Werttheorie* (1988), Frankfurt am Main: Suhrkamp.

– (1991 II), *Religion und Lebensführung,* Bd. 2: *Studien zu Max Webers Religions- und Herrschaftssoziologie* (1988), Frankfurt am Main: Suhrkamp.

Schmid, Michael (1994), »Analytische Theorie und kulturwissenschaftliche Methode. Zur Rezeption der Wissenschaftslehre Max Webers durch Talcott Parsons«, in: Wagner/Zipprian (Hg.) (1994), S. 278-309.

Schnädelbach, Hermann (1979), »Über historistische Aufklärung«, in: *Allgemeine Zeitschrift für Philosophie* 2, S. 17-36.

Scholtz, Gunter (1991), *Zwischen Wissenschaftsanspruch und Orientierungsbedürfnis. Zu Grundlage und Wandel der Geisteswissenschaften,* Frankfurt am Main: Suhrkamp.

Schumpeter, Joseph A. (1965), *Geschichte der ökonomischen Analyse,* 2 Bde., Göttingen: Vandenhoeck & Ruprecht.

– (1980), *Kapitalismus, Sozialismus und Demokratie* (1942), München: UTB.

Simmel, Georg (1917), *Soziologie,* Berlin: Göschen.

– (1923), *Die Probleme der Geschichtsphilosophie. Eine erkenntnistheoretische Studie,* 5. Auflage, München/Leipzig: Duncker & Humblot.

– (1989), *Die Probleme der Geschichtsphilosophie. Eine erkenntnistheoretische Studie,* 1. Auflage (1892), in: Georg Simmel, *Gesamtausgabe,* Bd. 2, hg. von Heinz Jürgen Dahme, Frankfurt am Main: Suhrkamp, S. 297-421.

Skocpol, Theda (1979), *States and Social Revolutions. A Comparative*

Analysis of France, Russia, and China, Cambridge: University Press.
- (1984), »Emerging Agendas and Recurrent Strategies in Historical Sociology«, in: dies. (Hg.), *Vision and Method in Historical Sociology*, Cambridge: Cambridge University Press, S. 356-391.
Sösemann, Bernd (1984), »Das ›erneuerte Deutschland‹. Ernst Troeltschs politisches Engagement im Ersten Weltkrieg«, in: Horst Renz und Friedrich Wilhelm Graf (Hg.), *Troeltsch-Studien*, Bd. 3, Gütersloh: Mohn, S. 120-144.
Sombart, Werner (1897), »Ideale der Sozialpolitik«, in: *Archiv für soziale Gesetzgebung und Statistik* 10, S. 1-48.
- (1902), *Der moderne Kapitalismus*, Bd. 1, 1. Auflage, Leipzig: Duncker & Humblot.
- (1907), »Kulturphilosophie. Ein Programm«, in: *Der Morgen*, Nr. 1 (14. Juni 1907), S. 1-5.
- (1907a), »Unser Interesse an der Politik«, in: *Der Morgen*, Nr. 2 (21. Juni 1907), S. 40-44.
- (1907b), »Politik und Bildung«, in: *Der Morgen*, Nr. 3 (28. Juni 1907), S. 67-72.
- (1907c), An Friedrich Naumann, in: *Der Morgen*, Nr. 14 (13. Juni 1907), S. 415-421.
- (1923), »Einleitung« in: ders. (Hg.), *Soziologie*, Berlin: Pan-Verlag Heise.
- (1925), »Prinzipielle Eigenart des modernen Kapitalismus«, in: *Grundriß der Sozialökonomik*, IV. Abteilung: *Spezifische Elemente der modernen kapitalistischen Wirtschaft*, I. Teil, Tübingen: J. C. B. Mohr (Paul Siebeck), S. 1-26.
- (1956), *Noo-Soziologie,* Berlin: Duncker & Humblot.
- (1987), *Der moderne Kapitalismus. Historisch-systematische Darstellung des gesamteuropäischen Wirtschaftslebens von seinen Anfängen bis zur Gegenwart*, Sechs Teilbände (1916-1927), München: dtv.
- (1987 I, 1), *Die vorkapitalistische Wirtschaft*, Erster Halbband (1916).
- (1987 I, 2), *Die vorkapitalistische Wirtschaft*, Zweiter Halbband (1916).
- (1987 II, 1), *Das europäische Wirtschaftsleben im Zeitalter des Frühkapitalismus*, Erster Halbband (1916).
- (1987 II, 2), *Das europäische Wirtschaftsleben im Zeitalter des Frühkapitalismus*, Zweiter Halbband (1916).
- (1987 III, 1), *Das Wirtschaftsleben im Zeitalter des Hochkapitalismus*, Erster Halbband (1927).
- (1987 III, 2), *Das Wirtschaftsleben im Zeitalter des Hochkapitalismus*, Zweiter Halbband (1927).
- (1987a), »Mein Leben und Werk« (1933), in: Bernhard vom Brocke (Hg.), *Sombarts »Moderner Kapitalismus«. Materialien zur Kritik und Rezeption*, München: dtv, S. 428-434.

- (1988), *Der Bourgeois. Zur Geistesgeschichte des modernen Wirtschaftsmenschen* (1913). Rowohlt: Reinbek.

Smith, Dennis (1991), *The Rise of Historical Sociology*. Cambridge: Polity Press.

Spohn, Willfried (1989), »Zum methodologischen Verhältnis von Sozialgeschichte, historischer Soziologie und Geschichtsphilosophie am Beispiel einiger jüngerer Interpretationsansätze der Klassenformierung der Arbeiterschaft«, in: *Archiv für Kulturgeschichte* 71, S. 487 bis 501.

- (1996), »Zur Programmatik und Entwicklung der neuen historischen Soziologie«, in: *Berliner Journal für Soziologie* 3, S. 363-375.

Steenblock, Volker (1991), *Transformationen des Historismus*, München: Fink.

- (1991a), »Zur Wiederkehr des Historismus in der Gegenwartsphilosophie«, in: *Zeitschrift für philosophische Forschung* 45, S. 209-223.

Stegmüller, Wolfgang (1989), *Hauptströmungen der Gegenwartsphilosophie. Eine kritische Einführung*, Bd. 1, 7. Auflage, Stuttgart: Kröner.

- (1989a), *Hauptströmungen der Gegenwartsphilosophie*, Bd. 2. Stuttgart: Kröner.

Steinvorth, Ulrich (1994), »Webers Freiheit von der Wertfreiheit«, in: Wagner/Zipprian (Hg.) (1994), S. 445-472.

Strawson, Peter F. (1994), *Analyse und Metaphysik. Eine Einführung in die Philosophie*, München.

Tenbruck, Friedrich H. (1959), »Die Genesis der Methodologie Max Webers«, in: *Kölner Zeitschrift für Soziologie und Sozialpsychologie* 11, S. 573-630.

- (1975), »Das Werk Max Webers«, in: *Kölner Zeitschrift für Soziologie und Sozialpsychologie* 27, S. 663-702.

- (1977), »Abschied von Wirtschaft und Gesellschaft. Zur Besprechung der 5. revidierten Auflage mit textkritischen Erläuterungen hg. von Johannes Winckelmann, Tübingen 1976«, in: *Zeitschrift für die gesamte Staatswissenschaft* 133, S. 703-736.

- (1979), »Deutsche Soziologie im internationalen Kontext. Ihre Ideengeschichte und ihr Gesellschaftsbezug«, in: Günter Lüschen (Hg.), *Deutsche Soziologie seit 1945*, Opladen: Westdeutscher Verlag, S. 70 bis 107.

- (1986), »Das Werk Max Webers: Methodologie und Sozialwissenschaften«, in: *Kölner Zeitschrift für Soziologie und Sozialpsychologie* 38, S. 13-31.

- (1989), »Heinrich Rickert in seiner Zeit. Zur europäischen Diskussion über Wissenschaft und Weltanschauung«, in: Jürgen Oelkers, Wolfgang K. Schulz und Heinz-Elmar Tenorth (Hg.), *Neukantianismus. Kulturtheorie, Pädagogik und Philosophie*, Weinheim: Deutscher Studien Verlag, S. 79-105.

– (1994), »Die Wissenschaftslehre Max Webers. Voraussetzungen zu ihrem Verständnis«, in: Wagner/Zipprian (Hg.) (1994), S. 367-389.

– (1994a), »Wie kann man die Geschichte der Sozialwissenschaft in den 20er Jahren schreiben«?, in: Nörr/Schefold/Tenbruck (Hg.) (1994), S. 23-46.

Troeltsch, Ernst (1903), »Moderne Geschichtsphilosophie«, Teil I, in: *Theologische Rundschau* 6, S. 3-28.

– (1903a), »Moderne Geschichtsphilosophie«, Teil II, in: *Theologische Rundschau* 6, S. 57-117.

– (1911), Die *Bedeutung des Protestantismus für die Entstehung der modernen Welt* (1906). München/Berlin: Oldenbourg.

– (1916), »Zum Begriff und zur Methode der Soziologie«, in: *Weltwirtschaftliches Archiv* 8, S. 259-276.

– (1922), *Der Historismus und seine Probleme*, Tübingen: J. C. B. Mohr (Paul Siebeck).

– (1922a), »Die Krisis des Historismus«, in: *Die neue Rundschau* 33, S. 572-590.

– (1965), *Die Soziallehren der christlichen Kirchen und Gruppen* (1912), 2. Neudruck der Ausgabe Tübingen 1925 (*Gesammelte Schriften*, Bd. 1), Aalen: Scientia Verlag.

– (1966), *Aufsätze zur Geistesgeschichte und Religionssoziologie*. Neudruck der Ausgabe Tübingen 1925 (*Gesammelte Schriften*, Bd. 4), Aalen: Scientia Verlag.

Tyrell, Hartmann (1991), »Religion und ›intellektuelle Redlichkeit‹. Zur Tragödie der Religion bei Max Weber und Friedrich Nietzsche«, in: *Sociologia Internationalis* 29, S. 159-177.

– (1994), »Max Webers Soziologie – eine Soziologie ohne Gesellschaft«, in: Wagner/Zipprian (Hg.) (1994), S. 390-414.

Vester, Heinz-Günter (1995), *Geschichte und Gesellschaft. Ansätze historisch-komparativer Soziologie*, Berlin/München: Quintessenz.

Vierkandt, Alfred (1923), *Gesellschaftslehre. Hauptprobleme der philosophischen Soziologie*. Stuttgart: Enke.

– (1926), »Die Überwindung des Positivismus in der deutschen Soziologie der Gegenwart«, in: *Jahrbuch für Soziologie* 2, S. 66-89.

Vom Brocke, Bernhard (1987), »Werner Sombart 1863-1941. Eine Einführung in Leben, Werk und Wirkung«, in: ders. (Hg.), *Sombarts »Moderner Kapitalismus«. Materialien zur Kritik und Rezeption*, München: dtv, S. 11-65.

Vom Bruch, Rüdiger (1980), *Wissenschaft, Politik und öffentliche Meinung. Gelehrtenpolitik im Wilhelminischen Deutschland 1890-1914*, Husum.

Voss, A. J. Heerma van, und A. van Stolk (1990), »Biographisches Interview mit Norbert Elias«, in: *Norbert Elias über sich selbst*, Frankfurt am Main: Suhrkamp, S. 7-101.

Wagner, Gerhard, und Heinz Zipprian (1985), »Methodologie und On-
tologie: Zum Problem kausaler Erklärung bei Max Weber«, in: *Zeitschrift für Soziologie* 14 (1985), S. 115-130.

– (1987), »Tenbruck, Weber und die Wirklichkeit. Ein Diskussionsbei-
trag«, in: *Kölner Zeitschrift für Soziologie und Sozialpsychologie* 39, S.
132-149.

– (1989), »Wertfreiheit. Eine Studie zu Max Webers kulturwissenschaft-
lichem Formalismus«, in: *Zeitschrift für Soziologie* 18, S. 4-15.

– (Hg.) (1994), *Max Webers Wissenschaftslehre*, Frankfurt am Main:
Suhrkamp.

Wald, Salomon (1964), *Geschichte und Gegenwart im Denken Alfred
Webers. Ein Versuch über seine soziologischen und universalhistori-
schen Gesichtspunkte*, Zürich.

Wallerstein, Immanuel (1982), »Aufstieg und künftiger Niedergang des
kapitalistischen Weltsystems. Zur Grundlegung vergleichender Analyse«, in: Dieter Senghaas (Hg.), *Kapitalistische Weltökonomie. Kontroversen über ihren Ursprung und ihre Entwicklungsdynamik*,
Frankfurt am Main: Suhrkamp, S. 31-67.

– (1991), *Unthinking Social Science. The Limits of Nineteenth Century
Paradigms*, Cambridge/Mass.: Harvard University Press.

Weber, Alfred (1909), *Über den Standort der Industrien*, Teil 1: *Reine
Theorie des Standorts*. Tübingen: J. C. B. Mohr.

– (1910), »Der Beamte«, in: *Die neue Rundschau* 21, S. 1321-1339.

– (1912), »Das Berufsschicksal der Industriearbeiter. Ein Vortrag«, in:
Archiv für Sozialwissenschaft und Sozialpolitik 34, S. 377-405.

– (1913), »Neuorientierung in der Sozialpolitik?«, in: *Archiv für Sozialwissenschaft und Sozialpolitik* 36, S. 1-13.

– (1913a), »Die Bureaukratisierung und die gelbe Arbeiterbewegung«,
in: *Archiv für Sozialwissenschaft und Sozialpolitik* 37, S. 361-379.

– (1920), »Prinzipielles zur Kultursoziologie (Gesellschaftsprozeß, Zivilisationsprozeß, Kulturbewegung)«, in: *Archiv für Sozialwissenschaft und Sozialpolitik* 47, S. 1-49.

– (1924), *Deutschland und die europäische Kulturkrise*, Berlin.

– (1925), *Die Krise des modernen Staatsgedankens,* Stuttgart: Deutsche
Verlags-Anstalt.

– (1927), *Ideen zur Staats- und Kultursoziologie*, Karlsruhe: Verlag
G. Braun.

– (1931), »Kultursoziologie«, in: Alfred Vierkandt (Hg.), *Handwörterbuch der Soziologie*, Stuttgart: Enke, S. 285-294.

– (1931a), »Wirtschaftsfreiheit und Kapitalpolitik«, in: B. Harms (Hg.),
*Kapital und Kapitalismus. Vorlesungen, gehalten in der deutschen
Vereinigung für Staatswissenschaftliche Fortbildung*, Bd. 2, Berlin,
S. 423-434.

– (1932), »Zur Krise des europäischen Menschen. Referat auf der Europatagung der Königlichen Italienischen Akademie (Volta-Kongreß Rom, 14.-20. November 1932)«, in: *Europäische Revue* 8, S. 759-763.

– (1946), *Abschied von der bisherigen Geschichte. Überwindung des Nihilismus?*, Hamburg.

– (1955), *Einführung in die Soziologie*, München: Piper.

– (1963), *Kulturgeschichte als Kultursoziologie* (1935/50), München: Piper.

– (1963a), *Der dritte oder der vierte Mensch. Vom Sinn des geschichtlichen Daseins* (1953), München: Piper.

– (1982), *Haben wir Deutschen nach 1945 versagt? Politische Schriften*, hg. von Christa Dericum (1979). Frankfurt am Main: Fischer.

Weber, Marianne (1972), »Vorwort« zu Max Weber, *Wirtschaft und Gesellschaft*, 1. Auflage, 1922, abgedruckt in: Max Weber (1972), S. XX bis XII.

– (1989), *Max Weber. Ein Lebensbild* (1926), München: Piper.

Weber, Max (1906), »Zur Lage der bürgerlichen Demokratie in Rußland«, in: *Archiv für Sozialwissenschaft und Sozialpolitik* 22, S. 234 bis 353.

– (1920), *Gesammelte Aufsätze zur Religionssoziologie*, Bd. I, Tübingen: J. C. B. Mohr (Paul Siebeck).

– (1958), *Wirtschaftsgeschichte. Abriß der universalen Sozial- und Wirtschaftsgeschichte. Aus den nachgelassenen Vorlesungen*, hg. von S. Hellmann und M. Palyi (1923), Berlin: Duncker & Humblot.

– (1972), *Wirtschaft und Gesellschaft. Grundriß der verstehenden Soziologie*. Fünfte, revidierte Auflage, besorgt von Johannes Winckelmann. Tübingen: J. C. B. Mohr (Paul Siebeck).

– (1973), *Gesammelte Aufsätze zur Wissenschaftslehre* (1922). Vierte, erneut durchgesehene Auflage, hg. von J. Winckelmann, Tübingen: J. C. B. Mohr (Paul Siebeck).

– (1973a), »Roscher und Knies und die logischen Probleme der historischen Nationalökonomie« (1903-1906), in: Max Weber (1973), S. 1 bis 145.

– (1973b), »Die ›Objektivität‹ sozialwissenschaftlicher und sozialpolitischer Erkenntnis« (1904), in: Max Weber (1973), S. 146-214.

– (1973c), »Kritische Studien auf dem Gebiet der kulturwissenschaftlichen Logik« (1906), in: Max Weber (1973), S. 215-290.

– (1973d), »Der Sinn der ›Wertfreiheit‹ der soziologischen und ökonomischen Wissenschaften« (1917), in: Max Weber (1973), S. 489-540.

– (1973e), »Wissenschaft als Beruf« (1919), in: Max Weber (1973), S. 582-613.

– (1982a), »Kritische Bemerkungen zu den vorstehenden ›Kritischen Beiträgen‹« (1907), in: Max Weber, *Die protestantische Ethik II. Kritiken und Antikritiken*, hg. von Johannes Winckelmann (1978), Gütersloh: Mohn, S. 27-37.

– (1982b), Bemerkungen zu der vorstehenden ›Replik‹ (1908), in: Max Weber, *Die protestantische Ethik II. Kritiken und Antikritiken*, hg. von Johannes Winckelmann (1978), Gütersloh: Mohn, S. 44-56.

Weingart, Peter (1984), »Anything goes – rien ne va plus. Der Bankrott der Wissenschaftstheorie«, in: *Kursbuch* 78, S. 61-75.

Weiß, Johannes (1992), *Max Webers Grundlegung der Soziologie* (1975), 2., überarbeitete und erweiterte Auflage. München/London/New York/Paris: K. G. Saur.

– (1992a), »Gehört René König zur ›Kölner Schule‹?«, in: Heine von Alemann und Gerhard Kunz (Hg.), *René König*, Opladen: Westdeutscher Verlag, S. 274-277.

– (1994), »Kausale Durchsichtigkeit«, in: Wagner/Zipprian (Hg.) (1994), S. 507-526.

Weyer, Johannes (1984), *Westdeutsche Soziologie 1945-1960. Deutsche Kontinuitäten und nordamerikanischer Einfluß*, Berlin: Duncker & Humblot.

Welsch, Wolfgang (1991), *Unsere postmoderne Moderne* (1986), Weinheim: VCH.

Wickel, Helmut (1958), »Alfred Weber«, in: *Gewerkschaftliche Monatshefte* 9, S. 392-394.

Wiese, Leopold von (1926), *Soziologie. Geschichte und Hauptprobleme*, Berlin/Leipzig.

– (1933), *System der Allgemeinen Soziologie als Lehre von den sozialen Prozessen und den sozialen Gebilden der Menschen (Beziehungslehre).* Zweite, neubearbeitete Neuauflage, München und Leipzig: Duncker & Humblot.

Willi, Victor J. (1953), *Das Wesen der Kulturhöhe und der Kulturkrise in der kultursoziologischen Sicht Alfred Webers*, Paris/Luzern/Opladen: Librairie du Recueil Sirey.

Winch, Peter (1974), *Die Idee der Sozialwissenschaft und ihr Verhältnis zur Philosophie* (1958), Frankfurt am Main: Suhrkamp

Winckelmann, Johannes (1986), *Max Webers hinterlassenes Hauptwerk: Die Wirtschaft und die gesellschaftlichen Ordnungen und Mächte. Entstehung und gedanklicher Aufbau*, Tübingen: J. C. B. Mohr.

Windelband, Wilhelm (1904), *Geschichte und Naturwissenschaft* (1894), Straßburg: J. H. Ed. Heitz.

Winkel, Harald (1977), *Die deutsche Nationalökonomie im 19. Jahrhundert*, Darmstadt: Wissenschaftliche Buchgesellschaft.

Wittkau, Annette (1992), *Historismus. Zur Geschichte des Begriffs und des Problems*, Göttingen: Vandenhoeck & Ruprecht.

Wolff, Kurt H. (1970), »Karl Mannheim in seinen Abhandlungen bis 1933«. Einleitung zu: Mannheim 1970, S. 11-65.

– (1978), »Karl Mannheim«, in: Dirk Käsler (Hg.) *Klassiker des soziologischen Denkens*, S. 286-387. München: C.H. Beck.

Wright, Jonathan R. C. (1984), »Ernst Troeltsch als parlamentarischer Staatssekretär im preußischen Ministerium für Wissenschaft, Kunst und Volksbildung. Seine kirchenpolitische Auseinandersetzung mit den Beamten«, in: Horst Renz und Friedrich Wilhelm Graf (Hg.), *Troeltsch-Studien*, Bd. 3, Gütersloh: Mohn, S. 175-203.

Yang, Kae-Cherng (1994), »Werner Sombarts Diagnose der Moderne: Wirtschaft und Kultur«, Diplomarbeit, Bielefeld.

Zaret, David (1994), »Max Weber und die Entwicklung der theoretischen Soziologie in den USA«, in: Wagner/Zipprian (Hg.) (1994), S. 332-366.

Zwiedenick-Südenhorst, Otto von (1948), »Zum Wirken von Max und Alfred Weber im Verein für Sozialpolitik. Erinnerungen und Eindrükke«, in: Edgar Salin (Hg.), *Synopsis*, Heidelberg: Schneider, S. 763 bis 788.